本书为国家社会科学基金项目"东亚发展型国家的理论追踪及中国启示研究"（项目号：17BZZ083）结项成果。

UNDERSTANDING DEVELOPMENT

Institutional Analysis and Theoretical Interpretation of the East Asian Miracle

理解发展

东亚奇迹的制度分析与理论解读

张振华 ◎ 著

天津出版传媒集团

天津人民出版社

图书在版编目(CIP)数据

理解发展：东亚奇迹的制度分析与理论解读/张振
华著. -- 天津：天津人民出版社，2024.6
  ISBN 978-7-201-20150-4

  Ⅰ.①理… Ⅱ.①张… Ⅲ.①经济发展—研究—东亚
Ⅳ.①F131

中国国家版本馆 CIP 数据核字(2024)第035504号

理解发展：东亚奇迹的制度分析与理论解读
LIJIE FAZHAN : DONGYA QIJI DE ZHIDU FENXI YU LILUN JIEDU

出　　版	天津人民出版社
出 版 人	刘锦泉
地　　址	天津市和平区西康路35号康岳大厦
邮政编码	300051
邮购电话	(022)23332469
电子信箱	reader@tjrmcbs.com

责任编辑	王　玚
特约编辑	曹忠鑫
封面设计	汤　磊

印　　刷	天津新华印务有限公司
经　　销	新华书店
开　　本	710×1000毫米 1/16
印　　张	26.5
字　　数	380千字
版次印次	2024年6月第1版　2024年6月第1次印刷
定　　价	98.00元

目 录
CONTENTS

导　言

作为全书的导言,本章分三部分展开:第一节将东亚的经济增长与发展置于历史与比较视野中观察,第二节评述学术界关于东亚奇迹的两种主要解释范式,第三节指出本书的章节结构、研究意义和重点难点等。

第一节　历史与比较视野下的东亚奇迹

经济增长、经济发展和经济现代化是社会科学研究用来描述经济扩张及其与之相关现象的若干概念。它们常被互换使用,但它们间的差异却不仅仅反映出研究者的用语偏好,而且包含了若干在学术分析中具有重要价值的意蕴。我们将逐个介绍它们相互区分但彼此关联的意义,并分别用之来度量东亚的经济状况,以便充分理解东亚奇迹的内涵与"成色"。

一、东亚的经济增长记录

(一)经济增长的概念与历史

经济增长通常用来描述一国所生产的物品与劳务的总量相较于过去有所增多的现象,也用以指称该经济体中所有人的总收入出现增长的状况。但经济增长的含义不限于此,它更为重要的内涵是经济总量的增加幅度要超出人口增长的幅度。这样,当我们在说某一地区出现了经济增长的时候,必然意味着,该地区民众平均所享受到的经济物品和劳务量变多,他们的人均福利有所改善。很显然,经济总量的增加速度不一定能够超过人口的增长速度。200多年前马尔萨斯就已经发现经济与人口增长遵循不同规律。经济增长受制于边际收益递减,只能按算数级增长,而人口按几何级增长。马尔萨斯预测,经济与人口增长的这种态势迟早会将人类社会置于这样一种境地:一旦经济出现了增长,有额外资源可供使用，人类就会繁衍出更多后代。经济增长的部分完全被多增加出来的人口所消耗，人均福利水平并非有所提高。当人口增长的速度超出经济扩张的速度时，经济增长的部分甚至不足以供养多增加出来的人口。当这种情况出现时，人类就会通过发动战争或遭遇瘟疫、贫穷、疾病等——所谓的"马尔萨斯抑制"——来减少人口，维持人与资源的平衡。这类观点的翻版并不罕见。20世纪70年代有经济学家主张，由于资源再生速度远远赶不上资源消耗速度，人类社会最终不可避免地遭遇资源枯竭，面临"增长的极限"。[①]

尽管在工业革命之前，人类社会并非没有经济总量的增长，但能够使总量的增加持续超过人口增长的速度却是相当晚近的事情，它是工业革命的产物。18世纪下半叶英国工业革命体现为机器的使用、蒸汽动力的出现、交通运输的进步（公路、内河运输、铁路）以及生产组织形式的革新（工厂化）。1700—1780年，英国工业年平均增长率是0.9%～1%，1780—1870年已经超过3%，[②]这在当时是惊人的。由于工业化最初主要发生在西欧和北美，原先作为地理概念的东方与西方在经济上的差距逐渐拉大，学者们将这种现象称作"大分流"。[③]数据显示，18世纪前，西方增长率为0.05%，按照70规则[④]，国内生产总值要实现倍增需要1400年。18世纪后，西方的增长陡然加速到1%，收入倍增的时间压缩为70年。19世纪中叶，增长率进一步攀升到2%，这意味着它们每隔35年就能让国内生产总值翻一番。[⑤]

随着工业化在全球的扩散，越来越多的经济体摆脱了"马尔萨斯抑制"，实现了用人均国内生产总值度量的增长。1820—1998年，世界经济增长了50倍，远远快于人口增长，因此个人平均享受的收入增加了9倍。[⑥]然而，这并未显著改变"大分流"的格局。2011年世界所有国家创造的国民收入超过66万亿美元，其中的47万亿来自经济发达的高收入地区，只有19万亿是由欠发达国家所

---

① [美]德内拉·梅多斯等：《增长的极限》，李涛、王智勇译，机械工业出版社，2006年。
② 钱乘旦、许洁明：《英国通史》，上海社会科学院出版社，2002年，第221页。
③ [美]彭慕兰：《大分流：欧洲、中国及现代世界经济的发展》，史建云译，江苏人民出版社，2010年。
④ 如果某个变量每年按x%的速度增长，大约在70/x年以后，该变量翻一番。
⑤ 林毅夫：《李约瑟之谜与中国的复兴》，http://www.sohu.com/a/229632701_176673.
⑥ Martin Wolf, *Why Globalization works*, Yale University Press, 2004, pp.43-45.

创造的,尽管后者占了全球人口的5/6,①这意味着绝大多数发展中国家并没能赶上发达国家。发达国家与发展中国家之间,就经济水平而言,依然存在巨大差异。

(二)新型工业化与东亚增长记录

与多数的后发国家一样,东亚国家需要采取一种不同于传统工业化的路径,它们常被称作新型工业化经济体,即 NIES(the Newly Industrializing Economies),这一命名来自经合组织。20世纪70年代末期的《经济合作发展组织报告》把发展中国家区分为低收入、中等收入和新兴工业化三类。新型工业化国家是指工业迅速发展、产业结构变化显著、制成品在出口中所占比重迅速上升、经济发展速度较快、人均收入较高的发展中国家。后来,印度尼西亚、泰国、马来西亚以及改革开放后的中国也被称作新型工业化经济体。

对于东亚新型工业化经济体的增长表现,有过大量记录。基于不同目的,它们被置于不同的时间段内(统计学意义上的十年抑或更多考虑这些经济体的重要节点,诸如韩国重化工业推动战略实施的1973年,甚至考虑政治的节点,比如朴正熙发动军事政变的1960年),与不同经济体的发展成绩进行比较(一个经常的比较对象是拉美,但也包括中国、印度等发展中经济体)、使用不同的计量方式和标准(年均还是人均、选定不变价格的年份、国内生产总值还是国民生产总值等)。基于这些原因,人们可能会给出不同的数据并因此得出一些略有差异的结论。尽管如此,学者们的共识是,二战后的东亚,相比于同一时期的多数其他经济体,相比于历史上的增长记录而言都是相当突出的,堪称"奇迹"。

17世纪后的日本历史可分为德川时期(1603—1868年)、明治时期(1868—1905年)、帝国时期(1905—1940年)和高增长时期(1950—1990年)。从明治维新开始,日本人均国内生产总值从1870年的373美元缓慢增加到1940年的2874美元,与多数第三世界国家同期的经济表现相比,这些成就令人影响深刻。但人均收入的年均增长率为2%,并不比美国同期的1.5%高多少。如果这样的

---

① Robert C. Allen, *Global Economic History: A Very Short Introduction*, Oxford University Press, 2011, p.45.

增长速度在1950年后持续下去,日本需要用327年的时间赶上美国。[①]但从1955年开始,日本经济的增速陡然加快。下表的数据显示,1950—1964年,日本的年均(并非人均)增长率达到9.5%,在之后的1964—1973年仍然保持了8.9%的年均增长。在两次石油危机期间,日本的增速大幅下滑,1973—1979年仅维持了3.6%的增速。危机后的1979—1987年间,日本延续了之前的颓势,年均增长仅仅微升到3.8%。尽管如此,日本在此期间的表现仍要比同期拉美的多数国家和欧洲的奥地利、意大利好得多。平均来看,日本在1950—1987年实现了年均7.1%的增长。

表0.1　比较视角下的部分国家年平均生产率(1950—1987年)

单位:%

国家	1950—1964	1964—1973	1973—1979	1979—1987	1950—1987	1964—1987
韩国	6.1	9.6	9.0	7.0	7.6	8.5
日本	9.5	8.9	3.6	3.8	7.1	5.7
中国	5.2	6.9	5.0	9.3	6.5	7.2
印度	4.3	2.7	3.4	4.6	3.8	3.6
阿根廷	3.0	4.9	2.3	−0.4	2.6	2.4
巴西	5.9	8.1	6.5	3.5	6.0	6.1
智利	4.2	2.8	2.3	1.6	3.0	2.2
墨西哥	5.5	5.1	2.9	1.7	4.2	3.3
奥地利	5.5	5.1	2.9	1.7	4.2	3.3
意大利	5.7	5.1	2.6	2.2	4.3	3.4

资料来源:转引自 Ha-Joon Chang, *The Political Economy of Industrial Policy*, Macmillan Press Ltd, 1996, p.92.

　　类似情形也出现在东亚其他新型工业化经济体中,尽管它们出现高增长的时间段有所滞后。韩国在20世纪60年代中期前后陆续进入到高增长阶段的,在时间上晚于日本,但它们的增长势头却更猛。1953—1986年台湾地区实际国民生产总值年均增长8.8%,人口增长2.6%,因此人均国民生产总值增长6.2%。[②]在头两个五年计划(1962—1966年和1967—1971年)时期,韩国实际国

---

① Robert C. Allen, *Global Economic History*, p.126.

② Robert Wade, *Governing the Market: Economic theory and the role of government in East Asian Industrialization*, Princeton University Press, 1990, p.38.

民生产总值增长率年均为9%。1972—1979年增长率更高,年均为10%。[1]之后出现高增长的是改革开放以后的中国。

(三)比较视角下的东亚经济表现

单是对某一经济体不同历史阶段增长速度进行纵向比较,并不足以充分说明该经济体的奇迹所在,因为在逻辑上不能排除这样一种可能性:同一时期所有国家和地区都实现了更快增长。为了理解东亚经济的特殊性,我们尚需观察和比较同一历史阶段内其他国家和地区的增长状况。在不同历史阶段,世界经济增长的总体状况差异很大。按照安格斯·麦迪森的研究,世界经济在20世纪后半期迎来了战后黄金发展期。1950—1973年,世界经济实现了年均3%的增长。1973—1998年世界经济放缓。尽管如此,这依旧是第二好的全球经济增长时期,世界人均增长每年达到1.33%。紧随其后的是1870—1913年,这是另一个自由化、国际贸易、资本流动和移民扩张的时期,世界人均增长每年达到1.30%。1913—1950年,由于大萧条、两次世界大战的破坏,世界经历了更为缓慢的增长,年均仅为0.91%。而在1820—1870年最初的资本主义发展时期,增长主要出现在西方,世界经济年均增长仅是0.53%。[2]东亚的高增长出现在"战后黄金发展期"和"第二好的全球经济增长时期",即便如此,东亚的增长仍旧抢眼。在1993年的发展报告中,世界银行这样描述东亚:"从1960年以来,东亚新型工业化国家的增长速度比东亚其他国家和地区快一倍多,比拉丁美洲和南亚快将近两倍,比撒哈拉以南非洲快五倍。同样,它们的发展速度也高于工业化国家和中东、北非的石油输出国。……如果高速增长的分布是随机的,那么如此集中的区域性高速增长是极为罕见的,大约只有万分之一的可能性。"[3]

不同经济水平的国家要实现同等程度的增长,其难易程度不同。人们可能因此争辩说,东亚之所以能够实现更快增长,完全是因为它们起始于一个非常低下的经济水平。然而单从发展中国家或者欠发达国家的角度看,东亚的增长

---

[1] Alice H. Amsden, *Asia's Next Giant: South Korea and late Industrialization*, Oxford University Press, 1989, p.55.

[2] Angus Maddison, *The World Economy: A Millennial Perspective*, Development Center of the OECD, 2001, pp.125-126.

[3] 世界银行:《东亚奇迹:经济增长与公共政策》,中国财政经济出版社,1995年,第3页。

显得更加突兀。安格斯·麦迪森的数据表明,与世界平均水平相比,作为一个整体的欠发达国家的实际增长率不是更快而是更慢。1870—1950年,欠发达国家的实际增长率每年不足1%,1950—1998年平均增长大约是2.7%,但这主要是由于当时尚处于发展阶段的东亚实现了更快增长。事实上,1950—1973年和1973—1998年,非洲和拉美的经济大幅度下降。[①]结果是,20世纪后期发展中国家的50亿人口经历了非常不同的经济态势。大约12个发展中国家,在1950—1998年以年均2.5%或以上的速度增长。与之形成鲜明对比的是,非洲同期年均增长仅是0.99%,拉美是1.72%,中东是2.26%,亚洲是3.50%。欧洲和中亚的发展中国家(主要是中东欧的社会主义国家和苏联)在1973—1999年,年均增长下滑到1.10%。受这一时期的拖累,其1950—1998年总的增长率仅是1.07%。[②]

表0.2　分地区实际人均收入年均增长率(1960—1993)

单位:%

区域或者国家组别	1960—1970	1970—1980	1980—1990	1990—1993
世界	2.6	2.8	3.0	2.4
工业国家	4.6	2.9	1.9	−3.1
经合组织	4.3	2.6	2.0	1.0
东欧和独联体国家	5.2	5.2	1.3	−11.5
发展中国家	2.0	2.8	3.5	4.3
阿拉伯国家	2.0	3.6	−0.8	−1.3
东亚	2.0	4.3	7.2	10.6
拉美和加勒比海	2.9	3.7	−0.7	1.0
南亚	1.8	0.7	3.3	1.2
东南亚和太平洋	2.1	4.1	2.8	4.1
撒哈拉以南非洲	1.4	0.9	−1.0	−1.2
欠发达国家	0.8	−0.1	−0.1	−1.0

资料来源:UNDP, *Human Development Report 1996*, Oxford University Press, 1996, p.14.

出于对不同国家经济水平横向比较的需要,人们对按照不同货币计价的国内生产总值进行折算。折算有两种办法:一是按名义汇率折算成美元,但由于汇率是基于某国的进出口水平而形成的,不同国家的进出口在该国国内生产总值

[①] Angus Maddison, *The World Economy: A Millennial Perspective*, p.265.

[②] E. Wayne Nafziger, *Economic Development*, Cambridge University Press, 2012, p.82.

总量构成中所占权重不同。按名义汇率折算后的美元数量不能准确度量该国所有物品与劳务的市场价值,因此,按购买力平价(purchasing-power parity, PPP)折算成为一种更为常见的做法,它是基于所谓"一价原理"来设计的。该定律认为,一种物品在所有地方都应按同样价格出售。由此,一种通货必然在所有地方都具有相同购买力。依据购买力平价,世界银行将低收入经济体定义为人均国民收入(Gross National Income)在2014年低于1045美元,中等收入经济体是高于1045美元低于12736美元,高收入经济体是高于12376美元。[1]此外,它用4125美元来区分下中等收入和上中等收入。世界银行所确定的经济发展水平的分界线每年会根据通胀情况进行调整。按照世行的分类,在1974—2008年很少有国家能够跨越它们所在的组别。二战结束后至今,在近200个发展中经济体中,只有2个从低收入跨越中等收入阶段,进入高收入行列,一个是中国台湾,另一个是韩国。

世界银行的研究指出,在1960—1985年的25年间,亚洲"四小龙"整体人均国内生产总值增长率约为6.5%,这意味着它们能够在11年内使人均实际国内生产总值翻一番。与发达国家相比,英国实现人均实际国内生产总值翻一番,在1780年之后大约用了60年的时间;美国在1840年后用了约50年的时间;日本在1885年后也用了35年。根据国际货币基金组织公布的数据,2017年日本人均国内生产总值已经高达38440美元,与英法等国家不相上下。韩国人均国内生产总值也已经达到29891美元,位列世界第23名[2],台湾地区为24577美元,它们与新加坡、中国香港等是成功跻身发达经济体行列的为数不多的非西方国家或地区。2017年中国大陆的人均国内生产总值达到8643美元,接近世界平均水平(10728美元),处在上中等收入国家行列。

二、真老虎还是纸老虎? 争议东亚奇迹

(一)从经济增长到经济发展

与经济增长相比,经济发展是一个包含了更多内涵的概念:"既包括更多的

---

[1] http://blogs.worldbank.org/opendata/new-country-classifications
[2] 1960年韩国的人均收入低于100美元,大体与印度持平,是日本的四分之一,台湾地区的三分之二。转引自Alice H. Amsden, *Asia's Next Giant: South Korea and late Industrialization*, p.48.

产出，同时也包括生产和分配所依赖的技术和体制安排上的变革。经济发展不仅包括由于增加投资而增加了产量，同时还包括更高的生产效率，即单位投入所生产的产品增加。经济发展还意味着产出结构的改变，以及各部门间投入分布的改变。"①因此，经济增长不等同于经济发展，后者指的是伴随着产出分布和结构变迁而出现的经济增长，它包含了一系列有助于增强经济增长潜力和能力的积极变化，如国民生产总值中农业所占的份额下降，而工业和服务业的比重有所提高、劳动力的受教育水平和技能增加、取得了重大的技术进步等。

　　库兹涅茨并没有区分经济增长与经济发展，而是使用了"现代经济增长"来指称我们通常用经济发展所描述的现象。在他看来，在发达国家所出现的增长，不仅是经济总量的简单增加，而且包含了更为复杂的特征与内涵：第一，人均产量增长率很高。1750 年以来的二百多年中，发达国家人均产量的增长速度年均大致为 2%，远远快于 18 世纪末工业革命开始前的时期。第二，生产率快速增长。人均产量增长的 50%～75% 来自生产率的提高。第三，经济结构迅速转变。农业部门实现的国民收入在整个国民收入中所占的比重，以及农业劳动力在全部劳动力中的比重，随着时间的推移，处在不断下降过程中。第四，与经济结构密切相关的社会结构和意识形态也发生了迅速变化，如城市化、家庭规模的变化、现代观念的传播等。第五，由于技术进步，特别是交通运输技术的发展，发达国家在 19 世纪末走向世界。第六，尽管有扩散到全世界的趋势，但现代经济增长实际扩散却是有限的，只局限于不到全世界 1/3 的人口范围内。②

　　理论上，经济增长可以通过两种方式得以实现。一是在生产率不变的情况下，通过持续增加要素投入实现的增长，即所谓的"外延式"增长。二是在要素投入不变的情况下，通过提高生产率实现的增长，即所谓的"内涵式"增长。在经济分析中，在其他条件不变的情况下，某种投入的边际产量随其投入量的增加最终会呈现出持续下降趋势，即所谓的边际产量递减。因此，外延式增长不

---

　　① 马春文、张东辉主编：《发展经济学》，高等教育出版社，2005 年，第 14～15 页。
　　② [美]库兹涅茨：《各国的经济增长》，常勋等译，商务印书馆，1999 年。

可持续。建立在生产效率提高基础上的增长,才是人类实现可持续发展的唯一可行路径。正是在这一意义上,熊彼特强调应从创新角度理解发展:"发展主要在于用不同的方式去使用现有资源,利用这些资源去做新的事情,而不问这些资源增加与否",就其本质而言,"经济发展在于对现存劳力及土地的服务以不同方式加以利用"。①黄宗智据此将"发展"(劳动生产率的提高)从"内卷"(单位劳动的边际报酬递减)和"密集化"(单位土地的劳动投入增加)中区分开来。②

由于经济增长是经济发展的必要但不充分条件,并非所有的经济增长都可以称作经济发展。鲍威尔在评述苏联经济时指出,苏联早期快速的经济增长几乎全部是由于投入增加。中央计划经济和进口替代战略有着极强的资本动员能力,但缺乏推动科技发展,进而促进生产效率的能力。其结果是,在实现了最初的经济高增长后,苏联经济在20世纪70年代之后逐渐陷入颓势。③就中国而言,在1958—1977年的计划经济时期,中国实现了年均5.1%的中速增长,但据学术界估算,1952—1977年的全要素生产率④在大部分年份为0~1%之间。⑤这类分析的一个顺理成章的推论是,由于没有生产效率的提高,中国在计划时期的经济也将如同苏联一样出现缓慢的衰退乃至最终陷入停滞状态。因此,后发国家需要在资本集中和投入与生产效率之间取得平衡:"没有资本只有效率,生产系统就没有足够的投入,国家无法在短期内快速发展;而只有资本没有效率,生产就只能靠有限资源维持,国家则无法在长期维持发展。"⑥

---

① [美]熊彼特:《经济发展理论》,何畏译,商务印书馆,1990年,第106页。

② [美]黄宗智:《发展还是内卷:十八世纪英国与中国——评彭慕兰〈大分岔:欧洲,中国及现代世界经济的发展〉》,《历史研究》2002年第4期。

③ Raymond Powell, "Economic Growth in the U.S.S.R", *Scientific American*, Vol.29, Issue 6, 1968, pp.17–23.

④ 资源的使用效率可用部分生产率,即产量与某一特定投入量的比率来衡量,但部分生产率只能衡量一段时间内某一特定要素投入的节约,而不能反映生产率的全部变化。后者还应包括由于投入结构变动造成的改变。因此,全要素生产率,即产量与全部要素投入量之比,是度量生产率变化的一个更全面的指标。

⑤ 王小鲁:《中国改革开放极简史》,https://mp.weixin.qq.com/s/AJ7nIqLU942OhWIgIwFl7A。国务院发展研究中心对我国1952—1982年工业总产值增长因素进行了分析,结果是,资本增长的作用为50%~57%,劳动增长的作用约为27%~31%,技术进步的作用是16%~19%。参见《中国经济的发展与模型》,中国财政经济出版社,1990年,第93页。

⑥ 朱天飚:《比较政治经济学》,北京大学出版社,2006年,第69页。

(二)有增长无发展?

克鲁格曼(Paul Krugman)1994年发表文章质疑东亚的经济表现。在此之前,对东亚经济的批评一般停留在发展代价问题上,对经济发展本身很少有所怀疑。而克鲁格曼却断言,东亚的快速增长与苏联早期类似,都是以投入增加为基础,在效率和技术提高上却罕有进步。[1]无独有偶,同年一项计量研究也发现,东亚战后的显著增长只是由于资本投入的持续增加(在较低程度上是由于人力资本投入),技术进步对增长的贡献微乎其微。[2]这类发现都建立在标准的增长模型基础上,这类方法倾向于观察增长在多大程度上能够用投入的增加来解释。所谓的"奇迹"就是不能据此得到解释的部分(剩余)。

这类唱衰东亚的观点并不乏争议者。青木在评价这类研究时指出:"他们并没有否定政府在动员金融和人力资源中的贡献。也不需要否定这样的观察:那些经济体运用了世界上其他地方所创造出来的最为先进的生产技术。采用先进技术设备和实际可用知识可能完全反映在资本投入的市场价值中。"[3]因而,尽管从计量角度看,技术进步对经济增长的贡献很小,但这并不是说这些地方没有技术进步,而是说,它们的技术源自引进。引进的技术主要体现在设备购买和专利费用上,这些在计量研究时会被算到资本投入中。

研究者进一步争辩说,后发国家中的生产率增长难以符合标准的增长模型,而是取决于外国技术如何被快速地借用(通过购买体现技术含量的设备等)、能否在适当的规模上被利用(依赖于市场如何快速增长以便实现规模经济),以及技术有没有得到有效使用(涉及与生产相关的经验积累)等。[4]斯蒂格利茨也批评说,克鲁格曼满足于在传统增长框架内解释东亚,即东亚之所以增长快速是由于它们有着更高的储蓄和投资率,但更高的储蓄和投资率本身是需

---

[1] Paul Krugman, "The Myth of Asia's Miracle", *Foreign Affairs*, Vol.73, No.6, 1994, pp.62-78.

[2] Kim. Jong-II & Lau. Lawrence J, "The Sources of Economic Growth of the East Asian Newly Industrialized Countries", *Journal of the Japanese and International Economies*, Vol. 8, No.3, 1994, pp.235-271.

[3] Masahiko Aoki, "Unintended Fit: Organizational Evolution and Government Design of Institutions in Japan", in Masahiko Aoki, Hyung-Ki Kim & Masahiro Okuno-Fujiwara, *The Role of Government in East Asian Economic Development: Comparative Institutional Analysis*, Oxford: Clarendon Press, 1996, p.233.

[4] Alice H. Amsden, *Asia's Next Giant: South Korea and late Industrialization*, p.113.

要解释的,因为它并没有出现在很多其他发展中国家。斯蒂格利茨还指出克鲁格曼所使用的数据不可信,计算增长来源的方法也存在问题。[1]当然,最能够有力回应批评者的,还是东亚经济的实际表现。尽管遭遇了"失去的二十年"和1997—1998年的亚洲金融危机,但正如之前所提及的,当今东亚国家已经是不折不扣的发达经济体。

三、东亚现代化的理论意蕴

(一)东亚现代化的经济、社会与政治维度

二战后,不少发展中国家实现了经济意义上的增长与发展。当时处于主流地位的现代化理论断定,经济是发展问题的"牛鼻子"。只要有了持续的增长,经济效应将自动扩散到社会和政治领域。因此,那些成功启动和维持了经济增长的后发国家将沿着发达国家所设立的"路标",经由工业化—城市化—社会动员—民主化—更高水平的增长,最终到达发达国家今天所处的位置。东亚是最能支持现代化理论的样本,它们的发展轨迹似乎是对早发现代化国家的模仿,只是以更快的速度实现。

与高速的经济增长相比,如果不是更重要的话,起码同等重要的是东亚的高速增长并没有导致收入分配的恶化。正如世界银行指出的:迅速而持续的增长与高度公平的分配结合,是"东亚奇迹"的根本特点。东亚新型工业化国家和地区(HPAES)是唯一实现了经济高速增长与收入分配不均递减两者同步进行的经济体。东亚增长最快的国家和地区,即日本和"四小龙"也是收入分配最公平的经济实体。1965—1989年,在收入增长与不公平缩小并行的国家中,按人均国民生产总值增长率高于4%,社会中5%收入最高者是最低者不到10倍两项标准,一共有7个增长和公平程度较高的国家和地区,它们均为东亚新型工业化国家和地区,而且东亚新型工业化国家和地区中只有马来西亚不在此列。如果进一步按照增长速度对东亚经济分类的话,那些增长速度快的经济,也是

---

① Brian Snowdon, "Redefining the role of the state: Joseph Stiglitz on building a post-Washington consensus", *World Economics*, Vol.2, No.3, 2001, pp.60-61.

收入分配更公平的经济,而且这些国家和地区收入分配的改善往往发生在快速增长时期。①

表0.3　东亚的基尼系数(20世纪60至80年代)

类别	国家(地区)	60年代	70年代	80年代
第一代新型工业化经济体	韩国	0.34	0.39	0.36
	中国台湾	0.31	0.28	0.27
	新加坡	—	0.37	0.42
	中国香港	0.49	0.43	0.45
第二代新型工业化经济体	泰国	0.41	0.45	0.47
	马来西亚	0.42	0.53	0.48
	印度尼西亚	0.33	0.32	0.31
平均		0.38	0.40	0.39

数据来源:Nancy Birdsall and Frederick Jaspersen eds., *Pathways to Growth: Comparing East Asia and Latin America*, Inter-American Development Bank, 1997, p. 87.

东亚由此享有了"共享增长"(shared growth)的美誉,经济增长在更大程度上转化为推动人类进步的动力。在经济高增长的过程中,韩国失业率从1965年的7.4%下降到1995年的2.7%。绝对贫困率从40.9%显著下降到1990年的7.7%。城乡收入差距也有所收窄。1969年农村居民平均收入不到城市居民的2/3,但在70年代农村居民收入上升到与城市工人几乎持平的地步。城乡收入比在整个80年代大体稳定。②东亚的人均寿命从1970年的56岁提高到1990年的71岁。绝对贫困人口(缺乏清洁水、食品、住房等生存基本条件)的比例显著下降。其他社会和经济指标,从教育到家用电器的占有率,也都迅速改善,有时甚至超过工业国家。③

东亚的发展包括但不限于经济和社会领域,它在政治领域的进步同样值得关注。从20世纪70年代开始,世界逐步进入到了第三个民主化集中出现的时间段。在这场被亨廷顿称作"第三波"的民主化浪潮中,南欧、拉美、东亚、苏联

---

① 世界银行:《东亚奇迹:经济增长与公共政策》,中国财政经济出版社,1995年,第17～20页。

② Woon-Tai Kim, "Korean Politics: Setting and Political Culture", in Soong Hoom Kil and Chung-in Moon, eds., *Understanding Korean Politics: An Introduction*, State University of New York Press, 2001, pp.17-18.

③ 世界银行:《东亚奇迹:经济增长与公共政策》,中国财政经济出版社,1995年,第4页。

和东欧、中东、北非、中亚等地区的国家先后迈入民主国家行列。但喧嚣过后，很多学者注意到这些新兴民主化国家所建立的并非"多头民主"。根据卡罗瑟斯的统计，世界上进入转型的100多个第三波国家和地区中，只有不到20个明确建立了成功的、运作良好的民主机制，或者起码有了一些民主进步，而且依旧存在积极的民主化动力。多数转型国家进入了一个政治上的灰色地带(political gray zone)，既非公然独裁，也非广为接受的自由民主，[1]而是处在选举民主和自由民主中间地带的伪民主(pseudo-democracies)[2]或混合体制(hybrid regimes)。[3]在第三波民主化中，东亚的表现同样可圈可点。根据2000年经济学人智库(the economist intelligence)所发布的民主指数，韩国在世界26个完全民主国家中位列第20位，这要比东亚模式的创始国日本还要高两位。日本和韩国也是当时亚洲仅有的两个完全民主国家。[4]

(二)比较视野下的东亚现代化

综上来看，东亚奇迹包含三个层面的意思，一是从比较和历史视野中看，东亚经济增长的速度快、持续时间长，从而使其成为世界上为数不多的能够实现经济赶超，并跻身发达国家行列的非西方国家和地区。二是东亚的经济是有发展的增长，这将它与那些通过持续增加要素投入实现增长的发展中经济体区分开来。三是东亚的发展是全方位的。在经济发展的同时，社会总体状况得到改善，推动并巩固了政治民主。在东亚之前、之后或同时，都存在大量其他的现代化样本。将东亚置于比较视野中，不难发现，东亚的发展历程并非理应如此，在现代化的每个节点都存在转向其他方向的可能性。

1.发展并非后发国家的常态

事实上，正是由于在"战后黄金发展期"和"第二好的全球经济增长时期"，

---

[1] Thomas Carothers, "The End of The Transition Paradigm", *Journal of Democracy*, Vol. 13, No. 1, 2002, pp.5-21.

[2] Larry Diamond, "Is the Third Wave Over?" *Journal of Democracy*, Vol.7, No.3, 1996, pp.20-37.

[3] Larry Diamond, "Thinking about Hybrid Regimes", *Journal of Democracy*, Vol. 13, No. 2, 2002, pp.21-35.

[4] The economist intelligence unit's index of democracy 2010, graphics.eiu.com/PDF/Democracy_Index_2010_web.pdf.

仍有大量的发展中国家增长迟缓、增长不持续，甚至根本没有增长，作为整体的发达国家与发展中国家的经济差距不是在缩小而是进一步拉大。在这种情景下，用来解释后发国家不发展原因的依附理论应运而生，并迅速在发展理论中占据一席之地。深受马克思主义的影响，依附理论家将后发国家的增长称作"不发展的发展"（development of underdevelopment）。在他们看来，由于边缘地区的经济结构和布局被中心国家的经济需求所左右，它们的经济形态是畸形的。凡是中心国家需要的产业就发展，不需要的就难以发展。因此，它们目前所处的状态并不是资本主义前的落后状态，而是一种特定形式的资本主义——依附型资本主义的结果。依附理论最终的结论是，中心—边缘的资本主义体系把发展中国家锁定在一个不平等交换的链条上，这是边缘地区经济不发达的根本原因。如果没有国际经济结构的改变，后发国家注定无法发展起来。紧随依附理论，沃勒斯坦补充说：如果国家不进行干预，市场自然分工所建立起来的发展模式注定是依附式的，发达国家的存在会将发展中国家牢牢锁定在其具有比较优势的初级产品和低档产品上。[1]依附理论颠覆了之前主导发展研究的现代化理论，也让不发展并且与发达国家的差距越来越大，成为人们对发展中国家经济的预设。然而东亚的经济表现让当时颇有市场的依附理论黯然失色。东亚的增长不只是速度快，更为重要的是持续时间长。从统计角度看，富国的人均收入年均增长大约2%，亚洲与拉美的很多穷国必须每年实现4.3%的人均收入增长，才能在60年的时间内赶上富国。要做到这一点，将人口增长因素考虑在内，国内生产总值总量必须每年至少以6%的速度增长60年。[2]然而在经济史中，一个国家以6%或以上的速度持续增长超过15年的情形是不常见的。在2010年之前，中国台湾保持了32年（1962—1994年）的纪录，之后是韩国的29年（1962—1991年）。2010年中国大陆打破这一纪录，它已经持续33年增长超过6%。[3]

---

① Immanuel Wallerstein, *World-systems analysis: an introduction*, Duke University Press, 2004.

② Robert C. Allen, *Global Economic History*, p.146.

③ Lant Pritchett & Lawrence H. Summers, "Asiaphoria Meets Regression to the Mean", NBER Working Paper, 2014, http://www.nber.org/papers/w20573, 国内学者对其的回应和评价，可参见刘培林：《中国潜在增速不会快速向均值回归》，《中国经济时报》2015年07月30日。

2.发展与公平可以兼容

在现代化研究中,人们一再重复关于经济增长与收入分配关系的讨论,库兹涅茨的经典研究是这一讨论中不可或缺的素材。根据英、美、西德的统计资料,库兹涅茨在1955年提出了经济增长与收入分配的倒U形假设:在从前工业文明向工业文明极为快速转变的经济增长早期,不平等扩大;一个时期变得稳定;后期不平等缩小。[①]库兹涅茨的主张常被有意无意地演化为"在工业化早期,经济增长与收入分配无法兼容",在"工业化后期,经济增长会自然推动收入分配趋向平等"。其理由是:在经济增长早期,大规模的资本积累只能通过显著的不平等才能实现,因为穷人甚少储蓄,资本的积累只能依赖于富人。在经济增长后期,随着财富的增加,劳动力变得稀缺,他们就望在市场中得到一个更高水平的工资,继而改善收入分配。之后的经济学者尝试运用所谓的"涓滴效应"来说明经济增长改善收入分配的原理。依据这种观点,通常由富人所创造和积累起来的财富被认为有利于穷人,因为富人有着更高的储蓄率,这增加了穷人在金融市场中可获得的资金,为他们进行投资提供了激励,依此所建立起来的理论被称作涓滴经济学(trickledown economics)。

"涓滴效应"的作用机制令人生疑。现代经济中最为主要的借款者并非穷人,而是有资产作为抵押的富人。换言之,金融市场是有门槛的,倾向于按照贷款的偿付能力而非需求程度来确定资金的分配。值得注意的是,库兹涅茨本人并不认为收入分配会随着经济增长自动趋向平等。恰好相反,库兹涅茨认定,这些国家总体收入分配会随着城市化、工业化进程而有所恶化。推动收入分配趋向平等的因素均来自市场外部力量的介入:通过遗产税和其他资本税来限制财富积累、政府容许的或引发的通货膨胀,以及对财产收益的法律限制(如租金控制)等。而一旦工业化和城市化汹涌澎湃的早期阶段过去,各种各样的力量就汇集起来支持城市人口中低收入组的经济地位。一段时间后,城市人口中越来越多的都是"本地人",他们更有能力投身于经济斗争。而且,在民主社会,城

---

①[美]库兹涅茨:《经济增长与收入不平等》,郭熙保主编:《发展经济学经典论著选》,中国经济出版社,1998年,第46～47页。

市低收入集团的政治力量逐步增强,这导致各种各样保护性和支持性法律的颁布和实施。这些因素共同作用的结果是,这些国家在工业化中后期时,收入分配状况得以改善。①

库兹涅茨的观点启示我们,那些在经济增长过程中没能建立起必要民主与法律机制的地方,单凭"涓滴效应",收入分配不会自动趋向改善,甚至可能在所谓"马太效应"的作用下导致收入差距进一步拉大。经济增长与收入分配的关系在东亚情景中有新的故事。在那里,改善收入分配的力量同样源自政治因素,却早于民主机制在这些地方建立起来之前。收入分配也不如库兹涅茨所言,在经济增长后期才有所改善,而是在经济增长的更早阶段,甚至在不平等扩大之前,就已经呈现出改善的迹象。从这一意义上讲,东亚不只是对早发现代化国家的模仿,还是对其的改良与超越。

3.并非所有的"好事情"都会一起来

早在工业化尚在欧洲和北美酝酿时,人们就发现,现代化的内容并不同步。福山提及,希腊和意大利南部虽然经历了城市化,但却要么跳过工业化阶段,要么大幅减弱它的影响。这种"没有发展的现代化"(modernization without development)也盛行于许多非西方社会。那里的殖民主义促进了城市化,造就了现代精英,却没能创建起大型工业部门,没能推动社会的全盘转型。②在另一些地方,在经济快速增长的同时,贫困人口的数量出现了增多或者贫困程度加深的情况,其持续态势已经足以让人们怀疑,这不是暂时现象。正是基于此,20世纪70年代的经济学家日益主张对发展进行更为广泛的界定,社会维度被纳入发展的范畴中:"要了解一个国家的发展,应该问:该国的贫困人口发生了什么变化? 失业发生了什么变化? 不平等发生了什么变化? 如果这些指标都从高水平状态有所下降,那么毫无疑问,这一国家出现了发展。如果这些核心问题中的一个或两个有所恶化,尤其是如果所有三个指标都变得更糟,即便该国的人

① [美]库兹涅茨:《经济增长与收入不平等》,郭熙保主编:《发展经济学经典论著选》,中国经济出版社,1998年,第51页。

② [美]福山:《政治秩序与政治衰败:从工业革命到民主全球化》,毛俊杰译,广西师范大学出版社,2015年,第173页。

均收入翻倍,将其称作是'发展'也是奇怪的。"①

政治民主化也不是经济发展的必然结果,亨廷顿等人区分了"具有广泛基础"的发展和"靠出售石油(或其他自然资源)"的增长,他断言只有前者才会有助于民主,而"无发展的增长"不能产生民主化,②甚至会导致"资源诅咒"。罗德里克则否定经济增长和民主制度之间存在任何取舍关系,因为"建立民主的理由和发展经济的理由并没有什么重合。我也不认为这个世界上有哪个国家会穷到没有办法建立民主或改善人权的地步。实际证据表明,一个国家在向民主转轨的时候不见得非要付出经济上的代价。有人以为,只有拖延民主的步伐才能取得经济发展,或者只有足够富裕才可以享受民主,对此我不能苟同……但另一方面,我也不认为民主是经济增长的先决条件,民主的确是件对大家都有利的事情,越早拥有越好。与经济增长相比,民主是个大得多的、不同的议题"③。

响应亨廷顿在1968年写作《变化社会中的政治秩序》中的观点,福山感叹说:"发展的经济、社会和政治诸方面,自有不同的轨道和时间表,没有理由一定会按序渐进。尤其是政治发展,独立于经济增长,只遵循自己的逻辑。……绝不能说,有了发展的某个方面,其他方面就一定会伴随而来。"④意识到"并非所有的好事情都会一起到来",1996年的人类发展报告开始批评五种有增长而无发展的情况:没有带来就业机会增多的"无工作的增长"(jobless growth)、没有导致民主自由扩大的"无声的增长"(voiceless growth)、伴随着收入分配恶化的"无情的增长"(ruthless growth)、导致本地文化被外来文化淹没和同化的"无根的增长"(rootless growth)、以牺牲环境为代价换取短期收益的"无未来的增长"(futureless growth)。⑤

---

① Richard Brinkman, "Economic growth versus economic development: toward a conceptual clarification", *Journal of Economic Issues*, 29, 1995, pp.1171-1188. P. Jegadish Gandhi, "The Concept of development: Its dialectics and dynamics", *Indian Journal of Applied Economics*, 5,1996, pp.283-311.

② [美]亨廷顿:《第三波——20世纪后期民主化浪潮》,刘军宁译,上海三联书店,1998年,第75页。

③ Rodrik, Dani, "Home-Grown Growth: Problems and Solutions to Economic Growth", *Harvard International Review*, Vol.27, No.4, 2006, pp.74-77.

④ [美]福山:《政治秩序与政治衰败:从工业革命到民主全球化》,毛俊杰译,广西师范大学出版社,2015年,第44页。

⑤ UNDP, *Human Development Report 1996*, Oxford University Press, 1996, pp.1,3.

在这种背景下，东亚的现代化成为发展理论的分水岭，过去用来解释发展议题的主导理论（现代化理论、依附理论）均在不同程度上面临着如何对待东亚经验的问题，"新的问题意识、新的理论主张和新的解释结构呼之欲出"[1]。我们将这些作为起点，探索东亚现代化不同组成部分生成的原因（为何东亚而非其他地方能够实现有发展的增长），这些维度间的关联性（在一个财阀占据主导，并由国家来主导工业化进程——这意味着它具有选择现代化内容和形式的权力——的政治经济体制中，其收入分配缘何呈现出与其经济结构和现代化样式迥然不同的态势？为何那些不利于工业化主导者，即财阀和威权领袖的政治变革会发生？政治领域的变革又在何种意义上影响到发展型体制的存续），以及东亚经验对发展中国家的启示、对发展理论和国家理论的意义。

当然，这是一个极其复杂的议题，远远超出了我们的能力范畴，也难以在一本书的篇幅内说清楚。我们暂时将这些难题放到一边，先将精力集中到最惹人关注的经济发展上来，下一节将盘点解释东亚经济表现的两种主要理论框架。

第二节　东亚奇迹的理论解读

东亚在二战后的"逆袭"，最终被确定是真实和持续的时候，它的发展历程开始具备重要的理论建构意义。尤其是在20世纪80年代，曾经与东亚相提并论的其他主要发展中经济体日益显示出颓势的时候——包括中东欧的计划经济体，也包括逐渐被用"失去"来形容的拉美经济体——东亚俨然成了发展课堂上的唯一优待生。不同学科背景的学者猜测在这些经济体中究竟有哪些因素发挥了作用，从而使它们不同于那些表现平庸的大多数。市场中心派坚持认为，东亚的增长主要受益于宏观经济稳定，这为投资、储蓄和人力资本积累提供了恰当激励，而政府对特定产业的干预或者不起任何作用，或者更为糟糕，对资源配置造成有害的或扭曲的影响。国家中心派则将国家视为推动和塑造东亚奇迹的核心力量。世界银行在部分意义上认可了这种解释，在1993

---

[1] 阎小骏：《当代政治学十讲》，中国社会科学出版社，2017年，第56～57页。

年以经济增长与公共政策为题来解读和推广东亚经验。①世行的工作使发展型国家理论声名大噪,东亚政治经济日益被看作是一种既不同于西方自由市场经济模式,也不同于国家社会主义模式的新形态。②在1997年亚洲金融危机前,发展型国家的主要做法已经被作为东亚模式的核心内容向发展中国家"兜售"。它不仅被看作是一种优于拉美模式的发展战略,而且在很大程度上被当作后发国家实现跨越式发展的唯一可行路径。发展型国家理论甚至还成为推动社会科学研究中的国家主义范式复兴的主要动力之一,并构成各种以发展为主题的学科的理论基石。

一、东亚奇迹的市场中心解读

在发展型国家理论出现之前,对于东亚经济表现的主导解释范式是由秉持新古典要义的经济学家搭建起来的。由于其共同点在于强调自由市场在推动经济发展中的核心地位和作用,反对、否认或仅仅有条件地肯定政府介入经济的正面效用,我们粗略地将其称作市场中心学派。市场中心观点建立在国家与市场对立或零和基础上,因此一个最小的国家必然导致市场机制得到最为广泛的扩展与应用,而国家更多地介入经济意味着市场发挥作用的空间出现相应的萎缩。市场中心主义者的论点,在与发展型国家理论的竞争中不断修正和丰富。本节分别梳理了它们的论点、经验证据及其面临的挑战,从而为发展型国家理论的"出场"提供铺垫,但市场中心观点绝不应该只是发展型国家理论者的"靶子",不是映衬国家中心主义者"正确"或"高明"的反例。任何准备接受某一流派的学者,也必须认真对待另一流派的观点,这有助于形成一个更为均衡、因而也更加接近事实的东亚政治经济图谱。

---

① 这项研究在1993年9月出版,中文版参见世界银行:《东亚奇迹:经济增长与公共政策》,中国财政经济出版社,1995年。日本政府推动了这项研究的开展。80年代富裕起来的日本人开始对外援助与投资,并向世界推广其发展经验,这与世行长期以来所秉持的自由理念对立。世行指责日本援助破坏了世行以及国际货币基金组织的目标。作为回应,日本政府通过资助世行研究的方式来推动它更加关注东亚经验。参见 Robert Wade, "Japan, the World Bank, and the Art of Paradigm Maintenance: The East Asian Miracle in Political Perspective", *New Left Review*, 1996(217), pp.3-36.

② 孙代尧:《台湾威权体制及其转型研究》,中国社会科学出版社,2003年。

（一）由进口替代到出口导向：20世纪60年代东亚经济的自由化

市场中心主义者相信，东亚的经济表现应主要归咎于其存在一个模范的市场体制，因而契合新古典经济学对于国家与市场恰当关系的判断：在东亚"国家干预几乎不存在"①或比别的地方"少得多"②。进一步而言，正是由于政府对经济的干预被限定在新古典经济学所倡导的范围内，政府致力于提供公共产品、弥补市场失灵、矫正外部性，"看不见的手"才得以充分展示其魔力，继而推动东亚经济趋向繁荣。与之相比，拉美的发展中经济体以及中东欧的计划经济体都受制于更为广泛的政府干预，这些干预压缩了市场发挥作用的空间，扭曲了经济激励，窒息了人们从事经济活动的动力，并由此使其经济远远落后于东亚。因此，东亚的繁荣和其他发展中经济体的停滞或衰退都是对市场优越性的证明。其他后发经济体应该从中汲取的经验是，要想取得和东亚类似的表现，它们必须将政府对经济的介入限制在新古典范式所倡导的范围内。

将东亚识别为一个自由经济体制，其最初的主要依据是在经历了一段时间的进口替代后，东亚在20世纪60年代中期前后纷纷转向了出口导向工业化。出口导向与进口替代是后发国家在工业化早期用来处理与更为发达经济体的关系时所采取的两种基本方法。进口替代用关税和进口配额来保护国内生产者，使之免于国际竞争。其最初意图是为当地初创的、无国际竞争力的生产者确保市场，并使他们由此学会如何生产。在依附论者看来，这可能是边缘国家摆脱对中心国家依附的唯一可行方式，而新古典经济学者则指责说，进口替代倾向于将收入和财富从消费者那里再分配到国内生产者和政府手中，从而鼓励国内受保护产业中的行为者寻租，他们通过游说政府来谋求让市场小环境更持久地存续下去。在这样做的过程中，它减弱了竞争对于企业控制成本和创新的压力，因而从长期看，进口替代有害于发展。

与之相比，出口导向是一个更为优越的工业化战略。这一战略的优势体现

---

① Edward Chen Kwan-yiu, *Hyper-growth in Asian Economies: A Comparative Study of Hong Kong, Japan, Korea, Singapore and Taiwan*, London: Macmillan, 1979, p. 41.

② John C.H. Fei, Gustav Ranis, Shirley W.Y. Kuo, *Growth with Equity: The Taiwan Case*, Washington, D. C.: The World Bank, 1979, p. 34.

在如下五个方面:第一,外向战略使得经济体能够利用规模经济优势,因为它可以为全球生产。第二,出口导向的工业化迫使产业面对外部竞争,减少了在进口替代工业化下,由于盛行的进口保护所招致的福利损失。第三,进口替代工业化很容易陷入棘手的国际债务中,而这些问题在出口导向的经济体中更容易得到处理,因为它拥有更强的赚取外汇的能力。第四,尽管小的开放经济体容易受制于世界市场的波动,但它能够利用的机会远超出涉及的风险。第五,出口导向工业化推动了相对平等的收入分配,因为庞大的出口部门创造出大量就业机会,工资收入增长超出财产收入增长,而在进口替代经济中经常存在所谓的双重工资结构。[1]在进口替代产业部门就业的人员通常能够获得更为丰厚的工资回报,而处在为这些产业"输血"位置上的人们只能忍受低下的报酬。

　　韩国在李承晚时期,即20世纪50年代,追求进口替代工业化,这是韩国民族主义领袖抵制由日本主导区域发展格局的一种努力。当时的美国尝试将韩国纳入由日本主导的东北亚经济秩序中,以便共同对抗共产主义版图的扩张。在美国的设计中,韩国应该通过向日本出口稻米和海带来换取日本的工业产品,这无疑会使韩国陷入对日本的依附中。基于殖民时期的惨痛经历,这是韩国的民族主义者绝对不能忍受的。韩国希望通过进口替代来创立并维持一套独立的工业体系,以便能够摆脱日本的"新殖民主义"。为了实现这一点,它必须将国内和国际市场区隔开来,从而使本国的进口替代产业获得成长的空间和时间,因此,高估币值和建立贸易壁垒是任何进口替代工业化战略的必然。进入20世纪60年代,刚刚通过军事政变上台执政的朴正熙就面临着来自美国的经济改革压力。为了回应美国的要求,军政府在1963年采取宏观经济稳定措施,1964年韩国选择性地自由化了汇率(韩元贬值,从而不利于进口替代,但有助于出口)和利率,由此使得通过高估币值所产生的经济租金及其占国民生产总值的比重大幅下降。1953—1960年,高估币值所产生的经济租金占比,除了1954年外,都在10%以上。而在1961—1970年间,汇率改革使得官方汇率与市场汇率更

　　[1] Cheng, Tun-jen, *The Politics of industrial transformation: the case of the East Asian NICs*, Doctoral Dissertation, University of California, Berkeley, 1987, p.25.

加接近，通过高估币值所产生的经济租金占当年国民生产总值比重最高不过5.1%，最低仅为0.5%。[1]1965年韩国正式确立了出口导向的工业化战略，大幅降低了进口关税和配额，实施贸易保护的方式也由正面清单转向负面清单。[2]

无独有偶，20世纪60年代之前的日本几乎是一个完全封闭的经济，所有与外界的联系都需要通过政府的中介来实现。从60年代开始，日本逐渐面临着自由化贸易体制的压力。1964年4月日本加入经合组织，成为该组织中的第一个亚洲国家。经合组织的成员国地位意味着日本承诺的不只是贸易自由化，而且要取消对于资本跨国流动的控制。在经历了通产省国内派（通产省中负责产业政策的部分）和国际派（通产省中负责国际贸易政策的部分）的长期争论后，国际派回应自由化压力的办法占了上风，日本朝向更加开放和自由贸易的方向发展。1964年日本终止已经实施30多年的日元兑换禁令，而外汇管制在之前一直是通产省干预经济的最有力手段。自此之后，新古典理论认为的与发展正相关的要素渐次出现：汇率是相对稳定且不受扭曲，生产者对外销售或者在内部销售的激励大体相同；对内部市场的有效保护水平较低；工资处在市场出清水平（低度的失业率，缺乏工会等的有效保护，劳动力市场的弹性较强，劳动力市场是自由的），利率处在较高水平（充分体现出资本的实际稀缺性）；当局拥有预算盈余（保守的政府预算），储蓄和投资非常高；劳动力受过良好培训，产业结构包括了大量不具备市场力量的小企业；政治环境是稳定的。[3]

新古典学者评论说，东亚在转向出口导向工业化过程中所采取的一系列自由化举措，取消了在进口替代阶段所形成的扭曲经济的做法，这将显著改善它们的经济绩效：第一，汇率改革使得出口变得有利可图，允许它们遵循其在劳动密集型产业中的比较优势，因而能够从外贸中获得好处。第二，贸易自由化对

---

① Yoon Je Cho, "Government Intervention, Rent Distribution, and Economic Development in Korea", Masahiko Aoki, Hyung-Ki Kim & Masahiro Okuno-Fujiwara, *The Role of Government in East Asian Economic Development: Comparative Institutional Analysis*, Oxford: Clarendon Press, 1996, p.211.

② 由进口替代转向出口导向的一个重要背景是，来自美国的军事和经济援助减少，这使得通过高估本币（服务于进口替代）所产生的好处荡然无存。因而，韩国和台湾地区转向出口导向的工业化战略，在很大程度上是由于美援中断，必须更加依赖国际市场获取外汇，继而维系安全。Linda Weiss & John M. Hobson, *States and Economic Development: A Comparative Historical Analysis*, Polity Press, 1995, p.186.

③ Wade, *Governing the Market*, pp.71-72.

内部生产者施加了竞争性压力,有助于改善其经济效率。第三,实际利率的提高有助于动员更多储蓄以及更为有效地运用稀缺资本。改革的最终结果是:"稳定化加上拆除各种不同形式的、既有的直接控制措施,韩国人创造出一个更加市场导向的经济,这有利于国内企业家的出现,这些企业家寻求有效利用经济中相对充裕的资源,它体现在劳动密集型的产业出口中。"[1]数据显示,韩国出口占国内生产总值的比重从1965年的7%增加到了1987年的39%,中国台湾同期由18%增加到了48%。[2]1982年中国台湾和韩国只占全球人口的1.28%和全球收入的1.5%。但就制成品出口而言,它们所占的份额大得多,制成品出口处在世界第10和第13位,分别占全球份额的2.6%和2.3%。[3]相比之下,拉美没有及时转向出口导向工业化,用来支持进口替代战略的举措不仅将资源错误地配置到其不具备比较优势的生产中,继而频繁遭遇国际收支困境,而且窒息了企业家的创造力,将他们的注意力导向游说和其他非生产性活动,因而尽管工业化的起点要比东亚高得多,却被东亚超过并远远抛在后面。

从新古典视角来论述东亚在由进口替代向出口导向转变过程中所发生的一系列经济举措,尽管能够做到逻辑自洽,且与东亚的最终经济表现大体一致,但要据此得出东亚已经建立起新古典式的自由经济体制却为时过早。一方面,作为一个整体,东亚经济自由化的程度存在显著差异。在经历了最初的自由化后,韩国的贸易保护壁垒依旧很高。进口自由化率(import-liberalization ratio)在1978年为61.3%,显著低于同一时期的日本和中国台湾。日本的进口自由化率从1960年的40%上升到1969年的90%,台湾地区在20世纪70年代中期也已经达到了90%。[4]另一方面,市场中心学派所赖以建构的经验基础是高度选择性

---

[1] Rains, G. and J. Fei, "A model of Growth and employment in the Open dualistic economy: the cases of Korean and Taiwan", in F. Stewart (ed.), *Employment, Income Distribution and Development*, London: Frank Cass, 1975.

[2] 数字引自 David Waldner, *State Building and Late Development*, Cornell University Press, 1999, pp.189-190.

[3] Robert Wade, *Governing the Market*, p.36.

[4] Chung-in Moon and Byung-joon Jun, "Modernization Strategy: Ideas and Influences", in Byung-Kook Kim & Ezra F. Vogel, eds., *The Park Chung Hee Era: The Transformation of South Korea*, Harvard University Press, 2011, p.126.

的,有意无意地忽视或者低估了那些"逆向"的改革。比如,韩国在放弃汇率高估的同时,增强了对金融体制的控制。1961年韩国的商业银行被收归国有,一直到20世纪80年代初期,银行才开始有限的自由化改革。央行也被置于财政部的控制之下,而在之前,韩国央行是仿照美联储体制建立起来的,具有较强的独立性。其后,政府在动员和分配信贷方面发挥了积极作用,优惠信贷取代高估汇率和进口限制成为支撑政府经济战略和产业政策的最主要方式。

　　建立在上述论据基础上,研究者能够可靠地主张,在转向出口导向战略后,东亚政府并非显著减少对市场的干预,而是持续广泛地介入到经济运行过程中,只不过是以新的、非正式的也因而更为隐蔽的行政指导(administrative guidance)替代了在经济自由化过程中失去的大部分产业政策工具(尤其是外汇控制),并将改善产业结构作为应对经济自由化冲击的主要措施。进一步而言,在理论上将出口导向与进口替代对立起来,尤其是将出口导向看作经济自由化的标记或者起点,尽管在分析上可能是有帮助的,却存在误导。在韩国,朴正熙将进口替代和出口导向看作是互补的。由于缺乏国内需求以及上下游产业的发展不足,任何进口替代项目不得不与出口促进关联起来。[①]因此,东亚是在进口替代过程中逐渐建立起产品的竞争力,并在出口导向的推动下进入到国际市场竞争。

(二)由劳动密集型到资本密集型:市场引导的产业升级?

　　随着工业化的推进,东亚经济日益呈现出与发达国家更为相似的特征。韩国制造业部门占国内生产总值的比重在1960—1980年的二十年间增加了约2/3(从18%增长到30%),农业份额在同一时期内收缩到原来的约1/3(从38%到12%)。结构转变不只发生在农业向工业的转变中,而且也发生在制造业内部。重工业在总的制造业中所占份额(以不变价格计算)从1963年的16.4%增加到了1987年的42.0%,化学工业同期从17.1%增长到20.1%。[②]由于这些改变,到了20世纪80年代中期,韩国的经济结构看起来已经与诸如阿根廷、巴西和西班

---

① Robert Wade, *Governing the Market*, pp.18-19.

② Ha-Joon Chang, *The Political Economy of Industrial Policy*, pp.92-96.

牙这样的上中等收入国家类似,而在20世纪60年代韩国的生产结构则类似于印度和肯尼亚这样的低收入国家。在台湾地区,制造业占比从1960年的22%增加到了1978年的38%。轻工业占比由1965年的51.2%下降到1981年的43.4%。东亚的增长伴随着产业结构的深化,而产业结构的深化反过来使得持续的增长成为可能。

　　工业的增长和深化还体现在制造业的出口中。在20世纪50年代的前半期,日本大约30%的出口依旧由纤维和纺织品构成,只有14%属于机械。到了20世纪60年代前半期,出口构成发生了重要变化。纤维和纺织品的比重下降到8%,机械提高到39%,所占比重最高,紧随其后的是金属和金属制品(占26%)。[①]作为20世纪70年代重工业战略的结果,韩国重工业在制造业所占比重由1972年的39.7%增加到1979年的54.9%。1971年重工业只占总出口的13.7%,到了1979年增加了三倍,达到37.7%。相应地,轻工业在总的制造业产出中所占比重,从1972年的60.3%下降到1979年的45.1%;轻工业商品出口的重要性,也从86.3%下降到1979年的62.3%。[②]这些数据表明,东亚在国际市场上具有竞争优势的产品逐渐发生了改变。在新古典主义者看来,东亚经济所表现出的这种结构性变革是自由市场发挥作用的证明。在出口导向的战略下,国内生产者必须参与到国际竞争中,而为了在竞争中胜出,他们必须将资源投入其具有比较优势的产业,即劳动密集型产品的生产上。当其在劳动密集型产品上不再具有优势的时候——廉价的劳动力开始耗尽,工资有所上升,其他后发国家在劳动密集型产品上的竞争加剧,以及来自发达国家的贸易保护主义等,在市场力量的引导下,它们将转向资本和技术密集型产品的生产与出口。

　　将东亚经济由劳动密集型向资本密集型的转变看作是市场力量自发回应和调节的结果,这类观点同样面临不少争议。在日本高增长时期,虽然有积极的宏观政策,但无论宏观税负还是总财政支出在发达国家都算是很低的,国家

---

① Chalmers Johnson, *MITI and the Japanese Miracle: The Growth of Industrial Policy, 1925-1975*, Stanford: Stanford University Press, 1982, p.31.

② Jung-en Woo, *Race to the Swift: State and Finance in Korean Industrialization*, New York: Columbia University Press, 1991, pp.132-133.

的积极作用主要体现在对产业的干预上。政府有选择地通过补贴、关税、企业重组等手段扶持具有国际竞争潜力的产业,如钢铁、汽车、半导体和计算机等,同时帮助夕阳产业如铝、造船有秩序地收缩。政府尝试预先估算市场容量,决定进入同一产业的企业的数量和次序,之后通过价格和服务规制来确保所有进入者的存活。虽然有选择的产业政策并不是处处成功,但总的来看,它创造了一批具有国际竞争力的产业。在韩国,产业政策是随着重化工业战略的推动而大量出现的。与经济上的考虑相比,更为重要的是,这样做的动力是政治上的,因为这些是与国防相关的产业。在美国提供给东北亚的保护减弱的情况下,韩国不得不更多依赖自己来实现国防安全。因此,当某个产业被挑选出来作为优先发展对象时,国内几乎没有任何基础,更谈不上存在比较优势。事实上,在韩国第三个五年经济计划中尝试重化工业促进战略时,世界银行、美日政府等对其前景并不看好,因为它是资本密集型的,违背了韩国的比较优势。在它们看来,韩国应当专注于自己具有比较优势的纺织产业。浦项钢铁经常被作为一个藐视比较优势而取得成功的例子。浦项钢铁筹建的时候,韩国在这一领域不存在任何的比较优势,它甚至缺乏铁矿石和炼钢所需的焦炭,然而在不到十年的时间里,浦项钢铁已经成为世界上最有效率的钢铁工厂。

(三)市场友好与市场增进:市场中心主义观点的调适

随着越来越多的关于东亚政府干预市场的经验证据被揭示出来,即便是最为坚定的市场中心主义者也不得不承认,东亚经济体中的政府干预并未限定在新古典经济学所推荐的范围内。后期的市场中心学者从原初立场退却,承认东亚经济中存在更为广泛的政府干预,而不是几乎不存在或者比别的地方少得多。他们开始用新的概念来解释东亚广泛的政府干预与积极经济后果之间的关联。这类观点主张,政府干预对经济的影响,主要不在于范围而在于方式。[1] 东亚经济体在政府职能范围上存在很大差异,从最低程度的中国香港到高度干预性的韩国,然而所有这些经济体都取得了非常高的人均国内生产总值增长。

---

[1] Francis Fukuyama, *State-Building: Governance and World Order in the 21st Century*, Ithaca, New York: Cornell University Press, 2004, p.19.

包括世界银行在内的机构和学者因此争辩说,东亚政府的干预之所以能够取得较好的经济效果,关键在于它们采取了市场友好的方法。究竟何为市场友好,在不同学者那里,具体含义并不相同,但大体而言,市场友好的干预方法指的是致力于"使能"或者"赋权"市场行为者的政府经济行为,比如通过教育和培训来提高劳动者的通用技能和人力资本,通过基础设施投资来降低企业的运营成本等,它反对政府直接从事生产性活动,更反对用政治机制来替代市场机制。干预本身也是一个非常含糊的词汇,需要加上一定的限定才能用于学术分析。在本书中,"更为广泛"的干预指的是干预领域相较于新古典主义理论倡导的范围更广;"侵占性"干预指的是干预旨在改变市场本应有的结果;"先占性"干预指的是政府在市场出现明显失灵之前的防范式介入。

市场友好观点承认,当经济处在发展阶段时其产品和要素市场存在更多的不完善,市场失灵也更加普遍。在完备和成熟市场中,本可以交由市场来发挥的功能(投资协调等)和解决的问题(如缺乏和不完全的信息、技能创造和学习中的外部性和生产中的规模经济),现在必须由非市场力量来完成,但它反对据此来扩张政府职能,而是相信当市场不足以解决协调问题的时候,其他的私人部门组织,诸如企业间的自发合作将满足协调所需。因此,即便是处在后发展阶段的政府,其在面对一个不完善的市场机制时,其作用仍应严格限定在提供市场交易的法律基础上及提供那些受制于极端市场失灵的公共产品上。市场友好方法反对将产业政策视作推动东亚实现经济奇迹的关键,而是致力于讨论为何产业层面的干预没有拖累东亚经济。在一些人看来,产业政策的作用原理就是抵消了政府干预所带来的市场扭曲。比如,作为进口替代工业化战略的组成部分,需要高估币值,这种偏向于进口的汇率政策对出口造成不利影响。产业政策旨在通过推动出口的一系列政策来消除高估币值对出口的扭曲,最终使得出口与其本来应该做到的那样有利可图。巴格瓦蒂(Bhagwati)区分了两种类型的产业政策,即指定性干预(prescriptive state intervention)和禁止性干预(proscriptive state intervention)。东亚产业政策属于前者,即政府选定若干战略性产业加以"重点培养",而其他一般产业则较少受制于专门政策的影响。在这位作者看来,尽管指定性干预可能指定的与禁止性一样糟糕,但禁止性干预倾向于窒息创新,而指定性干预在指定之外留下更多开放的、市场自主发挥作用的空间。这样,此类干预之所以起作用恰好是因为它的"无用",它是多孔的或者允许私人部门规避它。有助于节制政府干预负面后果的因素也被识别出来,在东亚,这些因素包括:第一,干预受制于国际竞争和市场相关的制衡。政府没有回避市场力量,一旦保护失败,它迅即被清除。第二,贸易体制持续高度的外向性。政府谨慎地抵消对出口的偏见,而这通常是贸易保护的特征。第三,相比于多数其他发展经济体,在东亚,政府对于市场的干预就总体而言是更加节制的。①正如后面所要提及的,这样的争议完整地在我国产业政策的研究中再现,几乎每一种观点都能够在中国的产业政策研究者中找到追随者。在林毅夫等人尝试以新结构经济学来为产业政策提供理论支持的同时,有大量的中国学者质疑产业政策的作用。在尝试总结中国经验时,中央党校的郭强断定:"中国政府做对的事情并非产业选择等'有为',而是给市场自由的'无为'","中国政府真正的有为就是改革,就是自我限制,就是从全能政府走向有限政府"。②这一观点几乎就是市场友好观点的翻版。

青木(Masahiko Aoki)则强调,后发国家中的政府在改善私人部门的协调能力和克服其他市场缺陷方面的作用,这种类型的政府被称作市场增进型(Market-enhancing)。③市场增进观点假设,私人部门相比于政府有着重要的比较优势,尤其是在提供恰当的激励和处理当地可用信息方面。这一观点也承认私人部门制度并没有解决所有重要的市场缺陷,因为私人部门的能力在发展中国家尤为有限,但解决协调问题并非政府职责,政府的作用在于促进能够克服这些失败的私人部门制度的发展。因此,东亚之所以取得经济奇迹,并非通过设计一套惩罚和激励系统并强加给企业来实现的(这是发展型国家的最初主张),而是积极地促进那些有助于私人经济部门间实现协调的非市场机制的发育,最为

---

① World Bank, *World Development Report 1991*: *The Challenge of Development*, Oxford University Press, 1991, p.39.

② 郭强:《政府"不越位"比"有为"重要》,林毅夫等主编:《产业政策:总结、反思与展望》,北京大学出版社,2018年,第214~215页。

③ Masahiko Aoki, Hyung-Ki Kim & Masahiro Okuno-Fujiwara, *The Role of Government in East Asian Economic Development: Comparative Institutional Analysis*, Oxford: Clarendon Press, 1996, pp.18-19.

典型的这类制度,如劳资政的三方机制、主银行制度等。这类制度并不会自发产生并维系,需要国家着力地培养和大力扶持。不同于建立在市场与政府二分基础上的传统分析,市场增进理论转而强调政府在促进私人部门协调中的积极作用。

青木的观点在资本主义多样性研究中得到进一步发展。在后者看来,企业的本质是关系性的,它在运作过程中需要处理五个方面的关系:在产业关系领域,企业所面对的问题是如何与员工、代表员工的组织、代表其他雇主的组织就工资和工作条件进行协调谈判;在职业培训和教育中,企业面临的问题是确保有适当技能的工人,而工人面对的问题是决定投入多少到何种技能中;在公司治理中,企业要寻找资金来源,投资者则寻求稳定的投资回报;在企业间关系中,企业要与其他企业,以及供应商或者顾客建立关系,目标是获得稳定的产品需求、适当的原料供应和技术;最后,企业需要确保员工拥有必要技能,与他人合作来推进企业目标。[①]资本主义多样性研究依据企业解决这五方面协调问题时的方法,区分出两种政治经济类型,即自由的市场经济(Liberal Market Economies)和协调的市场经济(Coordinated Market Economies)。将协调市场经济从自由市场经济中区分开来的制度主要包括:合作性的集体谈判,工厂层面上工人参与和表达的安排,完备的职业教育和培训系统,企业与他们供应商间的持续关联,能够为企业提供"耐心"资本的金融体系。[②]资本主义多样性理论主张,要让一个政治经济体制取得令人满意的效果,不同子系统——劳动关系与公司治理、劳动关系与职业培训、公司治理与企业间的关系应当彼此强化。将组成政治经济体制的任何一个要件隔离出来单独分析和评价,都是不恰当的,它的效用只能在与其相配的政治经济其他要件存在的情况下才能充分实现。因此,它主张政府应当补充它们各自市场经济的制度性比较优势。在自由市场经济中,企业之间的关系是以市场为中介的,国家如果修复(restores)和锐化(sharpens)

---

① Peter A. Hall & David Soskice, "An Introduction to Varieties of Capitalism", in Hall and Soskice eds., *Varieties of Capitalism: the institutional foundations of comparative advantage*, Oxford University Press, 2001, pp.6-7.

② Kathleen Thelen, "Institutional Change in Advanced Political Economies", *British Journal of Industrial Relations*, Vol.47, No.3, 2009, p.472.

市场机制，国家将是更加有效的。而在协调市场经济中，有效的政策包括支持联结公司的制度和协调网络。因此，政府做哪些会更加睿智，取决于它们所处的市场经济类型。①

　　另一些"新古典主义者"做出了更大的让步，在他们看来，即便东亚政府更多地干预经济，也实现了更为积极的经济后果，却不是对市场中心主义的挑战，因为政府更为广泛干预的前提是这些领域中的市场缺失或者存在功能障碍。进一步而言，政府介入之所以能够起到积极后果是因为它模仿了市场的作用机理或者其作用的间接性，而并不尝试改变市场本应该有的结果。因此，东亚国家更为广泛的政府干预仍然是对政府与市场关系的新古典范式的响应：政府致力于人造或者仿真市场，私人行为者受到激励来积极回应并利用市场（或模仿市场作用机理的政府）所创造出来的机会，从而推动经济繁荣。因此，东亚案例就其本质而言，是新古典经济学在后发展情景中的一种变通。那些超越新古典经济学倡导范围的政府干预不仅不是对市场中心地位的挑战，反而是对市场在后发情景下同样能够发挥作用的证明。这种观点一个顺理成章的推论是，一旦后发经济体不再处于后发展阶段，这种政府干预形式的必要性就将消退。

　　发展型国家研究持续提出了挑战市场中心解读范式的证据和论点。韦德区分了两种类型的政府干预方式，即遵从市场（following the market）和领导市场（leading the market），将东亚政治经济从其他样式中区分出来的关键在于后者。政府通过产业政策来推动它所识别出来的战略性产业实现超常规发展，换言之，政府致力于改变自由市场本应出现的结果。东亚国家在经济中的作用远远超出了正统经济理论关于政府在市场经济中恰当角色的信念，其作用的方式和范围，即便是经过凯恩斯主义修正后的自由主义政治经济学也并不认可，后者通常认为，国家对经济的介入应当是在总需求层面上，而产业政策是一种供给侧的介入。更重要的是，产业政策目标不只是为产业设定某种规则，而且致力于识别出有前景的产业并推动其实现超常规发展，这种做法的合理性，没有办

① Stewart Wood, "Business, Government, and Patterns of Labor Market Policy in Britain and the Federal Republic of Germany", in Hall and Soskice eds., *Varieties of Capitalism: the institutional foundations of comparative advantage*, Oxford University Press, 2001, p.274.

法在市场中心主义的框架内得到解释。

　　不借助来自国家主义的概念和洞见,市场中心学派的解读是选择性和不完全的。那些明显有悖于新古典理念的经济行为者(如财阀)和行为(如垄断、产业政策)被有意识地回避。正如约翰逊在评价市场学派时,指责"他们拒绝接受日本人在讨论和管理他们经济时发明和持续使用的概念——诸如产业结构、过度竞争、协调投资和公私合作等"[1]。市场的作用可能有助于解释东亚缘何出现了增长,却没能找到东亚增长如此快速的理由,而用来解释东亚增长的要素(储蓄和投资)本身是需要解释的,因为这些有助于增长的因素并不是自然生成的。正如在此传统中工作的一位经济学家所面临的窘境:他一方面"将日本的经济表现主要解读为私人和企业回应非常自由的商品和劳动力市场所提供的机会的结果。政府是支持性的,创造出有利于增长的环境,但其作用经常被夸大"。另一方面他却又不得不承认"对于日本战后经济表现的宏观解释——依据劳动力和资本投入的增加,以及它们更具生产率的分配——留下40%的产量增长和一半的劳动生产率增长得不到解释"[2]。正是由于这些不足,强调国家在东亚工业化过程中发挥了更为直接、积极和正面作用的理论开始兴起,并日益在与市场中心主义者的较量中占据了上风。

二、东亚奇迹的国家中心解读

　　当市场中心观点被证明存在结构性缺陷的时候,各种曾经处在非主流地位的理论开始尝试对东亚经济表现做出新解读。这些理论大体沿着两条路径发展,一是经济研究的路径。格申克龙(Gerschenkron)和李斯特的作品在这类研究中得到广泛引用,两人都主张国家在当时欧洲后发国家的工业化进程中曾经发挥了积极作用。他们的经济史研究与发展经济学交相辉映,越来越多的经济学者致力于探究国家推动经济发展和工业化的政策工具与作用原理。与之同时,政治学科的东亚研究也在积极推进。1982年政治学者约翰逊出版了《通产省与

---

[1] Chalmers Johnson, *MITI and the Japanese Miracle*, p.11.

[2] Hugh Patrick, "The Future of the Japanese Economy: Output and Labor Productivity", *The Journal of Japanese Studies*, 3, 1977, p.239, 225.

日本奇迹》(*MITI and the Japanese Miracle*)。正如这本书的标题表明的那样,它将日本的经济奇迹主要归因于通产省这样一个官僚机构。在1985年出版的《将国家带回来》中,埃文斯等人开始在理论上主张国家具备主体性,并将国家能力、国家自主性等概念引入政治学研究中,这挑战了新古典主义的国家观,后者倾向于将国家视作是一个消极被动或中立的(多元主义者)行为者。出于同市场中心观点竞争的需要,这两条路径逐渐融合在一起,统一用"发展型国家"的标签来命名自己的工作。发展型国家理论为东亚更为广泛和侵占性的政府干预与积极的经济表现之间的关系提供了新的解释可能性,也使得东亚样本不再是一个纯粹的经济研究对象,有助于经济发展的制度和政治要素得到了更大程度的重视。

(一)发展型国家概念的提出

从语义上看,"发展型国家"是一个偏正的结构,发展型是对国家的修饰。这一概念试图告诉我们,存在一种特殊类型的国家形态。国家本身的特质及其与其他行为者的关系,是这类描述的关键。建立在对日本案例的研究基础上,约翰逊在1987年将发展型国家的特征总结为五个:政治家—官僚精英的稳定统治、公共和私人部门在一个计划导航机构指导下的合作、对教育的倾斜和持续投入、确保分配相对公平的一系列政策、政府尊重并懂得使用以价格为核心的干预方法。[①]在总结和评述约翰逊的观点时,韦德对发展型国家的概念做出了重要补充。在韦德看来,发展型国家并非日本的专利,而是建立在东亚高增长经济体共有制度安排基础上的一种国家类型。其特征包括:第一,国家行为的最高优先性是经济发展,它依据增长、生产率和竞争性而非福利来定义政策目标。第二,国家承诺私人产权和市场,通过限制其干预的边界和方式来遵从这一承诺。第三,国家用精英经济官僚所设计的工具来指导市场,这些官僚由导航机构或者经济参谋本部来领导。第四,国家参与到与私人部门的协商和协调制度中,这是政策设计和执行的必要组成部分。第五,官僚治理而政治家统治。政治家的职能并非制定政策,而是为官僚创造腾挪空间,也充作安全阀,强迫官

---

① Chalmers Johnson, "Political Institutions and Economic Performance: the government-business relationship in Japan, South Korea, and Taiwan", in Frederic C. Deyo, ed., *The Political Economy of the New Asian Industrialism*, Cornell University Press, 1987, p.145.

僚回应对政体稳定至关重要的团体诉求。治理与统治的区分与软性威权主义一道,维持了经济发展相对其他主张的优先性。①

　　发展型国家是一个新概念,它需要在与其他同类概念的界分中明确其含义。在《通产省与日本奇迹》中,约翰逊首先通过区分计划理性(plan rational)和计划意识形态(plan ideological)而将发展型体制与计划经济体制划清界限,"在苏联及其依附者和效仿者那里,国家对于生产工具的所有、国家计划和官僚设定目标,这些并非实现发展目标的理性手段(即便它们可能曾经是),而是价值本身"②。发展型国家区别于计划体制的地方在于,它对经济的作用是通过强影响(strongly influenced)而非强控制(tightly controlled)的方式来实现的。紧接着他沿用达论道夫所做的计划理性与市场理性的区分,尝试将发展型国家与规制型国家区分开来。按照约翰逊的研究,规制型或者市场理性国家关注经济竞争的形式和程序或者说规则,但不关注实质性事务(substantive matters)。与之相对,发展型国家或者计划理性国家,其主导特征恰好是设定实质性的社会和经济目标(如日本和韩国都曾将富国强军作为战略目标)。③另一个将二者区分开来的办法是考虑经济政策的优先性:在计划理性国家中,政府给予产业政策最大的优先性,致力于培育和促进有助于增强国际竞争力的产业结构。与之相比,市场理性国家通常没有产业政策,经济政策强调规则和互惠互利。④埃文斯也尝试将发展型国家从规制型国家中区分开来。规制型国家首先确定关于恰当市场行为的规范,之后创立独立的官僚机构来予以执行,这是政府最主要的经济政策形式。埃文斯将发展型体制下的产业政策称作促进性规制,而规制型国家中的规制政策称作限制性规制。⑤

　　科利将发展型国家看作后发地区组织和运用国家权威的一种情形,他将之称作凝聚性资本主义国家(cohesive-capitalist states)。其特征包括:高度威权、深入社会的政治组织,国家与统治阶级建立起紧密的、生产趋向的工作性联盟,

---

①　Robert Wade, *Governing the Market*, pp.25—26.

②　Chalmers Johnson, *MITI and the Japanese Miracle*, p.18.

③　Chalmers Johnson, *MITI and the Japanese Miracle*, p.19.

④　Chalmers Johnson, *MITI and the Japanese Miracle*, pp.19—20.

⑤　Evans, Peter B., *Embedded Autonomy*, pp.13—14.

并创造出一个国家控制下层阶级的完善体系。与之相对的是新世袭国家(neo-patrimonial states)和分散性多阶级国家(fragmented-multiclass states)。[①]在新世袭国家中，国家仍残存着前现代国家的特征，没能从其所在社会中"脱嵌"出来，尚未成为一个具有自主性的公共权威，因而国家与社会关系不是分化基础上的"嵌入"，而是前现代社会中的"混沌"。分散性多阶级国家是处在凝聚性资本主义国家和新世袭国家之间的国家形态。在这类国家中，尽管已经建立起一个真正的现代国家，但它无法将精英围绕一个共同目标团结起来，也无法有效控制工人阶级，因此，它必须同时追求几个目标来满足各色拥护者。

在大体类似的意义上，埃文斯使用了发展型国家、掠夺型国家和中间状态的国家。[②]在埃文斯的分类中，津巴布韦最接近于理想中的掠夺型国家，东亚是发展型国家的典范，巴西和印度则属于中间状态的国家，即同时呈现出掠夺型和发展型的部分特征。巴西的政治领袖不具备充分权能来翻新整个国家机构，只能通过渐进改善的方式现代化某些新增的政府机构与部门。传统地主精英影响政治的渠道并未削弱，甚至随着现代化进程而有所强化。政商之间缺乏制度化的关联渠道，只是一小组单个工业家与单个官僚关联，这使其难以追求有条理的转型。印度的官僚要比巴西更加接近于韦伯的理想类型，不比发展型国家的官僚更差，但为何印度经常被称作掠夺型，而很少被称作发展型？其答案主要在于国家与社会关系。印度官僚的原型是婆罗门，而他要与之打交道的私人资本家是更低的种姓、拥有不同的文化属性和对立的意识形态。缺乏共享话语和共同视野，这使其要避免对抗性僵局的唯一可行替代办法就是交换物质好处。

掠夺型国家是发展型国家的对立面，类似于科利所谓的"新世袭国家"。在这类国家中，尚未建立起公共权威，[③]权力是作为实现专制者个人目标的工具而存在的。埃文斯的创新之处在于，它将发展型和掠夺型视作一条连续谱上的两

---

①[美]科利：《国家引导的发展——全球边缘地区的政治权力与工业化》，朱天飚等译，吉林出版集团，2007年，第11、14页。

② Peter Evans, *Embedded Autonomy*, p.209.

③掠夺型国家更可能出现在前现代国家中，在这样的国家形态中，权力并未有效集中，仍存在多个强有力的地方权势人物，他们有能力对某一区域实施排他性控制。相应地，国家的渗透和汲取权力非常有限；政治现任者依赖地方中介人物的支持。社会缺乏制度化的能力来抵制国家和地方强人的掠夺。

个端点,换言之,现实中的国家都是发展型和掠夺型不同程度和比例的混合。中间状态的国家体现出不完全的发展型和更加明确的掠夺型特征:就官僚机构自身而言,政治任命的范围更为广泛,政治职位充作与支持者建立庇护关系的一种渠道,周期性地受到政治领袖变更的影响。拥有机构工作所需要的专长通常只能得到有限回报,建立能够有效遏制追求个人收益的伦理更加困难;政治领导人尝试在官僚机构内建立"飞地"或者特区,通过增量改革而非整体的转变来现代化国家机构。但这些现代机构置身于传统的"汪洋"中,需要仰仗创立者的个人庇护,一旦保护不再,机构的使命将受到威胁。此外,政府的有效性依赖同土地寡头的合作。与产业资本之间的关系因为更早存在的大规模跨国资本而更加困难。缺乏稳定的官僚机构使得它难以与私人部门建立定期的联系,继而推动公私互动朝向个人化的渠道。

经过这些努力,发展型国家与其他类型的国家定位有了更为明晰的区别,但东亚国家在现代化过程中的定位并非一成不变,被作为发展型国家典范的东亚样本内部也存在显著差异,发展型国家概念本身并不能揭示出这一点。近年来,一些学者开始尝试对发展型国家本身进行分类。在对韩国发展型国家的研究中,金恩美(Eun Mee Kim)提出了全面的(comprehensive)发展型国家和有限的(limited)发展型国家,尽管这一分类并非建立在二分基础上,只是揭示出发展程度的差异。然而,对于缺乏内部分类的发展型国家而言,这仍然是一个重要的进步。按照金恩美的分类,全面的发展型国家,其制度特征已被约翰逊所识别出来:计划理性而非市场理性;导向是发展而非规制;产业政策优先于外交政策等。有限的发展型国家也强调发展和经济计划,但程度有所减弱;它用来追求除了发展之外的其他政策目标,其结果是,经济中的特定部门依旧是计划理性的,而其余部分变成了市场理性;在特定部门中,导向是发展型的,但程度有所降低,而规制性功能在那些已经变成市场理性的部门中有所增加;首要的政策目标包括发展和其他目标,诸如外交政策和福利等。①

---

① Eun Mee Kim, *Big Business, Strong State: Collusion and Conflict in South Korean Development, 1960-1990*, Albany: State University of New York Press, 1997, p.5.

（二）发展型国家的逻辑与叙事

后续研究总结的发展型国家特征，基于切入点和关注点不同，略有差异，包括：持续的发展意愿、具有高度自主性的核心经济官僚机构、紧密的政商合作、有选择的产业政策；[①]国家相对于社会的自主性、精英对发展的共识、官僚对社会的渗透、一个世界性的市场导向型产业政策等。[②]尽管如此，研究者还是共享了一套基本的叙事逻辑。在他们看来，所谓发展型国家是指将经济发展设定为国家最优目标，并发明和配备了一套有效机制来推动这一目标实现的国家。并非所有的政治家都能够为国家设定最优目标。国家是一个多目标组织，人们对国家有着各种各样的诉求和期待，需要它来承担各种各样的职能。而将增长置于国家的优先位置，意味着其他职能的承担不足，这自然会引起那些指望从国家非经济职能的履行中获得好处的群体的抵制。如果这类群体是在政治上具有重要影响的群体，政府将面临很大压力，可能不得不将原本可以投入经济事务中的资源转用到非经济领域。如果政府持续面临这样的压力，并且国家对于非经济议题的关注损害或者影响到其对经济目标的追求，这就表明将增长设定为国家最优目标的尝试失败。发展型国家通常需要建立压制性的劳工体制来支撑政府设定最优目标的能力，而威权的政治体制便利了这种劳工体制的建立与维系。

国家要想推动经济跨越式发展，还必须选择恰当方式。东亚发展型国家的特殊之处在于，它突破了古典经济学为国家所划定的经济职能边界。除各国所共同具有的宏观经济职能外，东亚发展型国家还普遍采取了仅适用于某些特殊行业和领域的专门政策，即所谓的产业政策。更多的干预不一定意味着更好的结果。在东亚发展型国家中，更具进取性的干预之所以在多数情况下能取得积极后果，是与下列做法密切相关的：一是国家对经济的干预不是全方位的，只将精力集中到少数战略产业和领域，这样做显著减少了干预出错的概率，也避免了干预对整个宏观经济造成过分扭曲。二是干预是市场增进性的，"政府政策

---

① 朱天飚：《发展型国家的衰落》，《经济社会体制比较》2005年第5期。

② Yu-Shan Wu, "Taiwan's Developmental State: After the Economic and Political Turmoil", *Asian Survey*, Vol.47, No.6, 2007, pp.977-1001.

的目标被定位为改善民间部门解决协调问题及克服其他市场缺陷的能力"①,而不是对市场机制的替代。三是杰出的经济官僚队伍,它有能力识别具有发展前途的战略产业和领域,相对独立于政治和社会力量来制定与执行经济政策,并能根据外部环境的变化,不断调试干预的领域与手法。此外,东亚发展型国家通常还建有一个领航型的经济官僚机构,用来协调和解决不同政策机构间的可能冲突,确保分散在不同官僚机构间的经济政策能以协调的方式推进。

与社会主义体制不同,东亚发展型国家对经济的干预是建立在私有制基础上的,即所谓资本主义发展型国家。由于缺乏实质性的外国和国有资本,东亚发展型国家必须更多依赖本土企业家的配合。它们毫无例外发展出了一系列体制和机制来推动政商的合作。一是经济官僚与企业家间建立了各种正式和非正式的关系。这种关系建立在校友、官僚退休后到其任职时负责管理的产业部门"再就业"(所谓的"下凡")、在私人产业部门普遍设有联络员专门负责与当局进行日常的面对面的联络、私人产业部门的人员被借调到当局所设定的临时性岗位上等复杂的网络关系与制度安排基础上。②密切的政商关系一方面促进了双方的信息共享,成为政府有效干预经济的基础,另一方面,政策网络的不透明、非正式和排他性往往意味着网络外的行为者(政治家和公众)缺乏足够的关于产业部门实际状况的信息,这使得官僚能够将其所拥有的信息优势转化为政策制定和执行中的更大自主性。二是发展型国家普遍拥有诱导私人资本合作的手段和资源,防止私人资本威胁到政府对经济过程的主导。"用资本来驯服资本家"是东亚发展型国家的普遍做法,而这通常建立在一个国有的,或者起码是政府能够对其施加实质性影响的金融体制基础上。

上述"逻辑"大体分别对应于发展型国家的理念、制度和关系维度。③理念指的是政权追求经济增长与践行政府主导发展模式的意愿与信念。不管这种

---

① 青木昌彦等:《东亚经济发展中政府作用的新诠释:市场增进论(上篇)》,《经济社会体制比较》1996年第5期。

② Jennifer A. Amyx, *Japan's Financial Crisis: Institutional Rigidity and Reluctant Change*, Princeton University Press, 2004, chapter2—4.

③ Richard Stubbs, "What ever happened to the East Asian Developmental State? The unfolding debate", *The Pacific Review*, Vol.22, No.1, 2009, pp.1—22.

意愿和信念是出于对政治合法性的考量、民族主义情感，还是为了应对外部军事威胁或内部政治竞争。制度指的是支撑发展主义理念得到有效贯彻与实施的一系列制度安排，最为核心是国家自主性与政府能力。关系维度强调的是国家、资本与劳工间的关系。一方面，这类体制已经发展出了产业、商业、农业和职业团体与政府间集中互动的网络，另一方面，作为一个重要社会团体的劳工却明显缺乏与政府进行制度化协商与谈判的平台。在这样做的过程中，我们从逻辑上区分了发展型国家本身与有益于发展型国家取得更好经济表现，或者发展型体制得到巩固的条件。有利的初始条件（大量的外国援助）和专门性的经济政策对于发展型国家是否能够取得足够好的经济表现当然是相关的，但其本身并非发展型国家的构成要件，而是有助于发展型国家取得经济成功的关键所在。同样道理，有助于发展领袖将经济增长置于最高位置的外部环境（如威胁）也并非发展型国家的构成部分，而是帮助其出现和得到巩固的条件。

三、关于东亚奇迹文献的评述

对于东亚发展的政治经济研究，细分的话，存在如下三个理论流派：一是一些学者强调东亚的经济表现是由于它采用了新古典经济要义；二是发展型国家研究者突出了产业政策的重要性；三是青木的研究，倾向于强调私人协调制度的重要性。在之前的部分，我们将青木的观点看作是对市场中心观点的调适。接下来的部分，我们力图表明，青木的观点与发展型国家理论有着共同的逻辑起点，即都从市场失灵出发，指出在发展中国家，市场出现失灵的概率要比新古典经济学所承认的大得多，主张政府必须发挥更为积极的作用，才能够推动经济实现更快的发展。但发展型国家理论强调，政府介入是解决市场失灵的主要方法，如果不是唯一的话。东亚之所以表现更好就是因为政府具备一些特殊的品质和能力（亲密的政商关系以及建立在此基础上的协调能力、杰出和自主性的官僚体制、导航的官僚机构等），从而在多数情况下成了问题的解决者而不是问题的制造者。青木等人的制度主义研究也指出了市场失灵更为广泛的存在，但他却并不认为，市场失灵就一定需要政府介入。政府拥有其他选项，因为市场失灵的本质是协调失败，而解决协调失败并不一定要通过市场或政府的方式来进行。建立在科斯等人观点的基础上,企业、产业协会等均是为了解决协调失败而出现的,政府可以通过增强这些民间组织的协调能力来促进经济增长。青木据此主张,日本政府的主要职能不在于通过产业政策等方式来干预市场,引导资源投向优先和战略性的部门中,而在于它强化了企业和行业协会的协调功能(在生产商与制造商之间、劳资之间、政商之间、同一产业不同企业之间,通过行业协会等实现了更大程度的合作),这些才是支撑日本实现了后发展的真正关键所在。

市场增进理论据此与发展型国家研究拉开了距离。它们关注东亚政体不同的制度特征,后者强调政府本身的品质(自主性、强能力),前者则聚焦于东亚更为紧密的政商关系或者市场行为者间广泛存在的非市场关系。市场增进主张为我们提供了有别于市场中心和国家中心的洞见,却仅仅适用于市场化程度更高的日本,而较少适用于高增长时期的韩国。进一步而言,除了极端的市场中心主义者外,市场中心学派并未完全排斥青木的主张。事实上,从交易成本的角度来解释企业的功能,是自从科斯以来的制度经济学的主要议题。因此,本文没有将青木的主张作为一个独立的政治经济视角,而是倾向于将之看成市场中心观点的调适。发展型国家理论也日益接纳了青木的观点,它将非市场协调机制的广泛存在看作是东亚国家特殊品质(嵌入型)的体现,换言之,东亚所拥有的不只是韦伯意义上的强国家,而是一种新型的国家形态。这些努力使得市场中心和国家中心已经不再是非此即彼或者针锋相对的关系,而更像是一条连续谱上的两个端点。在最为模糊的共识中,市场中心主义者强调市场功能和价格机制的作用,相信它们能有效地分配资源,继而使经济体得以充分利用经济中的既有比较优势。非市场力量,尤其是政府的作用,是依据它们对于市场机制和功能的发挥来定义的。因此,从政府与市场关系的角度看,市场中心论点强调市场与政府在组织经济活动中是主辅关系,是零和关系,即某一种力量发挥更大的作用,会压缩另一方发挥作用的空间。而国家中心主义者强调政府在某种情景下(后发展情景下)能够扮演主导角色。市场与政府可以是正和关系,即一方地盘的扩大并不必然抑制另一方的作用空间。在这种粗糙的共识之间存在大量模糊的共同地带。

市场中心与国家中心并不能完全涵盖围绕东亚经济表现所做的大量研究。有些学者强调国际环境在东亚经济崛起中的重要性。一方面,在这些国家转向出口导向战略时,全球经济正处于前所未有的扩张时期,这为出口导向战略创造了有利的外部环境。另一方面,处在冷战格局中美国一方的东亚经济体得到了大量的经济和军事援助。数据显示,美国援助占到了20世纪50年代韩国政府支出的70%,支持了韩国近70%的进口,75%的固定资本形成总额,①这使得"大推动战略"变得更加可行。发展型国家的主要研究者韦德也感叹,东亚发展型国家是"幸运"的。②一方面,在它们广泛使用国有银行、贸易保护、有针对性的补贴、价格控制等来推动经济发展的时候,这些政策工具在西方依旧被接受是发展经济的合理工具。另一方面,它们在第三波民主化蔓延到东亚之前,就已经建构起发展型国家所需的制度要件。从文化视角对东亚经济表现进行的解读也持续存在。被识别出来用于解释东亚经济表现的文化特征包括:自律、重视教育、节俭、努力工作、尊重权威。这些源自儒家的规范激励人们储蓄、投资人力资本,并因此有益于经济发展。

尽管具有一定的解释力,但这些因素很难被作为决定性的解释变量,有利的国际环境不是高增长经济体才享有的,接受了美国慷慨援助的经济体也并未都实现了高增长,儒家文化也不是经济高增长时期才生成的。和多数研究者一样,我们主张文化是一个在穷尽了所有其他可能解释后才应援引和尝试的变量。文化分析,首先从个人的行为动机出发,经过了集体的社会行为,推导得出其在经济上的表现,这样的微观—宏观间的关联太过于微弱,不能被看作是因果链条,这就是韦伯在对新教伦理与资本主义分析时存在的问题。进一步而言,这些解释与国家中心的研究不是平行的,也不一定相互排斥。国际环境对一国经济的影响是通过国家的中介作用(国家对国际环境的感知)展现出来的。因此,尽管国际环境对于很多国家是一样或类似的,但不同国家对之的回应方

---

① Soong Hoom Kil and Chung-in Moon, eds., *Understanding Korean Politics: An Introduction*, State University of New York Press, 2001, p.82, p.214.

② Robert H. Wade, "The Developmental State: Dead or Alive?" *Development and Change*, 2018, 49(2), p.534.

式有所差异,最终的经济结果也存在不同。我们也不否认国家与社会关系对于经济表现具有相对独立的解释力,但在东亚情景中,国家与社会关系的基本规则是由发展领袖蓄意建构的,关系本身也是我们判断一国政治体制属性的重要依据。在国家中心的视角中,国家既能够独立发挥作用,也能够通过与其他行为者或领域的关联发挥作用,这使得国家中心视角是一个"兼容性"较强的理论框架,它能够通过检验国家在国际、社会、经济等领域的行为及后果而将其他研究的洞见纳入其中,这也是本书将国家主义和发展型国家作为主要研究框架的主要考量。

第三节　发展型国家研究的进展与不足

一、发展型国家研究的进展

从1982年约翰逊出版《通产省与日本奇迹》开始算起,发展型国家理论历经了近四十年的时间。依据研究的主题和重点,我们可以将其粗略分为四个阶段。出于同市场中心解读竞争的目的,早期发展型国家文献更多强调国家本身的属性。最为重要的作品,除了《通产省与日本奇迹》外,还包括阿姆斯登(Alice H. Amsden)1989年出版的《亚洲下一个巨人:韩国与后工业化》(*Asia's Next Giant: South Korea and Late Industrialization*),这两本著作分别以日本、韩国作为经验基础来建构发展型国家(政府)理论。弗雷德里克·戴约(Frederic C. Deyo)1987年主编的《亚洲新型工业化的政治经济学》(*The Political Economy of the New Asian Industrialism*)、斯蒂芬·哈格德(Stephan Haggard)1990年出版的《走出边缘——新型工业化经济体成长的政治》(*Pathways from the Periphery: The Politics of Growth in the Newly Industrializing Countries*)以及世界银行的《东亚奇迹与公共政策》等著作将日本、韩国发展型样本统一称作东亚新型工业化经济体、东亚模式。尽管这三个样本之间以及它们与东亚其他新型工业化经济体的差异并没有完全被忽视,但出于同拉美、转型经济体等进行比较的需要,它们间的一致性或者相似性获得更多的呈现机会。科利、禹贞恩(Meredith Woo-Cumings)

等也是这一时期重要的研究者。

发展型国家研究经常受到指责，认为其过分突出了国家的重要性。世界银行1993年的报告指责说，发展型国家模型忽视了政府—私人部门合作的重要作用。部分是出于对这类批评的回应，发展型国家理论逐渐将重点更多放在国家与社会关系上，丹·布雷兹尼茨（Dan Breznitz）将之称作新发展型（neo-developmental state）国家文献。①这一时期最为重要的作品是埃文斯在1995年出版的《嵌入型自主：国家与产业转型》（Embedded Autonomy: State and Industrial Transformation）。埃文斯主张通过两个角度来识别东亚发展型国家的特征。一是从官僚组织内部看，发展型国家中的官僚组织更加接近于韦伯式官僚。竞争性的精英招募和长期职业回报使成员对组织保有忠诚，并具有内聚力（corporate coherence）。内聚力使得这些机构形成某种类型的自主。二是从国家与社会关系的角度看，东亚官僚却并不像韦伯所主张的那样，从其所在社会中隔绝出来。相反，他们被嵌入到一组具体的社会联结（social ties）中，这些联结将国家与社会关联起来，为持续的协商政策目标和执行方案提供了制度化渠道。埃文斯强调自主性和嵌入性不会单独起作用。只拥有自主性的国家将缺乏情报来源，也不能仰仗分散化的私人经济部门来执行政策。拥有密集的关联网络，却没有一个有力的内部结构，则使国家没有能力解决集体行动问题，导致私人利益凌驾机构利益之上。只有当国家兼有嵌入型和自主性，即"嵌入型自主"时才能成为发展型国家。②

这一时期另一个重要的贡献者是琳达·维斯（Linda Weiss），她单独或者与合作者一起成为发展型国家的重要研究者，其主要作品是1995年出版的《国家与经济发展：一个比较历史分析》（States and Economic Development: A Comparative Historical Analysis）。维斯相信，即便是在早发工业化过程中，国家所发挥的作用也远远超出自由主义者，乃至发展型国家研究者等认可的程度。在某种意义上，工业化和商品经济是国家为了在激烈的军事竞争中存续下来的"副产

---

① Breznitz D., *Innovation and the state: political choice and strategies for growth in Israel, Taiwan and Ireland.* New Haven: Yale University Press, 2007.

② Evans, *Embedded Autonomy*, p.12.

品"。维斯的贡献在于,她更多从关系维度来定义国家能力,因而国家与资产阶级之间的关系、国家与封建贵族之间的关系被看作是形塑国家建构进程,进而影响现代工业增长的主要因素。维斯还挑战了一个根深蒂固的认识,即早发国家的工业化主要是自发生成的,因此,国家在工业化中发挥更大的作用,只适用于后发展国家。维斯的研究表明,即便是在英国这样的早发现代化样本中,国家在现代工业增长中仍然发挥了不可或缺的作用,这在一定程度上挑战了工业化可以在自由主义政治经济情景下自然生成并发育的理念。维斯还延展了梯利(Tilly)的观点。在对欧洲国家建构过程的研究中,梯利主张"战争缔造了国家,国家制造了战争"。维斯的研究则在战争—国家的逻辑链条上添加了工业化的变量,指出了工业化与国家建构和战争间的关系。在维斯看来,军事和财政职能的实现过程对于工业化和组织经济活动的方式产生了重要的影响:一方面,由于军事革命而变得愈发昂贵的军事订单为最初的工业生产创造了需求,另一方面,以货币形式汲取税收使得人们不得不卷入商品经济过程中。

尽管多数人不愿意承认,但一个难以否定的事实是,人们往往是"以经济论英雄"。经济发展好,就会让人们拼命搜寻这些经济体做得好的地方,并对其经济发展模式赞美有加。经济发展差或者出现了危机,就不只会让人们质疑其政策,而且往往"上纲上线"到经济发展模式本身。20世纪90年代,特别是1997年金融危机爆发之后,东亚就处在这样一个关键的转折点。之前被誉为"日本奇迹""汉江奇迹""东亚奇迹"的经济体仿佛一夜之间就沦落为需要警醒和反思的对象。作为东亚模式领头羊的日本陷入"失去的十年/二十年"。作为第一代新型工业化经济体的韩国则遭遇到严重的金融危机而有可能一蹶不振。对于这些变化,学者们的解读涵盖了从最为轻描淡写的国际环境、政策角度到最具有破坏性的模式角度,它逐渐推动形成了发展型国家研究的一个新重点,即在全球化和民主化情景下发展型国家的转型。在秉持新自由经济要义的机构和学者看来,亚洲金融危机标志着发展型国家的时代结束,自由—规制型国家称霸的时代开始。[①]而一

---

① Kanishka Jayasuriya, "Beyond Institutional Fetishism: From the Developmental to the Regulatory State", *New Political Economy*, Vol. 10, No. 3, 2005, pp. 381–387.

些研究者坚持，在全球化时代更需要政府对经济进行指导，国家也有能力在民主制度下完成这一任务，发展型国家虽然也会转化，但不会消亡，甚至会变得更加具有发展导向。[①]

尽管1997年的危机有损于学术界对东亚政治经济模式的自信，但到了2000年东亚经济再度复兴。在今天，发展型国家模型持续吸引着学术界的关注，学者们不断尝试将发展型国家理论应用到更为广泛的政治经济体中，探讨成功的和不成功的发展型国家经验，从而开启了发展型国家研究的第四个阶段。截至目前，它已经被用来解读拉美（巴西和阿根廷）、小的欧洲和中亚发展中国家（诸如爱尔兰、以色列、哈萨克斯坦和吉尔吉斯斯坦），有着庞大疆域的经济体（诸如中国、印度和南非），以及近期甚至更为发达的国家（美国）。中国是这类努力最为集中的样本之一，关于中国的发展型国家，将在第五章中重点讨论，这里不再赘述。

二、发展型国家研究的不足

与很多新兴理论一样，发展型国家仍是一个存在大量开放性话题，并持续演进的理论体系。发展型国家研究一方面需要回应竞争性的解释范式（如市场中心的主张），并不断通过与其他政治经济模式的区分来识别其特征，另一方面则需要评判和解释20世纪80年代末期到90年代以来东亚政治经济的显著变化（金融危机、全球化和民主化等），并阐明它们对其他后发经济体及发展和现代化理论的应用、启示和借鉴。在这一过程中，发展型国家理论表现出明显的"无力感"，不能有效地履行其肩负的"使命"。这已经给发展型国家理论的应用造成了显著的负面后果，并使其面临着持续的挑战与诘责。

发展型国家研究的最大不足在于，它的理论化程度不够。社会科学存在两条基本的理论生成路径。一条是演绎法，它从一个抽象的价值或者假设出发来推导事物的应然或者原初状态。比如卢梭等人假设存在一种所谓的自然状态，

[①] Linda Weiss, *The Myth of the Powerless State: Governing the Economy in a Global Era*, Cambridge: Polity Press, 1998.

并由此推导说,人们为了结束这种状态,通过订立契约的方式建立国家。通过"契约理论"来解释国家起源和功能的观点,可以完全无视国家起源的经验证据,它的作用在于,通过将"应然"作为评价"实然"的参照系,发挥理论的批判或者引领功能。新古典经济学假设存在所谓的"经济人",他拥有充分的理性和完备的信息,足以确保他找出能够最大化其利益的选项。建立在这种假设基础上,古典理论家推导说,市场可以不依赖外部力量(政府权威、社会伦理规范)的干预和介入,依靠"一只看不见的手"而自主或自发运行。奥尔森从理性人的角度出发,推断说处在集体行动中的个人,面临着机会主义行事,即"搭便车"的动机。公共选择理论判定政治家和官僚的本性是理性和利己的,如果没有外部约束,且获得更多的机会去干预经济活动,他们将用之来谋取私利。建立在这种推断基础上,公共选择理论主张将国家对经济的介入限制在最小的范围内。因此,社会契约论、新古典经济学、集体行动理论和公共选择理论均属于演绎理论。

　　另一条理论生成路径是归纳法,即从不同的经验案例出发,概括出各个案例间的共性,探讨现象背后的因果机制,继而将之作为一种规律。比如,人们发现经济发展水平与政治体制的属性之间存在一种相关性,继而探讨其可能的影响机制(更高的经济水平伴随着识字率的提高,城市化进程的加速,中产阶层的兴起,公民社会的出现)。当一个国家实现了更高水平的经济增长时,它就存在民主转型的动力,也因此存在所谓的"政绩困局":威权政府如果不能有好的经济表现,就会失去合法性,导致威权政府的垮台;如果威权政府取得了更高的经济绩效,就会推动政治民主化的进程,因为富裕即使不是促成民主的唯一原因,也是促使其生成的主要原因。[1]在韦伯的经典研究中,新教伦理通过激发资本主义精神,继而推动了资本主义率先在基督教社会出现。[2]随着行为主义的兴起,越来越多的社会科学理论,尤其是比较政治学领域中的理论,是通过归纳方法来实现的。两种理论生成方式都可能存在问题:"通过经验归纳得来的规律完全可能是错误的,而通过推理演绎获得的规律却又可能与现实风马牛不相

①［美］亨廷顿:《第三波——20世纪后期民主化浪潮》,刘军宁译,上海三联书店,1998年,第64页。
②［德］韦伯:《新教伦理与资本主义精神》,袁志英译,上海译文出版社,2018年。

及。"演绎和归纳的分离给社会科学带来了两个十分常见的逻辑错误。"第一个是把通过演绎得出的机制当作经验来总结。第二个错误是对局部经验现象进行演绎。"①

　　发展型国家是按照后一种方式建构起来的。因此，严格说来，发展型国家"并不是一种严整和高度形式化的理论，而是有着明确的空间、时间限定，是一种针对特定历史经验、抽象层级不高的描述性论说"②。"对发展型国家可能特征的思索从一开始就受制于这一事实，它并非发端于国家理论和普遍意义上的国家，尤其是发展型国家恰当内容或者定义的深思熟虑，而是开始于对依据多数常用经济指标明显要比其他第三世界国家更为成功的东亚地区的经验评价。"③正是源于此，发展型国家理论始终与东亚经济体（尤其是日本、韩国）的实践经验和经济表现绑定在一起。在某种程度上，"发展型国家"与"东亚发展型国家"依旧是可以互换使用的概念。由于不能将发展型国家模型从东亚的区域情景中"脱嵌"，一些原本没有被视作发展型国家的标记与特征，却存在于东亚高增长阶段的要素或制度始终"混迹"其中，这严重地制约了发展型国家研究。

　　包括中国在内的学者长期以来困惑于下列问题：发展型国家高度集聚在东亚，是由于这一地区存在特殊的政治文化（儒家文化）、特殊的政体（威权政体或执政地位不受挑战的民主体制）和/或国际格局（冷战环境）的影响吗？换言之，政体的民主转型与全球化时代的到来会清除发展型国家存在的制度基础吗？日本的经济停滞和1997年亚洲金融危机是发展型国家已经过时的表征吗？东亚模式能否为其他后发国家所学习？存在民主的发展型国家吗？……学者们投入大量精力来回应这样的争议，但总体上效果不佳。例如，在最新的评述中，朱云汉仍将"发展型国家与民主化"以及全球化情景下"发展型国家是否会式微"等议题看作是争议性的。④

---

① 赵鼎新：《论机制解释在社会学中的地位及其局限》，《社会学研究》2020年第2期。

② 牛可：《发展型国家（地区）：条件和限度》，《世界知识》2018年第5期。

③ Ceorg Sorensen, "Democracy, authoritarianism and the State Strength", *The European Journal of Development Research*, Vol.5, No.1, 1993, p.7.

④ 参见 Yin-wah Chu, "The Asian Developmental State: Ideas and Debates", in Yin-Wah Chu(eds.), *The Asian Developmental State: Reexaminations and New Departures*, Palgrave Macmillan, 2016, pp.1-25.

发展型国家不同要件并非孤立存在和发挥作用的,学者们用日本公司或者韩国公司这样的概念来描述发展型国家不同构成要件间的关联或者制度"互补性",但其确切含义并没有得到充分阐释。因此,上述某个或某些要件经常成为人们用来识别某一体制是否为发展型的主要依据。迈克尔•罗瑞奥克斯(Michael Loriaux)主张,即便法国的国家结构以及它动员银行资本形塑经济决策的方式与日韩极其类似,但法国政府并非发展型的。不只是因为法国在这类战略能力形成之前已经是发达国家了,而且是因为该国缺乏发展型国家至关重要的团结视域(solidaristic vision)和道义抱负(moral ambition)。[1]由于依附发展模式,拉美国家更多地受到发达国家、跨国公司、本国的精英,乃至民粹主义等的影响,也难以持续做出可信的发展承诺。印度的官僚体制尽管是理性的,但缺乏一个导航机构来让他们的经济政策协调推进,因而也被排斥在发展型国家的行列之外。[2]

国家与经济精英间的合作被认为是资本主义发展型国家的必要构成部分。伍德(Stewart Wood)的研究表明,由于威斯敏斯特体制将过多权力集中到政府手中,政府太过强势,这减弱了其赢得经济精英配合的能力,导致英国产业合理化项目最终失败。[3]进一步而言,对发展型国家构成要件的识别是通过列举的方式给出的,它们有的属于政策层面(如有选择的产业政策、确保分配相对公平的一系列政策),有的属于关系层面(国家相对于社会的自主性、官僚对社会的渗透),有的属于政体制度(高度威权的政治组织),有的属于理念(持续的发展意愿、精英对发展的共识)。

研究者忽视或者低估了下列问题的重要性:这些要件是否互斥,是否识别出了发展型国家的全部构件? 这些要件中哪些是发展型国家的核心组成部分,哪些是其有效发挥作用或者有助其运作的制度环境? 必须拥有全部特征的体

---

[1] Loriaux, Michael, "The French Developmental State as Myth and Moral Ambition", in Meredith Woo-Cumings eds., *The Developmental State*, Cornell University Press, 1999, pp.235-275,

[2] Chibber Vivek, "Bureaucratic Rationality and the Developmental State", *American Journal of Sociology*, Vol.107, No.4, 2002, pp.951-989.

[3] Stewart Wood, "Why Indicative Planning Failed: British Industry and the Formation of the National Economic Development", *Twentieth Century British History*, Vol.11, No.4, 2000, pp.431-459.

制才称得上发展型国家，抑或拥有其中最为核心的部分就算发展型国家？由于不能对发展型体制给出一个清晰明确的识别标准，随着发展型国家理论的风靡，越来越多的国家声称自己拥有发展型体制。这些新的发展型国家样本的加入让问题更加复杂，发展型国家理论越来越多地偏离具体的政治经济实践而可能成为一种纯粹的理论标签，可以应用于任何一个与东亚发展型国家存在类似制度安排或者取得了超常增长的体制中，甚至连西方发达国家在工业化早期阶段所推行的重商主义，也有学者从发展型国家的角度进行诠释。

发展型国家研究还经历了一个从单一故事（日本、韩国）走向整体性叙事（东亚发展型国家、东亚模式）的过程。在这一过程中，研究者需要处理不同案例间的差异，这是任何通过归纳方法进行理论化的研究所必须经历的阶段。正如一篇严肃的文献指出的，东亚发展型经济体间存在明显的差异：日本享有更大规模的人口，更长的发展历史，更为独立的企业家阶级，更早发展的民主制度，这导致了一个更为稳定和均衡的经济发展样式。日本政府在多数时期使通胀水平受到限制，平衡其预算。日本更大的国内市场规模意味着即便是在保护主义的壁垒下，国内的大多数企业在多数产业中仍能够在有效规模上运作。

而在韩国，缺乏有凝聚性和强有力的政党，朴正熙和其他韩国总统直接依赖军事—官僚机器来维系统治。受到二战和朝鲜战争的严重破坏，韩国的经济基础更为薄弱，发展领袖采取了更为激进的经济政策，导致更高程度的通胀水平[1]和国际收支逆差。朴正熙及其继承者借助大的私人企业（尤其是财阀）以及主要的公共企业（诸如浦项钢铁和韩国电信）来发展经济。财阀生产了绝大多数的出口产品。[2]

发展型国家理论需要证明，尽管东亚不同经验案例之间、同一个案例不同历史时期间都存在差异，但对东亚经济表现有显著重要性的所有政府特征都已经被纳入发展型国家的研究视野，而没有或者不能纳入的都是对经济影响不显

---

① 1962—1979年间韩国的通胀率平均为18.4%，低于拉美，但要比高增长阶段的印度、中国内地及香港、新加坡、日本高得多，数据参见 Alice H. Amsden, *Asia's Next Giant*, pp.49-50。

② Gregory W. Noble, "Industrial Policy in Key Developmental Sectors: South Korea versus Japan and Taiwan", in Byung-Kook Kim & Ezra F. Vogel, eds., *The Park Chung Hee Era: The Transformation of South Korea*, Harvard University Press, 2011, pp.604-605.

著的。只有如此,这种对经验案例的简化或者筛选才是恰当的。发展型国家理论尚做不到这些,它对于发展型国家构成要件的识别是通过列举方式实现的,没有办法证明那些被忽略掉的差异对发展型体制所能够实现的经济后果没有影响。既有研究也没能通过有意义的分类将这些差异解释为发展型国家的不同子类,或者将之看作是实现发展功能的不同路径,从而维护甚至进一步丰富发展型国家研究。正因如此,任何强调东亚内部存在显著差异的观点都不同程度地对发展型国家理论构成挑战。

任何宏大的历史叙事,都需要运用理论工具来裁剪和简化现实,在某种意义上,理论的价值就在于实现了"片面的深刻":它以低估乃至完全忽视某些影响因素为代价,凸显或者强化了其他因素的地位和作用。如果不认可这一点,将发展型国家理论看作是对国家在现代化过程中所发挥作用的完整描述,它很容易受到建立在史料基础上的研究的挑战。对于《通产省与日本奇迹》,评论者指出,它为发展型国家的内部运作提供了重要洞见,但仍表现出下列不足:将国家看作是一个同质性的机构,内部缺乏冲突和紧张;将发展型国家的存在等同于经济发展本身,没有明确地阐明二者间的因果关系;强调国家与社会之间的和谐。①以大体类似的方式,约翰逊的研究受到这样的指责:他没能识别出导致日本经济出现逆转的两个关键要素:一是他错过了发展型国家和出口导向的日本经济为美国所容忍的原因,即这些做法符合美国的冷战利益,但在苏联解体后,日本的做法变成了对美国的挑战。二是他错误地假设通过参与全球竞争来最大化国家的经济增长,这会持续是日本的优先目标。②如果说这类批评多少显得有些"吹毛求疵",那些援引发展型体制中存在庇护或者腐败案例的批评者则更加难以"对付"。1995年针对日本的一项研究指出,政治要素在决定国家控制的信贷分配中发挥了关键作用。信贷计划反映出日本政治的庇护主义属性。③

---

① Lie, John, "South Korean Development: The Elusive Reality of Conflicts and Contradiction", *Pacific Affairs*, Vol.63, No.3, 1990, pp.367-72.

② T.J. Pempel, "The legacy of Chalmers Johnson", *The Pacific Review*, Vol.24, No.1, 2011, pp.9-14.

③ 参见 Calder, Kent, *Strategic capitalism: Private business and public purpose in Japanese industrial finance*, Princeton University Press, 1995。

一本由美国学者撰写的日本历史著作,几乎是在逐字逐句地针对发展型国家的叙事:首先,大多数学者认为,19世纪晚期,掌握政府权力的寡头们大体上(并非全然如此)都在试图增进国家利益。他们一面保护日本免受西方侵略,一面尝试他们认为对日本最有利的措施。为了实现这两个目的,他们以宪法来约束自己的权力,并实行旨在推动经济增长和加强军事力量的政策。他们为公共福祉而不是一己之利而奋斗,他们像政治家而不是政客那样行事。其次,大多数学者认为,日本的官僚和法院具有自主性。当然,几乎没有人认为寡头和政治家们从未影响过官僚们的行为。但许多学者都认为干预是例外而不是常态。最后,许多学者认为这些具有公共精神的寡头和官僚推行了有效促进经济发展的政策。这样,学者们用一套与当代社会科学通行的基本假定直接相悖的变量"解释"了大部分日本历史,而在此书的作者看来:利他主义并非大多数寡头政府体制的主要特征;自主性并不是寡头们通常会给予其代理人的权利;先见之明和好运气在大多数政府管制市场的时期也没有体现出来。①尽管这本著作研究的时间主要集中在明治维新到二战之前,但他们的诘责还是对发展型国家理论构成了严重挑战。也许要回应这种挑战最好的办法是引入制度主义视角。尽管官僚和政治家同样是自利的,但人的自利行为受制于制度,正如这本书的后续部分所要表明的那样,我们将在第二章再度引入和评价他们的观点。

金炳局和傅高义在一本针对韩国朴正熙时期的政治历史著作中指出,发展型国家理论有五方面错误:第一,发展型国家理论通过官僚而非这些官僚的政治主子(朴正熙)来解释国家的政策偏好、目标和战略。但韩国官僚韦伯式的内聚力基本上是一项政治人工制品,由朴正熙在历史上创立、维系和推动。第二,韩国发展型体制嵌套在一组社会关联中,这使得国家与财阀间能够持续谈判,但它是朴正熙设定谈判的条件。第三,财阀企业在很多关键决策上直接与朴正熙及其青瓦台进行非对称的政治交换而非在官僚层级进行运作。因此,有悖于

---

① [美]马克·拉姆塞耶、弗朗西斯·M.罗森布鲁斯:《寡头政治:帝国日本的制度选择》,邱静译,江苏人民出版社,2013年,第2~5页。

发展型国家理论,财阀集团是朴正熙的小伙伴(junior partners)而非官僚的伙伴。第四,韩国高增长时期的很多经济政策并未体现出技术专家治国应有的计划理性。宏观经济在高增长政策与休克疗法(当银行积累了大量坏账,财阀受制于过剩产能而必须进行经济调整)之间摇摆。第五,要理解韩国产生高增长的能力,有必要将分析焦点从任何特定政策转向不同政策间的关系。从单个政策看,朴正熙时期的很多政策决定看起来是非理性的,但从整体上看,尽管存在周期性的政策摇摆和财阀重组,他的决定还是获得了一种独特的理性,使得韩国能够扩展、调整和再扩展。①

最后,但并非最不重要的,除了少数例外,发展型国家研究很大程度上依旧以20世纪90年代之前日韩等的发展历史为基础,没能从这一角度充分阐释它们之后的政治经济实践(特别是经济泡沫与危机),这也使得学术界对于东亚新型工业化经济体的评价呈现出可怕的割裂:之前作为跨越式发展典范存在的发展型国家,在金融危机期间和之后则成为国际社会唯恐避之而不及的对象。由于将研究视野主要限定在经济高速增长时期的政府行为上,发展型国家研究可能过于美化了政府干预经济的好处,而低估或者忽视了其可能造成的潜在风险与危害。与市场中心解读高度简化的逻辑相比,发展型国家的解读是规范性的。发展型国家研究者讲述了一个个引人入胜的故事,"在国家类型与经济后果间建立了貌似合理的关联,但它却没有提出一个前后一致的理论来解释这些关联"②。可能在某种程度上,发展型国家研究的确存在先射箭后画靶(post hoc ergo propter hoc)的嫌疑,既然他们开始研究时,东亚新型工业化经济体的经济后果已经是既定的。正如豪厄尔所做的那样,他声称致力于构建一个所谓的理想的发展型国家。在其列出的发展型国家四个构成特征中,除了研究者已经普遍识别出的要件外,他还补充说,发展型国家也为它们所取得的结果所定义。发展型国家实现了快速的经济增长以及普遍的福利(用诸如识字率、健康水平、

---

① Byung-Kook Kim, "Introduction: The Case for Political History", in Byung-Kook Kim & Ezra F. Vogel, eds., *The Park Chung Hee Era: The Transformation of South Korea*, Harvard University Press, 2011, pp.10–13.

② Robert Wade, "The Role of Government in Overcoming Market Failure: Taiwan, Republic of Korea, and Japan", in Helen Hughes (eds.,) *Achieving Industrialization in East Asia*, Cambridge University Press, 1988, pp.130–31.

预期寿命和人均收入这类指标来度量），表现出将经济增长与再分配结合起来的能力。①尽管鲜有研究者会如豪厄尔所主张的那样，从结果角度来识别国家在经济发展中的定位，更经常的做法是，将经济表现看作是某种政府与市场关系的必然产物。但无可否认的是，从经济表现来反推或者证明发展型国家存在并发挥了积极作用，才是多数研究者的"心路历程"。

第四节　研究意义与内容安排

一、研究意义

（一）发展型国家理论是总结中国改革经验的独特视角

中国的改革常常被置于转型经济的研究中，强调从计划到市场的转型，以及由之而来的社会和政治变革。与此相应，对中国改革经验的总结在很人程度上是从转型视角做出的，与其他转型经济体的比较、改革开放前后的比较是其关注重点。这类研究在获得重要洞见的同时，忽视了一个同样重要，甚至更为重要的方面：中国不只是一个成功的转型典范，还是一个后发国家实现了经济跨越式发展的榜样。在转型过程中，我国逐步将那些被证明行之有效的成果提升巩固为全国性制度。随着改革的深入，被制度化的成果越来越多，它们被总结到有中国特色的社会主义市场经济、北京共识、中国模式、习近平新时代中国特色社会主义经济思想等理论和概念中，成为不仅我国立志要长期坚守，而且被视为可以转用于其他后发国家和地区的经验。进一步而言，转型仅仅意味着我们现在能够运用市场这一更有效率的方式来组织经济活动，却没能将其与那些同样在利用市场机制却始终不能摆脱欠发达状态的后发国家区分开来，后者正是发展型国家理论尝试解释的问题。

根据约翰逊的研究，国家性质应当依据它最优先的目标来界定。由于50多

---

① Jude Howell, "Reflections on the Chinese State", *Development and Change*, Vol. 37, No. 2, 2006, pp.275–276.

年(1925—1975年)来,日本始终将经济发展作为它的优先目标,这一时期的日本可被称作"发展型国家"。①如果这种观点成立的话,改革开放后的中国是不折不扣的"发展型国家"。改革伊始,党中央就主张"把全党工作的着重点和全国人民的注意力转移到社会主义现代化建设上来"(《中国共产党十一届三中全会公报》)。我国的发展型体制甚至可能有着更长时间的"渊源"。1949年以来,新中国很快积累起足够的能力和资源来设定并执行"社会主义工业化",只不过它采取了后来被证明是相对低效的计划体制和政治运动的方式,并用阶级斗争干扰乃至取代了经济建设的地位。正是在这一意义上,有研究者将计划时期的中国称作"社会主义发展型国家"(socialist developmental state),以区别于日韩等资本主义发展型国家。②然而,迄今为止,发展型国家理论与中国经验的关系尚有待深入。一方面,中国经验尚没有在发展型国家研究中得到应有地位,另一方面,中国学者对于发展型国家理论的观照不足,"中国的主流经济学家基本上从不引用发展型国家的文献③。从发展型国家角度总结中国经验,能够更全面地认识中国发展道路,更好阐明中国道路与模式的世界意义。中国特色社会主义的建设经验也有助于进一步推动和丰富发展型国家理论。

(二)本书有助于改进和推动发展型国家理论

发展型国家被普遍认为是推动后发国家实现跨越式工业化的一种理想政府类型。这样一种主流的政治经济范式,自然是学术界持续关注的热点。但正如之前提及的,在这一领域仍然存在大量的争议和不足。本研究有志于弥补这些不足,尝试对这些问题给出我们自己的见解,这使得本研究具有重要的理论意义。

在本书看来,将发展型国家理论置于极易遭到挑战境地的,根源是发展型国家理论与东亚经验的"不当关联"。作为理论的发展型国家,并不需要对东亚政府在经济中所发挥的作用进行事无巨细的描述,而只需要概括和识别出其所

---

① Chalmers Johnson, *MITI and the Japanese Miracle*, p.305.

② Adrian Leftwich, "Bring Politics Back in: Toward a Model of the Developmental State", *The Journal of Developmental Studies*, Vol.31, No. 3 ,1995, pp.400–427.

③ 唐世平:《中国:一个不算太成功的"发展型国家"》,http://www.ftchinese.com/story/001069171.

采取的、对其经济起到最为积极推动作用的职能。发展型国家理论要成立，也不需要否定东亚政府存在其他范式，而只要证明相比于其他的政府定位（掠夺型、庇护型），发展型是东亚政府在工业化过程中所扮演的最为重要的角色，且是这一角色最强有力地推动和形塑了东亚的经济奇迹。但在评价其他政府定位的经济后果时，发展型国家理论只能从这些经济体快速的经济增长记录反推出来的：既然这些地方实现了如此快速的增长，那些不利于增长的政府定位就没有制约这些地方的发展。为了改进和推动发展型国家理论，本书有如下两个主张和建议：

第一，要避免成为一个标签式的话语，发展型国家理论就必须在逻辑上区分理论与经验，二者相互关联，但不能等同。发展型国家理论是对东亚新型工业化过程中政府所发挥作用的一种抽象、简化和超越，而不是对其事无巨细的描述。检验发展型国家理论是否成功的关键在于，它是否捕捉到了东亚政府在经济中所发挥的实质性（区别于全面）作用。实质性应该理解为对东亚经济最具有积极影响的政府作用。进一步而言，正是由于这一实质性作用，东亚经济避免了绝大多数后发经济体的命运，实现了超常规发展。而由于各种原因，政府未能发挥这一作用的后发展经济体，它们在经济上表现平平。在这样做的过程中，我们事实上主张将发展型国家看作一个程度性的概念，而不是一个非此即彼的二分概念。当我们将某一国家称作是发展型的时候，并不是说它完全杜绝了掠夺行为，而是说它们在绝大多数领域和绝大多数时期，主要呈现出发展型的特性。因此，在现实中，发展型与掠夺型或其他政府定位可能是以不同比例同时存在于某一体制内，但成功的发展型国家都要将其他的政府定位限制在必要限度内。

第二，发展型国家应该首先从功能或结构，在次要意义上从制度上进行识别，而最好不要将政策列为发展型国家的构成要件。"只通过观察政策来在国家类型间进行区分的努力将是徒劳的：所有的国家都干预它们的经济以便支持和促进特定类型的经济活动。将发展型国家从其他国家类型中区分出来的并不是干预本身，而是建构干预的发展雄心和精英共识，以及存在帮助将雄心转变为或多或少有效政策结果的制度性能力。"①在本书看来,发展型国家应该被看作是具备如下结构或者能够发挥这样功能的国家类型:一是国家有着持续发展经济的意愿(不管是出于何种动机发展起来的)和能力(具备发现并制定出行之有效政策的能力,具有推动政策所需要的政策资源和工具,能够根据环境的变化来对政策进行调适,具备遏制寻租行为滋生和蔓延的机制),二是承认市场是更为有效的配置经济资源和实现效率的载体,并不尝试替代市场,而是借助行政手段来模拟市场发挥作用的过程或者在实现了"领导市场"的场合,存在机制来应对政府"领导市场"的负面后果(如解决信息和协调问题、应对道德风险的问题、实现优胜劣汰等)。与之相关的是第三点,国家要与市场行为者通过某种渠道进行信息互换、建立起信任关系。我们强调,同样的功能或者结构可以通过多样的制度安排得以实现。制度安排不同,却实现了相同功能的体制构成了发展型国家的不同子类。

二、研究内容与章节安排

(一)研究定位

本书是更为宏大的发展研究的一部分,我们在两种意义上使用了"政治"的概念。当它与行政并列起来使用的时候,政治是在"政治与行政二分"意义上使用的,特指政体中用来"表达国家意志"的制度设计。而当其单独使用的时候,政治则涵盖了更为广泛的意义,用来指称国家本身的特质(如强国家、集权国家)以及它与其他行为者(尤其是社会主导阶级)的关系(庇护、掠夺、合谋、同盟等)。通过强调后发展的"政治基础",本书与那些更多从经济(尤其是新古典)视角研究发展问题的作品区分开来,属于发展型国家研究的部分。

受到发展经济学的影响,本书也认识到,后发经济体面临着一系列制约和影响其工业化和持续发展的结构性障碍,单靠市场机制难以突破这些障碍,更何况,在市场机制能够充分发挥作用之前,它首先需要被培育和创立出来。后

---

① Thurbon, "The Resurgence of the Developmental State: A Conceptual Defense", *Critique International*, Vol.63, No.1, 2014, p.11.

发国家客观上需要一种不同于发达国家的经济战略，而且，发展的节点越是靠后，就越需要国家在此过程中发挥更为活跃的作用。但并非所有的国家都会或都能扮演后发经济所需要的政府角色，只有具备一定特征的国家才有可能肩负起领导发展的大任。这类国家通常需要具备一些结构性特征，如强的国家能力、相对高的国家自主性等。这些特征最初并不是出于服务经济目标形成的，而是有自己独立的发展动力和逻辑，通常植根于国家建构的历史过程。然而这些品质一旦锻成，就能够广泛应用于其他领域，包括推动经济实现跨越式发展。国家的结构性特征仅仅表明，国家有领导发展的可能性，但国家究竟能不能在实际中真正发挥这样的作用，还取决于政治行为者所受到的激励与约束（对于潜在掠夺行为的限制，对于推动经济发展的激励等），正是在这一意义上，斯蒂格利茨总结说："东亚真正的奇迹可能是政治而非经济性的：为何政府发起这些政策？为何政治家或者官僚没有用这些政策来谋取自己的私人利益。"①

（二）章节结构

除了导言和结论部分外，本书将分五个章节来叙述和论证核心主张。

第一章，发展的政治经济学：理论谱系与历史演进。本章将把发展问题置于政治经济视角下进行解读，粗略梳理政治经济的理论谱系（自由主义、国家主义和制度主义）及其历史演变。建立在对国家和市场各自以及相互关系认识的基础上，政治经济的各个流派给出了不同版本的发展方案。我们尝试从中找到发展型国家在政治经济研究中所处的方位，以便充分理解其理论的缘起、特征以及可能的不足。

第二章，国家建构与东亚的政治—行政设置。正如很多研究已经指出的，东亚发展型国家是建立在强的国家能力和相对高的国家自主性等特征基础上的。国家建构是形塑政体属性的关键节点，东亚在此过程中所建立起来的政体为创造性的行政，继而成长为发展型国家提供了有力支撑。官僚在这一体制中的作用，要比传统官僚制倡导由其发挥的更多，议会则处在一个相对边缘

① Joseph E. Stiglitz, "Some Lessons from the East Asian Miracle", *The World Bank Research Observer*, Vol.11, No.2, 1996, p.174.

的位置上。这样的政治与行政关系使得东亚政体常被贴上威权主义的标签,并发展出"威权有利于经济增长"的命题,但它遮蔽掉的信息可能要比其揭示出来的更多。

第三章,搞对干预:东亚发展型国家中的产业政策。就政府与市场关系而言,东亚发展型国家的特殊之处在于,国家不仅在资本积累中发挥了主导性的作用,而且还通过产业政策参与到资本在各个经济部门的分配过程中,而这些通常被认为应由市场机制才能最有效率地实现。林毅夫与张维迎的争论将产业政策推向风口浪尖。在剖析东亚发展型国家产业政策实践的基础上,本章将指出正确运用产业政策的方法及东亚经验对中国产业政策的可能借鉴与启示。

第四章,选择性的国家-社会关系与东亚发展型国家。对发展型国家中的政商关系,最为重要的两项研究分别是维斯的被治理的相互依赖(governed interdependence)以及埃文斯的嵌入性自主,建立在此基础上,发展型国家研究通常将紧密的政商关系作为发展型国家的一个制度性要件。2016年习近平总书记倡导要建立"亲""清"的新型政商关系,这是对东亚政商关系特征的口语化表达。然而,这并非东亚国家—社会关系的全貌。在东亚,国家与不同社会力量、同一社会力量的不同组成部分间维持着迥异的关系。这种关系不只有效地防范了现代化过程中孕育的潜在破坏力量,而且还被有意识地用来支持跨越式工业化战略,从而成为东亚发展型国家的一个有机组成部分。

第五章,发展型国家理论与中国发展道路。随着改革的推进,我国与东亚国家和地区间的共性在增加。一是市场化使得国家不能再凭借自己所掌控的资源独自完成它的经济战略,需要说服、诱导私人资本的合作。用经济学家的话讲,国家开始面临"可信承诺"问题。二是有选择性的产业政策取代全面的计划管理成为国家主导经济的主要政策工具之一,而这被视为日本等发展型国家的发明与标志。三是中国的政治体制经过不断调适,与东亚的相似点在增多。正是基于此,尽管仍存在一些争议,学者们还是不断尝试将发展型国家理论应用到中国的情景中。本章尝试概括中国式发展型体制的特征,比较并解释其与东亚发展型国家的异同,展望其可能的演变与优化路径,并运用中国经验回应发展型国家理论的争议。

三、研究思路与研究难点

(一)研究目标与思路

本书的研究目标有两个：一是跟踪国内外发展型国家理论研究的最新成果，结合这些国家近年来的政治经济实践来回应既有争议，丰富和更新发展型国家的相关研究。二是在充分注意东亚发展型国家与我国社会主义市场经济体制间存在结构性差异的前提下，从发展型国家理论的角度总结我国经验；概括中国式发展型体制的特征，比较并解释其与东亚发展型国家的异同。

在研究思路的选取上，我们坚持问题导向和目标导向。课题对发展型国家理论的评述(包括对理论争议的回应)、对于发展型国家形成与演变的梳理主要是通过一个个具体问题来切入的。相对于理论导向，问题导向能够让我们避免陷入理论的"丛林"中，更直接切入问题的核心与本质。目标导向就是依据目标来对议题进行有选择的研究。我们对于东亚发展型国家的研究，其目标就是要看看它们的经验教训能否为我国的政治经济实践提供借鉴。这一目标引导我们将主要精力集中在那些能够为我国所用的东亚经验的总结和梳理上，而忽视或不涉及与我国关联度不大的方面。目标导向让本课题具有现实关怀和实践价值，避免了研究面面俱到，却无的放矢。

(二)研究难点

1.威权国家成长为发展型国家的结构性条件有哪些

世界上只有极少数的威权体制能够转变为成功的发展型国家，绝大多数体制不能摆脱威权者的自利倾向，也不能抵制将官僚政治化的冲动，行政职位被充作对追随者论功行赏的工具，因而极大地削弱了官僚体制可能发展出来的理性独立制定和执行政策的能力。政府更为广泛和积极的经济干预常常达不到预期目标，甚至适得其反，成为孕育寻租行为的温床。寻租盛行反过来使得经济政策难以根据国际国内情景的变化而进行调整。换句话说，东亚的威权—发展型国家是例外而非常态，那么，究竟是什么导致东亚能够发展并维系了一套有效的发展型体制？迄今为止，对这个问题的回答在很大程度上依旧是猜测性的,这是本书所面对的一个难点。

2.片面的深刻与更为全面的论述如何取舍

对发展型国家的论述总是面临着国际和国内因素之间的权衡取舍,面临着结构与行为者之间的权衡取舍。一方面,有些人主张,国际因素对于东亚政治经济样式的影响和拉美一样大,因此,通过国际情境就足以解释国内的经济政策乃至政治属性。另一方面,多数人会强调历史因素(如国家建构的历史、殖民主义遗产)对于国家属性的影响,而忽视或者低估行为者,特别是政治强人或者威权领袖在形塑一国政治经济中的作用。这些主张都满足了理论应该具备的"片面的深刻",但却均存在结构性的缺陷。一方面,国际形势对于很多国家是相同的,但却仍有大量国家采取了不同的政治经济样式,另一方面,很多国家具有相同的殖民主义遗产,却在不同的政治领袖手中出现了有差异的政治经济样式。这说明,国际与结构因素均不是决定性的,或者说同样的国际和结构因素能够容纳多种样式的政治经济。在我们看来,国际和国内因素、制度与行为者之间的关系并不是排斥的。国际因素并不会自动发挥作用,其作用的展开需要行为者对其影响进行解读,并根据自己的认知做出相应对策。制度和行为者更应该是一个一体化的分析框架,二者的作用很难区分开来。任何不顾及另一方作用的研究,在使理论实现"片面的深刻"的同时,都冒着过于简化的分析,而试图完全平衡二者作用的研究,则有可能使理论陷入正确但平庸的境地。如何拿捏二者的分寸,是本书面临的第二个方面的难点。

3.如何处理东亚样本间的差异与共性

日本通常被作为发展型国家的原型,韩国则是对日本原型的模仿和学习。在此过程中,它们都进行了必要的调整以便适应各自的情景。因此,尽管东亚典型的发展型样本经常被作为一个整体进行论述,但它们间的差异依旧是明显的。在历史学家眼中,本书的任务是难以完成的,因为同一个国家和地区的不同历史时期、不同东亚经济体之间都存在大到难以忽视的差异,这些差异决定和影响了这些地方所采用的发展战略。因此,忽视这些差异,将之"打包"到一个统一的发展型国家模型中,注定是徒劳无功的。而在经济学家眼中,本书的任务似乎又不值得作为一个单独样本大书特书。在这些人看来,发展型国家用来发展经济的策略和方式只是对发达国家处于落后状态时所采取的经济追赶策略的模仿,乃至重演,其政治经济的特色将随着其赶上发达国家而逐渐消失,因此它完全可以用相同的原理来解读,而不值得占用一个新的概念或理论。本书尝试模仿福山的想法,"既避免高度抽象(经济学家的恶习),又躲开巨细无遗(历史学家和人类学家的问题)"①。尽管如此,要做到二者的平衡却不大容易。

(三)研究说明

在开始写作前,我们需要对一些习惯用法予以简单说明。本书用东亚、东亚新型工业化经济体、东亚发展型国家来指称日本、韩国等样本。尽管从科学性的角度看,这些称呼不够严谨,②也没有区分日本与韩国等东亚新型工业化经济体的发展差异,但它较好地照顾到写作的便利和中文的习惯用法。

在发展文献中,人们依据经济水平区分了发达国家和发展中国家。一般来说,发达国家都是富国,但是富国并不一定都是发达国家。那些凭借资源而非持续的工业化获得高收入的经济体(如产油国)通常不被看作是发达国家。今天的发达国家,在更早历史阶段开始工业化,并实现了持续增长,属于早发现代化国家(早发国家)。与之相比,那些在之后阶段开启工业化的经济体属后发现代化国家、后发工业化国家(late-industrializing countries)或者后发国家、后进国家。要避免将这一概念与后工业化国家(post industrialized countries)混淆。后工业化这一概念主要用来描述这样一种现象:随着工业化的深入,服务业逐渐取代工业成为一国最为重要的经济部门。

如果把经济现代化看成一场马拉松比赛的话,不同国家是在不同的时间节点进入赛道的。最早进入赛道的是西欧和北美(英国的工业化出现在1700—1850年),它们从18世纪就开启了工业化进程。德国、俄罗斯和日本等是在19世纪后期(沙皇俄国的工业化出现在1860—1913年),亚洲四小龙、中国、印度等

---

①[美]福山:《政治秩序的起源:从前人类时代到法国大革命》,毛俊杰译,广西师范大学出版社,2012年,第24页。

②中文中的"国家"在英语文献中有三个对应的词汇,分别是country、state和nation。发展型国家对应的英文词汇是developmental state,这一概念是对国家在经济中所发挥作用的一种描述,而不是领土或者主权意义上的国家,因此,英文表述中常会有这样的说法:东亚国家中的发展型国家(the developmental state in East Asia countries)。但这不符合中文的表述习惯,因此,我们将其简化为"东亚发展型国家"。

是在20世纪尤其是二战之后方才开始系统的工业化进程。人们有时候会用后发国家与后—后发国家来区分两者。本书不区分作为后发国家的日本和属于后—后发国家的东亚其他经济体,将其统称为东亚后发国家(地区),简称为东亚。东亚最为成功的新型工业化经济体,已经跻身于发达国家行列。

第一章 发展的政治经济学：
理论谱系与历史演进

本书对发展问题的探讨是从政治经济角度入手的，正如政治经济这个概念所暗含的那样，它强调经济议题和政治议题不能分开加以理解。依据政治经济的研究谱系，我们将其分为自由主义、国家主义和制度主义。从最为一般的意义上讲，自由主义政治经济相信市场效率，倾向于矮化国家在经济发展中的地位，将其"用武之地"划定在市场存在失灵的领域，超出此限度的干预被认为是有害的。国家主义和制度主义本质上都是在对自由主义政治经济的批评中成长起来的，它们普遍相信，国家在经济中的作用（尤其是在后发经济体中）可以且的确超出了自由主义者所认可的范畴，但仍然主张国家干预不应当没有限制，市场在资源配置中必须发挥基础性作用。

需要提及的是，这些所谓的流派内部仍存在广泛争议，它们感兴趣的议题也大不相同。将其关联在一起的是它们分享着相同或者相似的研究前提与假设。这些流派间的分野也并非泾渭分明。随着时间的推移，越来越多的流派回应其他流派的批评，修正自己原初的立场，并逐渐将其他学派的研究议题纳入自己的分析框架。本章分别关注这些流派的基本主张，尤其是其对市场和国家各自的本质特征与运行机制的理解，以及市场（经济）与国家（政治）的不同关联方式。这些主张，结合学术界对于经济增长过程与后发展属性的认识，共同推动形成了不同样式的发展方案。对东亚奇迹的各种解读，都能够在这些方案中找到端倪。

第一节　自由主义政治经济视角下的市场与国家

一、自由主义政治经济学的谱系与演变

(一)政治经济学的古典与新古典

政治经济学的概念最早由法国重商主义代表人物蒙克莱田(Antoyne de Montchretien)在1615年出版的《献给国王和王太后的政治经济学》一书中使用。重商主义者将贵金属视作财富的象征。除了开采金银矿外,获取金银的唯一办法就是对外贸易,因此贸易,尤其是对外贸易是一国财富的源泉。为了获取尽可能多的金银,政府应竭力鼓励出口,不主张甚至限制商品(尤其是奢侈品)进口。由于任一时点的金银总量是固定的,所以一国的获利总是基于他国的损失,换言之,国际贸易是一种"零和博弈"。重商主义者的观点在当时的情境下是革命性的。当经济活动主要是农业生产,且生产力普遍低下的时候,有多少劳动力投入农业生产中就是决定农业产量,继而决定一国财富的关键。因此,前工业化时期的政府普遍强调农业生产的重要性,主张限制商业活动。与重商主义相比,这类观点被称作重农主义,中国古代思想家将之总结为"农本工商末",主张重本抑末或重农抑商。对于商业活动的贬低也延伸到对商人的歧视上来,韩非子将"商工之民"列为"五蠹"之一,指责他们"修治苦窳之器,聚沸靡之财,蓄积待时,而侔农夫之利"。中国一直要到鸦片战争之后,才产生了与重商主义类似的主张。晚清思想家郑观应主张"以商立国",认为建立军队和振兴工商业对于维护国家主权同样重要,前者保卫国家的方式是兵战,后者保护国家的方式是商战。商与士、农、工互为表里。尽管如此,在郑观应的思想体系中,工商业本身仍然不是目的,而是维持王权"天命"(即统治的权力)的手段。

在重商主义体系下,国家对经济的干预不限于贸易,它还广泛地介入国内经济活动中。刘新成将这一时期英国议会通过的经济法案分为两类,第一类事关全国,第二类仅与局部地区或个别利益群体相关。属于第一类的经济法案有:重申官方铸币权的《铸币法》、《衣帽限价法》(亨利七世时期)、《肉食品限价

法》(1533、1536年)、《限制皮革、黄铜和活羊等原料出口法》(1536、1542、1566年)、《生活燃料限价法》(1543年)、为平抑牛肉价格而制定的《鼓励养牛法》(1555年)、调整手工工场劳动关系的劳工法(1563年);属于第二类的法律有:《任何人不得兼营毛皮贩运业与鞣皮业的法律》(1485年)、促进航运业发展的《进口酒类必须用英国船只运输法》(1485、1532、1534年)、保护英国毛纺织品生产和销售的法律(1532、1536、1555、1558年)、禁止在伦敦市区从事屠宰业,以保护该市肉商利益的法律、《禁止进口手套、刀叉、匕首等小商品法》、《节日期间禁止戴进口礼帽、必须戴国产礼帽法》(1571年)。[1]无须了解这些法案的具体内容,单从这些法案的名称中就能够猜到法案的意图,并从中管窥这一时期国家与经济的关系。

这一时期英国出现了垄断的概念。与我国今天所理解的垄断有所不同,它最初指的是政府授予特定个人或者企业从事某项活动的特权。弗吉尼亚公司、东印度公司都是得到英国王室特许,按照特许状来运作的企业。这些企业被授权的任务通常具有一定的不确定性,独占该项经济活动是对企业冒险行为的激励,而颁发许可证也成为王室重要的收入来源,但由此带来的后果是无处不在的垄断。历史学家用嘲讽的口气,对都铎时期英国的经济状况描述道:

> 一个人住在垄断砖块砌成的房子里,窗户上镶着垄断的玻璃;将垄断的木炭点燃在垄断钢铁制成的炉膛中燃烧。他用垄断肥皂洗漱,用垄断浆粉洗衣服。他穿着用垄断花边、垄断亚麻布、垄断皮革和垄断金线做成的衣服。他的衣服上装饰着垄断的皮带、垄断的纽扣和垄断的胸针,它们都是用垄断的颜料染制的。他吃着垄断的黄油、垄断的葡萄干、垄断的红鲱鱼、垄断的鲑鱼和垄断的龙虾。他的食物是用垄断食盐、垄断辣椒和垄断食醋烹制而成的。他用垄断的钢笔在垄断的纸张上写字;戴着垄断的眼镜,就着垄断蜡烛的烛光读着垄断印刷的图书。[2]

---

[1] 刘新成:《都铎王朝的经济立法与英国近代议会民主制的起源》,《历史研究》1995年第2期。

[2] 转引自[美]阿西莫格鲁、罗宾逊:《国家为什么会失败》,李增刚译,湖南科技出版社,2015年,第136～137页。

从今天来看,重商主义的很多观点是错误的,但它在当时情景下的作用是巨大的。重商主义最为重要的贡献是,它促进了贸易的转型进而推动了工业化的出现。在波兰尼看来,封建制生产方式下的贸易是互补性贸易,即以地区内的物品换回本地区没有的物品,而竞争性贸易则以同类物品在市场上的竞争为主,竞争必然带来劳动分工和工厂化生产,继而推动生产效率的提高。竞争性贸易还使得商人不再只是生产者与消费者之间的中间人,而是开始充当组织生产的角色,据此成为第一批的工业家。重商主义还与西欧国家建构的进程相辅相成,染指经济使得君主权力得到极大扩展,从而能够在与教会和领主等的竞争中占据上风。正是在这种意义上,里普森给出了这样的评价:重商主义者"强调的重点是国家,与地方或宗教的利益对立。为了这个目标,最好的政治应当是在经济中发挥积极作用的政治。在重商主义的支持下,经济成为政治必不可少的侍女"①。

然而,在重商主义体系下,广泛存在的特许状和由此带来的垄断限制了工商活动。到了18世纪晚期,很多制造业者和商人不再将政府看作仁慈的指导者,而是他们追求财富的主要障碍。他们的意愿在古典政治经济理论家那里得到了表达,古典政治经济理论"首次将经济看作是一个在原则上可以从政治和家庭生活中区分开来的系统"②。尽管市场在运作过程中可能存在各种障碍,但市场自身具备必要的修复能力,能够在不依赖政府或其他外部力量介入的情况下解决这些问题。在这种理念的推动下,市场日益被描述为"自我规制的"(self-regulating),相应地,人们逐渐用"守夜人"来比喻政府在经济活动中应该扮演的角色。对这一角色最为经典的表述莫过于亚当·斯密。1776年出版的《国富论》标志着经济思想发展史上出现了最为尖锐的断裂。斯密持有与重商主义截然相反的主张,将国家职能限定为:

第一,保护社会,使其不受其他独立社会的侵犯。第二,尽可能保护社

---

① [美]莱斯利·里普森:《政治学的重大问题》,刘晓译,华夏出版社,2001年,第153页。

② James A. Caporaso & David P. Levine, *Theories of political economy*, Cambridge University Press, 1992, p.3.

会上各个人,使其不受社会上任何其他人的侵害或压迫,也就是说,要设立严正的司法机关。第三,建设并维持某些公共事业及某些公共设施(其建设与维持绝不是为了任何个人或少数人的利益),这种事业与设施,在由大社会经营时,其利润常能补偿所费而且有余,但若由个人或少数人经营,就决不能补偿所费。①

除了斯密外,古典政治经济学理论家还包括李嘉图、马尔萨斯、马克思、伯克等人。将其置于同一标签下,很显然不是因为这些人的主张相似,而是由于他们均处在由前现代经济到现代经济转型的过程中。在这一时期,工业化和商品经济作为一种新的经济现象出现,人们需要展望资本主义的前景,探索其运行规律,指出其对社会和政治的可能后果,并讨论政府可能的应对之策。古典政治经济学关注的议题五花八门,最后一本涉及范围如此广泛的著作是穆勒的《政治经济学原理》(1848年)。19世纪70年代以后兴起的政治经济学有意识地将他们的视野限定在完全竞争市场中单个消费者和企业的行为上,这也是市场机制最有可能充分发挥作用(换言之,最不需要政府介入)的领域。为了强调他们对于个人选择的关注,新古典理论家甚至不再沿用政治经济学的名称,而是改用经济学来称呼他们的研究工作。新古典理论家相信,他们能够在不援引政治要素或者假定政治角色固定不变("守夜人")的情景下,对经济过程和现象进行充分论述。马歇尔(Alfred Marshall)在1890年出版的《经济学原理》(*Principles of economics*)表明这种转变已经完成。马歇尔期望经济学能够获得与物理学相比拟的客观性和严谨性,政治经济学中最容易量化的部分被选定为经济研究的重点。政治经济学的其他内容因为允许在经济分析中融入非经济的(政治的、伦理的、制度的)考量,没有办法被量化,因而被排除在经济研究范围之外。数学在经济研究中得到广泛应用,经济学日趋形式化,经济理论日益变成一系列精巧的模型。到20世纪初,新古典经济学已经在政治经济学的各种竞争性视角中占据主导地位。

---

① [英]亚当·斯密:《国富论》,郭大力、王亚楠译,上海三联书店,2009年,第375页。

(二)政治过程的经济分析:公共选择理论

由于相信和推崇自由市场的功能,主张约束和限制政府对经济过程的干预,斯密被视作现代市场经济之父。尽管其观点曾遭到凯恩斯主义、社会市场经济理论的挑战,但斯密的主张始终是现代市场经济的理论基石,并不断以各种形式焕发生机与活力。斯密的观点后来得到了公共选择理论或者所谓的新古典政治经济的支撑。20世纪60年代末期,建立在布坎南等人研究基础上的公共选择理论(public choice theory)应运而生,它以新古典经济学的基本假设、原理和方法作为分析工具,来刻画和研究政治主体(包括选民、利益集团、政党、官僚和政治家)的行为以及政治过程的运作。如果说马歇尔所做的工作是将"政治踢出去",从而使古典政治经济学转变为新古典经济学,那么公共选择理论的工作是将"政治带回来",从而使得新古典经济学变成了新古典政治经济学,尽管这一次它没有将政治与经济关系作为研究核心,而是致力于从经济视角来审视政治。

公共选择理论将个人主义、理性、委托-代理和交易等经济概念与分析工具应用到政治研究中。[1]个人主义是经济分析的起点,它主张任何行为都是由个人做出的,"应从个体层面的'经济人'假设出发,去演绎推导出最后体现在社会宏观层面上的行为结果"或者"社会现象的宏观解释必须用建立在个体层面之上的因果机制来予以支撑"。[2]公共选择理论将处在民主政体中的政治家与处在竞争市场中的企业家进行类比。政治家是政治产品的供给者,就如同企业家是经济产品的供给者一样。不管是企业家还是政治家,他们都希望实现自身效用的最大化。对于企业家而言,这意味着最大化利润,对于政治家而言这需要通过最大化选票来实现。作为理性的行为者,为了实现这一目标,政治家将制定他们相信将能获得最多选票的政策,正像企业家生产将能获得最多利润的产品一样。换言之,政治家是为了赢得选举而制定政策,而不是为了制定政策去赢得选举。

---

① 杨龙:《评公共选择学派的三大理论假设》,《教学与研究》1999年第12期。

② 刘骥:《找到微观基础——公共选择理论的中国困境》,《开放时代》2009年第1期。

　　选民是从政治家的政治纲领和政策实施过程中获益的人，他们通过民主投票来表达其对公共产品的偏好。选民参与投票是为了通过参与政治获得预期效用的最大化。为了实现这一点，选民会对投票行为进行成本收益分析。对于选民而言，投票的成本包括了解候选人所需花费的时间和精力、投票的时间成本等，收益是增加自己所偏好的政治家获胜的概率。在一个大的政治共同体中，选民的数量以百千万计数，额外一票对于选举结果的影响微乎其微，意识到这一点的选民可能不去投票，或者倾向于在信息不完全的情况下投票，尽管这样做可能增大了选错的概率，但选民知道，更为理智的选择必须建立在更多信息的基础上，而这需要支付额外成本。额外的成本完全由个体承担，但由此带来的收益，即把"对"的人选上台，却是一项公共产品，需要与他具有相同政治偏好的人分享，这种现象被称作"理性的无知"。

　　公共选择理论将官僚置于委托—代理关系中。在这组关系中，官僚作为代理人，接受代议机构的委托来生产并分配公共产品。和任何其他类型的委托—代理关系一样，政治家和官僚间的委托—代理关系也受制于信息不对称。官僚由于直接参与到公共产品的生产过程中而获得了委托人可能并不掌握的信息。相比于其他类型的委托—代理关系，政治家和官僚间的委托—代理关系具有"双边垄断"的属性：一方面，官僚垄断着公共物品的生产，处在卖方垄断的位置上。对于公共产品的消费者而言，官僚组织售卖的产品"只此一家，别无分店"。另一方面，立法机关和选民是公共产品的垄断买者，官僚不能为公共产品找到其他买家。双边垄断的存在使得政治家和官僚间的委托—代理关系呈现出更多问题。

　　和任何的信息优势方一样，官僚能够利用其所掌握的优势信息，偏离委托人的意愿去追求对自己有利的目标，这种现象被称作机会主义。比如，在制度设计上，官僚本来应该是受民众的普遍福祉或国家利益驱动的人，但在现实中，官员却追求更为多样和混合的目标：权力、金钱收入、声望、便利、安全、忠诚、精通工作的自豪感、为公共利益服务的愿望、对特定行动计划的承诺。①大多数这

①[美]尼斯卡宁：《官僚制与公共经济学》，王浦劬等译，中国青年出版社，2004年。

些目标都与官僚机构的预算规模正相关，预算越大，它获得的权力越大，机构负责人地位越高，控制的资源也就越多。因此，公共选择理论家主张，官僚是预算的最大化者。

（三）消极与积极：自由主义的内涵及其扩展

本书将以斯密为代表的古典政治经济学、新古典经济学和公共选择理论（新古典政治经济学）等共同称作是自由主义政治经济。"自由"体现在两方面：一是从理论缘起看，古典政治经济是在论证资本主义经济秩序正当性的过程中产生的，其批评封建经济中教会、国王、共同体和贵族对个人的束缚。在这种理论视野中，人成了能够理性思考、自主行为、不受教会和共同体干预的独立行为者，可以支配自己的财富和劳动，也因而能够参与到商品经济过程中。二是它们将市场看作是一个独立于政治的领域，有着独有的运作规律。当然，它们是从不同角度论证这一点的，但相信市场（古典政治经济学和新古典经济学）与不相信政府（公共选择理论）的结果是一样的，它们相互加强，共同推动形成了市场至上的理念与主义。尽管自由主义政治经济分析并没有完全排除政府的介入，但在经济活动中，国家相对于市场的辅助性和补充性地位始终得到了坚持。如果将自由理解为大多数经济活动可以且不应受国家干预的话，将这些主张称作自由主义政治经济学是恰当的。

需要提及的是，古典政治经济理论本身是一个包含了自由主义、保守主义和激进主义的流派，它们都尝试对当时新出现的资本主义经济形态提出自己的判断。相比于古典自由主义，激进主义和保守主义均表达了对于市场经济更为悲观的看法，释放出更多的对于市场体制的批评。保守主义担忧市场所诱发的自利行为会摧毁共同体的团结和对权威的尊重，而这是传统秩序形成的基础。激进主义则谴责市场对人的异化。随着时间的推移，那些曾经被标记为保守和激进的观点，越来越多地被看作是一种特殊形式的自由，并直接或者间接推动政府在经济过程中发挥更大作用。保守主义的理念通过社会保障的形式得以体现，它被视作维系共同体团结的新纽带。二战后，发达资本主义国家用于社会保障方面的支出日益增多，越来越多的群体受益于政府所搭建的安全网。将社会保障作为核心职能的国家形态被称作福利国家。激进主义的关切则通过各种形式的经济与社会规制得以体现，这些措施旨在通过抑制大企业的市场力量和对劳动者的特别保护来维护市场的竞争结构，矫正劳资间的失衡态势。政府的保障和规制角色在"积极自由"的理念下得以合法化。政治哲学家开始强调自由的行使需要以一定的条件为前提，对于那些不具备这类条件的公民而言，政府有义务为其提供特别的保护来促使民众获得在某些领域或活动中的选择机会。与积极自由相比，古典自由主义者所理解的"免于政府干预"的自由则被称作消极自由。区别于古典自由主义，拥护积极自由理念的流派被称作现代自由主义。

进入20世纪六七十年代，西方出现了滞胀危机。在对危机出现的原因以及解决办法的争议中，古典自由理念得到重申，有悖"自由放任"（laisser faire①）宗旨的政府职能，其实施意图和效果遭到质疑。很大程度上受公共选择理论的影响，政府日益被看作是由那些致力于实现自身利益而非公共利益最大化的个体组成，政府并非中立的行为者，而是易于受到特殊利益集团的"蛊惑"和不当影响。相比于政府更加负面的印象，市场被再度颂扬为分配稀缺资源的一种优越方式；产权与法治在经济增长中的基础性作用得到坚持。在这种观点看来，相比于私人产权，国有和集体产权属于次优的制度安排，因而，公共部门的私有化被认为有助于明晰产权并由此提高效率；此外，它反对贸易壁垒，倡导商品与要素在全球范围内的自由流动；在劳动关系上，它倡导弹性的工作与雇佣方式，反对福利的国家化。这些主张被笼统地称作新自由主义，在时任英国首相撒切尔和美国总统里根的推动下，转化为席卷全球的新自由主义改革浪潮。

二、自由主义政治经济视角下的市场

政治经济视角下的市场，大体从两种视角切入。第一种专注于在学理上阐释市场的作用原理，通常相信它是组织经济活动的一种好方式。国家只应在市场出现失灵的情景下介入，这是自由主义政治经济学的重要组成部分。第二种热衷于讨论市场的形成过程，尤其是市场经济的政治动力，倾向于将市场看作

---

① 这是一个法语词汇，意为允许做。

是历史的产物,与现代国家的目标和行为密不可分,它是导致国家中心范式出现的主要源泉之一,这里先讨论第一种观点,将后者放到第二节。

(一)市场经济的运作原理

波兰尼将市场经济出现之前的经济形态称作伦理经济。区别于后来的市场经济,在伦理经济中,经济活动没有成为一个独立领域,而是"嵌套"在社会系统中。人们从事经济活动的目的并非自我利益最大化,而是致力于共同体的团结。经济活动的"脱嵌"是市场社会的必然,它使得人们日益成为独立的个体,将个人利益最大化作为经济活动的目标。在《道德情操论》中,斯密担心,经济形态的这种转变将释放出强大和具有潜在危险性的动机(诸如贪婪、嫉妒和自私),侵占性地追求自我利益可能危及同情的社会纽带并削弱对他人的关注。斯密曾怀疑人的美德是否能够经受住财富的诱惑,但在《国富论》中,斯密不再将美德作为抵御这种危险的主要方式。尽管意识到人是基于自利目的参与到经济过程中的,"每一个人……既不打算促进公共的利益,也不知道自己是在何种程度上促进那种利益。他所盘算的也只是他自己的利益",但斯密相信,市场社会不仅能经受住渴求财富的自私性,而且还能操纵这一"恶性"到生产性和对社会有益的渠道中:"他受一只看不见的手的引导,去尽力达到一个并非他本意想要达到的目的。"更进一步,个人的自利本性与选择不仅与理想的集体后果兼容,而且还是实现这种理想后果的最佳乃至唯一方式:"也并不因为不是出于本意,就对社会有害。他追求自己的利益,往往使他能比在真正出于本意的情况下更有效地促进社会的利益。"

斯密用"看不见的手"来比喻市场规律,这固然形象,却过于"形而上"。新古典经济学致力于用更为"科学"的方法解构"看不见的手"。他们首先假设了一种理想的市场类型,即所谓的完全竞争市场。它建立在一系列极为苛刻条件的基础上:存在大量的买者和卖者、产品是同质的、企业的进入和退出是自由的、信息完备并且均匀地分布在所有行为者间。这些条件保证了市场中的卖者和买者都是价格接受者,不具备能让自己免于竞争的市场力量,他们均只能根据价格信号来做出扩张或者收缩产品供给或消费的决策。在供求定理的作用下,价格最终会推动供求趋向一致。在这一点上,买者愿意以某一价格购买的产品数量等于卖者愿意以这一价格供给的数量，这一状态被定义为均衡。基于此，新古典经济学反对任何试图限制价格的做法（如指定某一产品的最低或者最高价格），因为这会削弱供给和需求对价格变动进行回应的能力，阻碍市场达到均衡。

新古典经济学相信市场是分配资源的一种好方式。认识到资源是稀缺的，运用资源的任何方式都有机会成本，新古典经济学尝试表明市场有助于帮助行为者将资源投入最能够满足其效用的领域。他们发明了生产者剩余、消费者剩余等概念来度量生产者和消费者从参与市场中得到的好处（福利）。生产者剩余用生产者得到的价格与生产成本的差来度量，消费者剩余则用消费者对某一产品的支付意愿（取决于其对产品的主观评价）与其实际支付价格的差来表达。消费者对产品的支付意愿有高有低，生产者的成本也有所不同，价格机制将筛选出那些最有效率的卖者（成本最低）和买者（支付意愿最高），他们之间达成的交易将带来最大剩余。新古典经济学相信，在价格机制的作用下，自由市场能够把稀缺的物品分配给对物品评价最高的买者（有效率的消费），把物品的生产交由能以最低成本生产该物品的卖者（有效率的生产），总产量使消费者和生产者剩余最大化（有效率的产量），外部力量的介入则会使市场不能达到福利最大化的状态。新古典经济学对于效率的理解是分配效率，并认为这种有效率的资源配置会带来或者促进有效率的生产。

对市场优越性的认识，后来越来越多地与对计划经济的批评和反思联系到一起。哈耶克将人们决策所依赖的信息区分为科学知识和时空信息。[1]在其看来，信息并不是以一种集中或完整的形式存在，而是以不全面的、有时甚至是相互矛盾的形式，为独立个体所掌握。中央计划者拥有最好的知识，但可能无法收集到特定时空的信息，因为这类信息没有被科学化。由于每个人都掌握着一些独一无二的知识与信息，基于这种信息的决策只能由个体做出，所以，建立合理经济秩序的关键就在于能否充分利用各式各样的信息与知识。市场的优越性体现在，它很少需要人们拥有太多信息方能做出选择，这是因为市场经济中

---

[1] F.A. Hayek, "The Use of Knowledge in Society", *The American Economic Review*, 1945, 4, pp.519–530.

的人们能够通过价格机制来交流和沟通信息。利用价格来做决策不需要面面俱到的信息,只需要根据价格信号来调节自己的行为就可以了,至于价格变动是由何种因素引起的,行为者并不需要知道——只要价格没有被扭曲。因此,相对于中央计划,市场机制只需要有限信息就能够做出理性决策。市场在整理分散的信息方面,比任何人类精心设计的方法都更为有效。而如果尝试"把科学方法无法做到的事情委托给科学家,或按照科学原则去进行人为控制,有可能招致令人悲哀的结果"[1]。哈耶克的观点后来还在不完全契约理论中得到响应。

(二)市场的隐忧与罪恶

尽管斯密经常被当作资本主义的旗手,但他对市场并不完全乐观。他发现只有当竞争盛行时,自利才与公共善兼容。他警告说,生意人时刻想要压制竞争,蒙骗公众来增加利润。斯密也表达了对于市场经济中工人福利的关切。他承认将生产过程分割为小段的、常规任务会带来巨大效率,但他担心工厂工作的单调和没头脑(mindlessness)将让工人变得"要多蠢就有多蠢"(as stupid as it is possible for a human being to become)。[2]尽管如此,古典政治经济学家却在主张让政府来矫正或者根除市场的"隐忧"时犹豫不决。在他们看来,这些隐忧要么会自动缓解(市场是自我规制的,具备一定的修复能力),要么政府介入会带来更大问题:"试图指导私人应采用何种方式去使用其资本的政治家,不但使他自己枉费了最不必要的辛劳,而且僭越了这样一种权力:这种权力不能放心地托付给任何个人,而且也不能放心地托付给任何的委员会或参议院,而在将它交到任何一个愚蠢和荒唐到妄以为自己适于行使这种权力的人手中时,是最危险不过的。"[3]

贫富差距可能是市场遭到质疑的最常见理由之一,但在斯密看来,这一问题并不值得过于忧虑。在《道德情操论》中,斯密指出,尽管地主"天性贪婪,虽

---

① [英]哈耶克:《知识的僭妄:哈耶克哲学、社会科学论文集》,邓正来译,首都经济贸易大学出版社,2014年。

② Barry Clark, *Political Economy: A Comparative Approach*, Praeger, 1998, p.44.

③ [英]斯密:《国富论(上)》,杨敬年译,陕西人民出版社,2001年,第503页。

然他们只图自己方便,虽然他们雇用千百人来为自己劳动的唯一目的是满足自己无聊而又贪得无厌的欲望",但是地主的这种贪婪之心、虚荣之心却在改善普通人的生活。为了追求虚荣,地主会雇用厨师、建筑工人,购买手工业者制造的小玩意儿。这些普通民众因为地主的生活而获得收入。①由于担心对穷人的救助会加剧人与资源的紧张关系,马尔萨斯反对政府举办社会保障,因为这样做会增大穷人生存下来的概率,并使其繁衍出更多后代,进一步加剧人与资源之间的紧张。②马尔萨斯的观点后来化身为社会达尔文主义再度浮出水面。这类观点声称人类物种是根据适者生存法则演化的。政府任何帮助穷人的尝试将允许不合格的人种存活并繁衍,最终导致"人种池"恶化。

市场本身可以修复"隐忧"的主张被证明过于乐观。凯恩斯的分析表明贫富差距不只是个伦理问题。在对经济危机的分析中,凯恩斯将总需求不足作为引发危机的"罪魁祸首"。总需求不足与人们看淡经济前景,因而不愿意持续投资相关,也与收入分配差距过大,低收入者缺乏必要的购买力相关。为了应对危机,凯恩斯主张政府应具备再分配职能,理由是低收入家庭要比高收入家庭支出更大比例的额外收入,这样,政府能够通过对富人征税而补贴穷人的方式增加总的私人支出。为了实现更为平等的收入分配,凯恩斯甚至劝说政府支持工会要求更高工资的主张,这在当时是颠覆性的。在自由主义的叙事中,再分配是对私人产权的侵犯,而工会则限制了劳动力市场的自由竞争。凯恩斯等人的观点一再推动自由主义视角下的政府—市场关系朝着更多发挥政府作用的方向发展。

对资本主义体制最为激烈和持续的批判毫无疑问来自马克思主义者。在《资本论》中,马克思谴责资本对人的奴役。在这种体制下,人的主体性丧失了,人成为实现某些目的(财富创造和积累)的工具。身处其间的人们事实上失去了他们人性中不可或缺的方面,没能从事让人感觉有意义的工作。工人生活的中心是生物性的,诸如吃、穿和生育,而不是致力于发展他们独有的创造性思考

---

① [英]斯密:《道德情操论》,蒋自强等译,商务印书馆,1997年,第229页。
② [英]马尔萨斯:《人口原理》,杨菊花等译,中国人民大学出版社,2018年。

和表达的能力,这是对人的"异化"(alienation)。马克思主义者断言,按照资本主义原则组建起来的经济将不可避免地陷入周期性的危机中,这是因为资本家从无产阶级的劳动中榨取剩余价值,导致财富的高度集中和工人的日益贫困,使其达到买不起自己所生产的产品的地步。马克思主义者否定国家的独立性,相信它由经济基础决定,必然反映社会中占统治地位的阶级利益。资本主义的罪恶服务于资本家,自然不能指望同样服务于资本家利益的国家来予以矫正。因此,马克思主义者号召无产阶级团结起来推翻资本主义,实现无产阶级专政,以便终结自己的从属地位,一劳永逸地解决资本主义的周期性危机以及它对人的异化等问题。

虽然这些对市场隐忧和罪恶的论述,在一定程度上令市场至上主义者或者市场原教旨主义者从原初的立场退却,但他们对市场经济体制的信念却未被动摇。在后来的发展过程中,自由主义政治经济学者逐渐将市场与自由联系起来。在学者们的论述中,市场经济的好处不限于通过赋予人们经济自由,进而实现经济繁荣。由于经济自由还是达到政治自由必不可少的手段,市场经济的功能也是政治性的:"如果经济上是自由的,经济力量可以牵制专横的政治力量,而不是加强这一力量,因为经济力量往往是分散的,难以集中;而政治力量却容易集中到一起。一个国家可能有很多百万富翁,却往往只有一个政治领袖。"凡是那些国家对其公民的经济活动事无巨细地加以控制,详细的中央经济计划占统治地位的地方,我们发现其公民深受政治束缚,生活水平较低,而且几乎没有力量来掌控自己的命运。①在这样做的过程中,市场经济逐渐被看作是与民主政治关联的制度设计,成为意识形态体系的重要组成部分。"意识形态化"后的市场,其价值不仅是经济性的(作为组织经济活动的一种好方式),而且是政治性的(作为实现自由民主的基础)。②国家对经济的介入,不只要接受效率的检验(相比于市场机制是否实现了更优水平的增长),还要经受政治的盘问

---

① [美]米尔顿·弗里德曼:《资本主义与自由》,张瑞玉译,商务印书馆,2004年,第9～23页。[美]米尔顿·弗里德曼、罗丝·弗里德曼:《自由选择》,第53页。转引自黄763轩:《政治经济学通识》,东方出版社,2018年,第101页。

② 对这一点并非没有争议。在庆祝创刊125周年之际,美国《科学》杂志公布了125个最具有挑战性的科学问题,其中第118个问题是"政治自由与经济自由密切相关吗?"

（是否有损于政治自由与民主）。

三、自由主义政治经济视角下的国家

（一）古典与新古典视野下的国家

古典政治经济学对国家的理解是建立在社会契约理论基础上的。按照这种理论，国家是人们为了避免自然状态而达成的契约的产物，契约论起到了对国家职能进行限定的作用。契约使得民众与国家之间形成了委托—代理关系，国家处在代理人位置上，要按照体现委托人意愿的契约条款行事。建立在这种国家观的基础上，古典政治经济理论家倾向于将国家看作是一个消极的角色，它的任何行为都要得到民众授权。正是由于国家在古典政治经济分析中如此"低下"的地位，人们有时候也将之称作古典经济学。

新古典经济学意识到国家的存在对于经济增长是必要的，但这里的国家是最小国家（minimal state），"很大程度上限定在，如果不是完全的话，保护个人的人身和财产权利，执行自愿达成的私人协定"[1]。诺斯是此观点的积极倡导者，他指出，历史上的国家更多有害于增长而非促进增长，因此，经济发展的关键在于让国家作为"公正的第三方"那样行事，或者扮演一个可以称作"守夜人"的角色，因为"政府是以暴力的垄断为特征的，它与自由对立，任何扩大政府职能的举动都可能意味着自由的削弱，所以推崇自由的人就不得不对政府进行限制。一旦设定了这种限制，个人就可以在国家的空间之外按照自己的意志自由活动"[2]。但需要强调的是，小政府是从职能范围的角度进行的界定，并不能将之看作是弱政府，后者更多是从国家能力角度进行的定义。

在古典和新古典的视野中，国家是一个外生性的黑箱，其内部运作不是一个恰当或者有价值的分析对象。布坎南等人则倡导国家的新功利主义模型（neo-utilitarian model of the state）。他们确信，国家行为的负面后果太过重要以至于不能让黑箱一直关着。为了理解其内部运作，公共选择理论家应用了标准

---

① Buchanan, James M., Robert D. Tollison, and Gordon Tullock, eds., *Toward a theory of the rent-seeking society*, College Station, TX: Texas A & M University Press, 1980, p.9.

② [美]莱斯利·里普森：《政治学的重大问题》，刘晓等译，华夏出版社，2001年，第151页。

的个人利益最大化工具。在这一视野下,国家按照公共利益行事是不符合逻辑的,政治现任者和支持者之间的交换关系是国家行为的本质。为了生存,现任者需要政治支持者,因而需要为支持者提供足够的激励以免其倒向潜在的竞争者。现任者可以直接分配资源给支持者——通过补贴、贷款、工作、合同或者提供服务——或者运用他们的规则制定权,通过限制市场力量的运作来为偏好团体创造租金。配额的外汇、通过授权(licensing)限制进入,建立关税或者对于进口的数量限制都是创造租金的方式。这些动机和行为使得非生产性的寻租活动盛行,经济的效率和活力随之降低。为了避免这些有害的效应,国家活动的领域应该被限制到最小,官僚控制应当尽可能地为市场机制所替代。[1]

(二)市场失灵与政府作用

新古典经济学引入市场失灵的概念,从而为国家介入经济提供了最为流行和重要的正当性基础。市场失灵被定义为这样一种情景:市场体制所形成的资源分配格局并未实现帕累托最优。自由主义者认可市场失灵,因为这有助于减弱其因为过于理想化而遭到的批评,但它同时维护了市场有效的核心理念。市场失灵不是源自市场内在(inherent)缺陷,而是经常要归咎于扭曲市场的政府行为。市场失灵的解决办法也并非建构一种新的完全排斥市场机制的资源配置方式,而是通过非市场力量修补缺陷,抵消不完全市场(如垄断)出现的暂时性扭曲,推动市场机制的发育或复兴,以便让它最终能够自主发挥作用。通过将国家置于矫正市场失灵的位置上,市场失灵理论一方面维持了古典自由主义叙事中市场的主导地位,另一方面也暗中为政府介入经济活动设置了边界。

最开始识别出的市场失灵包括外部性与公共产品、不完全竞争等。更为近期的研究关注到了更多类型的市场失灵,包括囚徒困境、协调失灵、不对称信息、关联缺失(missing linkages-related market failures)。[2]在其他政府干预经济

---

① Peter B. Evans, "Predatory, "Developmental, and Other Apparatuses: A Comparative Political Economy Perspective on the Third World State", *Sociological Forum*, Vol.4, No.4, 1989, p.564.

② 关于市场失灵的经典文章 F. M. Bator, "The Anatomy of Market Failure", *Quarterly Journal of Economics 72*, No.288, 1958, pp.351-379. 梯若尔:《市场失灵和公共政策》,《比较》2016年第6期。Robert Wade, "The Role of Government in Overcoming Market Failure", in Helen Hughes, ed., *Achieving Industrialization in East Asia*, New York: Cambridge University Press, 1988.

的正当性遭到质疑并日益丧失合法性的情景下,市场失灵成为政府干预经济仅剩的可用理由,因此,市场失灵的类型和样式就与政府介入经济的广度和深度密切相关。吴敬琏警告说:"始终存在一个把市场失灵泛化的倾向。……把市场失灵说成是市场天然具有缺陷,于是政府对市场的干预就变成没有界限了。"[①]作为奥地利学派的忠实信徒,张维迎等人指出,新古典经济学家所谓的市场失灵,其实是市场理论的失灵,而不是市场本身的失灵。[②]新古典理论的市场分析强调静态的配置效率,忽略了市场竞争的作用。竞争的真正价值首先在于发现知识,而这一点只能在争胜竞争的过程中得以体现,也只有通过市场竞争过程才能解决分散知识的利用问题。"新古典理论对于市场机制认识的根本缺陷,使得以市场失灵作为政府对市场进行干预的理论基础具有不恰当的政策意义,不应成为政策分析的标准以及实施产业政策干预的依据"[③]。

自由主义政治经济学对于国家干预的观点是过于简化的,包含了三个相互关联的论断:一是干预是不必要的,因为市场均衡可以在"看不见的手"的作用下自发实现;二是干预是有害的,因为干预扭曲了市场,产生了无谓损失,且经常伴随着干预者所未曾料想的一些负面效应。尤其是干预将破坏财产权利的安全性,降低个人做出理性选择的动机。这是因为,处在市场过程的消费者承担购买产品的全部成本,享有那种商品的完全收益,但公共产品的成本和收益却是由全体民众分担并共享的。由于个人既不承受他们政治选择的完全成本,也不享有他们政治选择的完全收益,他们也就更少受到激励来做出建立在认真评估成本和收益基础上的决定;三是干预只能是消极的和追随性的,只有当市场被证明存在明显的失灵后,干预才是必要的。自由主义政治经济学引导人们得出了这样的结论,自由经济体制是可以自发生成和维系的,但事实上,自由的体制和不自由的体制、封闭的体制和开放的体制,都是人类行为(包括政府行

---

① 吴敬琏:《产业政策面临的问题:不是存废,而是转型》,《兰州大学学报(社会科学版)》2017年第6期。

② Weiying Zhang, "Reflections on Economics: Market Failure or Market Theory Failure?", *China Economic Journal*, 2015, 8(2), pp.109–121.

③ 江飞涛:《直接干预市场与限制竞争——中国产业政策的趋向与根本缺陷》,林毅夫等主编:《产业政策:总结、反思与展望》,北京大学出版社,2018年,第131页。

为)的结果。自由的市场体制并不是政府放任的结果,而是其蓄意建构的产物。自由放任的政府也并不是一个能力低下的政府,因为它起码需要有能力来抵御寻租的压力。

公共选择理论的加入强化了自由主义政治经济学对政府干预市场的指责。在这些学者看来,国家对经济的干预应该受到谴责,这不仅是因为它导致了相比于自由市场次优的结果,还因为国家干预通过错误配置资源,创造出高出平常水平的利润或者租金。为了竞争租金,经济行为者将浪费额外资源用于游说。"由于每一个理性的企业家都有激励来寻租,每个人都认为花费直到与他能取得利润或税收乘以概率的数额相等的费用去取得租金是值得的。"①能够通过游说而获得利润,这也减弱了企业通过创新提高效率的激励。为了表达对于寻租的厌恶,公共选择理论家甚至将寻租与盗窃等行为对应起来看:"私人寻租采取盗窃、盗版、诉讼和其他种类的私人转移的形式。公共寻租则包括从私人部门向国家的再分配,比如税收,以及从私人部门到政府官僚的再分配,因为这些政府官僚影响着私人部门的命运。后一种类型的公共寻租包括游说、腐败等形式。"②

公共选择理论的最终结论是,要避免寻租就要把政府对市场的干预和管制限制到必要的范围内。公共选择理论家并不指责个人和集团利用任何可用手段实现他们的目标,相反,他们指责司法部门没能遵从宪法之父最小化政府作用的意图。③除非宪法对于政治选择边界的约束得到严格执行,寻求通过政治过程推动自我利益的个人与集团将导致政府持续增长,进而危及自由和效率。但正如东亚案例表明的那样,公共选择理论家显然忽视了其他的避免寻租的路径。

(三)自由主义政治经济的增长方案

如前所述,古典政治经济理论家所关注的议题五花八门,他们对于增长的

---

① [美]戈登·塔洛克:《关税、垄断和偷窃的福利成本》,《经济社会体制比较》2001年第1期。

② [美]安德烈·施莱弗、罗伯特·维什尼编著:《掠夺之手——政府病及其治疗》,赵红军译,中信出版社,2004年,第80~81页。

③ Barry Clark, *Political Economy: A Comparative Approach*, Praeger, 1998, p.110.

表述构成了一个所谓的古典增长理论。古典增长理论已经准确地识别出增长的关键是资本和效率,也指出市场有助于资本积累和提高效率,因而是推动经济增长的一种好方式。在古典理论家看来,物质资本积累是经济增长的根源,它源于节俭,会由于奢侈和妄为而减少。斯密则将劳动分工看作是提高效率的关键,它能将一个复杂的生产过程分割为若干个不需要任何技能就可以娴熟掌握的环节。他生动地描述了制针工厂的劳动分工:一个人抽丝,另一个人拉直,第三个人切断,第四个人削尖,第五个人磨光顶端以便安装针头。分工能带来生产率的提高:首先,得益于分工,每个工人的熟练程度提高了。其次,分工节约了从一种工作转向另一种工作所丧失的时间。最后,分工还有一项副产品,即发明了很多的机器,便利和简单化了劳动,使一个人能干许多人的活。①市场能够促进分工,市场的规模越大,分工将越细致。出于对分工的欣赏,斯密呼吁每个人都应当专注于自己具有比较优势的产品,之后与他人进行交换,这会使交易双方的状况均得以改善,但分工所致的效率会因分工不可持续而最终耗尽。古典增长理论也已经认识到在其他条件不变的情况下,持续增加资本的投入会带来逐渐变小的收益,这样,古典政治经济学家对于市场的未来是悲观的:当有利可图的投资机会耗尽时,市场社会的动力和增长将最终告一段落。

后来的学者仍将资本和效率视作增长的关键,却对资本的内涵与外延做出了更多解读,也识别出提高效率的更多方式和方法。索洛(Robert Solow)因为其提出的新古典增长理论(the neoclassical theory to growth)而获得诺贝尔经济学奖。他强调储蓄和资本形成在推动经济发展中的重要性。增长要视社会生产超出其消费并将剩余导向生产性投资的能力而定。②在新古典增长理论中,增长的源泉包括但不限于物质资本,人力资本也是推动增长的重要因素;效率也不仅源自劳动分工,技术和规模经济同样会带来效率提高。竞争的激励作用也得到强调。为了在竞争中胜出,人们不仅需要提高生产效率,还需要不断创新,发明新产品、新技术,甚至新制度。市场被视作增加经济资源的可获得性和促

①[英]亚当·斯密:《国富论》,郭大力、王亚楠译,上海三联书店,2009年,第4~8页。
② Barro, R. J. and X. Sala-i-Martin, *Economic Growth*, Cambridge, MA: MIT Press, 1995.

进生产率的强有力机制。通过将决策的正面和负面后果直接由个人承担,市场为个人提供了审慎和勤奋行为的激励。当个人知道他们能够收获其行为的好处或者承受他们行为的后果时,就会受到激励更加认真地考虑他们的选择。由于市场激励,额外的资源被提供、资源的质量得到升级、创新和冒险得到鼓励。新古典增长理论断言,技术进步与资源扩展的结合将为经济提供源源不竭的动力,换言之,经济有望实现可持续的增长,而这恰好是富国变富的秘诀所在。

随着对发展问题的关注,自由主义政治经济学将研究的视野从解释富国变富转向穷国不能实现发展的根源。他们相信,发达国家和发展中国家可以应用相同的经济原则,因此自由贸易和竞争性市场是提高世界上任何地方人们生活水平的最优战略。新自由主义理论断言,不发达源自资源的错误配置,而这又是由于不正确的价格政策以及太多的国家干预造成的,这滞缓了经济增长的步伐。新自由主义者相信,通过允许竞争性的自由市场勃兴、私有化国有企业、促进自由贸易和出口、欢迎来自发达国家的投资者、消除过多的政府规制与要素、产品和金融市场中的价格扭曲,经济效率和经济增长将得以实现。与依附理论家的主张相反,新自由主义者主张发展中国家之所以不发达,并不是因为发达国家以及它所控制的国际机构的掠夺,而是由于国家的强硬之手,以及发展经济体中弥散的腐败、低效和缺乏经济激励。①因而,发展中国家需要做的并非改革国际经济体制、重组二元的发展中经济、增加外国援助、控制人口增长或者更为有效的经济计划。相反,它需要做的只是促进自由市场和自由放任的经济,反对阻碍市场运作的社会、文化和政治力量,从而允许市场的魔力和价格信号指导资源分配,继而刺激经济发展。

第二节　"将国家带回来"与政治经济研究的转型

朱天飚批评说,在新古典经济学中,"国家是一个随手拈来的实体,当新古典经济学家需要国家时它就出现了,不需要时就消失了。国家有没有能力成为

---

① Michael P. Todaro & Stephen C. Smith, *Economic Development*, Pearson, 2014, p.136.

守夜者? 有没有能力提供公共产品和管理外部性? 新古典经济学没有对这些问题进行回答,它的研究只到国家应该做什么这个问题即停止"①。福山也指出,公共选择理论将一个发端于企业管理的委托—代理框架应用到公共管理过程中时,"它将国家能力的存在视为理所当然。换句话说,它把管理一个组织看作主要是激励和意志问题:委托人命令代理人做某些事情,但代理人并不照办,因为他投机取巧或假公济私。但代理人也可能完全忠诚,积极投入,却仍归于失败,因为缺乏贯彻委托人愿望的知识、能力和技术"②。

这些评价在不同程度上适应于自由主义政治经济学的各个流派。它们要么没有将国家作为一个独立的研究对象,国家只能在市场失灵的情况下找到介入经济的正当性;要么将国家强行"塞进"他们精心构思出来的契约或者公共选择框架中,而不管它与国家的"利维坦"本性存在多大差距。这些不足最终导致20世纪70年代的一些理论家(主要是政治学家和社会学家)主张在社会科学研究中"将国家带回来"。他们试图把国家从社会或经济附庸的位置上拯救出来,赋予其主体地位,不再能够或者需要透过经济关系或阶级结构等来认识。

发展型国家是"将国家带回来"的理论成果之一,它充分利用了国家主义研究范式所发明或重新阐释过的主要概念,并和国家主义范式一样"虽然强调国家的重要性,但并不是国家决定论,即把国家作为解释政治、经济、社会现象与变化的决定因素"③,而是更多强调从关系的角度来识别和研究国家。换言之,"在把国家找回来的同时不能将社会踢出去"④。

一、国家的概念与分析视角

(一)概念化"国家"

国家是政治学研究中最为重要的概念之一。对于国家,政治学大体有两种界定方法。一种从目标出发来定义国家,如莱斯利·里普森宣称国家之所以成为

---

① 朱天飚:《比较政治经济学》,北京大学出版社,2006年,第106页。
② [美]福山:《政治秩序与政治衰败:从工业革命到民主全球化》,毛俊杰译,广西师范大学出版社,2015年,第463页。
③ 朱天飚:《比较政治经济学》,北京大学出版社,2006年,第89页。
④ Linda Weiss and John M. Hobson, *States and Economic Development*, pp.8–9.

国家,就在于它追求三个循序渐进的目标,即安全、秩序和正义,这将国家从其他类型的社会组织中区分出来。为了达成这些目标,国家必须拥有相应的手段。

如果国家要提供安全保障,它就必须拥有可供其支配使用的暴力。国家因其起源的那个特殊目的,即提供安全保障,就已经赋予了国家实施暴力的必要性。将国家与其他社会组织区分开来的很多重要原则都源于这样一个简单而又基本的事实:国家必须使用暴力,否则将不成其为国家。因为国家必须实施暴力,不可避免它就要试图垄断暴力。因为任何不被国家控制的暴力都会给国家的行为带来限制,成为潜在的抵抗势力。为了在实施安全职能时不受任何阻碍,国家就要成为强制技能的唯一拥有者。[1]

里普森进一步推断说,要保障安全,暴力可能已经足够,但要创造秩序,还需要更多的东西,这就是权力。权力就是暴力加上同意。如果安全通过暴力获得,秩序通过权力构建,那么正义就需要靠权威来确立,权威是被认作正当的权力。[2]里普森的国家定义是规范性的,他首先将"安全、秩序和正义"设定为国家应该追求的目标,接着去探讨实现这些目标所需要的手段,即"暴力、权力和权威",并据此确定了一个"最高标准"或者理想化的国家。这样的定义,其优势在于,它为现实中的国家确立起一个难以企及的标杆,其不足在于,它过于理想化,与现实中的国家相去甚远。

另一种国家定义是经验导向的,它尝试找出成为国家的"最低标准",主张"国家不能依据其目标来定义,而只能依据其特有的手段来定义。相比于其他任何人类团体,国家独有的手段是对暴力的垄断"[3]。从这样的认识出发,国家最初主要被定义为一个与暴力相关的政治组织,这种定义方式深受韦伯的影响。出于对国家的物理力量或者所谓"硬力量"的强调,韦伯将国家定义为"一个(成功地)主张垄断给定领土内暴力合法行使的人类共同体"。之后对于国家

---

[1] [美]莱斯利·里普森:《政治学的重大问题》,刘晓等译,华夏出版社,2001年,第52页。

[2] [美]莱斯利·里普森:《政治学的重大问题》,刘晓等译,华夏出版社,2001年,第57~58页。

[3] 王绍光:《新技术革命与国家理论》,《中央社会主义学院学报》2020年第5期。

的研究多少修正了这一定义,避免了使用垄断和合法性这样的概念,因为并非所有国家都是合法的,很多也没有垄断暴力。①按照这种办法做出的国家定义,更加契合现实中的国家形象,但它模糊了更高质量的国家与仅能满足最低标准的国家之间的差别。后来的国家理论逐渐关注到国家的"软实力",在《狱中杂记》中,葛兰西提出了文化霸权或者文化领导权的概念。除了垄断暴力外,国家还需要管理意识形态,塑造国家认同,构造"国族",增强政治合法性等。经过了这些努力,对国家的经验研究,通常强调国家如下三个特征:通过对强制手段的垄断性控制,确立了一定程度上的内部政治秩序;存在一套基本的公共行政或可用的官僚体系;国家的权威必须是合法的,即权力的行使必须被公民感知为正当的。②按照这一定义,国家建构(state building 或者 state forming)实际上是一个政治共同体逐渐获得上述三个特征的过程。

(二)社会中心与国家中心的国家观

社会中心是研究国家的经典范式,主要成果集中在马克思主义和多元主义理论中。尽管二者存在重要差别,但它们都主张,国家受制于社会经济利益的影响,对国家的理解应从社会角度切入。只不过,马克思主义者认为,国家注定只能反映社会中占统治地位的阶级利益,这些阶级会俘获国家,使之成为维护其利益的"委员会"。马克思并没有完全忽视国家对于社会的影响,但倾向于将它的作用等同于"上层建筑对于经济基础"的反作用。而多元主义则主张,国家是一个中立的行为者,它可以平衡多元的利益诉求,国家也并不是完全消极的。

马奇和奥尔森评论说,行为主义与理性选择学派支配下的政治学研究有五大问题:第一,国家在政治学研究中的中心地位被取代,学者们将精力更多用在研究利益集团、政党等社会组织上,而忽视了对于国家的研究。第二,微观行为决定宏观结果,然而历史、国际和社会结构这些宏观变量不能简单地用个人理性和行为所解释。第三,因为对个人理性的假设,政治事件被认为是一系列精

---

① Tuong Vu, "Studying the state through state formation", *World Politics*, Vol.62, No.1, 2010, pp.164–165.

② Giovanni Carbone, "Democratization as a state-building mechanism: a preliminary discussion of an understudied relationship", *Political Studies Review*, Vol.13, 2015, pp.11–12.

心计算的结果,而忽略了制度、传统等因素的影响。第四,历史被认为是不断进步的,朝单一方向发展,忽略了历史的复杂性和偶然性。第五,强调政策结果而不注重过程。决策过程所体现出来的人们的目标、发展方向、身份和归属完全服务于政策结果,低估或者忽视了它们本身的价值。[1]

与之相比,国家主义者倾向于将国家看成一个具有独立利益和偏好的行为者:"既不像马克思主义者所认为的那样仅仅是统治阶级的工具,也不像自由主义者所认为的那样是一个为社会提供法律和秩序的裁判。国家集团有自己的兴趣、利益和目标。国家精英集团在为稳定自己的权力而斗争的同时往往能够超越阶级利益。"[2]国家也并不是契约意义上的代理人,从属于作为委托人的公民,而是一个具有优先性的组织:"对于任何既定的人民,一个政府在这样一个意义上是存在的,即作为对他们行使权威的集团之一,它拥有对其他一切人或权利要求的权威,不会遇到来自一个与之平起平坐的权利要求者的挑战,它在维护自身秩序方面具备居于其他一切组织之上的普遍的权威。……它对优先权具有的要求的普遍性和唯一性,使它与众不同。"[3]在国家主义者眼中,社会中心论忽视或者低估了国家的能动性。国家并不只是消极地回应或者反映社会诉求,它能够侵占性地引导乃至塑造或者重塑社会,社会甚至可能是国家的"人工制品"。

随着国家建构研究的兴起,国家的形成过程得到了越来越多的呈现,人们发现国家呈现出不同样态,也是经历了漫长的历史过程才逐渐演化成为当前的样式。前现代国家向现代国家演变的动力以及由此形成的经济、社会和政治后果,是国家建构研究主要关注的议题。维斯等人的经典研究表明,欧洲国家建构的一个重要动力是,随着军事技术革命,军事成本升高。为了能够在激烈的竞争中存活下来,欧洲君主们必须找到办法来应对升高的军事成本。英格兰所代表的道路被证明是一条最为成功和具有可行性的方法,他们将权力从领主和

---

① James G. March and Johan P. Olsen, "The New Institutionalism: organizational factors in Political Life", *American Political Science Review*, 1984, 78(3), pp.734–749.

②[美]西达·斯考切波:《国家和社会革命》,何俊志、王学东译,上海世纪出版集团,2007年。

③[美]林德布鲁姆:《政治与市场:世界的政治——经济制度》,王逸舟译,上海人民出版社,1997年,第25~26页。

贵族手中夺走集中到国家手中,作为回报,前者获得充任各种公共职位的机会。而在包括沙皇俄国和普鲁士在内的案例中,国家的集权尝试受到更为强大的领主和贵族的抵制,直到19世纪50年代后才有了实质性的推动。①维斯据此主张,就欧洲的国家形成而言,从9世纪到18世纪,冲突主要发生在国家和主导阶级之间,而非发生在主导阶级与从属阶级之间。国家并不必然以主导阶级(即领主和贵族)的利益行事,甚至二者本身就处于敌对状态。国家与主导阶级之间既涉及斗争和竞争,也涉及协调与合作。"现代官僚国家几乎总是会更加偏向主导阶级而非从属阶级,但它不能被理解为资产阶级权力的简单函数。国家有时候会违背主导阶级的利益,或只是遵从国家自己的利益,不管这是否与主导阶级的利益一致或冲突。"②

在国家建构相关研究的推动下,国家不再被看作是一个统一的行为者,构成国家的各个部分和要件之间的关系,国家与不同社会群体之间的关系得到了更大程度的关注。科尔伯恩(Colburn)察觉到这种改变的意义,他指出,以前对国家的研究注重的是国家本身,而20世纪70年代以后兴起的国家主义范式注重的是关系,国家主义是一个以国家与社会关系为中心的研究范式。以大体类似的说法,朱天飚总结说:"国家主义范式不是一个极端的理论范式,不以单一行为者(国家、阶级或利益集团)为中心,而把其他行为者降到附庸的地步。"③国家主义文献也在与其他研究范式的区分中更好地呈现出自己的特色,研究者总结说,与行为主义相比,国家主义研究表现出如下特征:国家主义者将政治看作是统治和控制而非(资源)分配(后者是伊斯顿的观点),它强调针对国内外威胁维护既有秩序而非在政治行为者间配置利益;将国家看作是行动者,而不是反映社会特征或者偏好的因变量;强调正式和非正式制度对群体和群体行为的制约,制度限制乃至决定了行为者对自身利益的界定;更加注重历史的重要性。④

---

① Linda Weiss & John M. Hobson, *States and Economic Development*, p.79.

② Linda Weiss & John M. Hobson, *States and Economic Development*, p.53.

③ 朱天飚:《比较政治经济学》,北京大学出版社,2006年,第100页。

④ Krasner, Stephen D, "Approaches to the State: Alternative Conceptions and Historical Dynamics", *Comparative Politics*, Vol. 16, No. 2, 1984, pp. 223–246.

二、国家主义范式与政治经济研究

(一)国家主义的核心概念

国家主义者创造了一套专用话语与概念,包括国家性(stateness)、国家自主(state autonomy)、国家能力(state capacity)、国家建构等,这极大地扩展了政治研究的广度和深度。在国家主义范式的推动下,国家越来越多地在两个维度上得以呈现:一是从国家自身结构和功能的角度。不同政体用来组织公共权力的方式和方法有所区别,从而形成了具有不同结构和形态的国家。用来描述这一维度的国家概念与理论有联邦制、单一制(国家权力的纵向结构)、权力分立与制衡、总统制和议会制(国家权力的横向结构)、国家职能(如管理职能、统治职能)、国家权力的生成与运行方式(集权与分权、法治与人治)等。二是从国家与其他行为者关系的角度。它将国家看作在本质上是关系性的,国家的结构和功能并不完全是自身演变的产物,而是在与社会和经济进行持续互动过程中生成的,因而需要通过观察国家与市场、国家与社会的"相切点"来理解和认识国家。对于国家自身组织的研究以及国家与其他行为者(劳工、商人、种族团体等)的关系和它在其他场域(市场、社会)中的表现和行为就成为政治研究的重点。政治学就是阐释组织国家权力的原理,评判国家与其他行为者的关系,分析国家在各种场域中的行为及其后果的理论。就本书的研究主题而言,最为重要的国家主义概念有国家能力和国家自主性,下文简要阐述其含义。

现代国家依托暴力逐渐发展出一系列其他能力,包括汲取资源的能力、塑造国家认同的能力、规制社会和经济的能力、维护国家机构内部一致性的能力、分配资源的能力,[1]拥有这些能力的国家就具备了向社会行使权力的基础。在曼(Mann)的经典研究中,这样的权力可分为专断权力(despotic power)和基础权力(infrastructural power)两类。前者是指政治精英能够在未经与公民团体进行常规的、制度化协商的情况下自行采取的行动范围,后者是指国家实际上渗透

① Shaoguang Wang, "State Effectiveness and Democracy: Asian Cases", http://www.cuhk.edu.hk / gpa / wang_files/Publist.htm.

到社会中,执行政治决定的能力。[1]国家的这些能力和权力是在不同历史阶段发展出来的,也因为成为标记国家所处阶段和属性的依据。直到今天,很多国家仍没能垄断暴力,这类国家在文献中通常被称作弱国家乃至失败国家。维斯和霍布森指出,现代国家以专断权力为基础,但不以扩大专断权力为目标,而是致力于基础权力构建。因此,国家对社会的渗透和汲取能力是现代国家与传统国家的分界线,而协调能力则是当代强国家的标志。[2]

福山提醒我们不能用权力管辖范围来判定国家强弱。[3]美国拥有一套有限政府体制,它限定了国家活动的范围。但在这一范围内,国家创建和执行法律与政策的能力是非常强的。所谓美国是"弱国家"的说法据此得到了澄清:"美国宪法恰恰不是一部限制国家能力的法律。宪法的分权原则限制的是国家权力行使的领域,而非国家权力管辖的范围。在保证分权原则的前提下,联邦主义者把有限权力领域内的国家能力扩张到最强,因此,国家的行政权限虽然受到限制,但它对于政治生活的实际影响力却不弱。"[4]福山指出,最优的国家性是高的国家权力和相对节制与有限的干预范围的结合。[5]

在斯科波尔看来,国家可能会制定并追求并不简单反映社会团体、阶级要求或者利益的目标,这就是国家自主性的概念通常要用来表述的现象。[6]对国家自主性的最大威胁来自社会中占主导地位的阶级,因此,国家自主性首先要通过其与主导阶级的关系来进行识别:"一个官僚国家机构,或者其中的一部分,能够被说是相对自主的,当那些占据高级文职和/或军事职位者满足两个条件:①他们不是从占据主导地位的地主、商业或者工业阶级中招募而来的;②他

① Michale Mann, "The Autonomous Power of the State: Its Origins, Mechanisms and Results", *European Journal of Sociology*, 1984, Vol. 25, No. 2, pp. 185–213.

② Weiss and Hobson, *States and Economic Development*, pp.3–5.

③ Francis Fukuyama, *State-Building: Governance and World Order in the 21st Century*, Ithaca, New York: Cornell University Press, 2004, p.7.

④ 焦姣:《美国政治发展研究学派对"弱国家"神话的解构》,《美国研究》2017年第5期。

⑤ Francis Fukuyama, "The Imperative of State-Building", *Journal of Democracy*, 2004, 15: 17–31.

⑥ Theda Skocpol, "Bringing the State Back In: Strategies of Analysis in Current Research", In Peter B. Evans, Dietrich Rueschemeyer, and Theda Skocpol, eds. *Bringing the State Back In*, Cambridge University Press, 1985, p.9.

们在升迁到高级职位后与那些阶级并没有结成密切的个人和经济关联。"①需要说明的是,不能说社会主导阶级的成员占据官僚高层就必然意味着国家缺乏自主性,而是说官僚招募和晋升的渠道是开放性的,并非面向某个特权阶级,或者说特权阶级所具备的优势并不是其被招募或者擢升的依据。

福山将自主性定义为委托人——政治家愿意赋权官僚——代理人的程度。一个极端是完全的隶属关系,官僚没有酌处或者独立判断的空间,完全受制于委托人所设定的详细规则。另一个极端是完全的自主,治理结果也可能是非常坏的,因为官僚逃避了所有的政治控制,不只是设定内部程序,而且也保护其目标。自主性与政府质量间的关系看起来像是一个倒U形,因此,自主性并不是越高越好。福山还补充说:"一个恰当程度的官僚自主性并不意味着官僚应当从他们所在的社会中隔绝出来或者做出与公民要求不一致的决定。"它也没有排除与私人部门或者公民社会组织在公共服务提供中进行广泛合作。②

自主性是国家发展到一定历史阶段后才有的特征:"市场经济的成长和选举权的逐渐扩展导致了利益集团和政党的兴起。另一方面,官职的获得逐渐与王室、财产利益和继承下来的特权等区分开来。因此,在立法、行政和司法层面上的决策变得受制于非人格化的规则,获得了相对于社会中所兴起的利益样式的自由。"③响应这种观点,亨廷顿将自主、适应、凝聚性和复杂看作是现代政治制度的特征。④自主是指机构形成团体身份,不受社会其他力量的影响。而那些没能实现自主性的政治体制,注定会迎合甚至仰仗社会主导阶级。通过观察这些主导阶级来推断国家的政策意愿,自然是可行的。在某种程度上,社会中心的国家观是对缺乏自主性的国家进行解读的结果。

埃文斯扩展了国家自主性的概念,将建立在威权政体基础上的自主称作是隔绝式自主,这仅仅是国家自主的一种类型。除此之外,国家自主性还可以表

---

① Ellen Kay Trimberger, Revolution from Above: *Military Bureaucrats and Development in Japan, Turkey, and Peru*, New Brunswick: Transaction Books, 1978, p.4.

② Francis Fukuyama. "What is governance?", *Governance*, Vol.26, No.3, 2013, pp.347-368.

③ Reinhard Bendix, *Nation-Building and Citizenship: Studies of Our Changing Social Order*, University of California Press, 1976, p.28.

④ [美]亨廷顿:《变化社会中的政治秩序》,王冠华、刘为译,上海人民出版社,2008年。

现为嵌入型自主，即在与社会进行广泛互动的同时，国家仍能够避免被社会俘获，从而确保政策的连贯性和一致性。建立在基础权力和专断权力分类基础上，维斯等人指出，权力类型对应不同形式的自主。专断权力主导的国家形成隔绝式自主，而基础权力主导的国家容易发展成为嵌入式自主。① 在将国家自主性看作现代政治制度发展方向的同时，自主性的程度却不是越高越好。赵鼎新等人指出，国家必须具备某种程度的独立于社会的自主性，但自主性不应当是绝对的，而应该受到必要限制，是一种有限自主（Bounded autonomy）。②

　　国家自主性的获得可能与多种因素相关。经常被提及的因素有社会群体的集体行动能力、政体属性、国际环境等。在学者们的论述中，一个被各种常见分野（如阶级、地域、种族等）而分割的七零八落的社会，难以联合起来发起针对政府的集体行动，这减弱了人们挑战有悖其利益的公共政策的能力，预见到这一点的政府更有可能追求与民众意愿不一致的公共政策。与民主政体相比，威权政体不存在实质性的意见表达和政策输入渠道，其对政治权力的掌握和运行并不建立在民众同意基础上，也因而可能表现出更为明显的自主性（或者更为准确地说是专断性）。但国家自主性不一定要以碎片化的社会存在为代价，也并不一定要在威权政体下才能获得。诺德林格（Nordlinger）讨论了国家自主性在民主政体中的表现形式：在国家与社会意愿不同的情况下，国家自主性可以用来改变社会意愿，使其与国家意愿看齐，也可以用来强行将国家意愿转化成具有权威性的行为，包括动用国家资源对反对者进行威慑，甚至动员国家机器控制社会和镇压各种形式的反抗。③ 由于米格代尔等人的卓越研究，国家-社会关系的类型学被构建了起来。④ 在不同类型的国家—社会关系中（强国家—强社会、强国家—弱社会、弱国家—弱社会、弱国家—强社会），支持或阻碍国家获

---

① Linda Weiss, *The Myth of Powerless State*, New York: Cornell University Press, 1998.

② Ding-Xin Zhao & John A. Hall, "State Power and Patterns of Late Development: Resolving the crisis of the sociology of development", *Sociology*, Vol. 28, No.1, 1994, pp.211–229.

③ 讨论民主国家中的自主性，参见 Nordlinger, Eric A, *On The Autonomy of the Democratic State*, Harvard University Press, 1981, pp. 1–41。

④ Migdal, Joel S., *Strong Societies and Weak States: State-society relations and state capabilities in the Third World*, Princeton University Press, 1998.

得自主性的因素并不相同。

尽管国家自主性和国家能力是两个相对独立的概念,用来指称不同的现象,却很少能够在不涉及另一概念的情况下对其进行充分阐释。在某种程度上,国家能力就源自官僚体系克服单个官僚利益最大化的影响而采取一致性集体行动的能力。只有具备这种能力,国家才能够在不借助社会力量的情况下追求自身目标,也才能具备相对于社会的自主性。当这种情况出现时,国家就挣脱了社会的束缚成为一个具有主体性的行为者,试图透过社会来理解或解释国家行为也就不再可行。从形成过程看,国家能力和国家自主性均是现代国家建构的产物。国家如果不能实现相对于社会的自主,社会行为者将充分利用国家内部的分裂来实现自身的意图。社会矛盾会在国家内部不断复制,从而削弱国家采取一致性集体行动的能力。国家相对于社会的自主性将为国家抵御社会力量的入侵竖起屏障,因而缺乏必要能力的国家很难成为一个具备自主性特征的国家。正因如此,近年来学者们用有效国家、有效民主、善治、政府质量等概念来描述和度量同时具备这两方面特征的国家。但国家能力和自主性的确不能相互替代,也并不一定会并行出现。拥有高度自主性的国家不一定必然是强国家。任何能够垄断暴力合法行使的国家都具备了成为具有自主性国家的潜质,却不一定具备强国家所要求的渗透性特征。强国家也不一定必然拥有高度的自主性,后者还取决于社会利益组织化的程度,也取决于让政府负责的机制是否健全和完备。

(二)国家主义的政治经济研究

国家主义一经出现就产生了广泛影响。新马克思主义开始修正传统马克思的观点,提出了"国家相对自主性"(relative autonomy of the state)的概念[①]:"资本主义社会里的国家从根本上是服务于资本主义发展的长远利益的,但因此就可能与资产阶级作为主导阶级的短期利益相矛盾,国家在决策过程中为了维持资本主义发展的长远利益就有可能与主导阶级的意愿相违背,于是产生了相对自主性。"[②]克

---

① [英]密里本德:《资本主义社会的国家》,沈汉等译,商务印书馆,1997年。
② 朱天飚:《比较政治经济学》,北京大学出版社,2006年,第86~87页。

拉斯纳据此将马克思主义对国家的看法分为两种类型：工具型（instrumental Marxism）和结构型（structural Marxism）。在前者那里，国家只是资产阶级的工具，而在后者那里，国家在资本主义体系的结构内有相对自主性，并不服务于任何特别的资本家或资产阶级，而是维护整个资本主义体系。[1]尽管如此，这并不意味着新马克思主义的国家观与国家主义的国家观趋同。杰索普（Jessop）指出，两者最大的不同在于，前者主张赋予国家相对自主性，但国家最终还是要服务于经济逻辑，而国家主义范式中的国家则更注重外部防御和内部稳定。[2]

　　国家主义的影响不限于此，其更为深远的后果是对以社会为中心所发展起来的社会科学理论大厦的挑战。社会科学研究纷纷引入国家主义的立场来修正传统主张，这标志着与社会中心范式相对的国家主义范式的形成。国家的经典形象，经过韦伯等人的努力，开始由"必要的恶"转变为一个能够服务公共利益的组织。在国家主义的叙事中，国家不再是一个消极和被动的行为者，只有社会群体提出诉求时才会被动予以回应；现代市场经济中国家职能的扩展也可能并不是由于社会需求的增加（如公共选择理论认为的那样），而是国家寻求增强自己存在感的结果；国家也并不会甘心只是扮演政治经济理论所赋予或者推荐给它的角色，它有望摆脱单个官僚利益最大化的行为目标，采取一致性的集体行动，也有望超越社会中有权势的利益集团或阶级的不当影响（这是国家自主性的含义所在），主动积极地追求自己所认定的目标。这种对于国家的理解迅速扩散到政治经济研究中，自由主义政治经济理论中那个处于被动、消极、附庸或者中立地位的国家形象坍塌了。

　　国家主义的出现重塑了政治经济的研究路径，改变了自由主义叙事中市场与国家之间的分工逻辑。政治经济不再需要从市场失灵出发来识别政治相对于经济的作用。如果国家拥有自己的目的，国家可能寻求控制经济不是矫正市场失灵。因此，"政治经济开始于政治而非经济事务的必要性"[3]。随着研究的

---

[1] Stephen D. Krasner, *Defending the National Interest*, Princeton University Press, 1978, pp.21-22.

[2] Bob Jessop, "Bringing the state back in (yet again): Reviews, Revisions, Rejections, and Redirections", *International Review of Sociology*, Vol.11, No.2, 2001, pp.153-154.

[3] James A. Caporaso & David P. Levine, *Theories of political economy*, Cambridge University Press, 1992, p.5.

深入,原先被认为独立于国家而存在的经济构件,现在却被发现,其背后隐藏着国家的身影。经济系统中的单项制度(如劳资关系、企业治理、金融制度)及其相互之间的关系现在被看作是国家行为有意或者无意的后果。市场越来越多地被看作和民主以及其他制度一样,都是人工制品,难以在政府不介入的情况下自发产生。在政府管理不到的地方,在政府管理的边缘,的确存在某种程度的交换、价格、货币、借贷、投资、契约,但它们高度受限,通常会在熟人间进行,投资通常集中在能够短期获利的领域。现代意义上的市场制度都与政府的介入和干预有着不可分割的关系。当然,政府在这些市场制度的创立过程中起到的作用不同。在有些市场制度中,政府起着背书的作用,为这些制度提供最后的担保。政府还会直接创造某些制度。政府出于征税的目的所收集到的信息也能够用于市场交易。

进言之,国家乃是塑造一国政治经济体制的关键动力:"政府或者更为准确地说,国家是根本性的决定力量。国家决定了市场结构,甚至企业本身。商业公司是国家的产物,它们是在由国家所创建的政策与法律之下组织和建构起来的。……自由市场也是国家行为的产物。没有贸易和交易的法律框架,通过法律体制来解决纠纷和执行付款的方式,阐明股东、经理人、消费者和工人权利或职责,市场将不会存在。"[1]建立在国家是一个变量,且强大到足以塑造政治经济体系的假设基础上,政治经济研究开始怀疑人类会沿着线性道路发展的假设与理论。比较政治经济学开始对这样的问题感兴趣:"为何不同国家在发展过程中展示出不同的分配和积累样式? 为何工业化在不同时期和地区与截然不同的政体关联? 比较政治经济拒绝将不同阶级的相对力量以及它们间关系的属性看作是理所当然的。主导和从属阶级的力量,与国家的力量和自主性一样是变量。"[2]国家在协调和塑造发达政治经济中的作用得到了更大程度的强调。将国家看作是政治经济的一个决定性变量,施密特识别出三种类型的政治经济体系,即

---

[1] David Cohn, Wyn Grant & Graham Wilson, "Political Science Perspectives on Business and Government", in David Coen, Wyn Grant & Graham Wilson, eds., *The Oxford Handbook of Business and Government*, Oxford University Press, 2010, pp.11–12.

[2] Peter Evans & John D. Stephens, "Studying development since the sixties: The emergence of a new comparative political economy", *Theory and Society*, 17, 1988, pp.719–720.

国家资本主义（法国）、受到管理的资本主义（德国）和市场的资本主义（英国）。①

国家主义研究也反对公共选择理论预设政府介入经济的前景。运用公共职位来最大化私人利益是前现代官僚的特征。国家对于市场的运作是有用的，恰好是因为其遵从一条非常不同于功利主义交换的逻辑。国家支持市场和资本主义积累的能力建立在官僚发展成为凝聚性组织的基础上。身处其中的个人将促进集体目标看作最大化他们个人利益的方式。凝聚性要求个体官僚在某种程度上从所在社会中分离出来，而授予官僚一种独特和奖励性的地位有助于推动这种分离。通过功绩制招募和提供长期职业的奖励对于现代官僚也是重要的，这有助于帮助官员形成长远视野，避免为了短期收益而滥用权力。功绩制的招募使得官僚可以依据他们所具备的专业知识而形成一个有内聚力的团体，而非发展成为一个竞争性或者对立性的组织。当然，现代政治发展出更多的制度安排来约束官员滥用权力或者保障个体官员认同组织目标，如财产公开、各种关于利益冲突的规定等。因此，对于国家干预经济，更有价值的问题或许是，为何有些国家对经济的干预是成功的，有些不起作用，还有一些则适得其反。由于绝大多数后发国家显然不能指望凭借自由主义方案来赶上发达国家，这一问题在后发展情景下显得更加重要：具备哪些特征或者品质的国家才能成功地推动后发展，而那些不具备这些特征的国家最好抑制其侵占性地介入经济的冲动。

在对国家主义的研究中，国家性时常被定义为国家相对于社会力量的自主性和国家能力。强的国家性体现在国家有能力在不依赖社会力量的情况下自主设定并执行其目标。越来越多的研究者主张，后发展国家不能仅靠市场机制完成工业化，并赶上发达国家。它们需要借助国家的力量来加速经济发展进程，而强的国家性有助于帮助后发国家肩负起主导发展的重任，这是东亚政府取得成功的一个关键要素。之后的国别研究却否定了这一点。多纳（Doner）的研究指出，在解释战后发展中国家工业化的成功经验时，国家自主性解释有其局限性，国家推动工业化的能力源于其与商业集团的联系。②不满于将东亚的

---

① Schmidt, V. *The future of European Capitalism*, Oxford University Press, 2002.

② Doner, "Limits of State Strength: Toward an Institutionalist view of economic development", *World Politics*, 1992, 44(3), pp.398-431.

成功归咎于一个有能力和意愿的发展型政权将其精心设计出来的产业政策单方面强加给私人部门的结果,发展型国家研究者日益强调政商关系的重要性。在这些研究者看来,私人资本的配合与响应不只是发展型国家取得良好经济表现的基础,其本身就是发展型国家的组成部分。比如,约翰逊把政商合作关系看作是发展型国家在日本最终形成的标志。[1]维斯则将转化型目标(transformative goals)、导航机构(pilot agency)和制度化的政商关系看作是任何发展型国家的三个必要部分。[2]

把政商关系看作是发展型国家的一个重要构成部分,显著地改变了国家能力的内涵和外延。维斯把国家动员经济精英来共同追求经济发展目标的能力看作是国家基础性权力的组成部分或者说基础性权力的协商维度。在早期,协商涉及政治和经济行为者间的初级互惠关系,即君主为资本提供基本服务来换取税收。权力集团之间的互惠性合作(reciprocal cooperation)在推动欧洲崛起为商业强国,直至最终成为工业强国中起到了重要作用。但当今有一种更为发达的协商性权力形式,体现在协调工业经济的能力中。这涉及政治与工业行为者之间形成了一种高度发达的战略性和制度化的合作形式,被维斯称作被治理的相互依赖(governed interdependence)。维斯用它来指称这样一个过程,国家利用并将其拥有的高度自主性转化为更强的协调能力,通过与私人部门结成的合作性关系来提高其经济和产业政策的有效性。[3]在维斯看来,这不只是基础性权力的顶峰(因为它以强的渗透、汲取和协商能力为前提),而且是国家力量(state strength)的最高形式。按照维斯的研究,现代工业国家在这一维度上是高度分化的,日本有着最强的协调能力,而经济自由主义的两个主要继承国,英国和美国在这方面最为软弱。[4]

[1] Chalmers Johnson, *MITI and the Japanese Miracle*, p.311.

[2] Linda Weiss, "Developmental states in transition: adapting, dismantling, innovating, not 'normalizing'," *The Pacific Review*, 2000, Vol.13, No.1, p.23.

[3] Linda Weiss, "Governed Interdependence: Rethinking the Government-Business Relationship in East Asia", *The Pacific Review*, 1995, Vol.8, No.4, pp.589-616.

[4] Weiss & Hobson, *States and Economic Development*, p.7.

三、后发展的特性与发展道路选择

发展研究的一个基本目的是为后发国家搜寻可行的发展方案，而这种方案大体上建立在两类经验基础上。第一类是富国所采取的政策、其组织经济活动的方式、所建构起来的经济制度被认为能够同样作用于后发国家，忠实学习它们经验的发展中国家将和它们的"老师"一样最终取得经济上的进步。另一类研究则尝试将关注的重点集中于不发达本身，试图找出不发达国家不能摆脱欠发达状态的根源。逻辑上，只要识别出那些束缚和限制发展中国家变得更加富裕的结构性障碍，人们就有望找到推动其摆脱贫困状态的办法。

（一）发展经济学：理解增长

在20世纪五六十年代，经济学家建立了一个新的研究领域，即发展经济学。正如其名称所表明的那样，它致力于弄清楚经济增长的机理，并据此找到适合后发国家的发展方案。经济过程的复杂性，使得人们经常要借用一些比喻来帮助我们理解。斯蒂格利茨总结了学术界常用的几种对经济增长过程的比喻，以及建立在此基础上的对于政府作用的倡导：一是发动机比喻。资本积累（包括物质资本和人力资本）被认为是增长的发动机。政府的作用是加速发动机以便鼓励更高比例的资本积累。二是化学比喻。催化剂的特性是能引发化学反应，但其本身的质量和性质在化学反应前后都不发生改变。按照这种观点，政府能够充作增长的催化剂，而不必提供大量资源。这一比喻警告人们，政府政策的效应，不能仅仅用政府补贴的规模或者多大比例的资金由政府提供来度量。三是生物学比喻。它将经济体系看作是一套演化系统（adaptive systems），其存续的关键是其有效回应环境变化的能力。通常认为，由于拥有垄断性的权力，即便没有很好地适应或者快速适应环境的变化，政府也能存活下来。东亚政府则表现出高度的演化性。"当环境的变化使得之前所采用的政策不再适用的时候，这些政府改变它们的行动方向，从它们的错误中学习。"这一观点的逻辑推论是：随着经济增长，在经济变得更加复杂时，国家的作用不得不进行改变。四是物理比喻，它将经济看作是一个均衡系统。这一比喻主张，个人拥有关于未来收益率的预期，基于这些预期，他们决定储蓄率；同时，利润最大化的企业在世界范围内搜寻最好的产品和技术。在这一比喻中,政府充其量只是发挥辅助性的作用。①

(二)后发展的方案:学习富国好榜样?

发展方案最初是以发达国家为蓝本设计的,发展被理解为所有国家必须经历的一系列阶段。在罗斯托(Walt W. Rostow)的经典研究中,所有国家都必须经历农业社会、准备起飞、起飞、趋向成熟和大众消费五个阶段。其中,最为关键的一步是进入起飞阶段。要迈出这一步需要达到三个条件:国民收入中用于生产性投资的比率增加到5%~10%;一个或者更多主导型(leading)制造业部门得到发展;存在能够利用现代部门增长动力和外部性的制度框架(institutional frameworks that exploit the momentum and external economy effects of growth in the modern sector are in place),从而使得现代部门的增长效应能够扩散到传统部门中。②五阶段论"完全脱胎于西方国家的经验。他试图从中总结出一个能够运用于所有国家的普世模型。按照他的理论,世界上所有的国家和地区都处在这一单一发展轨道上;国家和地区之间的发展鸿沟不在于其文化、国情或者其他结构性的差别,而仅仅是因为它们正处在同一轨道的不同发展阶段"③。

然而越来越多的证据表明,今天的欠发达国家与处在早期发展阶段的发达国家间存在显著差异。一本流行的发展经济学教科书识别出二者存在的八方面不同:第一,物质与人力资源禀赋。今天的发展中国家就自然与人力资源而言,要比当今的发达国家开始增长时不利。第二,相对于世界其他地方的人均收入和国内生产总值水平。在开始实现现代增长时,今天的发达国家在经济上已经领先于世界其他地方。第三,气候。几乎所有的发展中国家都位于热带或者亚热带,而经济上最为成功的国家位于温带。第四,在早期增长之前和之中,西方国家经历了非常缓慢的人口增长。随着工业化的推进,人口增长率的增加主要是由于死亡率的下降和缓慢上升的出生率。相反,很多发展中国家的人口

---

① Joseph E. Stiglitz, "Some Lessons from the East Asian Miracle", *The World Bank Research Observer*, Vol.11, No.2, 1996, pp.151–177.

② Rostow W., *The stages of economic growth: a non-communist manifesto*, Cambridge University Press, 1960.

③ 阎小骏:《当代政治学十讲》,中国社会科学出版社,2017年,第50页。

增长快得多。第五,移民的历史作用。19世纪和20世纪早期,农村居民的一个主要出路是国际移民。今天的发展中国家通过大规模移民的方式来减少人口增长压力的空间有限,这在很大程度是由于发达国家非常严格的移民限制。发展中国家到发达国家的移民主要是人口中的精英部分。第六,国际贸易的益处。19世纪欧洲和北美国家能够参加到英国主导的自由贸易体制中,而现在除了少数非常成功的亚洲国家外,发展中国家在尝试以世界贸易为基础实现快速增长时面临难以克服的困难。第七,发展中国家缺乏基本的科技研发能力。第八,国内的制度效力。在早期工业化之时,很多发达国家拥有相对完备的经济制度,为拥有才能的个人提供了广泛的机会,它们在工业革命之前已经巩固为民族国家。①尽管这些差异对于后发展的影响可能并非决定性的,但可以预料的是,它们显著影响着后发国家的路径选择。

　　发展经济学日益意识到不能指望后发展者通过"抄发达国家作业"的方式实现发展,于是他们的视野从找出发达国家变富的秘诀转向探索导致后发经济体不能发展的根源。在他们看来,发展中经济体陷入"贫困的恶性循环"(vicious circle of poverty)和"低水平均衡陷阱"(low-level equilibrium trap)中,这些经济体没有办法仅凭自身力量摆脱这些障碍。要打破低收入与贫困之间的循环(低收入、低储蓄、低投资和低增长),发展中国家必须首先保证足够高的投资率以使国民收入的增长超过人口的增长。但当一个国家处于收入仅能维持生存的最低均衡水平时,收入如果增加,人们生活条件将得到改善,这将促使死亡率迅速下降,但出生率会不降反升,结果使得人均收入水平并无提高,因而必须通过大量投资,使得收入增长冲破这个障碍。罗森斯坦-罗丹(Paul Rosenstein-Rodan)倡导通过对国民经济各部门同时大规模投资来实现增长,这样做的好处是,每个产业的发展都将提高和推动其他产业的发展潜力。赫希曼(Albert Hirschman)质疑这样做的可行性。这种投资所需的资本规模超出了发展中国家所能够筹集到的水平,因而更为可行的策略是,利用有限资金来集中和优先发展关联度高的产业。通过关联效应,一个产业的增长会带动与之有关联的

---

① Michael P. Todaro & Stephen C. Smith, *Economic Development*, Pearson, 2014, pp.73-80.

其他产业。

人们越来越认识到现代经济不是传统经济的自然延伸,而是代表了一种崭新的和完全不同的经济形态。20世纪70年代的结构变迁理论主张欠发达主要是由于结构性或者制度性因素(二元经济)所引起的资源利用不足造成的。按照刘易斯的研究,欠发达国家的经济包含现代部门和传统部门两部分。现代部门与城市、现代工业和先进技术的应用相关,传统部门与农村生活、农业和落后的制度与技术相关。劳动力在传统部门中的使用缺乏效率,可以再配置到现代部门中,却不会减少农业部门的产量。[①]对建立在刘易斯观点基础上的发展经济学家而言,发展问题的本质就是将传统部门、农业和农村的人口与资源转移到现代部门、工业和城市中,但这种转变并不会自动发生。罗德里克设计了一个两部门协调模型来说明阻碍从传统部门向现代部门转变的因素。现代部门在启动和运行时,能够给所有要素带来更高回报,但这依赖于一系列专门化的投入,包括的不只是资本和中间产品,还包括有技能的工人和技术。"从单个投资者的角度看,他将不会投资到现代部门中,除非其他人也这样做。现代部门的营利性依赖于专门投入品的同时出现,但制造这些投入品的营利性反过来依赖于一个已经存在的现代部门的需求,由于制造和投资决策的相互依赖性引起了协调问题。"[②]进一步而言,构成经济发展过程的资本积累、提高生产率和产品与过程创新等,本身是嵌套在集体困境中的,本质上是协调问题。内生于发展过程中的集体困境被区分为两种主要类型:即格申克龙(Gerschenkron)式的集体困境和卡尔多(Kaldorian)集体困境。前者是诱使资本家在新的工业工厂中做出投资,对于这类问题的解决导致外延性增长。后者是危及这些工厂有效表

---

① 1954年刘易斯发表了《无限劳动力供给条件下的经济发展》(Economic Development with Unlimited Supplies of labor)一文。刘易斯主张,资本主义部门(尤其是制造业部门)最初实现扩张,但不会带动工资上涨,由于生计部门(subsistence sector,生计农业和其他低生产率活动)所释放出来的、几乎无限供给的劳动力。这给制造业部门带来丰厚利润,这些利润会被重新投入资本积累中,导致了更快的生产和就业扩张。当生计部门的富余劳动力完全被资本主义部门所吸收,资本主义部门中的工资开始增长的时候,就出现了所谓的"刘易斯拐点"。

② Dani Rodrik, Gene Grossman and Victor Norman, "Getting interventions right: how South Korea and Taiwan grew rich", *Economic Policy*, Vol.10, No.20, 1995, pp.53–107.

现的障碍,对这类问题的解决将产生内生性的增长和创新。①

西方国家经历了这样的循环:更高的工资导致了发明节省劳动力的技术,技术的使用推高了劳动生产率和工资。技术变迁的过程,即领先经济中的发明者寻求节省高工资的劳动力,导致了能够进一步增加富国竞争优势的机器,但这没有给予穷国任何优势,它们错过了这样的螺旋,倾向于维持着过时的技术和低下的收入。②在这样的经济体中,使用过于昂贵的设备是不划算的,因为他们可以使用更为便宜的生产要素。此外,新技术涉及的不只是高的资本—劳动比率,而且存在明显的规模经济。20世纪60年代汽车装配厂的最低有效规模是每年20万辆汽车。发动机和变速器的最低有效规模接近于每年100万,而拉美的汽车市场小得多,没有办法实现规模生产,结果在阿根廷制造一辆汽车的成本是美国的2.5倍。③后工业化者面临着有资本要求的生产技术,往往超出私人市场能够达成的水平。如果没有外部的干预,后工业化者将理性地维持低下的技术水平。

(三)后发展的历史与规律

在《经济落后的历史透视》中,哈佛大学经济史学家格申克龙试图证明存在如下规律:一国经济越是落后时,其工业化越可能以不连续的方式开始;越会强调大工厂和大企业;越会强调资本品而非消费品;对人口的消费水平施加的压力越重;经济越是落后,下列制度所发挥的作用就越大,这类制度旨在为新生的产业筹集资本,以及提供较少分散化和建立在更多信息基础上的指导。国家越是落后,那些制度的强制性和全面性就越是明显;一国经济越是落后,农业就越是较少可能通过如下方式发挥积极作用,即建立在农业劳动力生产效率提高基础上,继而为那些实现增长的产业提供一个扩张的产品市场。④佩里·安德森(Perry Anderson)以及曼(Michael Mann)和蒂利(Charles Tilly)的研究也得出类似结论。他们的共同发现是,后发国家很可能以迥异于先发国家的路径实现发

---

① David Waldner, *State Building and Late Development, Cornell University Press*, 1999, p.167.

② Robert C. Allen, *Global Economic History: A Very Short Introduction*, pp.51–52.

③ Robert C. Allen, *Global Economic History: A Very Short Introduction*, pp.128–129.

④ Gerschenkron, *Economic backwardness in historical perspective*, Harvard University Press, 1962, pp.343–344.

展目标和完成自身的现代化,因为作为现代化道路上的后来者,它们拥有先发国家不曾拥有的历史机遇和便利条件,也面临着先发国家完全没有碰到过的时代限制和国际压力。后发国家要充分利用所谓的后发优势(advantages of backwardness):"利用这一优势,发展中国家能够以较低成本和较小风险实现技术进步和产业升级,取得比发达国家更快的经济增长。"[1]

经济史的研究也一再表明,今天的发达国家处在发展阶段时,所采取的并非它们今天所倡导的自由经济体制,发达国家现在的政策是在其变得发达之后才采取的。无论是英国还是美国,都曾是保护主义最为盛行的地方。甚至到了1820年,即英国已接近于第一次工业革命尾声的时候,其制成品的平均关税税率仍高达45%~55%。一战前夕,美国已经是世界第一大经济体,它对制成品征收的平均关税税率仍高达44%。[2]汉密尔顿在《关于制造业的报告》中直言不讳:美国政府应该介入工业化的进程,原因有四:首先,企业往往愿意生产业已习惯的产品,如果要让企业转到新领域,它们反应迟缓,政府介入可以加快转变速度。其次,政府可以帮助企业克服畏惧心理,给企业提供信息。再次,作为后发展国家的美国,其产品质量和价格都难以与英国等先发展国家竞争。政府的帮助可以缩减本国与外国产品的差距。最后,美国政府的帮助可以削弱他国政府对本国企业的支持力度。[3]

美国通过政府干预来加快工业化进程的做法通过李斯特扩散到欧洲。李斯特在1825—1832年间居住在美国,之后返回德国撰写了《政治经济的国民体系》。在李斯特之前,建立在拿破仑制度革命基础上的标准发展战略有四项:通过废除内部关卡和改善交通建立一个大的全国性市场;建立对外关税来保护"幼稚产业"免于英国竞争;创建银行来稳定通货,并为商人提供资本;建立大众教育来加速技术的采用和发明。这一发展战略帮助欧洲大陆赶上了英国。尽管这些做法在美国和西欧起了作用,但随着时间的推移则被证明是较少管用

① 林毅夫:《中国经济改革:成就、经验与挑战》,《人民日报》,2018年7月19日。
② 黄琪轩:《政治经济学通识》,东方出版社,2018年,第300页。
③ [美]罗恩·切诺:《汉密尔顿传》,张向玲等译,浙江大学出版社,2018年。

的。①格申克龙强调核心协调机构（central coordinating intelligence）对于后发工业化以及国家在发展早期阶段的重要性。在德国最初的工业化过程中，少数几家私人银行为多数的新工业企业提供了资金支持。它们在一个寡头垄断的银行业市场中享有相当的市场力量，受到规制性的进入壁垒的保护。它们积极地促进工业技术投资，从事投资协调。这些银行不只是借贷者，而且作为股东参与到企业的决策网络中。格申克龙相信这是一个规律，越是后来者，工业化的门槛也就越高，就越需要强组织力。工业化起步最早的英国可以放手让私人企业来影响技术进步的方向，而起步较晚的德国则需要靠更强有力的银行来推动工业化，起步更晚的俄国则不得不借助强大的国家来推动产业升级。②

　　后发展需要一种不同形式的工业化战略，这种工业化战略本身还会产生进一步的影响。由于工业化战略的不同，格申克龙观察到，在一些重要的历史案例中，当工业化终于在一个落后国家中进行时，相比于更为发达的国家，它表现出非常大的差异，不只是发展的速度（工业增长率），也包括从那些过程中所出现的产业生产和组织结构。而且，工业发展的速度与特征的这些差异在相当程度上是应用了那些在既有工业国家中很少或者没有对应物的制度工具的结果。③越是后发展，工业企业的规模就越大。这有两个原因：第一，后发展者有早期工业化者的案例，因而知道要模仿什么，避免什么。第二，后发展者缺乏资本，对于他们而言，蓄意地集中并将有限的资本导入为更早的发展者证明成功的领域中是理性的。对于后发国家而言，识别有前景的产业并不特别困难。他们能够观察到那些处在经济发展前沿的国家，从它们的经验中学习。即便是诸如日本这样的国家，在它已经非常接近于工业发展的前沿时，"当政策意图主要是追赶目标时设定优先性，挑选接下来可能的胜利者，在整个战后时期并不是困难的"④。

　　① Robert C. Allen, *Global Economic History: A Very Short Introduction*, pp.42, 114.

　　② 黄琪轩：《政治经济学通识》，东方出版社，2018年，第312～313页。

　　③ 参见 Gerschenkron, *Economic backwardness in historical perspective*.

　　④ Dore, *Flexible Rigidities: Industrial Policy and Structural Adjustment in the Japanese Economy 1970–80*, London: The Athlone Press, 1986, p.135.

(四)国家能力、国家自主性与后发展

学者们普遍意识到,在后发经济体中国家所发挥的作用应该不同于那些已经处在发达行列的国家。和更早的工业化者一样,它们需要通过建立关税壁垒来为国内"幼稚产业"提供成长所需要的空间和时间,但将它们从更早的"后发展者"区分开来的是,它们不能仅仅指望市场来推动经济结构的转型,还需要为发展筹措必要的资源,并通过保护、补贴和租金等手段来克服由于相互依赖所导致的集体行动问题和外部性。"更为专门化的措施是协调跨部门的互补性投资;确保规模经济的政策,诸如国家精心安排的合并或者以实现充分规模为条件的资金支持;通过进入规制协调潜在的竞争性投资;而对于有这类特征的衰退产业,协调问题应转向控制投资,减少过剩产能,谈判退出等。"①格申克龙等人的观点在东亚得到了证实。在20世纪后半期的后—后发展国家(韩国等)在三个方面显著与之前的后发展国家(德国、日本)不同:国家对经济的介入扩展到更为广泛的活动中;相比于19世纪的后发国家,对产业的补贴较少依赖关税,更多依赖直接提供信贷和金融;在战后发展努力中最为显著的差异是,国家做出了协调努力,不只是补贴工业化或者为工业化创造有利的氛围,而且事实上协调企业的活动,作为加速其进步的方式。"后—后发展"的特征是出现了不同形式的发展计划:体现为产业政策,也体现为五年计划。②

后发展需要一种特殊的工业化战略,而且发展的节点越是靠后,就越需要国家在其中发挥一个更为积极的作用。从某种程度上看,计划经济体制是将国家在工业化过程中的作用放到极致以便实现经济赶超的一种尝试:国家通过集体农业和统购统销的方式,从农业领域系统地汲取"剩余"资源来为工业化筹措资金。通过经济计划的形式来确定投资的领域、规模和生产所用的技术,并解决互补性投资所存在的潜在协调问题。用行政任命的厂长来替代市场导向的企业家,从而将投资的潜在风险通过公有制的方式扩散给社会……计划体制的失败表明,后发展可能要求国家发挥更大的作用,但国家的作用绝对不应该是

---

① Stephan Haggard, *Developmental States*, Cambridge University, 2018, p.29.

② Chibber, Vivek, *State-Building and late Industrialization in India*, Princeton University Press, 2011, p.13.

无限制的，不应该建立在取消市场机制的基础上。

　　并非所有的后发国家都肩负起主导发展的使命。将东亚从这些国家中区分出来的是其拥有更强的能力与自主性。有助于国家推动工业化继而实现现代经济增长的国家能力（state capacity）包括两个维度：一个是内在的要素，即国家作为一个战略行为者的内聚性，这使得它能够以一种有条理的样式来设计和执行政策；另一个是外在的要件，即国家从私人企业那里获得绩效的能力——设定标准、监督表现和影响投资方向——以换取分配给他们的补贴。[①]强的国家能力使得国家能够克服公共选择理论对于官僚个人主义和利益最大化的假设，成为一个具有内聚力的组织。强的国家能力也决定了国家能够在不依赖社会力量的情况下，凭借自身所掌握的资源和对于经济发展前景的判断来自主设定并执行其所设定的政策目标，尽管这一政策目标可能有悖于社会主导力量的偏好，这在后发展的情景下尤为重要。后发国家通常需要重组社会来促进工业化，这要求一些经济部门做出牺牲，没有强大的国家能力作为后盾，这是不可想象的。尤其是处在牺牲位置上的经济部门有可能是经济中占据主导地位的部门，如前工业时期的农业部门，在转向出口导向时的进口替代部门。

　　强的国家能力对于确保政商关系的发展属性也至关重要。如果国家不具备遏制官员滥用权力的能力，在其与企业家保持密切关联的情况下，会滋生所谓的庇护或俘获；在没有与企业家关联的情况下，则会形成掠夺。而如果国家具备了强国家的属性，却没有能够得到私人部门的积极配合，它可能不得不更多凭借自己的力量来推动经济发展，这要么会推动计划经济工业化模式的形成，要么会推动其过早朝向规制型国家方向发展。国家能力与国家自主性对于后发展者而言，缺一不可，同时具备这两方面特征的国家就具备了成长为发展型国家的潜力。但这并非强国家的唯一目的，国家能力和自主性也可以用于其他目标：再分配、对外扩张乃至更有效地掠夺。只有那些受到制度激励的政治家，才有可能约束自己的掠夺行为，操纵国家机器朝向促进经济发展的目标，而这正是下一节要讨论的话题。

---

　　① Chibber, Vivek, *State-Building and late Industrialization in India*, p.7.

第三节　制度是起作用的:制度主义的政治经济研究

新古典理论倾向于将经济增长看作是要素投入和生产效率提高的结果。增长或者是由于要素投入(包括人力资本、物质资本和劳动力的规模)的增加或者是由于效率的提高,或者兼而有之。但正如诺斯的经典诘问:这些是经济增长本身而不是增长的原因。增长理论真正需要回答的是,什么推动了要素投入的增加或者生产效率的提高。对这一问题的回答引导人们关注制度,尤其是政治制度的重要性:"经济制度形塑了经济激励:受教育的激励、储蓄和投资的激励、创新和采用新技术的激励等。是政治过程决定了人们生活在什么样的经济制度下,而又是政治制度决定了这一过程如何运作。"①以略微不同的方式,张夏准强调,由于制度是一系列用来规定相关行为者权利与义务的规则,而界定权利和义务最终是一项政治举动,因此,没有制度能够免于政治影响。②制度主义据此成为政治经济研究的重要组成部分之一,我们将其称作制度主义政治经济学。

一、将制度纳入经济分析

(一)制度主义分析的基本概念

同国家主义一样,制度主义理论也创造了一套专有概念,但对本书而言,详细阐述它们的含义并不必要,我们只需弄清下列概念、它们内部以及相互间的关联就足够了。

一是制度的概念与类型。按照柯武刚和史漫飞的研究,"制度是广为人知的、由人创立的规则,它们的用途是抑制人类可能的机会主义行为。它们总是带有某些针对违规行为的惩罚措施。"③为了深入理解制度的特征,制度主义者还时

---

① Daron Acemoglu and Jim Robinson, *Why Nations Fail: The Origins of power, prosperity, and Poverty*, New York: Crown, 2012, pp.42-43.

② Chang, H-J, "Breaking the Mould —An Institutionalist Political economy alternative to the Neo-Liberal Theory of the Market and the State", *Cambridge Journal of Economics*, Vol.26, No.5, 2002.

③ [德]柯武刚、史漫飞:《制度经济学:社会秩序与公共政策》,韩朝华译,商务印书馆,2003年,第116页。

常对其进行分类,如内在制度与外在制度、非正式制度与正式制度。制度的内在性和外在性与制度的起源相关,内在制度是群体内随着经验而演化的规则,包括习惯、伦理规范、商业习俗等,外在制度则被定义为外在地设计出来并靠政治行动强加于社会的规则,如法律。制度的非正式与正式则与实施惩罚的方式有关,即惩罚究竟是自发的还是有组织的。对于绝大多数内在制度而言,违背它们将受到共同体其他成员的非正式惩罚,但仍有部分内在制度是通过有组织惩罚来保障的,它们被称作正式化的内在规则(formalized internal rules)。①

二是制度与组织。尽管在英语世界的日常和学术分析中,制度与组织经常相互替代,但对于制度主义而言,将二者区分开来却很重要。在诺斯看来,制度是比赛规则,而组织是运动员。组织意味着成员受到某种强制,不能如他们不受约束时那样行事,在通常情况下,这意味着他们不能利用自己的成员身份来谋取私利,尤其是当私利的实现是以组织目标为代价时。那些能够做到这一点的组织,就具备了最起码的采取一致性集体行动的能力。对丁组织本身的认识也存在差异,按照里普森的研究,一种观点认为组织是一个有机体。社会体的成员如同动物体的各个组成部分,各部分功能彼此相连,脱离其他部分就不能单独存在。另一种观点将组织视作一个集合体。它好比一堆石头,相互联系,但彼此独立,一块石头可以从石头堆中移走,但它仍然是一块石头。②任何一个试图增强自身集体行动能力的组织,都会尽力将其装扮为一个有机体,号召成员为了组织目标而牺牲个人利益,即便当个人利益是正当的时候。那些能够将集体价值内在化的组织体,将不仅收获正式约束所带来的纪律性,还将获得组织认同所产生的凝聚性。在本书中,我们将那些具备采取一致性集体能力的国家看作一个组织;用来确定公共权力的使命和属性及组织公共权力的规则则被称作制度。国家的行为目标以及可用的政策工具和资源是由其所处的制度情景来塑造的。

三是制度的互补性与制度变迁。组织是行为者为了获取制度所提供的潜

---

① [德]柯武刚、史漫飞:《制度经济学:社会秩序与公共政策》,韩朝华译,商务印书馆,2003年,第119~127页。

② [美]莱斯利·里普森:《政治学的重大问题》,刘晓等译,华夏出版社,2001年,第33页。

在盈利机会而创建出来的机构,利益关联使得组织成为制度的维护者,制度形式和内容的任何变更都必须克服既有制度受益者的抵制,制度据此具备了一定的稳定性,成为一套可以重复应用的规则,这是制度之所以成为制度的最根本属性。当情景的变化使得行为者的成本收益结构发生改变,人们尝试更为有效地促进其利益的结构时,制度创新就出现了。如果它被证明相比于旧制度能更有效地推动行为者的目标,旧制度将被越来越多的行为者所抛弃,最终推动制度实现变迁。如果制度不能适应变化了的情景,但由于种种原因(如有悖于主导意识形态、既有利益的抵制、替代制度的学习成本太高)不能进行变革,制度就会出现衰败或者僵化。避免这种状况的办法是,通过强制性的方式来推动制度变迁,但并非所有强制性变迁都会取得成功。单项制度并非孤立存在的,而是和那些与其存在互补性的各项制度,共同组成了一个可以被称作制度体系的系统。互补性的存在意味着制度变迁不能仅仅着眼于单项制度。

　　四是制度的功能与形式。舒尔茨列举了四类"为经济提供服务的制度":用于降低交易费用的制度(如货币、期货市场);用于影响生产要素的所有者之间配置风险的制度(如合约、分成制、合作社、公司、保险);用于提供职能组织与个人收入流之间的联系的制度(如财产,包括遗产法、资历和劳动者的其他权利);用于确立公共品和服务生产与分配框架的制度(如高速公路、学校和农业试验站)。①舒尔茨的这一论述同时包括了制度的两个方面:降低交易费用等是制度的功能(functions),而货币和期货市场是用以实现这一功能的制度形式(forms),二者之间并不存在不可避免和简单的对应关系。一种制度可以同时发挥多方面的功能,而同一种功能也可以由不同形式的制度来实现。不幸的是,这一点在关于制度和发展的主流话语中被忽视。因此存在一种倾向,将某种单一功能分配给某一特定的制度形式——中央银行应当集中于控制通胀,公司治理制度应当仅仅服务于股东的利益等。②对经济而言,制度的重要性主要在于其功

---

①[美]舒尔茨:《制度与人的经济价值的不断提高》,R.科斯等:《财产权利与制度变迁》,刘守英等译,上海三联书店,上海人民出版社,2003年,第251~255页。

② Ha-Joon Chang, "Institutional change and economic development: an introduction", in Ha-Joon Chang, eds., *Institutional change and economic development*, United Nations University Press, 2007, p.5.

能。比如，界定完备的产权制度之所以重要，关键在于它能够激励行为者，但能够起到激励作用的制度安排可以是多样的。在发展中国家，可能并不存在西方意义上的私有产权制度，但这并不必然意味着缺乏对行为者从事生产性活动的激励。

（二）交易成本与新制度经济学

将制度分析融入经济研究中，目前有两种主要方法。一种是新制度经济学的方法，另一种是下一节要讨论的理性选择制度主义。新制度经济学建立在新古典理论基础上，它所保留并建构的基础是稀缺性因而竞争的基本假设，但要对其加以修正和扩展，使这一理论得以理解并着手处理之前超出其视野的一系列问题。

如前所述，古典经济理论是一种高度简化的分析，它将市场看作是一个抽象的非人格化的经济交换过程。在其中，大量自主、信息完备、有着利润最大化的行为动机并能够自由进入和退出的行为者，在平等基础上，自愿交换同质性的产品，这是一个非常严苛的假设。在实际的经济交换中，信息通常是不完备的，且在行为者间的分布并不均衡，这将改变经济交换的平等性质，使得信息优势方拥有某种程度的市场力量。行为者间所达成的协议并不会自动执行，机会主义的行为动机总是存在。科斯将在达成和执行协议过程中所必须支付的成本称作交易成本。在某些场合，交易成本会大到足以抑制交易发生的地步。交易成本是古典经济分析所忽视的概念，后者几乎将全部注意力都放在生产成本上。诺斯等人通过两种方式来度量市场中的交易成本，一是通过计算与银行业、保险、零售和批发等行为相关的成本；二是计算与律师、会计师等职业相关的成本。研究发现美国经济中超过45%的国民收入贡献给了交易，而100年前这一数字大约是25%。[①]因此，在交易中所消耗的资源是非常惊人的。交易成本之所以会上升是因为交易的形式发生了改变，之前面对面的商品交易方式逐渐转化为跨越时间和空间的、涉及众多行为者的交易。由于交易形式的改变，

---

① Wallis, John J., and Douglass C. North, "Measuring the Transaction Sector in the American Economy," in S.L. Engerman and R.E. Gallman, (eds.), *Long Term Factors in American Economic Growth*, Chicago: University of Chicago Press, 1986.

交易更加复杂,成本因而更大。

在科斯的开创性研究中,制度存在的主要目的在于减少交易成本,促进交易的达成,这是因为制度是一套可以重复使用的规则体系,任何一个试图机会主义行事的行为者,都会在接下来的交易中得到惩罚,这抑制了交易方事前选择机会主义行事的动机。企业是一种制度,它通过建立纵向的等级结构而减少了投资者、劳动者和技术之间通过市场反复进行交易的成本。如果企业组织可以节省交易费用,为什么不把所有的市场交易都放到企业内部进行呢? 科斯又引入管理费用的概念,认为当企业规模不断扩大时管理费用会随之上升,最后在边际交易上节约的交易费用与增加的管理费用相平衡,达到这一点时,企业的最优规模和边界就形成了。作为一种企业组织形式的财阀,在东亚高增长阶段快速发展。在约翰逊看来,财阀是对纯粹国有企业的低效率与对于发展目标漠不关心的私人企业间的妥协,它适应了政府主导发展的需要,同时也是企业在面对不完善的市场时,必须更多借助非市场机制来调节的产物:"纵向与横向的结合允许企业缓解市场不稳定和快速结构变迁的风险和不确定性。纵向结合消除了对于原材料垄断供应商的依赖或者确保了所需原材料能够足量稳定地流入。横向结合增加了信息流动,之后减少了围绕投资与生产决策的不稳定性。这些是诞生所谓的贸易总公司和企业集团的主要理由。这样的团体内部化了不确定性、信息和要素市场的流动,成为应对欠发达国家市场不完善的一种替代方式。"[1]

根据科斯的研究,金融机构是为了节省储蓄者和贷款者之间交易的成本。政党是为了节省政治家与选民之间交易的成本。会计师事务所、国家统计局、新闻媒体是为了减少我们正确地判断一家企业、了解国民经济真实状况的信息成本。法庭是为了避免机会主义的行为动机,减少契约执行中的成本。而在那些节省交易成本的制度安排没有得到充分发育的经济体中,有些交易可能会因为信息问题、缺乏执行契约的第三方制度没有办法达成,或者尽管达成了,却给

---

① Chalmers Johnson, "Political Institutions and economic performance: the government-business relationship in Japan, South Korea, and Taiwan", in Frederick C. Deyo, eds., *The Political Economy of the New Asian Industrialism*, Cornell University Press, 1987, p.161.

交易双方带来相对较少的收益,因为他们不得不支付额外成本用来监督契约的执行,比如,通过黑帮来教训交易方的机会主义行为,雇用私人侦探来收集信息。在这种情景下,交易的主要形式将是"人格化"的,只能在小的社区成员之间进行,依靠声誉和关系来保障契约执行。为了促成市场交易或者确保非人格化的交易能够达成,政府需要建立各种有助于节省交易成本的制度安排,但能够发挥这一功能的制度不只是经济性的,也不完全是正式的,还包括意识形态、习俗等非正式制度。新制度经济学据此为理念,为意识形态在经济发展过程中预留了一个重要的作用,而这通常是新古典经济理论所有意忽视的。为了追求"科学性",新古典经济学必须将研究视域集中到可以量化或者用数学来表达的议题上,但也由此失去了对现实复杂性的解释力。新制度经济学通过将历史、文化和政治等因素关联进来,获得了解释不同国家迥异发展道路的能力。制度的差异,即便在全球化的情景下也会存在,可以用来解释一直以来世界各国经济发展水平的不同。由于制度主义者对制度的理解是广泛的,涵盖了从经济制度(产权)到政治制度(集体选择的方式),乃至社会制度(如亲属关系、社会信任)等众多领域,为此,新制度经济学大量借鉴了其他学科的成果,广泛探讨政治、经济和社会制度与经济表现的关系。

(三)制度与行为者的偏好:理性选择制度主义

理性选择与制度分析的关系是发端于经济学的理性选择模型向其他领域扩散时引发的一个议题。在理性选择理论看来,演化的过程无足轻重,因为只要物种之间的竞争足够激烈,结果是一样的。这样,"理性选择作为社会科学的基本分析视角,隐含着对历史演化视角的替代",而制度主义研究则注重历史分析,"认为一个社会当前可能实现的均衡格局依赖于它之前曾经实现过什么样的均衡格局"①。以略微不同的方式,诺斯指出,如果制度存在于零交易成本的框架,那么历史不会有多大作用。相对价格或者偏好的改变将诱使制度即刻重组来有效调整,但如果我们达成今天制度的过程是起作用的,并约束未来的选择,那么不止历史是相关的,而且持续的糟糕表现和多样发展样式就可能长期

---

① 汪丁丁:《制度分析的特征及方法论基础》,《社会科学战线》2004年第6期。

存在。①制度分析和理性选择的推论由此出现了冲突:理性选择理论认为,理性选择的结果是大家的状况最终趋同,而制度主义分析则断定,人类将长期维系制度的多样性。

与政治经济研究的其他流派一样,制度主义研究的基本假设是人是自利的、倾向于机会主义行事的,但并不存在脱离制度情景的抽象目标与理性,行为者的目标以及追求目标的最佳手段(理性)是由其所处的制度情景来塑造的。制度存在的主要目的在于限制人的自利行为,促使人们进入到更具合作性的关系中。它可以通过三种方式或路径来改变或影响人的行为。第一种将制度看作是社会化的机构(socializing agencies),它会使那些身处其中的行为者逐渐形成一套特殊的、背离人的自利本性的行为规范或者价值伦理(比如对公共利益的认可);第二种观点主张,制度通过授予特定行为者惩罚的权力或者获得可以动员的资源而起作用。制度所建构起来的等级制关系使得那些拥有惩罚权力或者资源的行为者会成为制度的受益者,继而也是制度的维护者;第三种将制度理解为一个包含惩罚与激励的矩阵。行为者要对这一矩阵做出回应,他们的行为特征能够从这类特殊制度的存在本身推演出来。②由于制度情景的不同,行为者追求自身利益最大化的方式和方法就有所差异。在一种制度情景中,行为者可能谋求通过再分配或者寻租的方式来实现利益最大化,而在另一种情景中,行为者则通过从事生产性和创造性的活动来最大化自身利益,在第三种情景中,行为者则可能将公共利益的实现视作满足自身利益的最佳方式。

那些能够为行为者从事生产性和创造性活动提供充分激励的制度安排,将更有益于宏观层面的经济发展。在某种程度上,市场经济体制能够被看作发挥这类功能的制度体系,它建立在可靠与清晰的私人产权制度基础上,允许个人在绝大多数经济事务中拥有充分的选择自由,并承担或者享有这种选择带来的后果。

---

① Douglass C. North, Institutions, *institutional change and Economic Performance*, Cambridge University Press, 1990, p.93.

② Peter A. Hall & David Soskice, "An Introduction to Varieties of Capitalism", in Hall and Soskice (eds.), *Varieties of Capitalism: the institutional foundations of comparative advantage*, Oxford: Oxford University Press, 2001, p.5.

制度同样能够用来改变乃至重塑政治家与官僚的行为动机，那些因为各种原因建立起使他们认同组织目标和公共利益的制度体系，将面临更少的滥用公共权力的风险。在韦伯主义者看来，按照现代官僚制方式组织起来的公共行政体系（可以被看作一套存在互补性的制度系统），会由于其具有的内聚力和自主性而具备采取一致行动的能力，这有助于增强其在面对社会时的"免疫力"，隔绝社会的不当影响。而建立在多元主义民主基础上的政治体制，则通过建立政府对民众负责的机制，来抑制政治家将掠夺作为自身目标的激励和能力。自此，制度主义者所认为的，对于经济发展至关重要的制度体系都已经出现了：建立在明晰可靠的私人产权制度基础上的市场经济、韦伯式的现代官僚体系、多元主义民主政体。这些对经济起到积极作用的制度安排，最初可能不是源于经济目的而建立起来的。正如福山所指出的，作为经济现代化关键的两项制度——可以自由选择个人的社会关系和财产关系、透明预知的法律为政治统治设限——都是前现代中世纪教会创造的。只是到了后来，这些制度被证明在经济方面也相当有用。①

（四）制度主义与政治经济学

如果说，国家主义对自由主义政治经济学的挑战，是从其对国家所持有的消极、被动或者中立的行为假设切入的，它通过将国家定义为一个具有集体行动能力和自主性的行为者而改变了自由主义政治经济中关于国家与市场的分工逻辑，那么，制度主义对自由主义政治经济学的挑战在于，它否定存在一个脱离制度情景的抽象目标与理性。制度视角的引入，对自由主义和国家主义政治经济分析构成重要补充，并极大地扩展了政治经济研究的视野。

制度主义认为，公共选择理论对于国家的种种假设或者推测，更适合作为分析的起点而不是终点。公共选择理论断定，由于国家有着天生的滥用其权力的倾向，如果让其广泛地介入到经济活动中，这就为他们便利地实现这一点打下了基础。因此，国家对经济的干预必须限制在新古典范式所倡导的范围内。

---

① [美]福山：《政治秩序的起源：从前人类时代到法国大革命》，毛俊杰译，广西师范大学出版社，2012年，第270页。

制度主义者承认,如果免于任何的外部约束和制约,原初状态的国家和官僚就是公共选择理论所描述的那样。但人类设计出各种制度来激励官僚和国家偏离原初的角色,促使其朝着公共利益的方向发展。而一旦这样的制度崩溃或者解体,原本发挥了促进性作用的官僚就有可能蜕化到原初状态。制度主义的政治经济研究据此为国家与市场关系提供了有别于新古典范式的可能性。那些通过制度设计有效遏制了寻租和腐败倾向的经济体,将有望收获更为精准甚至更具前瞻性的政府干预所带来的经济好处,而将由此伴生的寻租和腐败风险维持在可以接受的限度内。

作为国家主义的代表人物之一,埃文斯曾经这样描述国家:它既是问题的解决者,也是问题的制造者,或者说,国家在解决问题的同时也制造了大量的问题。这样一种“混合”式的评价,要比完全负面的(公共选择理论)和完全正面的(韦伯主义者)表述都更加符合实践,却更少有分析价值。理论上更有价值的问题应该是,国家在何种情景下更可能是问题的解决者,在何种情景下更可能成为问题的制造者。国家主义者给出了这一问题的一半答案,即那些拥有内聚力和自主性的国家更可能成为问题的解决者,而那些为社会精英俘获或者官僚有大量的机会在公共行政过程中谋求私人利益的国家,更可能成为问题的制造者。但国家能力和强自主性既可以用来更好地谋求公共利益,也可以用来更有效地掠夺,国家主义者对这一问题的回答是不周延的。在制度主义者眼中,国家是一个组织,它的行为目标可以通过其所处的制度情景来塑造。如果制度情景能够为国家提供追求公共利益的激励,强国家将成为问题的解决者。这样,一个强国家究竟会成为发展型还是掠夺型,或者用斯密的经典比喻,究竟扮演“扶植之手”还是“掠夺之手”的角色,取决于其所处的制度情景能否为其提供成为发展型国家,抑制其堕落为掠夺型体制的激励。当然,这并不意味着制度主义可以替代国家主义的分析。一个受到“正确激励”的国家可能仍不能推动国家摆脱后发展状态,因为它缺乏这样做的能力。能力与意愿对于发展型国家而言均必不可少。

国家主义和制度主义对于自由主义政治学的一个共有贡献在于,它们都否定制度将随着时间的推移而趋向收敛,但对此的解释不同。国家主义将国家看作是一个强大到足以塑造政治经济体系的力量,国家意志和能力的不同就造成不同的政治经济体系,制度主义者对此给出了更为系统的论证。历史制度主义者强调,制度是在历史中形成的,影响制度形成的要素既包括偶然的事件,也包括事件虽然相同但出现的次序存在差异等。初始的制度选择会影响之后行为者对于某一结构性因素的回应方式。社会学制度主义强调非正式制度在塑造人们行为中的作用。理性选择制度主义则认为,人们对于利益的认知,以及所能够选择的利益最大化策略是与其所处的制度情景相关的,这些都解释了制度差异性的持续存在。

二、现代产权制度与西方世界的兴起

行为者会对制度所包含的激励—约束机制做出回应,某些制度配置相较于另一些更加优越,因为它能够激励人们从事生产性活动、承担伴随创新活动的风险、积累更多的人力资本等,而另一些制度则会诱使人们寻租,热衷于通过转移或者再分配财富来获得好处。那些有幸发现并建立起前一种制度的共同体将走向繁荣,而那些没能发现,或者不愿意采纳这类制度的共同体将持续贫困。制度配置,尤其是产权制度对一国经济发展因而有着深远和长期的影响。

(一)现代产权制度的特征

作为组织经济活动的一种方式,市场经济的核心特征包括如下四个方面:第一,利润动机。人们从事生产性活动的主要目标是为了获取利润,而不是源于为共同体负责。第二,商品化生产。绝大多数产品是为了在市场上进行交易而不是为了自用。在交易过程中,他们面临能够提供相同产品和服务的生产者的竞争。为了在竞争中胜出,他们必须实现有效率的生产。第三,契约式的劳动关系。劳资之间的权利义务关系通过契约条款来规定,二者不存在人身依附关系。第四,工厂制生产。区别于作坊式生产,现代生产是在工厂内进行的,存在复杂的劳动分工,这是降低生产成本的一种有效方式。为了确保人们具有利润动机,愿意承担投资的风险,就必须具备一系列的辅助性条件:一是行为者能够自主支配自己的劳动力以及其他的资产和技能,二是行为者享有生产性活动的收益,承担可能的风险,这些都需要一个现代产权制度来予以保障。

现代产权的三方面特征被认为对于经济有着显著的促进作用:一是产权明晰,即将财产的所有权配置给某个具体的行为者,这使得产权所有人能够自主地处置财产。二是产权可靠,即产权是安全的,免于国家和其他人的侵犯。三是产权平等,即作为共同体的一员,公民对其合法拥有的财产,其权利的内涵与外延(占有、使用、收益、处分)相同,受到同等程度的保护。与之相比,在前现代社会,私人财产不属于个人,而属于某个共同体;产权经常是不可靠的,受到各种形式的破坏(如盗窃、私人或者公共掠夺);人们对于其拥有的财产,基于产权人的身份和财产类型,享有的权利内容有所区别或者受到保护的程度不同。对于前现代产权的负面评价是从经济发展角度做出的。从经济角度看,前现代产权的确是一种极其低效的制度安排,但这种制度设计的初衷并不是为了经济目标,而是为了最大化共同体的团结与生存机会。此外,将与自己利益攸关的财产与他人共享,那么保护这项财产的义务也将同其他人共同承担,这大大地增强了人们在面对可能的外部侵犯时保护其财产的能力。因此,前现代产权是在产权制度尚不明确,需要由有产者来承担保护产权责任时的一种理性安排。

诺斯以产权制度安排来解释西方世界的兴起。诺斯指出,同时具备现代特征的产权制度在历史上并不常见。因此,与停滞或衰退相比,增长要少见得多。在工业革命之前,英国率先发展出了有效率的私有财产权制度,这是由于其王权更为软弱,被迫接受议会和教会等机构施加的一系列约束。与之形成对照的是,法国和西班牙没有建立起这样的制度安排。在那里,私人财产常常遭到政府掠夺,缺乏产权保护扭曲了当地社会的激励结构。居民会优先选择从事非生产性的事务,如从事教会活动、加入军队和进入官僚机构,因为只有这些地方才能免受王室的骚扰。当国王财政困难加剧时,"侵占、没收或是单方面改变合同成了屡见不鲜的事情,最终影响了从事商业、工业以及农业的每一个团体。结果人们被迫抛弃了生产性的职业,由于所有权得不到保障,经济停滞是不可避免的结果"①。今天仍有不少发展中国家没能建立起现代产权制度,这是它们难以摆脱欠发达状态的制度根源之一。贝茨(Robert H. Bates)的经典研究指出,多

①[美]诺斯、托马斯:《西方世界的兴起》,厉以平等译,华夏出版社,2017年,第165~166页。

年来，包括殖民时期以及独立后的时期，非洲受制于低下的农业生产率。这并非源于不利的气候、土壤、地形和疾病，而是植根于糟糕的治理、政治衰败和连年的政治暴力。汲取性的经济制度导致农民丧失了生产积极性。[1]福山提及，在巴布亚新几内亚和所罗门群岛，95%以上的土地仍然是共有财产。对于任何交易，部落中每个人都享有潜在的否决权。某个亲戚团体决定将土地卖给公司；十年后，另一个团体会站出来说土地是他们的，只是在数代之前被人偷走了。[2]产权保护在拉丁美洲通常只适用于极少数人，如大企业主管或工会成员。在秘鲁、玻利维亚和墨西哥，多达60%～70%的人口生存于所谓的非正式部门。这些人经常没有自己住房的房契，从事无照的商业，如果受雇，也不是工会成员，得不到正式的劳动保护。很多贫困的巴西人住在贫民窟，政府当局袖手旁观，纠纷经常私下解决，有时还得靠犯罪集团。[3]

　　正是由于将产权置于如此重要的位置上，制度经济学内部甚至形成了一个所谓的产权学派。产权的不明确以及由此所导致的额外成本成了产权学派反对国有和集体产权，主张产权私有化的理由。阿尔钦比较了国有产权、集体产权和私人产权的优劣：在集体产权下，集体收益的维系需要花费监督和惩罚成本，由此得到的收益却是共享的，成本的承担者得不到额外补偿，因此集体产权具有很大的外部性。在国有产权下，产权由国家代理人行使。代理人对资源的使用与转让以及利润的分配等都不具备充分权能，这使得他对经济绩效和其他成员监督的激励降低，而国家要对这些代理者进行充分监察的费用又极其高昂，再加上国家在选择代理人时有从政治利益而非经济利益考虑的倾向，国有产权下的外部性也较大。只有在私有产权下，所有者会充分考虑行为的成本与收益，选择他认为能使他的私有权利现期价值最大化的方式，由此产生的成本也只能由他个人来承担，这样，在集体和国有产权下的许多外部性在私有产权

---

① Robert H. Bates, *Markets and States in Tropical Africa*, University of California Press, 1981.

② [美]福山：《政治秩序的起源：从前人类时代到法国大革命》，毛俊杰译，广西师范大学出版社，2012年，第66页。

③ [美]福山：《政治秩序的起源：从前人类时代到法国大革命》，毛俊杰译，广西师范大学出版社，2012年，第348页。

下被内在化了,从而产生了更有效地利用资源的激励。[1]产权制度的缺陷在科尔奈(Janos Kornai)对于计划经济体制的批评中也占据了重要位置。在科尔奈看来,它是引发国企出现"软预算约束",进而难以实现经济效率的关键。[2]要改变这种局面,最为关键的一步是切断国家与企业间的产权纽带,这成为新制度经济学家设定转型方案的理论基础。

(二)制度激励、共容利益与现代产权制度的创立

新古典经济学将现代财产权利看作是既定的,将其作为起点来分析资本主义和工业化的发展,而没有注意到有效率的产权制度不是自然产生的,而是统治者受到激励的产物。诺斯设计了一个简化的政体模型,它由统治者和公民两部分构成。[3]统治者通过组建国家来生产并提供公共服务(比如产权保护),并将它们出售给民众获利。在这一过程中,统治者需要承担两类成本:一是生产成本,包括组建官僚机构、雇用官员、购置所需投入的费用等。二是交易成本,即在公共服务交易和契约执行过程中需要支付的成本。统治者得到的收益是,出售这些产品所获得的税收。但统治者的毛收益和净收益不同,因为有必要建立一个机构(官僚)来监督、测量和收集这些收益。统治者的毛收益必须在支付代理成本之后才能成为净收益。

国家目标是最大化统治者的租金,并减少交易成本以便实现统治者净收益的最大化。统治者受到的约束是其他统治者潜在进入(用合法或者非法的方式替代既有统治者)或者买家"用脚投票"(离开既有的政治共同体,转向其他辖区)的可能性。潜在进入者的威胁会激励统治者去迎合在政治上有重要影响的社会团体,为他们提供更为优质的产品(更为可靠的产权),而减少交易成本的动机则会使统治者倾向于运用"包税"的方式,而不是直接从事税收征集活动。这与长期增长所需要的制度,即统一和可靠的产权保护背道而驰。诺斯模型一个顺理成章的结论是,统治者追求利润最大化的动机抑制了有利于长期增长的

---

① [美]R.科斯等:《财产权利与制度变迁》,刘守英等译,上海人民出版社,2014年。

② Janos Kornai, Eric Maskin, and Gerard Roland, "Understanding the Soft Budget Constraint", *Journal of Economic Literature*, Vol. XLI, 2003, pp.1095–1136.

③ Douglass C. North, *Institutions, institutional change and Economic Performance*, Cambridge University Press, 1990, pp.48–51.

财产制度的出现。既然如此，为何追求利益最大化的统治者会建立起现代产权制度呢？在制度主义者眼中，这是他受到激励的结果。

在经历了17世纪和18世纪的财政危机后（由于军事技术的变化，军事成本大幅增加，而汲取财富能力没能实现同等程度的增长，从而导致专制者入不敷出），国家将视野由外部（即通过对外战争来扩张权力，因为这会带来更多的税收人口和可供掠夺的财物）转向内部（对经济活动征税），以便实现财政平衡。恢复平衡的最为有效的方式之一是授予商人、工业和农业资本家财产权利，以便换取财政收益，进而维持其军事力量。当然，这并非专制者维持军事力量的唯一方式。起码从短期看，它还可以通过更为有效和严苛的掠夺来实现。然而维斯注意到欧洲专制者在尝试一种路径时遇到的障碍：欧洲分散化的国家体系使得资本所有者有退出的能力，这限制了专制者行使任意性的权力。因此，首先是在英国，之后在1600—1900年间，多数欧洲国家逐渐赋予企业家更为有效和普遍的财产权利。通过确保财产权利，国家蓄意地创建了一个有利于资本主义投资的环境以便积累财政—军事收入。①欧洲与中国的区别是国家的属性，中国是一个大一统的帝国，而欧洲是一个分散化的国家体系。前者倾向于窒息资本主义，而后者有助于促进资本主义。因为在分散化的国家体系中，如果国家残酷地对待资本，他们能够通过跨越边界相对容易地撤出，这反过来破坏了国家的财政—军事基础。资本享有的权利充作了对专断国家的制约。②

和多数的制度主义者一样，奥尔森将统治者看作是基于自利目的从事政治活动（包括创建国家）。他断言，个人或组织"如果能够获得特定社会总产出增加额中相当大的部分，同时会因该社会产出的减少而遭受极大的损失，则它们在此社会中便拥有了共容利益。③共容利益……诱使或迫使他们关心全社会的长期稳定增长。与之相对的是拥有狭隘利益的个人或组织。鉴于它们只能享有或丧失社会产出增减量中的微不足道的部分，故他们对增加社会产出毫无兴趣，而

---

① Linda Weiss & John M. Hobson, *States and Economic Development*, p.72.

② Linda Weiss & John M. Hobson, *States and Economic Development*, p.59-61.

③ 分利集团和共容集团与集团规模大小无关，而是依据它在社会总收益中所占份额大小来界定的。

仅仅热衷于再分配以寻求该社会产出的更大份额,甚至不惜损害社会福利"①。奥尔森将政府视为一种特殊类型的利益组织或集团。既然相容性组织会关心全社会的共同利益和长期发展,那么什么样的政府能够成为相容性组织呢?

奥尔森区分了无政府状态(流寇)、专制者(固定匪帮)和民主政府(多数人统治)。在一个人口众多的社会中,流寇只有狭隘或微不足道的利益,因而他只有无节制偷盗和破坏的激励。任何能对特定地域实施排他性控制的个人或组织都会与其所在社会具有共容利益,但程度有所不同,"公职人员、政党、利益集团、君主或其他的'主子'(owner)共容利益的程度随着其在社会中的股权(stake)不同而有差异。在社会中拥有的股权越大,就越具有共容利益,也就越有激励来关注社会的总体利益"②。专制者与大多数人统治都在社会中具有共容利益,但后者所拥有的共容利益更为广泛,"当国民收入增加时,(大多数人统治)不仅可以从更多的国民收入中征集税收,也可以从市场中获得更多的收入。……(因而)大多数人统治会选择比专制者统治更低的税率以及再分配给自己更少的收入,以使自己的总收入最大化"③。类似的理由,更共容的利益观会使统治者花费更多的资源用于可以惠及整个社会的公共物品的供应上。④

除城邦外,多数人统治并不意味着大众直接行使公共权力,人们需要借助代理人来帮助其管理公共事务。代理人的出现会在何种程度上改变国家的行为方式呢? 诺斯将代议机构加入原先只包括统治者和公民的简单模型中。在诺斯看来,代议机构是为了促进当事双方——国王与公民间的交换,它的存在有助于节省二者间交易的成本。代议机构的出现改变了国家的存在形态,就统治者一方而言,它导致了代理人等级结构的发展,代理人的职责范围,从王室和领地的简单管理转向监督国王子民的财富和收入。当政体进一步从早期代议制转向代议制民主时,模型会因为多重利益集团的出现,以及用来促进利益集

---

① 张宇燕:《强化市场型政府乃是经济发展之根本》,[美]奥尔森:《权力与繁荣》,苏长和等译,世纪出版集团、上海人民出版社,2005年,第3~4页。

② Mancur Olson, "Dictatorship, Democracy, and Development", *The American Political Science Review*, Vol. 87, No. 3, 1993, p.569.

③ [美]奥尔森:《权力与繁荣》,苏长和等译,世纪出版集团、上海人民出版社,2005年,第13~15页。

④ Mancur Olson, "Dictatorship, democracy and development", pp.567–576.

团之间交换的制度结构而变得更加复杂。在代议制民主中,由于存在多重利益集团,没有一个特定的利益集团能占据多数。因此,立法者不能独自取得成功,必须与其他有着不同利益的立法者达成协定。

新要素的加入使得政体模型中存在多重委托——代理关系,代理人会否忠实按照委托人的意愿行事,就成为决定多数人统治能否真正实现的关键。达尔相信,要确保政治代理人对公众负责,就必须有七项政治制度,它们分别是:

政府政策掌控在当选官员手中;当选官员是从经常的、公平举行的、罕有强制的选举中选出的;所有成年人都享有在选举中投票的权利;所有成年人都有权竞争政府中由选举产生的职位;公民有权对广义的政治事务表达自己的看法而没有受任何严重惩罚的危险;公民有权寻求可选择的信息来源;为实现包括上述权利在内的各种权利,公民有权结成相互独立的社团和组织,包括独立的政党和利益集团。同时具备这七项制度的体制被定义为多元主义民主。①

制度主义者据此识别出有助于现代产权创建并得以维系的情景:分散化的国家体系、多数人的统治、代议制和多元主义民主。这些制度重塑了统治者的偏好与理性,激励了他追求与所在社会利益相一致的目标。

(三)产权保护的政治悖论

一方面,为了确保产权可靠,需要让国家保有保护民众财产权利免受他人侵犯的能力,对暴力的垄断是这种能力的重要来源。但另一方面,垄断了暴力工具的国家将更有能力去掠夺民众的财富,从而使其财产权利更加不可靠,这就是政治学中的一个著名悖论:"一个强到足以保护产权和执行契约的政府也强到足以没收其公民的财富。勃兴的市场需要的不只是恰当的产权体制和契约精神,而且需要限制国家没收民众财富的政治基础。"②在某种程度上,自从契约论以来的西方政治思想就是围绕寻找解决这一悖论的方案展开的。在西方先哲的眼中,政府间的分权是解决这一悖论的最佳方案:"如果同一批人同时拥有制定和执行法律的权力,这就会给人们的弱点以极大的诱惑,使他们动辄要

---

① [美]达尔:《多元主义民主的困境》,周军华译,吉林人民出版社,2006年,第10页。

② Barry R. Weingast, "The Economic Role of Political Institutions: Market-Preserving Federalism and Economic Development", *The Journal of Law, Economics & Organization*, Vol.11, No.1, 1995, p.1.

攫取权力,借以使他们免于服从他们所制定的法律,并且在制定和执行法律时,使法律适合于他们自己的私人利益。因而他们就与社会的其他成员有不相同的利益。"孟德斯鸠被广为引用的名言奠定了现代政治制度建构的观念基础:"一切有权力的人都容易滥用权力,这是万古不易的一条经验。有权力的人们使用权力一直到遇有界限的地方才休止……从事物的性质来说,要防止滥用权力,就必须以权力约束权力。"①

对于"有权力的人"的理解后来发展为国家是"必要的恶"的主张:"国家尽管是必要的,却必定是一种始终存在的危险或者(如我斗胆形容的)一种罪恶。因为,如果国家要履行它的职能,那它不管怎样必定拥有比任何个别国民或公众团体更大的力量;虽然我们可以设计各种制度,以使这些权力被滥用的危险减少到最低限度,但我们绝不可能根绝这种危险。"②将分权作为防范政府滥用权力的理念在美国宪法之父们的手中最终具体化为制度,这种制度设置源于政治认知与考量,然而其一旦建立起来却发挥了重要的经济功能。

在温加斯特看来,按照联邦制组建起来的纵向权力结构能够促使政府发挥维护市场的功能:联邦制度通过让辖区政府具备独立于全国性政府(王权)的利益,让他们为了自己的利益而限制其对辖区经济活动的不当干预,从而使得经济活动逐渐脱离专制者的侵害。具体而言,联邦主义体制具有如下功能:第一,它提供了共同市场的政治基础。第二,通过禁止全国性政府行使经济规制权,极大地减少了政府对于利益集团的回应性。这限制了经济利益,尤其是那些为经济变迁伤害的经济利益,运用政治手段来限制或者防范竞争者取得成功的能力。第三,通过禁止国内贸易壁垒,它允许新企业和新的经济活动与旧有利益竞争。③能够发挥市场维护功能的联邦体制被钱颖一等人称作是市场维护性联邦主义(market-preserving federalism)。它需要满足五个条件:存在一个有着明确权威范围的政府层级,每一级政府在其自己的权威领域内都具有自主性;地方政府

①[法]孟德斯鸠:《论法的精神》上册,张燕深译,商务印书馆,1961年,第154页。
②[英]卡尔·波普尔:《猜想与反驳》,周昌忠等译,上海译文出版社,1986年,第500页。
③ Barry R. Weingast, "The Economic Role of Political Institutions: Market-Preserving Federalism and Economic Development", *The Journal of Law, Economics & Organization*, Vol.11, No.1, 1995, p.25.

对辖区内的经济事务行使首要的权威；中央政府有权监督共同市场，确保产品和要素能够跨辖区流动；政府间的收入分享是有限的，政府的借贷受到约束，因此所有政府都面临着硬化的预算；权威与职责的分配既不能被中央政府单方面改变，也不能由于受到地方政府的压力而改变。[1]市场维护性联邦主义最为重要的作用是诱使辖区间的竞争，继而削弱寻租和庇护体制的优势，减少腐败水平及其影响。

在钱颖一看来，改革开放以来中国的中央与地方政府关系，已经充分满足了市场维护性联邦主义的前两个条件，部分满足了后三个条件，可以称作中国式的联邦主义，其主要问题在于：不完善的共同市场（条件三）；乡镇以上政府的软预算约束（条件四）；缺乏一个建立在规则基础上的分权，中央和地方政府间不存在制度化的权力平衡（条件五）。[2]尽管如此，中国式联邦主义已经能够发挥维护市场的部分功能：地方政府之间开始出现竞争，而一旦被置于竞争的格局中，地方政府就必须限制自己对辖区资源的掠夺，因为面临掠夺的企业将转移到其他辖区中。如后所述，地方政府竞争是中国市场经济体制得以存续并不断发展的根本动力之一，也是中国地方发展型政府形成的基础制度之一。

三、条条大路通罗马：制度主义的发展方案

发展研究经常争议的一点是，增长的首要动力是资源的有效分配还是资本的积累。大体而言，古典经济学家更加强调资源的有效分配。但正如之前提及的，他们并非忽视资本的重要性，而是认为，资本积累是分配效率的副产品。国家主义者则强调，对发展中国家而言，发展的首要障碍是它们缺乏可供分配的资源，实现"大推动"所需的资本规模远超过私人资本能够筹集到的水平，因此需要国家在资本积累中发挥更为积极的作用。制度主义者承认资源的有效分配和投入的增加是导致经济发展的途径，却争辩说这些并不会自动产生，而是

---

[1] Yingyi Qian, *How Reform worked in China: The Transition from Plan to Market*, The MIT Press, 2017, pp.205-206.

[2] Yingyi Qian & R. Weingast, "China's Transition to Markets: market-preserving federalism, Chinese Style", *The Journal of Policy Reform*, Vol.1, No.2, 1996, p.170, 174.

需要建立在有效的制度激励基础上。制度对经济的影响甚至是决定性的,以至于各国经济发展水平的不同可以通过观察它们间的制度差异得到解释。建立在发达国家经验基础上的制度决定论者主张存在一套所谓的最好制度,发展中国家要取得和发达国家一样的经济表现,就必须首先学习和模仿这套制度,在这类方案遭到挫折后,制度主义者承认可以通过多样的制度安排来实现发展。

(一)华盛顿共识与最好的制度

新自由主义的影响在华盛顿共识的提出过程中达到了高潮。1988年威廉姆森概括和总结了在华盛顿的经济学家最没有争议的十条共识。它们分别是:财政纪律,公共支出的优先性重新导向初级医疗、教育和基础设施,税收改革,利率自由化,竞争性的汇率,贸易自由化,外国直接投资的自由化,私有化,消除进入和退出壁垒,保护产权。最能够体现华盛顿共识精神的制度被设计出来,成为"最好的"或者"标准"的制度。按照张夏准的研究,这类制度包括七个方面:习惯法的法律体制,通过允许所有的交易(除非明确被禁止)而促进自由契约;建立在私人所有权基础上的工业体制,要求在很多国家进行实质性的私有化;建立在发达股票市场基础上的金融体制,容易进行收购和兼并,这将确保最好的管理团队来经营每一家企业;鼓励审慎和稳定的金融规制体制,包括一个政治上独立的中央银行以及严格地服从国际清算银行的资本充足率;股东导向的公司治理体制,这将确保公司是为了他们的所有者而运营的;弹性的劳动力市场,允许在价格出现变动的时候,快速地再分配劳动力;政治体制通过分权和最小化公共部门行为者的自由裁量权来限制统治者及其代理人任意行为。[①]上述经济原则和制度成了世界银行、国际货币基金组织等奉行的圭臬,并通过其主导的各种金融工具向世界其他国家推广。1991年的世界发展报告是这种观点的充分体现,报告对发展中国家提出了如下建议:第一,转变公共支出的优先性,投资于人民(invest in people)。政府必须在初级教育、基本医疗、营养和家庭计划方面支出更多以及更为有效。第二,改善企业环境。政府需要在工业和农

---

① Chang, H. -J, "Globalization, Global Standards and the Future of East Asia", *Global Economic Review*, Vol.34, No.4, pp.363–378.

业定价上干预更少,取消进入和退出壁垒,转而专注于确保有充分的基础设施。第三,向国际贸易和投资开放经济。第四,搞对宏观政策。宏观政策需要确保较低的财政赤字,约束通胀水平。如果国内资源要在支持发展中发挥基本作用,对于储蓄和投资的适宜和以市场为基础的激励是关键。[1]

依据华盛顿共识所进行的新自由改革在发展中国家出现了普遍的不良后果后,人们开始对华盛顿共识进行反思。在一些学者看来,这并非无心之失,而是有意为之,当富国已攀上高峰后,就会把它攀高时所使用的梯子踢开,以免后人跟上来。[2]对华盛顿共识最为有力的批评来自斯蒂格列茨。他指责说,华盛顿共识指出了市场经济发展需要完备的市场,却没有留意或者告诉读者,完备的市场如何首先被创造出来。诺斯也以略微不同的形式指出,新古典经济只关注市场运行(operation)而忽视市场如何形成(develop)。斯蒂格利茨反复强调,如果市场经济要取得成功,建立必要的制度设施(institutional infrastructure)是关键。除了私有产权外,市场经济还需要法律和金融制度、规制性框架、有能力执行法律的独立司法体系、有效的政府体系和政治稳定等。"向市场经济的转型并不会带来国家作用的式微,而是对国家作用的重新定义。"[3]斯蒂格利茨还评价说,华盛顿共识混淆了目标和为了达到这一目标而采取的手段。自由化、私有化可能是市场经济的重要标志,但它们并不代表市场经济运行机制本身。如果没有足够的制度框架和基础来支撑其运行,单纯的自由化和私有化可能带来灾难性的后果。在新自由主义华盛顿共识的鼓吹者那里,"发展不外乎就是资本的积累以及资源配置效率的提高这样一些技术性的东西。这种意识形态的解读误解了转型本身的性质——它是社会的转型,而不仅仅是经济的转型,并且即使是这种转型的经济方面也比他们的简单药方所蕴含的要深刻得多"[4]。与之相比,福山对华盛顿共识的看法则平和得多:

---

① World Development Report: *The Challenge of Development*, Oxford University Press, 1991, p.11.

② [英]张夏准:《富国陷阱:发达国家为何踢开梯子》,社会科学文献出版社,2020年。

③ Stiglitz, J. E. *Whither Socialism?* Cambridge: MIT Press, 1994. 中文版参见:[美]约瑟夫·E.斯蒂格利茨:《社会主义向何处去——经济体制转型的理论与证据》,周立群等译,吉林人民出版社,1998年。

④ [美]约瑟夫·E.斯蒂格列茨:《序》,载[英]卡尔·波兰尼:《大转型:我们时代的政治与经济起源》,冯钢、刘阳译,浙江人民出版社,2007年,第7页。

回想起来,华盛顿共识本身并没有什么错误:发展中国家的国有部门在很多案例中是增长的障碍,在长期只能通过经济自由化来进行修复。相反,问题在于,尽管国家需要从特定领域中收缩,但是同时需要在其他领域强化国家的存在和作用。倡导自由化改革的经济学家在理论上非常好地理解这一点。但这一时期,相对的重点放在了减少国家活动上,它常常被混淆或者被故意错误解读为全面削减国家能力的努力。国家建构的议程,至少和国家缩减(state-reducing)的议程一样重要,没有被给予太多的关注或者强调。结果是自由化的经济改革在很多国家没能取得其预期效果。缺乏恰当的制度框架让一些国家在自由化之后变得更糟。问题植根于基本的概念失败,没能拆开国家性的不同维度,并理解它们是如何与经济发展关联的。①

依据华盛顿共识来解读中国经济转型历程的观点被钱颖一称作"普遍原则学派"(school of universal principles)。钱颖一批评其作为实证理论,不能充分解释中国道路的细节,倾向于忽视改革的复杂性,不能解释其基本机制;作为规范理论,它经常是过于简约和泛化,难以应用到实践中,不能为现实情境中的改革提供操作性的指南。②到了今天,世界银行的经济学家已经转变了政策焦点,从而使得华盛顿共识更少确定性:"没有独特的普遍适用的规则。持续的增长依赖于随着时间需要得到履行的核心功能:物质和人力资本的累积、资源的有效分配、技术的采用、增长收益的分享。决策者需要依赖更为深刻的经济分析来识别阻碍增长的因素。不同的政策能够产生相同的结果,相同的政策能够带来不同的结果,这依赖于国家的制度情景以及根本的增长战略。"③作为当时世界银行的首席经济学家,斯蒂格利茨的观点在1997年度世界银行的年度报告中得

① Francis Fukuyama, *State-Building: Governance and World Order in the 21st Century*, Ithaca, New York: Cornell University Press, 2004, p.5.

② Yingyi Qian, *How Reform worked in China: The Transition from Plan to Market*, The MIT Press, 2017, p.5.

③ E. Wayne Nafziger, *Economic Development*, Cambridge University Press, 2012, p.148.

到反映。这篇题为《变化世界中的国家》（*The state in a changing world*）的报告，着重探讨了国家如何才能更好地履行其核心职能，这被看作是世界银行政策范式的一个里程碑。①

（二）正确认识制度主义的发展方案

与自由主义和国家主义相比，制度主义的发展方案更加复杂，也因而更少确定性，这一是因为它将新古典经济学为了"科学"而抛弃的一些因素，再度带了回来，文化、习俗、意识形态、产权、劳工体制、金融制度、政体类型等都被认为与经济发展有关联，这极大地扩展了政治经济研究的范畴，而在自由主义乃至国家主义的视野中，政治经济研究的重点几乎总是围绕国家与市场关系展开。二是制度主义对于历史给予了更大程度的关注，这使得政治经济分析有了"血肉"，不再建立在简化的模型或者规范性理念基础上。在这样做的过程中，它解释了世界各国采取不同发展道路的历史根源，也因而倾向于尊重多样的发展道路。除此之外，任何想要给出一个合理发展方案的制度主义者，任何想要从制度主义方案中获得有益发展经验的后发展者，都需要高度重视制度主义分析的特征。

首先，制度主义分析仍然是一种学术分析，它带有学术分析所具有的"片面的深刻"，因此，在将学术主张转化为现实中的政策指导时，需要注意二者的差距。比如，相关研究经常不假思索地假设，对于财产权利的保护越强就越好。然而，这并非事实。如张夏准认为的，对于财产权利的某些保护是好的，并不意味着保护越多越好。下列说法有可能是正确的：对于财产权利的软弱保护是坏的，对于财产权利的强保护可能同样不好，因为保护的可能是过时的技术和落后的组织形式。如果这是事实的话，可能存在一个倒 U 形关系，或者保护只要超出某一水平，财产权利保护的强度就不会有太大的作用。不管确切的关系是什么，产权保护的强度和经济发展之间的关系不会是线性的。②

---

① The World Bank, *The State in a Changing World*, New York: Oxford University Press, 1997.

② Ha-Joon Chang, "Understanding the relationship between institutions and economic development-Some Key theoretical issues", in Ha-Joon Chang, eds., *Institutional change and economic development*, United Nations University Press, 2007, p.24.

其次,"经济制度与经济发展水平互为因果,并不存在脱离经济发展水平的良好制度"[①]。在发展研究中,经济增长还是良好的治理或者制度应该首先到来? 对这一问题的回答存在明显的分化。现代化理论坚持由增长到善治,主张今天发达国家所存在的多数"好制度"是经济发展的产物而非起因。第二类被广泛接受的理论倡导相反的主张:由善治到增长。比如世界银行和国际货币基金组织宣称,在市场能够成长之前有必要"搞对治理"(get governance right)。[②]一种混合性的观点则主张,就本质而言,发展是一个共同演化(co-evolutionary)的过程。在这个过程中,国家与市场交互作用,彼此适应。在发展中,经济增长或者善治都不是首先出现的。[③]

最后,在后发展的情景下可能会形成一种有别于先发展者的国家与市场关系样式。发展中国家的一个基本特征是不存在完备的市场,在这类条件下,市场失灵是常态而非例外。既然市场是一种人工设计的制度产品,在市场有效发挥作用之前,它首先必须被建构出来。在发展和转型经济体中,国家必须承担起一个市场设计者和培育者的角色:"弥补市场机制的缺陷,在经济波动难以凭借市场自发调节而消除时,保持宏观经济稳定。在旧体制被打破而新体制尚未完全建立的过渡时期提供必要的制度保证,从而降低制度真空时期的转型风险。在微观层面上注重市场主体的培育,抑制垄断以及所有不利于竞争的因素。"[④]但后发国家不只是如早发工业化者那样,通过有意或者无意的举动(如征收货币税)来推动市场经济的出现,也不只是如规制型国家那样,通过为经济活动设立规则来影响发展,后发国家所建立起来的是一种政府指导性的市场经济体制,这是理解包括中国在内的东亚政治经济特殊性的关键。

---

① 寇宗来:《从共识出发——"特惠"视角下产业政策的关键问题》,《探索与争鸣》2017年第2期。

② Yuen Yuan Ang, *How China Escaped the Poverty Trap*, Cornell University Press, 2016, p.2.

③ Yuen Yuan Ang, *How China Escaped the Poverty Trap*, p.3.

④ 王丹莉:《经济转型中的制度演进与路径选择——解读"华盛顿共识"与"后华盛顿共识"》,《天津社会科学》2006年第1期。

第二章 国家建构与东亚的政治—行政制度设置

一个"优质"的国家(兼具有凝聚性和国家能力)对于经济发展(尤其是后发经济体)而言至关重要。这样的国家能够突破新古典经济学所推荐的范围,介入到更多的经济活动中,而且尽量减少公共选择理论对于国家干预经济的种种负面推测。拥有这些品质的国家就具备了领导发展的潜质。尽管如此,这类国家却是罕见的,尤其是在第三世界国家中。多数的后发国家不能承担发展经济学为其设定的核心任务——为工业化筹资,并解决一系列的协调问题,而是被导向政治化官僚,热衷于通过建立广泛的再分配机制和进口替代等措施来迎合政治的需要。这就不难理解,试图借助国家力量来压缩工业化进程,实现追赶式发展的经济体并不罕见,但多数国家领导发展的尝试失败了。也许要让国家领导发展,首先必须让其具备最起码的品质。这些品质最初并不是出于服务经济目标形成的,而是有自己独立的发展动力和逻辑。然而这些品质一旦锻成,就能够广泛应用于其他领域,包括推动经济发展。东亚国家对经济的作用建立在一套特有的政治—行政架构基础上。本章将从国家建构角度探讨这种关系形成的历史根源,比较它与更为"正统"的政治—行政制度设计的差异,理解和分析它给东亚国家与市场关系带来的影响。

第一节 现代国家建构及其经济后果

与前现代国家相比,现代国家通常表现出如下三个方面的特征:第一,日常行政掌握在职业官僚手中,官僚身份的获得不以对财产的占有为基础,这使得官僚更多是作为政权的代理人,并由此使得国家能够透过官僚组织实现与民众的直接关联;第二,税收成为国家最为重要的收入来源。在此过程中,民众的公民意识得以萌发,一定形式的政治参与成为必然,国家由一个专断者的创制物,逐渐转变为具有公共属性的组织;第三,相比于传统的政治形式,现代国家之间有着相对清晰的边界。现代国家在建构过程中,将不同种族、文化、语言、宗教等团体纳入同一个政治系统中,导致主导文化与亚文化间的冲突与紧张。现代国家维系政治秩序的能力在显著程度上有赖于它塑造国家认同的能力,能够做到这一点的现代国家就是民族国家。由前现代国家向现代国家的转变过程,就是本章所谓的国家建构,国家建构的样式和过程有着显著的经济后果。

一、国家建构的概念与议题

(一)国家的前现代与现代

为了强调现代国家与前现代国家之间存在的巨大差异,学者们发明了很多二分概念。韦伯区分了家产制国家和现代(理性)国家。按照福山的总结,在韦伯所谓的家产制国家中,政治体被视作统治者的个人财产,行政管理实质上只是统治者家政的延伸。依靠亲友的自然交往形式在家产制国家中依然发挥作用。与之相比,现代国家是非人格化的:公民与统治者的关系所依赖的不是个人关联,而是公民身份。行政官员不是统治者的亲友,行政职位的招聘基于客观标准。[1]另一些学者将前现代国家称作中介国家(mediated states)或封建国家。在这类国家中,权力散落到领主、贵族和教会等行为者手中,国王需要借助这些显贵来间接统治。与之相对的是非中介的国家(unmediated states),官僚替代显贵将国家、经济与社会关联到一起。[2]建立在前现代和现代国家二分基础上,国家建构就可以被定义为由前现代国家(家产制国家、中介国家或封建国家)向现代国家(理性国家、非中介国家或官僚国家)转型的过程。在这一过程中,行政事务逐渐从政治领域中独立出来,由一个建立在功绩制基础上的现代官僚体系来专门行使,由此建立起来的国家形态被称作绝对主义国家。值得注意的是,在西方学者眼中,绝对主义国家并不是一个专制国家。绝对主义国家是在与封建制国家相对意义上的一个概念,指的是具备了集中并自主地行使权

---

① [美]福山:《政治秩序与政治衰败:从工业革命到民主全球化》,毛俊杰译,广西师范大学出版社,2015年,第7页。

② David Waldner, State Building and Late Development, p.21.

力的国家形态，换言之，绝对主义国家的形成过程是一个集权的过程，而专制国家指的是东方式的，皇帝不受任何制度式的制约，不承认高于自己的意志和力量存在的政权形态。这种政权形式被西方近代的经典作家称作"东方专制主义"(oriental despotism)。①

　　现代国家经常被称作民族国家(nation-state)，这是一个内涵更加丰富的概念。在吉尔平看来，相对于前现代的各种政治单位，现代国家具有如下基本特征："首先，存在一个强大的、不同于其他社会组织的中央权威，在与邻国有着明确界定的领地内行使控制权。主权者垄断暴力的合法运用，并有官僚机构和规范人们日常生活的法律为其服务。而罗马这样的帝国只对军队和财政感兴趣；……第三，民族主义意识形态促进了民族国家的内部团结和对国家的强烈忠诚，而在之前的社会中，民众很少认同并对国家保有承诺，除了某些部落和城邦外"②。因此，相较于现代国家，民族国家最起码包含了一个新增的含义，即民族认同。民族国家要求共同体的成员能够超越其狭隘的族群(ethnic)，建立起对政治共同体的忠诚，它是通过所谓的民族建构(national-building)来实现的。这一概念用来描述政治共同体通过发掘或者营造民族传统、象征、共享的历史记忆和共同的文化参照点等来宣传和推广民族主义。③在面向外部世界时，以民族主义为原则的政治共同体焕发出强大的政治动员能力，使得民族国家能够在各种形式的竞争中提升效能，最终战胜帝国和其他政体。在1816年至2001年间，在民族国家与传统的帝国或王朝国家进行的战争中，民族国家赢得了其中的70%～90%(差异来自不同的统计方式)。④作为其结果，自从第一个现代国家即弗里德里希二世的西西里王国(1194年到1250年)诞生以来，欧洲的政治统治单位便朝向两个方向发展：一方面是数量越来越少，1500年的欧洲包括了大约500个或多或少具有独立性的政治单位，而1900年的欧洲只剩下大约25个这

---

① 参见[法]魁奈：《中华帝国的专制制度》，谈敏等译，商务印书馆，2018年。

② Robert Gilpin, *War and Change in World Politics*, Cambridge University Press, 1981, pp.121–122.

③ [美]福山：《政治秩序与政治衰败：从工业革命到民主全球化》，毛俊杰译，广西师范大学出版社，2015年，第168～169页。

④ 张哲：《理解民族主义：它为何没有随着冷战结束走入"历史的终结"？》https://www.thepaper.cn/newsDetail_forward_3414694.

样的单位。另一方面,政治单位的样式越来越单一,自由市、行省、领地以及各种各样的规模狭小的政治共同体逐步被民族国家这种统一的政治形态所替代。①

在前现代社会,存在着诸如帝国、城邦国家、封建国家甚至教会国家等类型。18世纪,特别是在法国革命后,民族国家迅速成为欧洲各国的普遍形态。民族国家为何率先在欧洲兴起? 梯利(Tilly)的《强制、资本和欧洲国家》回答的正是这一问题。他简洁地表明战争与现代国家之间的关系:战争缔造了国家,国家制造了战争(war makes state, state makes war)。为了应对战争,统治者不只要建立军队,而且要设立行政和征税的机构,建立在军事和财政职能基础上的国家形态被称作军事-财政国家。国家需要汲取更多资源为战争筹资,但他们达成这一目标的手段有所不同。英国与荷兰的君主让自己的权力受制于议会,从而走向了宪政君主的道路。法国则试图通过强化专制统治,宣扬“君权神授”来使国家最大限度地免于社会束缚,以便能搜刮更多财富来应对军事威胁。不管采取何种方式,它们都破坏了封建制的政治形态,日益通过官僚而非领主与民众建立关联。到了19世纪中期,马克思在《路易·波拿巴的雾月十八日》中已经这样描述法国:

> 这个行政权有庞大的官僚机构和军事机构,有复杂而巧妙的国家机器,有50万人的官吏大军和50万人的军队。这个俨如密网一般缠住法国社会全身并阻塞其一切毛孔的可怕的寄生机体,是在专制君主时代,在封建制度崩溃时期产生的,同时这个寄生机体又加速了封建制度的崩溃。……封建的显贵人物转化为领取薪俸的官吏;……国家权力的运作像工厂一样有分工,又有集中。第一次法国革命的任务是破坏一切地方的、区域的、城市的和各省的特殊权力以造成全国的公民的统一,它必须把专制君主制已经开始的事情——中央集权加以发展,但是它同时也就扩大了政府权力的容量、属性和走卒数目。②

---

① 严海兵:《选举与国家认同——西欧民族国家建构的历史经验》,《学海》2012年第4期。
②《马克思恩格斯选集》(第一卷),人民出版社,2012年,第760页。

(二)官僚制度与现代国家

现代国家的核心与标记就是建立在非人格化基础上的官僚的形成与扩展,也正因如此,福山简洁地说,对国家的研究就是对官僚体系的研究。[1]现代官僚制包括两个相互关联的部分,首先是,作为个体或者群体的官僚特征。区别于传统官僚的地方在于,它是专业的(professional)、功绩制为基础的、职业的(career),这些词汇从不同角度描述了现代官僚制的特点。专业是指现代官僚制招募具有专业背景的人员来从事需要专门技能的行政事务,职业是指现代官僚都是全职从事行政工作的人员。为了确保公务员队伍的凝聚和自主,现代公务员制度尽可能将官僚生涯与其他职业区分开来,公共部门管理被看作按照一套不同于私人部门的伦理运作,将二者混淆会导致利益冲突。由于公共管理部门所适用的技能和品质不能很好地转用到其他部门,公务员制度为公共部门的从业者提供了更为可靠的任职保障,同时限制公共部门和私人部门之间的人员流动。功绩制为基础是指现代官僚的招募、录用、提拔等是建立在官员工作表现基础上,要求依据成就和功绩而非描述性标准(诸如等级、种族、阶级、语言)来挑选公职人员。现代官僚体制普遍建立起考试录用公务员的制度。在此之前,担任公职是少数人的特权,官职也如同财产一样可供购买、出售、继承和转让。考试机制的引入使得公共职位向各个社会阶层开放,有助于摆脱家族或者裙带关系以及政党分肥对行政的干扰。考试录用公职人员的做法最早源于中国的科举制度,但在中国,科举的意义却不限于挑选能干的行政人员,它在某种程度上发挥了类似于选举的功能。在西方政治制度设计中,那些赢得选举的政治家被委以重任,而在中国,那些通过习得儒家伦理在科举考试中脱颖而出的官员则重任在肩,享有在其他体制中所不具备的崇高声望。

官僚制的第二层含义是,作为一种组织形式,通过考试录用的公职人员被编入一套按照层级组织起来的等级结构中。1911年韦伯在《社会组织和经济组织理论》中将官僚制描述为建立在法理权威基础上的一种高度理性化的、理想

---

[1] [美]福山:《政治秩序与政治衰败:从工业革命到民主全球化》,毛俊杰译,广西师范大学出版社,2015年,第46页。

类型的组织机构,其特点是:在职能专门化的基础上进行劳动分工、严格规定等级层次结构、运用规章制度清晰明确划分责权、人际关系非人格化、遵守严格的系统工作程序、以业务能力作为选拔提升的依据。与其他的组织样式相比,这套机制通过最小化个人(包括普通的公职人员,也包括组织的领导人)的自由意志来强化规则的重要性,这增强了组织实现集体目标的能力和效力。在今天,一个复杂的官僚体系可能由几十万乃至上百万官员组成,他们有着迥异的个体特征和背景,却可以搁置这些差异,采取一致行动来追求组织目标,这正是现代官僚体系的力量所在。

作为一种组织方式的官僚制广泛应用于各种经济、社会和行政组织中,依据公务人员和官僚制进行日常行政的体制被称作行政国家或官僚国家(bureaucratic state)。尽管如此,行政和官僚在西方政体设计中是一个较少受到尊重的角色,他们只被分配做些常规性工作,要受到外部行为者制定出来的详细规则的指引,他们也很少由社会才俊充任。埃文斯在其著作开篇就绘声绘色地讲了一个在巴西流行的笑话:两只狮子从动物园逃了出来。一只很快因饥饿吃人而被捕获。另一只在逃数月,被逮回来时膘肥体壮。先被抓的那只好奇地问:"你在哪里找到一个如此好的藏身之所?""在一个政府部门里。我每三天吃掉一个官僚,根本没人发现。""那你是怎么被抓的呢?""我吃了早上倒咖啡的杂工。"[1]和埃文斯所讲的这个笑话一样,在关于官僚和行政的研究中充斥着他们低效和矛盾的决策案例,官僚主义甚至成为评价他们的专有名词。

韦伯曾提醒人们注意充分发达官僚制带来的后果:"哪里彻底实现了官僚化,哪里所确立的权力关系的类型实际上是不可摧毁的。"任何懂得如何控制(官僚制)的人都能轻易使其运转。"官僚机器继续为成功的革命者或者侵略者服务,就像它曾经为合法政府服务过的那样。"对付强大的官僚制,制于人者——群众和单个官僚和主子——议会、贵族、民选总统、君主等等都无能为力。政府首脑与官僚机器也有可能结成利益联盟,对抗立法机关的政党首脑。[2]行政伦理学

---

① Peter Evans, *Embedded Autonomy: States and Industrial Transformation*, p.3.
② 转引自[美]文森特·奥斯特罗姆:《美国公共行政的思想危机》,毛寿龙译,上海三联书店,1999年,第38～40页。

者也谴责说："个人行为要受到我们通常称之为良知的内部秉性的限制。然而，当个人被聚集在一起形成等级关系时，他们的行为就必须协调，外部控制资源就产生了。这时内部秉性必须让步，以迎合外部控制的要求。当个体自治因素退到第二位以满足协调控制力的需要时，官僚机制的控制就是最主要的控制力了。当人进入官僚机制以后，良知就消失了。"①

(三)殖民主义与现代国家建构

相比于西欧，战争对于其他地方的国家而言，是一个相对较少有效地推动国家建构的因素。在历史上，拉美缺乏高强度、持续性的战争，因此拉美一直面临国家能力不足的问题；非洲长期以来地广人稀，历史上大规模战争很少，也没有持续的国家建构压力。战争的缺乏或许可以解释除了西欧以及东亚的少数国家外，其他地方为什么普遍缺乏强国家。时移世易，战争对现代国家建构的推动和促进作用有所改变。一方面，二战后的国际体制更加强调世俗国家的主权，民族灭绝的威胁大幅减少。另一方面，后发展者能够从"货架"上轻易获得军事技术而无须采取痛苦的制度改革来恰当地运用它。②通过战争来解释国家形成的主张也受到越来越多的挑战或者补充。相关研究认为，战争(或战争威胁)是现代国家形成的一条重要路径，却不是唯一路径。战争也并不是在所有时期都有类似作用；在很多案例中，战争甚至能够阻碍国家建设。除了战争本身外，起作用的因素还包括战争的类型和频率，以及发动战争的方式。此外，政治与社会的联盟、精英的意识形态、宗教、经济商品化的程度都影响着国家建构进程。③

在后发国家，战争在国家建构中发挥的作用大幅减弱，但殖民主义却留下了更为深刻的印记。率先完成现代国家建构的西欧，孕育形成了人类历史上第一次工业革命。借助政治和经济的成功，它们开始对外扩张。到1914年为止，欧洲强国的殖民范围已占全世界陆地面积的84.4%以上。④在不同区域，殖民

---

① [美]库珀：《行政伦理学：实现行政责任的途径》，张秀琴译，中国人民大学出版社，2001年，第141页。

② Sorensen, Georg, "War and State-Making: Why Doesn't It Work in the Third World?" *Security Dialogue*, Vol.32, No.3, 2001, pp.341-354.

③ Tuong Vu, "Studying the state through state formation", *World Politics*, Vol.62, No.1, 2010, p.158.

④ [美]斯蒂芬·哈尔西：《追寻富强：中国现代国家的建构，1850—1949》，赵莹译，中信出版社，2018年，第2页。

统治的类型有所差异。在亚非拉的绝大多数地方,欧洲殖民者是通过中介化的政治结构来进行间接的殖民统治,通常是任命数量有限的殖民官员,之后由这些官员与地方显贵合作来进行统治。间接统治使得殖民者很少有能力渗透到他们所统治的社会中。这种制度安排给殖民地经济造成显著的负面效应,但不是因为它掠夺本地民众,没能保护财产权利,而是因为它没有发展出充分的国家能力或者发展所需的官僚制度。

在国家建构过程中,殖民统治者拥有传统政权所不具备的优势,他们甚少对当地精英保有任何形式的承诺,这使其具备充分的自主性来改造殖民地社会,而传统政权因为与其所在社会具有千丝万缕的联系,难以推进国家建构所必要的行动。殖民统治在理论上提供了一个难得的启动现代国家建构的契机,并据此为之后的经济增长奠定政治基础,但这类观点显然过于理想化。殖民者选择何种形式的殖民统治,是基于本身的利益考量:当潜在定居者面临高的死亡率或者其他高成本时,他们更可能遥控或间接统治。殖民者的利益可以被总结为"快速盗取"(steal fast and get out)或者"让本地人为其盗取"(get locals to steal for you)。不利的制度因而被建立起来,偏向于汲取而非生产性激励。在死亡率低下、人口并不稠密的地方,剥夺资源需要殖民者做出大量努力,制度广泛鼓励投资,明显约束执行者并保护其免于掠夺,这是在北美殖民地出现的情况。如果当地人口庞大和稠密,殖民者更加容易接管既有的社会结构来获得"贡品",制度安排偏向于汲取既有财富而非创造新财富。[①]

20世纪以来国家的产生越来越多地与帝国崩溃相关,尽管如此,国家建构议题并没有在这些后殖民的国家中失效。这些"年轻"的国家,在历史上没有经过战火淬炼,在从殖民统治中独立出来之后也没能改善其治理质量,多数将殖民时期所建立起来的制度继承下来,甚至改造的更加具有汲取性。这些国家中的政府缺乏最起码的行政能力,不能"垄断暴力的合法行使",国内冲突频发,甚至演变为种族屠杀和游击战争,造成骇人听闻的人道主义危机。正是由于这些

---

① Daron Acemoglu, Simon Johnson, and James A. Robinson, "Reversal of fortune: Geography and institutions in the making of the modern world income distribution," *Quarterly Journal of Economics*, Vol. 118, 2002, pp.1231–1294.

新生国家中出现的问题，人们对于政治发展的关注才逐渐由民主化转向国家能力。学者们感兴趣的话题是，为何这些地方的国家能力持续不足，以及如何通过国际援助来提高其治理能力。

二、国家建构的制度情景

（一）政治整合与代议制政府

职业和自主的官僚在现代国家中的重要性得到普遍认可，被视作实现行政理性和壮大国家能力的基础，但这种官僚体系却不是一项封闭的制度安排，也不一定必然会出现，而是与现代国家建构的制度情景密切相关，其中最为重要的是其与政治整合出现的次序。政治整合（political integration/political incorporation）或大众整合，指的是通过某种方式（包括但不限于选举）将社会群体中的一部分或者全部纳入政治过程中，赋予其影响政治领导人选择和/或公共政策的通道。相比于精英吸纳，大众整合的特殊性在于，它必须一体性地赋权依据某种标准（如年龄、收入、性别、种族、阶级）识别出来的社会群体，这必然要求政治体系进行根本性的制度改革，才能将数量相对较大的群体纳入其中。

多数早发国家的政治整合是渐进式的，主要是通过扩展选举权的方式得以实现。最初拥有选举权的公民数量很小，但之后西方政治逐渐朝向普选——一人一票、票值相等——的方向发展。在历史上，这是一个相当漫长的过程。根据王绍光的研究，直到光荣革命143年以后的1831年，英国有选举权的人也只占到成年人口的4.4%。在经历1832年、1867年和1884年三次议会改革后，英国选民总数达到450万人，占男性居民的约三分之二或成年总人口的28.5%。在一战中的1918年，英国30岁以上的妇女才获得投票权；到1928年，英国妇女才获得与男子一样的投票权（21岁）。即使在实现男女平等的投票权后，英国的选举制度还不是真正意义上的普选。1948年以前英国还允许大学教职员和学生在大学和居住地投两次票，有产者在财产所在地和居住地投几次票。直到1948年以后英国才最终实现普选制。从13世纪算起，经历了700多年。①与之相比，在法国，

---

① 王绍光：《民主四讲》，生活·读书·新知三联书店，2008年，第56～58页。

由于王权更为强大,社会与国家之间难以达成妥协。普选的要求"要么被完全地实现,要么被全面地否定"①,这使得法国代议民主的发展更为激进。

现代意义上的政党是适应大众整合和选举政治的需要而产生的。选举是激励政党及其属性和功能发生改变的主要动力,政党的这种改变进而影响和重塑了议会。最开始,议会是代表精英的。随着选举权的扩展,议会逐渐围绕政党组织起来,代表更为广泛和多元的利益,并据此建立起行政机构向议会负责,进而间接向选民负责的机制。促进政治整合的因素是多样的。一方面,工业化改变了传统的社会结构,推动了新的社会群体(如工人和资本家)的形成。随着时间的推移,他们不仅在数量上快速增长,而且倾向于组织起来采取集体行动,要求打破传统精英的特权(如贵族对官僚职位的垄断),获得影响政治的通道。另一方面,那些处在激烈竞争中的政党和政治家,如果相信通过赋权新的社会群体,将使其在选举竞争中获得额外优势,也会热衷于倡导扩大选举权的范围。选举还可能服务于政治动员目的,在这种情形下,选票能够成为营造政治认同的工具。民主的理念,如人民主权观念的传播,也有助于民主政治在实践层面上的扩散。政治整合的过程深刻地改变了这些国家政治的属性,它们开始越来越多呈现出大众政治和多元政治的特征,即将国家由一个完全服务于专制君主的组织,转变为一个逐渐反映和服务更加多元社会利益的组织。

(二)政治发展的次序

作为政治制度的创新者和先行者,发达国家能够将工业革命所带来的社会变革压力分散到一个更长的历史时期内逐渐得以释放,而这样的幸运没有留给后发者。1877年时任美国总统杜兰特访问日本,提醒准备起草宪法的明治天皇:"我不知道时机是否已经成熟……但是您必须一直谨记,像这样的特权永远不可能召回。在把投票权和代表权给予他们时,您已经永远地给他们了。因此在建立这样的议会机构时,再怎么谨慎也不为过。匆匆忙忙成立是非常危险的。"②杜兰特的话在100多年后的第三波民主化浪潮中得到验证。在这场浪潮

---

① [法]皮埃尔·洛桑瓦龙:《公民的加冕礼:法国普选史》,吕一民译,上海人民出版社,2005年,第70~71页。

② [美]唐纳德·基恩:《明治天皇:1852—1912》,曾小楚等译,上海三联书店,2018年,第388页。

中，很多国家在短期内建立起所谓的民主制度，却并非多头民主。有研究认为，出现大面积的"劣质民主"或者"伪民主"是因为第三波民主化浪潮中的国家，多是在建立法治、公民社会、领导人问责等现代国家的基本制度之前建立了自由选举制度。相反，第一波民主化的国家则在普选引入之前已经建立了现代的国家制度。这种"反方向"的民主化是导致新生民主政权难以形成秩序的原因。[①]福山据此断言，与民主相比，"国家性第一"："在你能够拥有民主或经济发展前，你必须先有一个国家。"[②]

福山将国家、法治和负责制（民主）看作是构成政治秩序的三种基本类型的制度。它们在不同的历史节点出现，分别源自军事竞争、宗教传统和社会动员，但它们在现代政治中出现的次序对制度的属性及其功能有着深远影响。在福山看来，国家建构最好先于大众整合，却最好是在建立起某种形式的对于最高统治者的法治制约之后。没有制度化的机制来约束国家扩张，可能会窒息后两种政治制度（法治与民主）出现的可能性，而如果政治整合先于现代国家建构，竞争压力会诱使政治家通过政治化官僚来迎合选民。福山区分了政治化官僚的两种形式，即庇护和依附。庇护关系"是指两个地位和权力不同的人交换好处，通常涉及庇护人提供好处给依附者，以换取后者的忠诚和政治支持。提供给依附者的好处必须是个别配置的，……而不是适用于大众的公共物品或政策"[③]。庇护政治与依附主义的差别"有时仅在规模上，庇护关系通常是庇护人和依附者之间面对面的……而依附主义涉及庇护人和依附者之间较大规模的好处交换，往往需要多层的中介"[④]。

福山曾坦言，最先进的现代官僚体系，是威权国家在追求国家安全时创建的。而在建立现代官僚之前就走向民主的国家，反倒发现它将自己的公共部门搞成了依附式的，但福山并不否认在民主框架内进行国家建构的可能性，只

---

① Richard Rose, Doh Chull Shin：《反向的民主化：第三波民主的问题》，《开放时代》2007年第3期。

② Francis Fukuyama, "Stateness First", *Journal of Democracy*, Vol.16, No.1, 2005, pp.84-88.

③ [美]福山：《政治秩序与政治衰败：从工业革命到民主全球化》，毛俊杰译，广西师范大学出版社，2015年，第76页。

④ [美]福山：《政治秩序与政治衰败：从工业革命到民主全球化》，毛俊杰译，广西师范大学出版社，2015年，第77页。

是指出这时候"往往需要新兴社会参与者的动员和强大的政治领导才会实现"①。作为一个在民主框架内建构现代国家的典范,美国国家建构的关键点出现在1883年。在此之前,美国盛行政党分肥制,胜选总统作为行政首脑,把政府机构中的职位分配给助选有功的本党成员。1883年美国国会通过彭德尔顿法,该法以功绩制取代政党分肥制,把联邦文官职位的录用、考核与官员能力和政绩挂钩,要求文官在政治上保持中立,从而限制政党轮替对行政事务稳定性和连续性的影响。美国的国家建构是在民主的情景下进行的,这使得美国现代国家的外观不同于欧洲:"在全国性联邦官僚部门扩展之前,作为一套程序的全面的民主框架已经建立起来。美国的国家发展是由这些独特的民主压力所形塑的,创造出这样一种国家形态,其行动的手段依赖于同低层级的政府、私人社团和其他行为者的关联性。因此将一种集权化的韦伯式官僚结构的缺席等同于国家的缺席,这是误导性的。美国所拥有的是一种不同类型的国家。"②这或许可以解释为何政策网络(强调不同政府部门间,以及政府与社会群体间的多重关联)或者治理理论(强调社会行为者积极参与政治与政策过程)最早源自美国。

以研究美国政党恩庇制闻名的马丁·谢夫特(Martin Shefter)总结说,法律—理性的行政结构只有在当官僚体制内普遍原则的建立先于大众整合的时候才有可能。如果大众整合出现在全国行政体制的细化或者扩展之前,这套体制可能会建立在庇护任命基础上。③德国被视作现代国家先于大众整合的典范,它从专制时代继承了择优选任且能自主的现代官僚体系(这是韦伯认为的理想官僚制的经验原型),它的现代国家出现在充分的民主参与之前,得到选票的政党不能给追随者分赃。德国政党被迫运用意识形态的、纲领性的诉求作为选举动员的基础。与之相比,希腊和意大利在成为选举民主政体之前,并没有发展出

---

① [美]福山:《政治秩序与政治衰败:从工业革命到民主全球化》,毛俊杰译,广西师范大学出版社,2015年,第25页。

② Desmond King & Robert C. Lieberman, "Ironies of State Building: A Comparative Perspective on the American State", *World Politics*, 61, No.3, 2009, pp.570-571.

③ Martin Shefter, "Party and Patronage: Germany, England, and Italy", *Politics & Society*, 7, 1977, pp.403-51.

现代官僚体系，这使得政党有可能渗透到行政过程中，决定了选民将被非纲领性诉求所吸引，尤其是庇护以及其他公共控制的资源的再分配。结果是，希腊与意大利长期无力控制公共部门的就业和工资开销，导致出现臃肿低效的公共部门和膨胀的预算赤字①，这两种类型政党被分别称作纲领性政党（programmatic parties）和庇护型（clientelistic parties）政党。

三、先发与后发：国家的现代化与经济的现代化

本书将一国政治体系趋向现代国家、法治和负责制的过程称作政治发展。由于构成政治秩序的这三大要件出现的次序不同，在不同案例中，国家建构是在不同的制度情景（民主抑或专制、法治抑或人治）中进行的，这会影响据此建构出来的国家形态，并进一步影响其孕育和促进现代经济的能力。

（一）作为国家建构"副产品"的现代经济

在谈及意大利昙花　现式的繁荣时，李斯特感叹道：意大利过去有很多繁荣的城市，曾经烜赫一时，但历史上的意大利"仅仅因为缺少一样东西，使它无法达到当今英国的水平；也因为它缺少这样东西，使它与各种繁荣擦肩而过，这样东西就是国家的统一以及由此迸发的力量"②。因此，尽管如制度主义者所指出的那样，今天被认为对经济发展至关重要的制度安排，很多情况是经济发展的产物而非原因，但经济的初始发展并非完全没有要求。很难想象，在一个前现代的国家中会出现欣欣向荣的现代经济。现代经济是在现代国家形成过程中出现的，甚至本身就是现代国家建构的产物。

麦迪森列出了现代国家形成前后世界人均国内生产总值的增长速度（见表2.1）。多数学者相信二者的关联性并非巧合，在这些学者的论述中，一方面，国家建构孕育和催生了资本主义的发展。另一方面，资本主义的出现也强化和壮大了国家能力。黄琪轩总结了国家建构作用于现代经济增长的四种途径：首先，统一的国内市场并不是自然形成的，而是需要国家大规模的、持续的干预才

---

① [美]福山：《政治秩序与政治衰败：从工业革命到民主全球化》，毛俊杰译，广西师范大学出版社，2015年，第85页。

② [德]李斯特：《政治经济学的国民体系》，邱伟立译，华夏出版社，2013年，第4～5页。

能实现。国家构建的一个重要任务是统一,这为统一的国内市场打下了基础。其次,国家构建的另一项任务是民族认同,战争过程的动员往往能够强化民族主义。民族主义提供了一套新的思想理念和社会观念,赋予经济增长正面价值,并将分散的社会能量集中到经济发展上来。再次,由于需要为战争融资,政府发展出强大的官僚队伍,政府的经济社会职能据此得到有效履行。最后,支撑现代经济的技术变革往往是战争催生出来的。①

表2.1　现代国家形成前后人均GDP增长速度

单位:%

国家	1—1000年	1000—1500年	1500—1820年	1820—1870年	1870—1913年	1913—1950年	1950—1973年
西欧	−0.03	0.12	0.14	0.98	1.33	0.76	4.05
东欧	0.00	0.04	0.10	0.63	1.39	0.60	3.81
美国	0.00	0.00	0.36	1.34	1.82	1.61	2.45
拉美	0.00	0.01	0.16	−0.04	1.86	1.41	2.60
日本	0.01	0.03	0.09	0.19	1.48	0.88	8.06
中国	0.00	0.06	0.00	−0.25	0.10	−0.56	2.76
印度	0.00	0.04	−0.01	0.00	0.54	−0.22	1.40
非洲	−0.01	−0.01	0.00	0.35	0.57	0.91	2.02
世界平均	0.00	0.05	0.05	0.54	1.31	0.88	2.91

资料来源:Maddison Angus, *Contours of the World Economy, 1—2030 AD: Essays in Macro-Economic History*, Oxford University Press, 2007.

在朱天飚看来,现代国家和资本主义增长的关联性不光如此:"国家还主动支持和推动对市场经济这种新的生产方式的尝试。一方面,新的生产方式可以给国家带来更多的财政收入、满足战争需要;另一方面,国家也可以与随着新的生产方式崛起的资本集团联合,使其更大程度摆脱教士和大部分贵族组成的保守集团的束缚。"②蒂利与曼将资产阶级看作是现代国家形成的一个未曾预期的副产品:当国家精英建构起财政—行政和军事—强制能力时,国家日益增长的规模壮大了他们的权力以及他们在国民收入中的份额。国家征税集中到了全国层面上,为资本主义企业创造出(主要是通过军事采购)最初的市场。更为重要的是国家税收对农业经济的效应。税收形式和数量的增加提高了农民对于现金的需要,迫使他们到市场上出售部分产品乃至劳动力。当农民不能取得足

---

① 黄琪轩:《政治经济学通识》,东方出版社,2018年,第269~271页。

② 朱天飚:《比较政治经济学》,北京大学出版社,2006年,第30页。

够的现金时,他们陷入债务中,最终失去土地。通过剥夺农民,国家最终间接地为资本解放了土地,以及随之而来的劳动力市场。[1]

(二)后发展国家中的政治次序与国家的经济定位

在先发国家中,国家建构的过程意外地对私人领域的经济活动产生了重要的促进作用。随着发展的节点往后,国家与现代经济增长之间的关联性变得愈发密切。这种关系也较少是国家建构的"副产品",而是国家蓄意追求的结果。一方面,在后发国家那里,国家建构过程被压缩到一个相对较短的时间内,这一过程也更少是自然发生的。处在一个落后的位置上,后发国家的建构者们能够观察到其他国家的经验和教训,了解同一问题的不同应对方法及其后果。这使其省去了漫长的摸索过程,直接将那些被证明行之有效的制度移植到本国,并通过先占性的制度安排来防范工业化过程中可能出现的不利后果。另一方面,由于将经济发展和工业化看作国家最为重要的使命,在后发国家中,经济职能成为一个更为重要的政府职能,经济官僚在官僚体系中处在了一个更为重要的位置上,也拥有更多的能力和更为多样的工具来推动经济发展。

国家在经济中更为积极和多样的角色反过来也显著地改变了国家、企业的形态以及二者之间的关系。随着发展时间向后推移,企业的组织形式也由小到大、由分散到集中,而且"越后发展,国家就越需要对经济进行干预,而国家干预往往不只停留在经济层面上,更重要的是集中和投入资本都需要在一定程度上改变传统的社会关系和组织,越后发展则传统越深,就越需要改变,其结果往往是个强大和专制的国家"[2]。后发国家据此形塑出一种不同样式的政治经济类型,国家意志更多地渗透到经济中,部分履行了在更为自由的政治经济中,本来应该由企业家所发挥的一些功能。然而,发展型国家并不是后发展国家的唯一样式。发展中国家还存在其他的样式,包括社会主义国家的计划经济样式,也包括主要由拉美国家所践行的民粹主义模式。

政治发展的次序在形塑政府的经济功能和角色中发挥了重要作用。在沃

---

[1] Charles Tilly, *Coercion, Capital and European States: AD* 990-1990, Wiley-Blackwell, 1992, pp.202-206.

[2] 朱天飚:《比较政治经济学》,北京大学出版社,2006年,第65~66页。

尔德(David Walde)看来,决定国家转型(由中介国家转向非中介国家)与大众整合次序的是精英冲突的水平。[1]叙利亚和土耳其的精英在广泛冲突的情景下展开了新一轮的国家建构。他们各自动员大众部门的支持,作为战胜反对者,巩固其统治的方法。激烈的冲突降低了精英对于大众整合的可能抵制,抬高了最低程度联盟的门槛,使得大众整合成为可接受的策略。由于大众整合发生在国家建构过程中,官僚因而更可能被当作政治庇护的工具,并通过经济民粹主义的方式来迎合大众阶级。而在韩国,精英相对团结,能够达成妥协。相应地,他们所面对的激励是持续排斥大众部门。韩国案例处在两个极端间,在20世纪60年代早期有一些迹象表明,韩国处在采取叙利亚道路的边缘,但精英最终围绕朴正熙聚合起来,消除了动员大众部门的激励,这使其有能力抵御大众部门的再分配要求,进而为其成长为发展型国家奠定基础。[2]

第二节　制度与行为者框架中的日本现代国家建构

一、外部威胁与日本的现代国家建构

(一)外部威胁及其制度回应

在制度—行为者的框架中,人们通常需要纠结制度与行为者的相对作用。一方面,行为者的选择是在一定制度框架内进行的,那些不符合既有制度的选项或者策略事先已经从行为者的方案中被排除出去,因此,有权来设计制度的行为者并非完全自主。但另一方面,制度是人工制品,由人设计出来,设计者的偏好、认知和利益显然会渗透到制度中,影响制度的形态,这又似乎证明了人在制度面前具有的主动性,这样的纠结不适用于明治时期的国家建构者。尽管面临外部威胁,明治及其助手仍拥有足够的自主性和空间来设计日本未来的国家形态。1881年伊藤博文为日本设计的宪法原则是:主权归于君主,统治权最好

---

① David Waldner, *State Building and Late Development*, Cornell University Press, 1999, p.20.

② David Waldner, *State Building and Late Development*, pp.3-4.

授予由国务大臣组成的内阁，内阁只对天皇负责，完全独立于议会。此外，对包括民选下议院在内的两院制议会应该只委以不完全的权力。①在日本这样的后发国家，权势人物的理念、利益和选择常会影响到之后建立起来的国家形态。他在国家建构过程中所发挥的作用，要远远超出在稳定制度，更不用谈是在成熟民主制度中，政治领袖的作用。后者通常只能在既有制度约束下，从可行的选项中挑选出最有利于其利益的选择。即便其有能力推动制度变革朝向强化其利益的方向发展，这样的变革通常也只能渐次进行，而且需要较长的时间才能实现。

日本现代国家建构的动力源于外部威胁。在此之前，日本与多数前现代国家一样，权力是按照封建制的方式搭建起来的。权力散落在众多的封建藩国手中，天皇主持国家仪式，并认可幕府以他的名义进行统治。1853年佩里率领美国舰队来到日本海，要求与当时统治日本的德川幕府签订通商条约，这是断断续续发生在19世纪初以来的一系列事件中的一个。在围绕开国还是继续闭关锁国的争论中，天皇与幕府的关系趋向紧张。德川幕府是开国的倡导者，与西方列强签署了得不到天皇认可的协议，天皇认为外国人的存在玷污了皇室尊严，坚决主张"攘夷"。这场争论将权力的天平偏向天皇一侧，藩国的大名们开始无视幕府禁令，直接造访京都，明治最终通过废藩置县的方式来集中权力，昔日的封建显贵被剥夺了藩主传统的自治权，对他们的补偿是，大约427户前藩主和旧朝廷贵族被封为华族，享有丰厚俸禄和贵族头衔。明治新政府还改变了建立在儒学基础上的、按照"士农工商"划分社会等级的做法。原来的高级武士改称士族，较为普通的武士改称卒，他们合计占到日本3000多万人口的6%左右。农民、商人和手工业者统称为平民，占全国人口的大约90%。②

值得指出的是，在面对外部威胁的时候，国家需要做出何种形式的努力才能存续下来，不同的国家的应对思路和最终选择大不相同。维斯在评价沙皇时期（1860—1914）的工业化时，尝试解释为何俄国的专制者会限制更为广泛的工业化战略。在专制者看来，强大的资本家阶级和/或工人阶级可能挑战国家的自

---

① [美]詹姆斯·L.麦克莱恩：《日本史（1600—2000）》，王翔、朱慧颖译，海南出版社，2009年，第161页。
② [美]詹姆斯·L.麦克莱恩：《日本史（1600—2000）》，王翔、朱慧颖译，海南出版社，2009年，第132页。

主性,因为创建一个有利于资本的环境涉及削弱专制者专断行为的基础,专制者继而寻求限制这些团体的权力和发展。在这样做的过程中,从封建主义到资本主义工业化的转型将受到约束。与明治时期的日本不同,后者因为其脆弱性,追求一个完全的发展战略,而沙皇由于其相对的军事安全感知相信并不需要完全的工业化。换言之,专制者(错误地)相信他并不需要一个强大和发达的资本主义经济来支撑其军事。①

相比于其他后发国家,日本为了应对威胁进行的变革更为彻底,尽管在当时的情景下,在如何看待和回应西方文明的议题上,日本的政治和知识精英间存在争议。日本人大桥讷庵在佩里到来的时期,对西方文明做出了这样的评价:"西方文明执迷于利润而排斥责任,重科学外在形式而轻道德本质。它忽视了人与人之间的当然区别,一如它挑战了文明与野蛮间的等级划分。无论从哪个方面看,它对社会秩序都是破坏性的。甚至对它的学习和研究也是破坏性的。因此,尽管西方毫无疑问具有巨大力量,但是将西方科技与东方伦理相结合的尝试只能导致毁灭。"②大桥讷庵的最终结论是,西方的文明和技术是一个整体,"当我们说尽管我们把西方道德教育视作邪恶与谬误而加以拒斥,我们仍旧能够接受西方科技时,就等于告诉人们,尽管干渠的水被下了毒,他们仍能安全地饮用来自它的支渠的水"③。正如在第五章指出的那样,在中华帝国面临类似的威胁时,中国的官僚和知识精英间也倡导不同形式的应对方案。

(二)明治时期的元老与政党政治家

明治时期的政治舞台上活跃着两类人,一类是在推翻幕府统治中立下汗马功劳,在明治政府中占据高位,但无须经过选举的权势人物。1899年明治宪法颁布后,天皇指定某些经验丰富的领导人为元老。最早被任命为元老的是伊藤博文和黑田清隆。之后不久,以松方正义和山县有朋为首的一些人也获此殊荣。另一类是政党政治家,即随着明治时期的政治改革所出现的新式政治人物,他们通过争夺选票获得议席,以议会为基础发挥政治作用。明治时期的日本政治以

---

① Linda Weiss & John M. Hobson, *States and Economic Development*, pp.108-109.
② [英]威廉·G. 比斯利:《明治维新》,张光等译,江苏人民出版社,2017年,第91~92页。
③ [英]威廉·G. 比斯利:《明治维新》,张光等译,江苏人民出版社,2017年,第91~92页。

元老和政党政治家的权力竞争为特征。作为天皇的非正式顾问,元老在权力竞争格局中处在一个更为优越的位置上。宪法颁布后的十年里,伊藤博文、黑田清隆、松方正义和山县有朋轮流担任首相。[①]元老们深深地憎恶政党政治家,他们反对政党成员进入内阁,因为"政府是天皇的仆人而不是人民的仆人"[②]。

　　由于元老在明治政府中的突出作用,他们常被称作明治时期的寡头领袖或者明治政府的执政者。但元老的竞争者不仅存在于政党政治家中,也存在于元老内部。在倒幕运动中,元老们必须联合起来,因为单靠每个人的力量都不够。然而一旦共同执掌了权力,他们就处在一个集体行动格局中:一方面,作为政治卡特尔,明治时期的寡头拥有共同利益,即垄断政治。但作为个体,他们相互竞争,希望从中得到最大份额的权力。[③]按照奥尔森的研究,理性成员将以集体利益为代价来追求个人利益。他们常常通过动员外部力量或与外部行为者(政党政治家)结盟来增强其在寡头中的相对力量,尽管这样做破坏了他们对政治的垄断,有损于卡特尔的整体利益,但由此带来的好处是,个人能够从中得到更大比例的权力。最开始这样做的是19世纪70年代的板垣退助和大隈重信,他们背叛寡头阵营,投向政党政治。政党政治家利用参加年度预算审核的宪法权力来制约内阁,议会与内阁间不断出现僵局,导致频繁的议会解散或内阁重组。双方的和解最早出现在1896年。当年4月伊藤博文任命立宪自由党总裁板垣退助为内务卿。同年秋,松方正义委任进步党总裁大隈重信为外务卿。1898年板垣退助和大隈重信将他们的组织合并为宪政党。元老们确信宪政党能在即将举行的选举中赢得众议院多数席位,提名大隈重信为首相,这是日本历史上第一个被任命为首相的政党领袖。1900年伊藤博文成立了政友会,这进一步动摇了寡头共同的权力基础。1918年9月政友会总裁原敬担任首相,这标志着日本出现了政党政府,因为原敬内阁是第一个由下议院多数党当选成员管理的内阁,且多数大臣职位由政党成员担任。[④]

---

① [美]詹姆斯·L.麦克莱恩:《日本史(1600—2000)》,王翔、朱慧颖译,海南出版社,2009年,第258页。
② [美]詹姆斯·L.麦克莱恩:《日本史(1600—2000)》,王翔、朱慧颖译,海南出版社,2009年,第260~261页。
③ [美]马克·拉姆塞耶、弗朗西斯·M.罗森布鲁斯:《寡头政治:帝国日本的制度选择》,邱静译,江苏人民出版社,2013年,第20页。
④ [美]詹姆斯·L.麦克莱恩:《日本史(1600—2000)》,王翔、朱慧颖译,海南出版社,2009年,第261、265页。

元老们所组成的政治卡特尔存在内在的不稳定,向议会(政党政治家)分权不可避免,但寡头们希望尽可能避免政党政治家控制官僚和军队。为了防止政党染指官僚,日本制度设计中留给政治任命的官僚职位极其有限。在每一个省厅,只有一个真正的政治任命者,即大臣或者部长。省厅中所有其他官员均是非政治职位,最为资深的是行政副大臣(administrative vice-minister)或次官。尽管理论上大臣可以掌控省厅的所有人事,但事实上,日本维持着大臣以下非政治任命的惯例,退职的次官可以推荐接任者。制度也有意限制首相挑战既有制度设置的权力。明治维新以来,尽管天皇越来越多地参与到政务中,但他还是设立了太政大臣——这是日本首相制的雏形。换言之,即便是这个时候,天皇仍然不是政府首脑,并没有"亲政",这与中国帝制时期的制度安排形成鲜明对照。由此带来的一个后果是,首相的权力,作为政府首脑而言是不充分的,因为它需要为天皇插手政务留下空间。1941年在战时就任首相的东条英机,兼任了陆军大臣、内务大臣,甚至军需大臣,据此成了日本历史上最有权势的首相。尽管如此,明治时期形成的基本原则是军队享有相对自主权,军队的主要官员直接且单独向天皇而不是首相汇报。结果,"首相从来不能发挥真正的军队统帅作用"[1]。首相处在一个相对软弱的位置上,不能集聚足够权力来挑战既有制度框架。这种制度设置一旦生成,就具备了持续下去的动力。尽管推动非政治化官僚形成的动机,随着时间的推移已经不复存在,但强大的官僚不断地冒用和篡夺权力,维持其显然大的过分的自主地位,日本的现代官僚制度就是在这样的政治格局中孕育出来的。

二、日本现代官僚体系的建立与特色

(一)日本现代官僚体系的建立

明治以来的日本逐渐建立起基于功绩制的官员招募和选拔机制。[2]1887年日本开始了针对事务类公务员的考试录用制度,考试分上级甲种、上级乙种和

---

① [美]詹姆斯·L.麦克莱恩:《日本史(1600—2000)》,王翔、朱慧颖译,海南出版社,2009年,第393页。

② Takehiko Kariya and Ronald Dore, "Japan at the Meritocracy Frontier: From Here, Where?", *The Political Quarterly*, Vol.77, Issue 1, 2006, pp.134-156.

初级三类。根据王新生的研究,通过上级甲种考试的公务员属于"有资格官僚",即可以升任课长(head of sections)以上职位的官僚,其他种类考试合格并被录用者为"非有资格官僚",一般最高只能升任为课长。两者的管理部门也不同,有资格官僚属于大臣官房的人事课管理,而非有资格官僚属于各局的总务课管理;有资格官僚作为干部的候补者进入省厅后经常在各局流动,甚至到省厅所属外围机构、其他省厅、地方行政机构、日本国外机构任职,以培养其任高级职务所需的综合管理能力。①而非有资格官僚一般不流动,长期在一个课室内从事某项专门业务。在几十万国家公务员中,有资格官僚不到两万人。②根据青木的研究,有资格官僚在职业生涯的头几年会相对快地在级别上有所提升。很多人在平均29.1岁的时候成为课长,但之后的晋升会变得越来越有竞争性,成为室长(director of a division)的平均年龄是42.1岁。之后一些人在平均年龄50.2岁可能被任命为局长(director-in-general of a bureau)。官僚生涯的最高职务是次官(permanent vice-ministership of a ministry),他们平均在55岁出任这一职务,但任期通常只有一到两年。③

学者们用内聚力来表明一个组织约束其成员利己动机,将个人导向组织目标的能力,内聚力在任何情况下都是制度设计者有意培育的结果。有益于内聚力的因素既包括正式制度,也包括组织文化等官僚制运作的非官僚式基础。施耐德的研究表明,官僚的录用来源和形式、工作的稳定性以及退休后的去向直接影响官僚为国家服务的意愿和对国家的认同。④组织文化或者规范等非正式制度可以被用来补充那些正式制度发挥不了作用的场合,这是因为正式制度监督的成本太高或者行为本身难以有效监督。日本将新式大学作为培养官僚的主要机构。东京大学是想要进入精英部委的年轻人的首选。到1937年,高级官

---

① 在青木看来,这样做也是为了防范官僚与专门利益的关系过于密切。Masahiko Aoki, *Information, Incentives, and Bargaining in the Japanese economy*, Cambridge University Press, 1988, p.267.

② 王新生:《现代日本政治》,经济日报出版社,1997年,第96页。

③ Masahiko Aoki, *Information, Incentives, and Bargaining in the Japanese economy*, p.265.

④ Ben Ross Schneider, "The Career Connection: A Comparative Analysis of Bureaucratic Preferences and Insulation", *Comparative Politics*, Vol.25, No.3, 1993, pp.331–350.

僚中有超过73%是东京大学毕业生。[1]1900年之前任命的县知事,超过97%没有受过正规大学教育。从1899年到1945年,同类官员中的96%不但受过大学教育,而且是19世纪晚期新建大学的西式教育。[2]由于精英大学的同学关系,日本不仅通过韦伯所描述的手法实现了官僚制的好处,而且还有韦伯没有注意到的凝聚性和团结性来源,即官僚之间由于精英大学中的同学关系而形成的非正式网络,但其功能与后果依赖于严格的公务员挑选过程。正式能力而非庇护关系或传统忠诚是进入网络的首要条件,这使得日本官僚发展成为一种强化形式的韦伯主义。[3]

(二)日本现代官僚体系的特色

以功绩制为基础的现代官僚体系是现代国家形成的重要标志,但相比于绝大多数国家的官僚制度,日本的现代官僚体系存在显著的特色。同绝大多数国家的官僚制度一样,日本的官僚体系也为官员提供了可靠的任职保障,但这一点不是通过终身任职的方式来实现的,而是通过官僚退休后的任职安排来保证。日本行政机构的惯例是同年进入省厅的有资格官僚中,如果有一人升任次官或者局长职务,其所在省厅或局的其他官僚就要退职,避免形成难以处理的上下级关系。将那些提早辞职的和那些继续待在省厅中的官员挑选出来的过程被称作"拍肩膀"或者"间苗"。次官和官房长要负责为这些快要退职的官员找到新职位。最后的淘汰发生在次官层级,即将离任的次官从某一届官员中选定接班人时,所有与新次官同一年进入省厅的官员必须辞职来确保他在省厅中具有最高资历。次官通常的退职年龄略高于50岁。[4]特殊法人(为建设公共基础设施而成立的公团或者事业团,以及为经济增长提供资金而成立的银行或金融公库)或者公益法人(以经营公益事业,如祭祀、教育、宗教、慈善等且不以营利为目的的财团或者社团法人)是官僚的第二人生中转站。1990年在与政府有

---

① B. C. Koh, *Japan's Administrative Elite*, Berkeley: University of California Press, 1999, p.20.

② [美]福山:《政治秩序与政治衰败:从工业革命到民主全球化》,毛俊杰译,广西师范大学出版社,2015年,第311页。

③ Peter B. Evans, "Predatory, Developmental, and Other Apparatuses: A Comparative Political Economy Perspective on the Third World State", *Sociological Forum*, Vol.4, No.4, 1989, p.573.

④ Johnson, *MITI and Japanese Miracle*, p.65.

关的特殊法人和公益法人等76个团体中,共有440个高级职位,其中,从中央政府派任下来的官员占340人。[①]

约翰逊梳理了担任过通产省(产业与国际贸易部)次官的官员背景以及他们退休后的职务(参见表2.2)。在1949—1978年的近三十年中,通产省共有15位次官。他们的任职经历表明通产省这一最为重要的经济官僚机构具有如下四方面特征:第一,日本在同一个政府部门中设置了很长的职业阶梯,且不存在职业中期进入的机会,[②]15名次官均来自通产省内部;第二,他们都是在通产省开始其官僚生涯,在升任到次官之前已经在通产省工作了几十年;第三,次官的人选与他们进入通产省的年份相关。除了少数特殊年份外,绝大多数同届官僚中只能产生一任次官。将同一届官员的职业生涯绑定在一起,日本的官僚体制强化了"届"的概念;第四,次官是他们官僚生涯的最后一站,之后他们都将在50岁左右的时候"下凡"到与之有关联的私人部门或者公共企业任职,加入政党参选也是一个重要的出路。

表2.2　通产省次官与他们退休后的职务(截至1978年)

姓名	在通产省内的任职时间	次官任期	退休后职务
1.山本高行	1929—1952	1949.5—1952.3	富士钢铁公司副社长
2.玉置敬三	1930—1953	1952.3—1953.11	东芝电气公司社长,后任理事长
3.平井富三郎	1931—1955	1953.11—1955.11	新日本钢铁公司社长,后任顾问
4.石原武夫	1932—1957	1955.11—1957.6	东京电力公司副社长,后任审计长
5.上野幸七	1932—1960	1957.6—1960.5	关西电力公司副社长,后任顾问;关西石油公司社长
6.德永久次	1933—1961	1960.5—1961.7	新日本钢铁公司副社长,后任总裁;日本石油开发公司社长
7.松尾金藏	1934—1963	1961.7—1963.7	日本钢管公司理事长
8.今井善卫	1937—1964	1963.7—1964.10	日本石化公司社长
9.佐桥资	1937—1966	1964.10—1966.4	佐桥经商研究所;日本休闲开发中心理事长
10.山本重信	1939—1968	1966.4—1968.5	丰田汽车公司副社长
11.熊谷典文	1940—1969	1968.5—1969.11	住友金属公司社长

---

① 王新生:《现代日本政治》,经济日报出版社,1997年,第184页。
② 指的是官员不能被从外部调任进来担任某一个中间层次的职位,否则会挤压内部人的晋升机会,这不同于中国的官僚制度。在中国,有很多处级单位、科级单位,这些单位不能为官员提供足够长的职业阶梯。在达到本单位阶梯的顶端后,他们必须调任到其他更高级别的单位中,以便继续实现职业晋升。

续表

姓名	在通产省内的任职时间	次官任期	退休后职务
12.大慈弥嘉久	1941—1971	1969.11—1971.6	阿拉伯石油公司社长
13.两角良彦	1941—1973	1971.6—1973.7	电源开发公司社长
14.山下英明	1943—1974	1973.7—1974.11	三井贸易公司常务理事；伊朗化学开发公司社长
15.小松勇五郎	1944—1976	1974.11—1976.7	神户钢铁公司理事

资料来源：《通产省与日本奇迹》（中译本），第79页。

　　日本官僚机构内的凝聚性，在一定程度上是建立在官僚机构间的激烈竞争基础上。在日本，"政府依然是各职能机关和代理机构的联盟，它们每一方都警惕地保护自己的特权，并相互争夺资源、资金和权力"①。奥野正宽（Masahiro Okuno-Fujiwara）将这种类型的政府称作是"管辖分散化"的政府。在这种类型的政府中，官僚权力和声望与处在他们管辖范围内的企业经理人和专业人员的密切关系和强支持相关。②而在一个管辖集中化的政府中，政治权力集中在总统或者首相办公室中。官僚将花费更多时间和资源来劝说或者游说资深官员，而非收集相关的产业数据，培育与他们管辖范围内的公司经理人的信息网络。③在那些有着集中管辖权力的政府中，主要的政策修改决定是在高层进行的，由那些有着更为广泛视野但是相对较少得到单个产业信息的官僚做出。而在一个管辖分散化的政府中，修改政策的协商过程发生在较低层级的部委中。这类政府倾向于有着更为严格的管辖界分，私人部门中相对较少的各方利益（比如产业内的既有企业）将在谈判桌中得到反映。外来者（诸如消费者、中间产品的购买者以及潜在进入者）的观点，很少能够影响政策修改。④

　　类似于韦伯用充分发达的官僚制所描述的现象，日本的官僚在很大程度上

---

①　[美]詹姆斯·L.麦克莱恩：《日本史（1600—2000）》，王翔、朱慧颖译，海南出版社，2009年，第394页。

②　由于政治功能（发现并整合人民意志；通过对行政过程的主导，监督体现人民意志的法律的执行）羸弱，行政机构在具备相对于政治装置显著独立性的同时，却也难以从政治家那里收到体现人民意志的法令，行政官僚必须承担发现并整合民意的功能，这就是官僚机构与辖区利益维持密切关联的原因所在。

③　Masahiro Okuno-Fujiwara, "Toward a comparative institutional analysis of the government-business relationship", pp.378-379.

④　Masahiro Okuno-Fujiwara, "Toward a comparative institutional analysis of the government-business relationship", p.379.

能够自主设定并执行政策目标，形成权力的闭环，可以自我执行而甚少受到外部权力的制约。一旦攫取了主导经济的权力，官僚的声望和地位就依赖于他们有效完成这一使命的能力。日本的政治体制将政治家置于一个相对软弱的位置上，并使其难以摆脱这样的政治—行政设置。在1945—1951年对日本军事占领时期，美国将民主化、分权化和非武装化作为改造日本政治的三个原则。但与在战败德国采取直接的军事统治相反，占领日本是通过"间接"的方式实现的，原因是占领军缺乏语言和专门能力进行直接统治。在军事占领时期，尽管日本的军事组织被消灭，镇压性质的内务省解体，但官僚体系的其他部门原封不动地保留了下来："美国殖民总督们如此倚重本土的官僚阶层来贯彻他们的指令，以至于在盟军最高统帅部的庇护下，日本的官僚机构实质上获得了比它们在战时的国家总动员的巅峰时期还要大的权限和影响力。"[1]

三、作为"安全阀"的日本国会

（一）日本现代化进程中的政治整合

如果说，在早发现代化过程中，现代国家与政治整合呈现出较为明显的次序，那么在后发国家的现代化过程中，二者之间的边界更加模糊。明治时期的日本几乎同时开始了现代国家建构与政治整合进程，但政治整合的动机不同于西欧的早发工业化国家。由于软弱与非常平等的社会构成，也由于低度的精英冲突水平，东亚的国家建构者并没有紧迫的政治整合压力。尽管如此，东亚国家都创建并维持着形式上的大众民主制度。明治是为了向西方表明自己已经变得更加现代，因而有资格作为平等一员参与到国际关系中，西方列强应该终止强加于日本的不平等条约。1890年日本模仿欧洲的君主立宪制，将有资格成为选民的条件设定为男性、25岁、缴纳直接税15元以上者，经过限定后，选民只占人口总数的1.3%，但其推进速度要比欧洲国家快得多。1928年日本取消了直接税要求，使得选民扩展到人口总数的19.98%。[2]1945年9月日本妇女获得

---

① [美]约翰·W.道尔：《拥抱战败：第二次世界大战后的日本》，胡博译，生活·读书·新知三联书店，2015年，第185～186页。

② 《日本选民数量的变化》，参见《通产省与日本奇迹》中文译本，第41～42页。

选举权。但更快的大众赋权并不等于议会的制度效能得到显著改善,伊藤博文的设计(对包括民选下议院在内的两院制议会应该只委以不完全的权力)仍然制约着议会功能的发挥,这是人们通常将战后的日本政体称作"软性威权"的主要依据。

作为实现人民主权的一种方式,代议民主预设的功能是,公民可以通过选举程序控制政党,继而问责政府。①但要实现这些,代议机构需要具备充分的权能来强加其意志,选举程序要足以确保选民对政党实现控制。在日本的制度设计中,政治并没有构成对行政的主导。相反,官僚进入到政治过程中,成为职业的政治家,并主导了政治过程。从1957年到1972年,日本历任首相都是退休后进入政治领域的前高级官僚。这种政治与行政关系是日本在高增长时期政体的特色,它显著改变了政党和议会在日本政体中的功能。约翰逊将立法和司法机构看作日本的"安全阀"。"这两个分支必须做好准备介入官僚的工作,在其走得太远的时候限制它,但它们更为重要的职能是为官僚挡掉各种利益集团,因为如果迎合它们的话,会扭曲发展型国家的优先性。"②

(二)选举制度与日本的政党政治

在日本,通过考试进入公共领域的官僚宣称自己代表国民利益,而通过选举进入公共领域的政党和政治家只能代表地方或者特殊利益,这将政党置于了一个不利的位置上。日本政党大多带有浓厚的议会党团色彩,基层组织薄弱、党员意识较差。自民党在1975年号称拥有115万名党员,但交纳党费的正式党员不过11万。这些政党尤其是保守政党的收入主要来自个人、企业、团体的捐款。1985年自民党总收入中来自捐款的占到69.5%,党费收入仅占19.2%。③原本由政党基层组织来承担的部分职能,如发展成员、聚集选票、征集政治资金、利益聚合等功能不得不依赖于有关利益集团去完成。某些利益集团慢慢变成了政党的基层组织,这些利益集团也通过有关政党来表达并实现自己的利益要求。④在这

---

① 高春芽:《政党代表性危机与西方国家民粹主义的兴起》,《政治学研究》2020年第1期。
② *Chalmers Johnson, MITI and the Japanese Miracle*, p.315.
③ 王新生:《现代日本政治》,经济日报出版社,1997年,第63页。
④ 王新生:《现代日本政治》,经济日报出版社,1997年,第82页。

样做的过程中,政党逐渐作为财阀和其他有产者利益的代表而获得影响力。

政党是现代政治的产物,它是随着选举制度的建立而发展起来的,选举规则影响着政党的行为。比例代表制和多数代表制是最为常见的两类选举制度,比例代表制按得票率来分配议席,这有助于最大限度确保得票与席位匹配,但由此带来的问题是能够进入议会的政党数量太多,这增加了议会出现纷争乃至停摆的可能性。多数代表制让得票最多的政党拿走该选区的全部议席,这有助于减少进入议会的政党数量,但由此带来的一个问题是,政党得票率与其所占议席并不成比例,这意味着有些利益被过度代表,有些利益则代表不足。选区也是选举制度设计的关键,依据每个选区所选出的议员数量,分为大选区、中选区和小选区。通常来说,小选区对小党不利。但如果一个选区内要产生多个议员,同一政党就需要提出多名候选人,这使得党内竞争加剧。日本选举采用复数选区制加上"单记不可让渡投票制",这迫使任何想要赢得或维持国会多数席位的政党,在大多数选区中必须推出多名候选人。政党面临严峻的党内竞争,在这种情况下,由于缺乏足以让每位政党成员各安其位的政治资源政党领袖难以维持纪律。在重要国会投票时,政党领袖不得不诉诸甜言蜜语和苦苦哀求来确保政党团结,但经常无功而返。[①]

第三节　韩国的现代国家建构:历史情景与制度设计

一、殖民主义的历史遗产与韩国政体设计

(一)殖民主义的历史遗产

韩国的现代国家建构源于日本威胁。在明治时期国力迅速增强的日本开始对邻国虎视眈眈。几乎是出于本能,朝鲜和中国的统治者都尝试通过集权来回应外部威胁。李氏王朝的集权尝试受制于贵族的两班阶级,这一精英群体掌

---

① [美]马克·拉姆塞耶、弗朗西斯·M.罗森布鲁斯:《寡头政治:帝国日本的制度选择》,邱静译,江苏人民出版社,2013年,第56~57页。

握着土地和税收,且占据可以继承的官僚职位,国王只能依靠两班阶级来维系统治。任何试图绕开这些精英将权力集中到自己手中的尝试都会威胁到两班阶级的地位,因而遭到有效抵制。不能集权使得朝鲜无法抵御外部威胁,最终在1910年沦为日本殖民地。日本在韩国的殖民统治并没有让地方头面人物作为行政的工具,而是建立了一个非中介化的政权,这与日本殖民的目的相关。日本对于朝鲜半岛的兴趣源于区域安全的考量,战略的核心是建立以日本本土为核心的同心圆。地理上的临近和安全考虑,再加上当时的日本依旧是一个发展中国家,这意味着日本在殖民地的政策显著不同于欧洲殖民者,后者通常会给殖民地留下自主发展的可能性,而日本对于殖民地的控制更加广泛、彻底和系统,殖民地的经济结构必须根据日本本土的需要进行急剧和残酷的转变。[1]

仅从统计数据看,韩国在殖民统治结束时已经居于后—后发展地区的前列。[2]但很显然,本地民众并没有分享到经济增长的好处。殖民地经济依附于宗主国,经济增长主要是为了更好地满足殖民者强加给殖民地的功能:为宗主国提供廉价的原材料、成为制成品倾销的基地。

如果不是更为重要的话,起码同等重要的是,殖民统治对韩国的影响也是政治性的,殖民统治时期所形成的社会形态极大地便利了之后的国家建构。土地改革消除了两班阶级存在的经济基础,殖民时期的工业化战略很大程度上建立在对本土企业家歧视的基础上,他们人数较少、资本有限,且多数由于同殖民者的合作而留下把柄。这使得朴正熙在尝试扩展政府的触角,试图更加侵占性地介入到经济活动中时,没有受到资本家有组织的抵制。当时的工人只占人口的很小比例,工人阶级的早期政治组织在战争以及之后的冷战中遭到持续压制。儒家传统在道德上将国家置于高于民众的位置上,这有助于合法化中央官僚的权力。单一民族以及由此所导致的天然民族认同也便利了韩国的现代国家建构。

---

① Jung-en Woo, *Race to the Swift: State and Finance in Korean Industrialization*, Columbia University Press, 1991, p.21.

② Frank S. T. Hsiao, Mei-chu W. Hsiao, "Miracle Growth in the Twentieth Century–international comparisons of East Asian Development", *World Development*, Vol.31, No.2, 2003, pp.227-257.

(二)作为国家建构者的朴正熙

在日本殖民时期搭建起来的现代国家的雏形,尽管经历了20世纪50年代的动荡,这些制度还是在很大程度上保存了下来。但正如一些有不同看法的人所强调的,20世纪50年代之后的韩国不是历史的延续,而是一个断裂。[1]发展型国家并不是殖民主义遗产的自然产物,而是一项人工制品,它源自朴正熙及其内部小圈子的政治冒险和政策试验。军事政变后的朴正熙快速控制了国家权力工具,将它们重塑为发展型国家的装置。[2]因此,在对韩国的发展型国家进行研究的时候,将朴正熙在其中所发挥的作用与日本首相进行类比是误导性的,朴正熙在韩国的现代国家建构中留下了更多印记。朴正熙政权的核心成员并不是来自资本家阶级。很多成员,包括朴正熙本人,出身于农民家庭。朴正熙政权并不与资本家拥有共同的阶级利益。阶级分野有助于国家聚焦于民族利益而非狭隘界定的阶级利益。[3]

在朴正熙看来,相比于官僚,处在竞争压力下的政党更容易迎合选民的即刻需求,由于需要兼顾多方面选民,他们很少能够做出一致性和长期的政策,而这对于后发国家的工业化而言至关重要。在经历了政变初期持续的经济失败后,朴正熙意识到韩国中情局是一个有力的政治工具,却不适合用于经济管理。他必须建立专门化的经济官僚机构来实现更为理性或者说更加契合经济规律的管理。与明治的寡头们类似,朴正熙也希望韩国的官僚机构是一个很大程度上不受"政治"影响的"隔绝式"官僚,当然不包括他本人在内。事实上,朴正熙将其他政治力量的染指看作是官僚对其绝对忠诚的障碍。朴正熙小心翼翼地守护着经济官僚的自主性。他用政治任命者来充任诸如建设部、农业部和内政部这样的职位,但管理经济的核心部委(贸易与产业部、经济企划院和财政部)

---

[1] Chung-In Moon, "Japanese Colonialism and Korean Development: A Critique", *World Development*, Vol.25, No.6, 1997, pp.867–81.

[2] Hyung-A Kim, "State-Building: The Military Junta's Path to Modernity through Administrative Reform", in Byung-Kook Kim & Ezra F. Vogel, eds., *The Park Chung Hee Era: The Transformation of South Korea*, Harvard University Press, 2011, p.85.

[3] Eun Mee Kim, *Big Business, Strong State: Collusion and Conflict in South Korean Development, 1960–1990*, Albany: State University of New York Press, 1997, p.118.

是依据更为严格的标准遴选的,通常由技术官僚充任,在决定这些关键经济部门的人选时,较少考虑任职者的政治背景。相比于其他部门的任职者,经济官僚通常有着更长时间的任期。①而那些非经济部门的官僚通常享受不到这种"待遇",仍时常要充作政治庇护的工具。②朴正熙还有意识地限制青瓦台秘书处的职责和人员规模,始终让其处在总统助手和参谋的位置上,而不是独立的权力中心,使其不可能侵犯官僚机构的自主性。③

为了使政治上隔绝的官僚也是一个职业化的机构,朴正熙通过高度竞争性的考试招募大量3B级别的公务人员。1963—1979年公务员的平均考录比是52∶1。考试确保了凝聚性的官僚队伍,成员拥有密切的学校和辈分(generational)联系。年龄和教育的重合帮助通过考试任命的公务员形成团体认同。为了培育专业性,朴正熙提供了可靠的任职保障。在其最后的统治时期,几乎所有2级和3A级别空缺都由内部提拔的官僚所充任,这与李承晚(1948—1960年)和张勉(1960—1961年)时期形成鲜明对照,在当时几乎一半以上的2级以上局长(bureau directors)都是特别任命的非职业人员。3B级别表现出类似变化,朴正熙减少了三分之二的特别任命,考试录用的比重增加了五倍。工作安全性的增强使得职业官僚将开始官僚生涯的部门看作是他的故乡。如果不出意外,他会在公职生涯的绝大多数时间待在其最初进入的部门,这使得他将组织目标和使命看作是自己的,内化了其独特的文化,学习专门化的政策知识和经验。通过培育共同价值,分享相同命运,官僚部门逐渐变得团结。④

---

① Jang, Soon Chan, *Driving Engine or Rent-Seeking Super Cartel? The Business-State Nexus and Economic Transformation in South Korea*, 1960-1999, Ph.D. Dissertation, Michigan State University, 2000, pp.75-81.

② 在朴正熙任内,16名交通部长中的11人,13名内务部长中的9人,15名建设部长中的6人均系军人出身的官员,参见 Tun-jen Cheng, Stephan Haggard & David Kang, "Institutions and growth in Korea and Taiwan: The bureaucracy", *The Journal of Development Studies*, Vol.34, No.6, 1998, pp.87-111。

③ Byung-Kook Kim, "The Labyrinth of Solitude: Park and the Exercise of Presidential Power", in Byung-Kook Kim & Ezra F. Vogel, eds., *The Park Chung Hee Era: The Transformation of South Korea*, Harvard University Press, 2011, p.164.

④ Byung-Kook Kim, "The Leviathan: Economic Bureaucracy under Park", in Byung-Kook Kim & Ezra F. Vogel, eds., The Park Chung Hee Era: *The Transformation of South Korea*, Harvard University Press, 2011, pp.204-205.

(三)由现代国家到发展型国家

要让国家变成发展型的,需要拥有的不仅是遵循规则而非沉迷于个人利益的理性官僚,也需要建立起解决不同官僚机构间冲突的机制,从而确保其成为一个具有内聚力而非碎片化的官僚体制。冲突来自两方面:一是不同机构间对于稀缺资源的争夺,这既可能源于官僚机构对自身利益的主张和维护,也可能体现出官僚机构间对于发展优先次序的分歧;二是大的发展计划常常造成暂时性的整体经济失衡,这会引发产业政策部门与那些负责平衡宏观经济的官僚机构间(如财政部)的冲突。[1]在多数体制中,官僚机构间的冲突要通过政治机制来予以弥合,但东亚在行政序列内普遍建立起权威的"导航组织"来解决不同经济政策机构间的冲突和对立,其超越一般政策部门的权威确保了它的协调能力和效果。能够确保政策的协调和一致对于发展型国家而言至关重要,这是由于国家要通过补贴、风险的社会化和受到管理的定价来向市场行为者发出信号:哪一个部门或者哪一种经济活动是有利可图的,而政策的不一致会导致信息混乱,进而干扰资源配置。

在约翰逊看来,要建立导航机构,关键是发现导航机构所需要的权力组合,不能让其控制太多的部门以致无所不能,也不能权力太小使其无用武之地。通产省的经验是,控制产业政策的机构需要至少拥有计划、能源、国内生产、国际贸易和一部分金融权力。[2]韦德对导航机构的设置给出了更为具体的阐释。按照韦德的观点,负责产业决策的机构必须被置于官僚体系的核心位置上,只有这样,相比于那些将产业政策职责交给一个独立但政治上边缘机构的体制,相比于最强大的经济机构只关注宏观经济平衡与预算的体制,产业议题在设计宏观经济和货币政策时才能得到更大程度的考虑。产业政策机构必须同时具有决策和执行的功能。执行意味着它要掌握或者影响必要的产业政策工具。贸易政策和产业政策最好集合在同一个机构中。[3]它应当在某一时刻只关注特定

---

[1] Chibber Vivek, "Bureaucratic Rationality and the Developmental State", *American Journal of Sociology*, Vol.107, No.4, 2002, pp.951-989.

[2] Chalmers Johnson, *MITI and the Japanese Miracle*, pp.319-320.

[3] Robert Wade, *Governing the Market*, p.224.

的关键产业,或多或少忽视其他的产业,但应当将这些产业政策置于整体经济分析中。导航机构的使命可能与学院派经济学家受到的学术训练相违背,这是在产业决策过程中限制经济学家的人数和影响力的原因。[1]导航机构需要发挥思想库的功能;拟定经济发展的路线;决定哪些产业应当存在,哪些产业不再需要,以便推动有助于增强国际竞争力的产业结构;从私人部门那里获得对其经济计划的共识;充作同外国市场和投资者交往的把关人;对私人经济创意提供积极支持。[2]

在东亚最为典型的两个发展型体制中,它们的导航机构并不相同。日本的通产省和韩国的经济企划院常被作为导航机构的典范(经济企划院成立于5·16军事政变后的约两个月,即1961年的7月22日)。[3]王新生在《现代日本政治》中勾勒了通产省的内部架构及其职能:它设有大臣官房和七个职能局。大臣官房主管省内行政事务;通商政策局负责制定对外贸易政策;贸易局主管进出口的具体事务;产业政策局负责制定各种产业政策,调整产业结构和产品价格,管理财政投资金融;基础产业局主管钢铁、有色金属、石化产业;机械情报产业局主管汽车、家用电器、计算机、电气设备、半导体等产业;生活产业局主管纤维、日用品等。除了七个职能局外,通产省内部还设有资源能源厅、中小企业厅和专利厅。[4]通产省兼具有政策制定和执行的功能,拥有12500人,在12个行政省厅中排在第11位。

朴正熙将经济官僚机构分为核心、战略和辅助部门。处在金字塔尖的是作为一个超级部委的经济企划院,由财政部(其政策偏好是固有的收缩性)和商工部(其政策偏好是固有的扩张性)充作其助手。经济企划院和财政部构成了经济部委的核心,其使命是按照优先层级来为其他部委(包括商工部)设定议程和政策。在这两个核心部委中,朴正熙选择经济企划院作为总协调者。企划

---

[1] Robert Wade, *Governing the Market*, p.372.

[2] Robert Wade, *Governing the Market*, p.195.

[3] 尽管二者作用的机理显著不同,通产省是由于垄断了产业政策制定和实施的权力而得以发挥导航功能,其"管辖分散化"的政府允许某个官僚机关垄断某一方面的职能。经济企划院则是由于它被蓄意置于相对于其他经济官僚机构更高的位置,而获得协调和推进经济政策的权力。

[4] 王新生:《现代日本政治》,经济日报出版社,1997年,第194~195页。

院被设计成一个没有特定部门使命的计划者，因而能够跳出狭隘的部门视野来设计长期计划。它将整个经济作为其专有领域，通过计划和分配预算来设定全国性议程，通过财政支出以及对外国贷款和投资的审批权来影响实体和金融部门。[1]

与日本同行不同，负责产业政策的韩国商工部是一个相对软弱的机构，是战略性但并非核心经济部委。这一机构的两方面特性使其不能担当"大任"：一是由于其需要与组织化的利益集团直接接触，有着被俘获的风险，特别是基于韩国经济由大财阀主导，经济力量更加集中的事实；二是在政策倾向上，产业政策机构具有天然的扩张性，而对宏观经济没有给予足够的重视。因此，商工部的职权受到了限制。它需要根据核心部委所设定的大纲来制定产业政策，并且实质性的产业政策工具掌握在核心经济部委手中。这样，商工部虽然拥有一系列的审批权来设定产业政策，但这些权力却无法实现，除非它能够得到经济企划院和财政部的支持。东亚的三个发展型体制都没有将财政部作为导航机构，因为财政部的使命是维持金融稳定，其支持者来自软弱的国有银行部门，这样的使命不利于其承担宏观经济协调者的角色。当朴正熙在1964年调整政策导向，朝向高增长的时候，财政部将平衡作为其使命，经常会因为金融上的不可行而反对过于冒险的扩张性战略。[2]

除了官僚层级上的显著差异外，在韩国，政策一致性还通过特殊的人事权运用来实现。经济企划院获得授权来干预其他部委的事务。对于经济企划院和财政部这两个核心的部委，朴正熙提供了不同的特权。经济企划院在人事上享有更大的自主性，92.3%的一级官僚是从机构内部产生的。经济企划院渗透到这些部委中，进行直接的政策控制。1961—1980年，经济企划院将其61.5%的一级官僚派往其他部委担任副部长。在商工部和其他战略性经济部委（能源和资源部、农业渔业和林业部）的部长和副部长中，有60%是从经济企划院和财政部那里转任的。[3]超过四分之一的经济企划院的二级官僚调入其他经济部

---

[1] Byung-Kook Kim, "The Leviathan: Economic Bureaucracy under Park", p.203.

[2] Byung-Kook Kim, "The Leviathan: Economic Bureaucracy under Park", p.220.

[3] Byung-Kook Kim, "The Leviathan: Economic Bureaucracy under Park", p.209.

委,负责这些部委中最为核心的计划和管理办公室。①

二、作为"行政女仆"的韩国国会

(一)选举制度与韩国的政党政治

在从日本殖民统治中光复,又经历了三年的军事占领之后,韩国于1948年开始建构其政体。这时候建立起来的政治体制,已经有了选举、国会、政党等现代政治的各种要素,这些是彰显其民主属性的要件。韩国的威权体制,其特征在于瘫痪或者惰性这些表面上的民主制度,使其不能对行政权力的运作构成必要制约,而这本来是这些制度建立时被设计来履行的职能。韩国的做法是让国会甚少在现代政治中发挥作用,与此相应,政党的作用是有限的。区别于大众政党,韩国政党有着干部型政党(cadre party)的显著特征。这类政党并不尝试吸引尽可能多的群众性党员作为竞选的基础,也没有建立并维持昂贵的官僚结构来与社会力量维持密切、定期和持续的联系。韩国政党缺乏一个强有力政党应该具备的凝聚性。政治领袖和骨干成员是通过庇护网络关联在一起,追随者不能从政党那里得到多少支持,多数情况下要靠自己筹集绝大部分的竞选费用。家长式的党首体制成为韩国政党的特色。党首像封建地主一样经营政党。他们凌驾在政党之上,垄断着候选人的提名、任命政党官员和国民议会主席的权力,并且通过分配政党财务以换取追随者的忠诚。②

按照这种方式组织起来的政党,其影响力与其创建者的政治命运密切相关。20世纪50年代执政的自由党、60年代和70年代执政的民主共和党及80年代执政的民主正义党都随着总统李承晚、朴正熙、全斗焕和卢泰愚的职位更迭退出了韩国政治舞台。政党的魅力型领袖经常不考虑他们的意识形态和政策立场,而是根据选举需要不断创立、合并、解散与重建政党。③20世纪50年代处于反对地位的民主党,被重新包装为新民主党,成为60年代和70年代的反对

---

① Byung-Kook Kim, "The Leviathan: Economic Bureaucracy under Park", p.207.

② Im, Hyug Baeg, "South Korean Democratic Consolidation in Comparative Perspective", in Larry Diamond and Kim, Byung-Kook Eds. *Consolidating Democracy in South Korea, Boulder*, CO: Lynne Rienner, 2000, p.33.

③ 张振华:《公民社会兴起的政治意蕴:以韩国为样本》,《经济社会体制比较》2013年第3期。

党。1985年它再度被重组为新韩民主党(New Korean Democratic Party)、1987年重组为统一民主党。作为民主斗士的金泳三,其所建立的统一民主党曾与昔日政敌金钟泌所领导的新民主共和党和卢泰愚的民主正义党实现了三党合并,金泳三据此获选总统。与此相关,韩国政党的平均寿命都很短。自1945年8月韩国光复以来,曾经出现过300多个自称政党的政治团体,但平均寿命极短。存在15年以上的政党只有一个,即朴正熙的民主共和党。存在10年以上15年以下的政党也只有一个,存在5年以上10年以下的有17个,其余的均在5年以下。[1]

由于韩国政党存在的这些不足(自然形成的与人为造成的),它很难履行政党应该发挥的功能,包括筹集竞选资金、宣传政治主张、动员选民支持、提供政治候选人等。威权领袖难以将政党作为一个强有力的政治工具,朴正熙将政党搁到一边,去建立更为趁手和有效的政治工具,他所选择的就是在韩国威权时期长期发挥重要作用的军队和韩国中情局这样的机构。在5·16军事政变后,韩国武装力量直接参与到政治中。1963年10月在美国的压力下,朴正熙解散了军政府,转向文官政治,但并没有使武装力量在国家政治中的作用有所弱化。武装力量充作朴正熙危急时刻政治秩序的最终保障者,也是忠诚者和支持者的稳定来源。[2]朴正熙经常借助军队来平息劳工冲突,并用韩国中央情报局去监督工会,甚至在执政早期让中情局主导经济政策。在选举季,韩国中情局则摇身变成了竞选战略家、政治筹款者和朴正熙的民意测验人。

从1961年5月通过军事政变上台执政,到1979年被刺杀,朴正熙在韩国连续统治近20年,但这并不意味着朴正熙的执政地位高枕无忧。在经历了两年的军政府后,在美国压力下,朴正熙承诺在1963年结束军事统治。1962年军政府颁布新宪法,标志着第三共和国(以一部新宪法作为一任共和国的标志)的开端。1963年以来韩国定期举行国会选举(即总选general election)和总统选举(大选)。表2.3列出了民主化之前韩国国会的选举结果,两个数字分别用来表示政党的得票率及其所占国会席位的百分比。在此期间,朴正熙所在的民主共

---

[1] 李敦球:《韩国民主政治的变迁与走向》,《国际论坛》2000年第2期。

[2] Joo-Hong Kim, "The Armed Forces", in Byung-Kook Kim & Ezra F. Vogel, eds., *The Park Chung Hee Era: The Transformation of South Korea*, Harvard University Press, 2011, pp.168, 170.

和党共经历了五次选举。利用军政时期禁止一切政治活动所带来的优势,朴正熙命令韩国中情局局长金钟泌秘密建党,以便为1963年的第一次选举做准备。尽管如此,第一次亮相的民主共和党仅仅得票34%,显示出军事政变对于朴正熙的不利影响。凭借其铁腕手段,朴正熙稳住了国内经济和政治局势,经济持续向好,这极大地提高了其支持度,四年之后的第二次国会选举中,民主共和党的得票率达到创纪录的51%。然而这样的增长势头没有持续下去。1973年民主共和党的得票率下滑到39%,四年后进一步下滑到32%。尽管得票率下滑,民主共和党却总是能够分到55%~73%的绝对多数席位。在1978年的国会选举中,民主共和党得票比作为反对党的新民主党少1%,分到的席位却比后者多了37%。全斗焕所在的民主正义党在1981年凭借36%的选票分到55%的议席。

表2.3　国会选举结果(总票数的百分比,国会席位的百分比)

年份	执政党	反对党
1954	自由党(Liberal Party):37/56	
1958	自由党 42/54	民主党(democratic party)34/34
1960		民主党,42/75
1963	民主共和党(democracy republican party):34/63	民主和平党(democracy and peace party)20/23;
1967	民主共和党:51/73	新民主党(new democracy party)33/26
1971	民主共和党 48/55	新民主党 44/44
1973	民主共和党 39/67	新民主党 33/26
1978	民主共和党 32/63	新民主党 33/26
1981	民主正义党(democracy justice party)36/55	民主韩国党(democratic Korea Party)22/29;
1985	民主正义党 35/55	新韩民主党(new Korea democratic party)29/24;民主韩国党20/13
1988	民主正义党 34/42	统一和民主党(unification and democracy party)24/20,和平与民主党(Party for peace and democracy)19/23;

资料来源:Soong Hoom Kil and Chung-in Moon, eds., *Understanding Korean Politics: An Introduction*, State University of New York Press, 2001, p.86.

(二)低度制度化的韩国政治

从民主共和党第一次参选时起,朴正熙就不断通过修改选举规则来为其"保驾护航"。第三共和国的议会选举维持了之前的比较多数原则,但通过引入比例代表制的方式来增强执政党的优势,将选区数量从233个大幅缩减为131个,并将三分之一的区域议席根据比例代表公式分配给全国选区候选人。根据规定,选民只能选举地方选区的候选人。每个政党地方选区候选人得票总数被看作是其在全国性选区候选人的得票。从选举理论上讲,这是为了确保每个选区的少数得票仍然能够影响选举结果,因为在胜者全得的情况下,每个选区中的少数得票没有任何意义,而增加了比例议席的话,少数得票可以累加,并最终影响议席数量,这有助于防范选民的过分集中或者分散给政党带来的影响,但全国性议席不是完全按得票率来分配的。对于得票最多的党,如果其在地方选区总得票率超过50%,全国性席位就依据实际得票率按比例分配。如果低于50%,全国性席位的一半就分配给在地方选区中得票最多的政党。对于第二位政党,当其得票率超过第三位政党以下政党总得票数的两倍时,余下的席位按比例分配,否则,就将余下席位的三分之二分配给第二位政党。从地方选区中得到的席位不到3个或者总有效票数不足5%的政党不能参与全国席位分配。在第三共和国的第一次总选中,民主共和党只得到了33.5%的总有效票,但因为得票率最多,它分到了22个全国性议席,占到了全国性议席的一半。民主共和党最终获得110个席位,占国会总席位的63%。[①]

　　韩国的选举制度有利于大党和执政党,倾向于创造出过度代表的第一位政党,有限过度代表的第二位政党和低度代表的第三位政党。[②]这样的选举制度再加上政治制度的其他安排:竞选资金主要面向财阀来筹集。财阀通常需要为其获得的优惠贷款或者政策向总统及其所在政党支付一定数额的政治资金。这些资金用来雇佣竞选员工,也用来收买难以搞定的反对派系的头面人物。政党在某种意义上充当了国家与财阀进行政治交换的通道,这使得那些没有能力影响优惠贷款分配的在野党很难获得必要的政治资金,可能在一定程度上也有助于解释腐败的政治家和廉洁的官僚形成的原因。拥有其他政党难以比拟的

---

　　① Soong Hoom Kil and Chung-in Moon, eds., *Understanding Korean Politics: An Introduction*, pp.144-145.

　　② Uk Heo & Hans Stockton, "Transition on Elections and Parties in South Korea", *Party Politics*, Vol. 11, No.6, 2005, pp.674-688.

政治资金,再加上总统对行政资源和机构(如中情局)的控制,总统所在的政党在竞争中获得了难以比拟的优势。这有助于解释为何韩国直到1996年才实现了有史以来第一次执政党的更迭。

如果仅从选举制度来判断韩国政体属性的话,有些操之过急。让韩国政体被贴上威权标签的包括但不限于选举制度。起码和选举制度同等重要的是,韩国的政治领袖能够根据政治情势的变化不断调整和修改规则。这样的能力通常来自两方面:一是权力关系没有完全的制度化,权力的优势方能够利用优势地位来做出有利于自己的解释或者扩展权力空间;二是韩国的政治制度安排留给领袖更多的权力,使其有能力不断地挑战既有的制度框架,韩国的历任统治者都有成功修宪的历史,朴正熙也能够根据政治的需求,不断调整威权的成色,这些行为增强了在位者的政治优势。但由此带来的一个问题是,韩国政治通过选举实现正常更迭的渠道基本上失效,刺杀、军事政变等成为实现政权更迭的常见方式。而明治之后的日本历任首相不是国家建构者,他们都是政治家,在明治和占领军所建立起来的政治框架内运作,他们没有能力成为制度的挑战者。

朴正熙在5·16军事政变时废除了之前的宪法,并在1962年为第三共和国创制了一部新宪法。新宪法的核心是将权力结构由议会制转向总统制(因而赋予总统更大的权力)、恢复国会的单一议院设置等。按照新宪法,朴正熙分别在1963和1967年两次当选总统。1969年10月在第二任总统任期内,为了突破宪法的任期限制,朴正熙通过"三选改宪"获得了第三次竞争总统职位的可能性。在1971年的大选中,金大中质疑朴正熙会像蒋介石那样寻求终身统治。朴正熙被迫承诺不会寻求再度延长任期,但这一做法还是体现在选票中。在1967年总统选举中,朴正熙以比对手多出10.5%的票数当选,这一差距在1971年与金大中的竞争中缩小为7.6%。朴正熙的更大挫折出现在1971年总统竞选一个月后举行的国会选举中。尽管作为反对党的新民主党分裂为激进的金大中所领导的全罗道和温和的金泳三领导的庆尚南道,但它们在城市选区中都得到了很好的结果。在大城市中,新民主党得到了33个席位,而民主共和党只有7个席位。在中小规模的城市中,国会席位的分配比例是44:19,再次有利于新民主党。民主共和党能够以113∶89维持相对于新民主党在国会中的多数席位，仅仅是因为在农村中的胜利。农村选民支持民主共和党与新民主党的比例是67∶19。[①]

经过1971年的选举，新民主党在国会中拥有的席位超过69席，这是终止修宪意图所需要的最少席位，因此，朴正熙不能通过宪法程序来再度寻求延长其统治。在第三个总统任期内，朴正熙再次颁布新宪法（后被命名为《维新宪法》），借口是在美国军事承诺有所减弱的情形下，来自朝鲜的军事威胁增强。《维新宪法》使得朴正熙的政治合法性遭到前所未有的质疑，其不仅面临着来自反对党的挑战，而且党内渴望接班者也反对他这样做。按照这一据称是效仿明治维新的宪法，总统任期延长为六年，没有任期限制。总统将由直接选举改为由议会间接选举，总统拥有任命三分之一国会议员的权利。国会这样的产生方式，使其难以发挥监督行政的作用，沦为"行政的女仆"[②]。东亚的威权者预见到其能够有效地操纵民主制度，实现比较安全的不受中断的统治，于是有了长远视野，追求更为长期的经济政策。感到其统治是安全的政治领袖，还分配实质性权威给官僚，提供给他们用来设计和执行一致和全面政策所需的组织资源。

第四节　政治—行政架构与东亚的发展型国家

东亚的政治—行政关系及其发展历程，具有一定的特殊性，却并不罕见，它是众多专制者的把戏之一。一方面，这些专制者处在各种外生或者内生的民主化压力下，不得已建立并维持民主的政治装置，但另一方面，他们又不甘心固有的专断权力为这一新生的民主装置所阻断，因而普遍通过强化行政而弱化政治的做法来化解困境。然而迄今为止，我们尚未讨论这种政治—行政关系与东亚发展型国家之间存在何种程度的关联。一方面，发展型国家是东亚政治—行政

[①] Hyug Baeg Im, "The Origins of the Yushin Regime: Machiavelli Unveiled", in Byung-Kook Kim & Ezra F. Vogel, eds., *The Park Chung Hee Era: The Transformation of South Korea*, Harvard University Press, 2011, p.245."新村运动"是朴正熙用来赢得农村选民的主要方式。

[②] Soong Hoom Kil & Chung-in Moon, eds., *Understanding Korean Politics: An Introduction*, p.52.

关系的唯一可行选择吗，抑或东亚政治—行政关系能够为各种样式的政府经济角色提供支撑，成为发展型国家只是其中的一种可能？另一方面，发展型国家是否可以建立在其他样式的政府架构基础上，东亚政体只是发展型国家建立的一种基础？在接下来的部分，我们尝试对这些问题进行探讨，并将之作为讨论政治经济学一些普遍命题（如威权是否有利于发展）的基础。

一、比较视角下的东亚政体设计

(一)政体的理念与制度设计

当我们漫步在城市街头的时候，总会为造型各异的建筑物所吸引，它们中的很多已经成为所在城市的地标。在很大程度上，国家建构者就如同城市设计师一样，由于理念不同，由于所处的情景和尝试解决的问题不同，或者尽管面对的问题相同，但解决办法不同，就会塑造出形态各异的政体。现代政体设计中有两个理念得到了高度重视，它们奠定了现代政治学理论的基石，并成为评判各国政体属性的依据。现代政体设计的第一个理念是，国家是服务于人民的政治创制，换言之，人民替代国王成了主权者。在英美的制度设计中，体现人民主权的政治设计是议会，如汉密尔顿所言，"在文明社会里，议会才是人民权利和特权的最基本的、最有效的保障"[1]。英国奉行议会主权(parliamentary sovereignty)，一旦掌权，下议院(the House of Commons)中处在多数地位的单一政党很少受到其他机构的权力限制。自从1911年以来，上议院(the House of Lords)的权力仅限于延迟而非否决下院议案。司法机构的权力是审议法令的执行，但由于议会是主权者，这种权力没有延伸到对法律内容的审议中来。英国的地方政府多次重组，却始终充作中央政府的地方代理人。其结果是，英国政府在行使其庞大的宪法权力时，很少受制于政治约束。[2]由于议会以及与之相关的政治架构的重要性，现代民主国家的政制常被称作议会制政府、代议制政府等。

在政体设计上，美国是一个创新者，它为现代政体理论提供了第二个重要

---

① [美]亚历山大·汉密尔顿、詹姆斯·麦迪逊、约翰·杰伊：《联邦论：美国宪法述评》，尹宣译，译林出版社，2016年，第181页。

② 刘瑜：《民主的细节》，上海三联书店，2011年。

的设计理念,即权力的制衡理念。受到契约理论家的影响,美国宪法之父们深信,现代政体面临的最为可怕的危险是,原本为了保障人民自由和服务人民利益的权力却被转用于其他目标,进而对人民的自由和权利造成侵害。而任何形式的权力——这自然包括赋予议会的权力都有滥用的可能性,除非其得到有效制约。汉密尔顿在1788年提出:"所有出于篡权危险的考虑,都应该指向政府的组成和结构,而不是政府权力的性质和范围。"①换言之,要防范政府对民众自由构成侵害,其做法不应是建立一个软弱的政府(民众对政府不充分的授权),而是建立一个权力受到制衡的强政府。为了实现对权力的制约,他们甚至降低了立法机构的至上性,创造性地主张行政官也应该由人民直接选举产生。直接选举使得行政官拥有独立的合法性来源,不至于沦为议会的附庸,继而对议会构成某种形式的制约,避免出现议会专制。②权力制衡理念也渗透到纵向权力制度的设计中。麦迪逊寄希望于通过一个大共和国来削弱党派的权力,因为党派成员分散在各地就无力兴风作浪,他同时倡导建立一个以比例代表制为基础的全国性政府,以抑制各邦权力,"权力几乎总是相互成为对手;联邦政府,会永远处于时刻准备的状态,制约各邦政府篡权;各邦政府③对联邦政府,也会时刻严阵以待。人民,不论投入天平的哪一边,天平就会向哪一边倾斜。不论人民权力被哪一级政府篡夺,他们就会利用另一级政府,作为矫正工具"④。如前所述,这种基于政治理念和目的建立起来的权力结构却使得"市场维护性联邦主义"成为可能。

　　以上两种政体设计理念在政治学研究中逐渐围绕政治与行政的关系展开。

---

　　①[美]亚历山大·汉密尔顿、詹姆斯·麦迪逊、约翰·杰伊:《联邦论:美国宪法述评》,尹宣译,译林出版社,2016年,第200页。

　　②[美]克里斯托弗·科利尔、詹姆斯·林肯·科利尔:《费城抉择:美国制宪会议始末》,高玉明译,上海人民出版社,2017年,第50页。

　　③在美国的联邦制度下,联邦与州政府共享主权,州政府拥有除了明确托付给联邦之外的剩余主权。如麦迪逊所言,"联邦政府与各邦政府,就其实质而言,是人民的不同代理人,不同的受托者,被赋予不同的权力,为不同的目的而设计"。[美]亚历山大·汉密尔顿、詹姆斯·麦迪逊、约翰·杰伊:《联邦论:美国宪法述评》,尹宣译,译林出版社,2016年,第315页。

　　④[美]亚历山大·汉密尔顿、詹姆斯·麦迪逊、约翰·杰伊:《联邦论:美国宪法述评》,尹宣译,译林出版社,2016年,第181～182页。

1887年伍罗德·威尔逊发表了《行政学之研究》一文,被看作公共行政学诞生的标志。威尔逊主张政治与行政泾渭分明,政治被界定为制定公法,设计公共政策,公共行政被界定为详细、系统地执行公法。威尔逊还主张透过政治—行政关系来识别政体属性:每个民主政府的体制都把人民的代表抬高到绝对主权的地位。①在1900年出版的《政治与行政》一书中,古德诺主张与威尔逊类似的观点:政治是表示国家意志的领域,行政是实现国家意志的方法和技术,行政不应受政治权宜措施及政党因素的影响。在政党竞争的环境下,西方政治与行政逐渐分离,并建立起两套相对独立的运行规则。政治是民主政治的体现者,要通过选举、政治游说、讨价还价等方式来运作。而行政是政治意志的执行,奉行政治中立、终身任职、受制于详尽的法律规范。这些法律规范既是政治意志的体现,也是官僚中立性的基础,起着防范政治对于行政过程不当和直接干预的作用。因此,普选加上对议会负责的内阁成为识别政体民主与否的关键。正如杜威访问日本时的说法:"当日本使内阁向议会而不是天皇负责时,民主就会永久存在。"②

《联邦党人文集》几乎被当作政治制度设计的"圣经",尽管依此建立起来的政治体制,其最突出的特征不是民主,而是权力的分立与制衡。并非所有国家的宪法时刻都以这样的价值观为指引,不同国家在走上近代化道路的时候,所面对的问题并不相同,这影响了它们用来设计政体的基本方略。在东亚国家的宪法时刻,宪法设计者所考虑的问题并不是如何限制国家,防范权力的滥用,而是如何增强和保有国家权力。一方面他们不得不接受一个强加过来的政治装置(选举、政党、议会),另一方面他们又不甘心这些新创制出来的制度成为权力的中心,继而挑战他们的既有权力。在这些国家建构者的眼中,操纵官僚机器是其特权,任何试图绕开他们,对行政事务"指手画脚"的举动都是对其尊严的冒犯。按照这种方式搭建起来的"民主"政体,几乎不可能符合西方学者对于民主的想象:存在一个过分活跃的官僚体制,原本应通过议会来实现的部分功能

---

① 转引自[美]文森特·奥斯特罗姆:《美国公共行政的思想危机》,毛寿龙译,上海三联书店,1999年,第36页。

② [美]詹姆斯·L.麦克莱恩:《日本史(1600—2000)》,王翔、朱慧颖译,海南出版社,2009年,第265页。

现在却由官僚机构来行使。议会通过的法律通常是含糊的，需要官僚机构制定详细的条例方能执行，这使其拥有了充分的自主空间。政治学家注意到东亚政体的特殊性，却没有如经济学家所做的那样，将其视作一个单独的类型。[①]他们套用了一个惯常的概念，对其进行稍微变动后，用之来命名东亚政体，这种政治—行政样式被称作"政治家当政(reign)，官僚统治(rule)"、软性威权、官僚威权、"强国家弱政党"、"行政上位的行政与政治一体化"[②]等等。

　　政体中的政治—行政设计还形塑了东亚特殊的国家—社会关系。在"标准"的政治制度设计中，国家与社会关系属于政治的领域和范畴。服务于国家与社会关联目标的制度设计包括选举、作为代议机构存在的国会、利益集团、政党等。尽管仿照西方的民主制度，东亚在二战之后乃至更早时期建立起制度化的政治参与机制(选举、国会、政党等)，但正如之前所提及的，"体制内转型"或者专制者发起的民主化允许东亚的寡头或者专制者蓄意防范民主机制的掣肘，使得这类民主制度处在名存实亡的状态，没能将民众动员并整合到政治体制，并通过代议机构对行政过程的主导来实现"人民主权"。作为替代，东亚的国家与社会关系更多是通过行政官僚所建立的各种协商网络连接起来的。在这样做的过程中，行政部门承担了原本应属于政治的部分功能，因而被称作"行政吸纳政治"。这一概念源自金耀基，在其对香港政治运作过程的分析中，他将行政吸纳政治定义为"一个过程，在这个过程中，政府把社会中精英或精英集团所代表的政治力量，吸收进行政决策结构，因而获致某一层次的'精英整合'，此一过程，赋予了统治权力以合法性，从而，一个松弛的、但整合的政治社会得以建立起来"[③]。

　　在这种样式的国家—社会关系中，行政部门发挥了重要的利益代表功能。官僚机构依据其管辖领域，与不同的利益群体建立关联。官僚机构的代表性增强了其在政策过程中的分量，代表不同群体的官僚机构在政策过程中的竞争，就如同代表不同利益的政党在政治过程中的竞争。仿照政治多元主义，这种形式的代表机制被称作"官僚多元主义"。正是在这一意义上，青木发现日本官僚

---

① 如库兹涅次曾经评论说：世界分为发达国家、发展中国家、日本和阿根廷。

② 金东日：《韩国民主化过程论析》，《南开学报(哲学社会科学版)》2003年第5期。

③ 金耀基：《行政吸纳政治——香港的政治模式》，《中国政治与文化》，牛津大学出版社，1997年。

具备双重角色:一方面,每个机构中的官僚从他们自己的激励出发,部分上充当了其辖区利益的代理人,另一方面,官僚机构需要通过主张和证明其行为有益于公共利益,来合法化其事业。[①]与通过政治通道实现与社会关联的体制、与政治多元主义模式相比较,在行政吸纳政治、在官僚多元主义模式下建立起来的国家—社会关系有自己的特征:国家可以不以阶级或其他共同体为单元与社会力量进行整体性关联,可以选择性地回应社会中的某些利益,或者赋予某一利益中的某些组成部分特权性地进入国家的通道,这使得东亚的国家—社会关系呈现出更大的异质性。

(二)东亚政治—行政关系与发展型国家

东亚的政治—行政样式至少在如下两个方面有助于东亚发展型国家的形成与维系:

首先,它为一个创造性的行政提供了可能性。发展型体制下的官僚必须是创造性的,因为官僚需要部分发挥企业家的功能:识别有发展前景的产业,挑选能够承担这一重任的潜在合作伙伴,动员并投入必要的资源来推动这一产业发展,通过明确的指标来评估企业绩效并因而防范中选企业可能的道德风险,促进最有助于实现规模经济的产业结构,调节外国投资的影响以便实现技术转移和升级,当其处于困境中时识别导致问题的原因并找出适宜的救助方法,承担决策失误所带来的经济和政治风险……

在这样做的过程中,国家实质上僭越了原本应由企业家来承担的部分职能。正如学者们发现的,在韩国,社长并不履行企业家的基本职能——决定生产什么,什么时候生产和生产多少。政府履行了企业家的职能,尤其是在工业化初期。社长的职能被限制在三个领域:第一,做出战略决策,决定跟随政府的哪一个创议,在多大程度上跟随。第二,在集团成员企业之间调动资金。第三,劝诫员工努力工作,做出关键的人事决定。[②]官僚在东亚发展型体制中发挥的

---

① Masahiko Aoki, *Information, Incentives, and Bargaining in the Japanese economy*, Cambridge University Press, 1988, p.261.政治学中有政治合法性的概念,但没有所谓的行政合法性。在政治学理论中,行政机构并不需要证明自己事业的合法性,因为它的功能定位于执行。

② Alice H. Amsden, *Asia's Next Giant: South Korea and late Industrialization*, pp.167-168.

作用与经典理论所刻画的官僚形象形成鲜明对比。在后者那里,官僚是厌恶风险的,是繁文缛节的,处在各种规则的约束下。官员的任何举动都要有明确的法律授权,官员的自主性被称作酌处权,即在法律规定的框架内,根据具体情境做出有针对性的行政,任何超出酌处范围的自主性都被认为是违规。处在这种情景下的官僚不可能成为企业家的战略合作伙伴,只有在东亚这样的政治—行政关系样式下,官僚才有可能是创造性的。

其次,东亚的政治—行政样式为一个选择性的国家—社会关系奠定了基础。在民主的制度设计中,政治的组成部分——选举、议会、政党是用来关联和应对社会利益组织化的主要通道。这些关联机制使得选民与代表之间建立起了一种委托—代理关系,这种关系的可靠性要周期性地经受选民的检验,那些不能有效代表选民利益的政治家,将在接下来的选举中受到惩罚。可靠的委托—代理关系成为政治家对选民负责的制度基础。作为选民利益代表的政治家,通过立法的形式体现"公意",并通过对行政过程的主导和监督来完成受托任务。这套机制被定义为民主,因为按照预设的制度功能,它通过选民与代表之间的委托—代理关系、政治家与官僚之间的"政治—行政二分"实现了人民主权。在东亚样式的政治—行政关系中,行政部门不是一个单纯的政策执行机构,它僭越了政治的部分功能,包括沟通和吸纳民意、设定政策目标、弥合官僚机构间的冲突等。

此种制度设计被形象地称作"行政吸纳政治",即原本应由政体的政治部分来履行的职能,现在却更多由政体的行政部分来实现,但这只是一个方面。以行政为中心建立起来的国家—社会关系显著不同于以政治为中心建立起来的国家—社会关系。在后者那里,行为者通常需要将某一群体整体性地吸纳或者排除。而在前者那里,国家与社会的关联是选择性和有差异的,国家与群体的关系样式取决于这类群体服务于国家目标的能力。因此,在东亚,国家在与企业家建立了亲密关系的同时,却甚少愿意与劳工阶级建立相同的关系。进一步而言,国家与企业团体的关系也是不一样的。那些最有能力并积极响应国家产业战略的企业家将得到最大程度的优待。依靠行政机制建立起来的国家—社会关系也甚少是制度化的,更多依赖各种非正式关系的维系。在政商关系主要是发展型的时候,这种关系样式有助于降低交易成本,但正如后面要讨论的,这也为所谓的"裙带资本主义"提供了便利。

二、东亚式威权与发展型国家

(一)威权的原型与概念

和政治经济中的很多其他概念和理论一样(如依附、中等收入陷阱、拉美病、民粹主义、民主化理论等),威权(authoritarian)的原型是面临工业化任务的拉美,之后这一概念得到了更为广泛的应用,被扩展用来分析其他案例。威权的概念最早由吉利尔莫·奥唐奈尔(Guillermo O'Domnell)和胡安·林茨(Juan Linz)提出并加以界定。根据他们的研究,威权体制具有以下特征:"有限的,但并非负责任的政治多元主义;没有一套提炼过的主导意识形态,但有相当明确的特殊心态;除某一发展时期外,没有广泛深入的政治动员;威权领袖个人(或由少数人组成的集团)的权力行使虽然不受限制,但实际上却是在完全可以预测的范围之内。"[1]亨廷顿基本上沿用了上述主张。在《第三波》中,亨廷顿列举的威权体制的特征有:"一个领袖或一个领袖小集团,没有政党或只有一个脆弱的政党,没有群众动员,可能有一种思想意识,但没有意识形态,只有一个有限的政府,有限的、但不是责任制的政治多元制,而且不试图去重造社会和人性。"[2]

在上述定义中,威权是一个描述性概念。研究者首先通过列举方式来总结案例的某些制度特征,然后将其定义为"威权"。至于哪些要素应该被挑选出来作为威权政体的构成要件,则取决于研究者为"威权"选择的参照系。在本质上,林茨和亨廷顿都将民主和极权作为两种截然相对的政体类型,之后将威权看作兼有民主和极权特征的"混合政体",它的特征要在与民主和极权的对比中得以识别。与民主政体相比,威权政体同样要反映和代表社会的多样利益,而不能仅仅作为追求统治者个人及其家族私人利益的工具(这是前现代政体或传

---

[1] Juan J. Linz, "An Authoritarian Regime: Spain", in Erik Allardt and Stein Rokkan, eds., *Mass Politics: Studies in Political Sociology*, New York: Free press, 1970, p.255.

[2] [美]亨廷顿:《第三波——20世纪后期民主化浪潮》,刘军宁译,上海三联书店,1998年,第11页。

统威权的主要特征),但并不是所有社会利益都能够在政体中得到同等程度的代表——这是有限政治多元主义的含义所在,社会利益也甚少能够对统治者构成实质性压力,这是由于威权者有绕开竞争性选举的路径,由此建立起来的体制并不是责任制的政治多元主义。尽管如此,对于社会利益的关切还是使得威权者的权力受到限制,"实际上却是在完全可以预测的范围之内"。与极权体制相比,威权政体缺乏完备的意识形态,与之相关,这类体制通常缺乏一个强有力的政党,不存在广泛深入的社会动员,也不尝试按照意识形态的指引去改造社会和人性。因此,威权体现出的是民主政治特征的缺失或者不完备,体现出的是残存或者松动的极权要素。

林茨将传统威权与威权体制区分开来:有很多建立在传统合法性基础上的政体,如果将之与现代威权政体放到同一个类型中将是误导性的。现代威权政体是在传统合法性解体或者经过了一段民主时期之后建立起来的。林茨还主张将苏丹式(sultanistic)的政体类型从威权体制中区分出来。在苏丹式的体制中,独裁者个人或者家族在禁卫军(praetorian guard)的帮助下行使专断统治,更多追求私人而非集体目标,与之相对,现代威权体制是更加制度化的,也更倾向于考虑集体目标。①

尽管做出了这些区分,且强调"在极权主义和威权主义之间的这一分野对理解二十世纪的政治至关重要",但亨廷顿最终还是将这些原本应该用不同概念来表述的政体统一称作"不民主"的国家。而为了避免重复使用"不民主"一词造成的语言困扰,亨廷顿又用"威权主义"来指称所有不民主的国家。不民主的国家没有选举上的竞争和普遍的选举投票参与,"除了这些共有的负面特征外,它们极少有共同之处",这类国家包括绝对君主专制、官僚帝国、寡头政治、贵族政治、选举权受到限制的立宪政体、个人专制、法西斯主义政权、军人独裁以及其他类型的统治方式。②这种做法蕴含着这样一种价值预设,既然民主是一种更为优良的政体类型,也是各种形式的不民主体制未来发展的方向,那么

---

① Juan J. Linz, *Totalitarian and Authoritarian Regimes*, Lynne Rienner Publishers, Inc., 2000, pp.53-54.
② [美]亨廷顿:《第三波——20世纪后期民主化浪潮》,刘军宁译,上海三联书店,1998年,第11页。

威权体制就是一种陈旧的、必然被取代的政治体制,威权的过去只会影响民主转型的路径。以民主为中心来组织的政治转型研究,将民主与威权作为一个二分的概念,这在政治转型研究中并不会造成太多问题,但对于本书而言,当我们将东亚政体称作威权,并将东亚奇迹解读为威权有助于发展的证据时,所遮蔽掉的信息可能要比揭示出来的信息更多。将威权—极权、威权的传统—现代区分作为起点,本书进一步来澄清威权体制的含义,以便为分析东亚威权的特征,进而理解威权与发展之间的关系打下基础。

(二)威权类型学视野下的东亚

当人生病的时候,病毒会侵入人体的各个系统,因此,我们可以从每一个系统中都诊断到病毒的存在。同样道理,威权会渗透到政体的各个组成部分和要件中,我们可以从构成政体的各个制度或者要件中察觉到威权的存在。不同形式的威权政体,在国家—社会关系上,其共性在于并没有将公民权利一体性地赋予全体民众,要么限定拥有政治权利的群体的范围,要么为不同群体配置有差异的权利。相比于民主政体中的多元主义,这是一种有限政治多元主义。之后,依据有限多元主义中参加者的类型、参加者被组织起来的方式以及参加的层次可以对威权体制进一步分类。在不同形式的威权体制中,政体参与或者禁止的标准有所不同,可能包括阶级(如资产阶级被允许参加,而工人阶级受到压制)、种族(白人被允许参加,而有色种族被禁止参加)、财产(穷人和富人)、地域(城市和乡村等)。威权者也可能会限制参加者组织起来向国家表达利益的形式和层次。[1]那些依靠制度内的体制和机制实现了有限多元主义的威权体制可以被称作软性威权主义,而那些依靠暴力和强制将某些群体或者某些群体的某些利益表达方式排除的威权体制则相应地可被称作硬性威权主义。

除此之外,威权体制的分类还可以从政体的内部制度设计入手,这既包括横向层面的,也包括纵向层面的。纵向权力涉及中央和地方政府的权力配置。从横向权力配置来看,各种威权体制的共性在于,作为人民主权代表的议会没有充分代表民意和/或没能让其代表的民意成为行政和司法部门的主导。那些

---

① Juan J. Linz, *Totalitarian and Authoritarian Regimes*, p.54.

僭越了议会的这些功能并因而削弱了人民主权地位的政体就是威权政体。这种观点很大程度上假设权力是一个常量，某一方面的权力少了，另一方面的权力必然会多了起来。那些多出来的权力能够配置到不同的制度或者行为者手中，如军队、官僚和政党，据此形成的威权体制相应地可被称作军事威权、官僚威权和政党威权。官僚威权是威权体制的一个子类，指的是经济官僚能够相对独立于政治家和社会压力来制定与执行经济政策的威权体制。在亨廷顿所谓的第二波回潮中，拉美的主要国家，包括秘鲁、巴西、玻利维亚、阿根廷、厄瓜多尔、乌拉圭和智利，先后通过军事政变颠覆了二战后建立起来的民主体制，它们在之后所建立的政治体制被称作官僚威权。

政府是一组用来履行特定功能的机构的总和，这些机构可以在不同的制度情景中运作。强国家有能力来推动后发经济体实现跨越式发展，但并不意味着它一定会这样做。国家所处的制度情景需要给它提供这样做的激励。一是作为个体的官僚受到激励来认同组织目标，在执行公共政策时，约束自己的谋利动机，这使得国家可以作为一个凝聚性的集体行为者来追求共同目标。二是政治领袖受到激励，将促进经济增长设定为国家最为优先的使命和任务，并具备足够的能力来驱使官僚组织朝向这个目标发展。在很多学者的论述中，民主的政治体制将为政治家提供按照选民意愿行事的激励。作为整体的选民将从经济发展中获得最大好处，因此，民主体制将激励政治家追求有益于发展的制度和政策。还有学者认定，政权与增长的关系取决于它所处的经济阶段。在第三世界或者经济欠发达的情景中，威权而非民主是更有利于增长的政权形式。一方面，这类政权通过它所促成的社会与政治稳定性、它所允许的政府免于外部影响，以及它能够聚集起来的专注于单一目标的能力来间接推动增长，另一方面，这类国家的威权体制还能够通过对劳工施加更为严格的控制，在资源分配上的更大有效性，运用强制力来破除传统的现代化样式，以及组织和指导经济政策的能力而直接作用于经济增长。[1]

---

[1] Larry Sirowy & Alex Inkeles, "The Effects of democracy on economic growth and inequality: A Review", *Studies in Comparative International Development*, Vol.25, No.1, 1990, pp.126–157.

建立在威权的类型学上,本书认为,并非所有类型的威权体制都有利于增长。在后发展的情景中,现代威权体制作用于增长的一个重要机制是,它能够为政治家提供发展的激励,因为这是其建构政治合法性的仅有选项。意识形态、政治程序和政绩表现是建立政治合法性的三种方式,缺一不可,但在不同政体和同一政体的不同时期有所侧重。与民主和极权体制相比较,东亚威权体制似乎很难将自己的政治合法性建立在意识形态基础上。处在冷战格局中美国的一方,韩国的威权者不能运用马克思主义来论证自己的合法性。作为得到美国庇护的代价,威权者还不能否定自由民主的价值,而只能援引经济发展的需要、外部军事威胁等来证明自己实施威权统治的必要性。在这样的情形下,韩国威权者可以依仗的理论资源是极其有限的。1961年通过军事政变上台的韩国军政府具有强烈的民族主义色彩,对发展民族经济的渴望及对腐败和低效率的文人政权的不满是政变的主要原因。

除日本之外的东亚政体,其合法性也不能建立在政治程序基础上,它们的威权体制属于现代威权体制,是"在民主制度的基本框架下的威权主义,或者说是民主制度的一种收缩形式"[①]。在现代威权体制中,领袖的执政地位并不理所当然,他并不能如威权体制这个名称所暗示的那样,动用强制力量来消除所有潜在的政治反对。由于政治更替的规则并未制度化,威权领袖必须表现出更多才干和能力才能确保其持续获得并继续执掌权力。选举中的胜利(如果有选举的话)或者机缘巧合得到的领导地位是不安全的,几乎任何类型的问题都可以成为推动威权领袖下台的导火索。"像官员腐败、经济发展缓慢等这些在任何社会中都难以避免的问题,独独在威权国家中经常会导致国家的合法性危机。"[②]

通过军事政变攫取权力,并不断操纵选举规则来维系权力,朴正熙执政的合法性始终受到质疑,他需要更好的经济表现来证明其相对于腐败和不称职的文官政府更加有能力领导韩国发展。受拉美研究的影响,一些学者曾主张东亚

---

① 尹保云:《韩国威权主义时期的选举》,《韩国研究论丛》,世界知识出版社,2008年,第207页。
② 赵鼎新:《社会与政治运动讲义》,社会科学文献出版社,2006年,第114页。

的威权体制是适应工业化战略调整的结果。1961年朴正熙的军事政变标志着韩国威权体制的建立,这被当作是韩国进口替代工业化的"容易"阶段结束后的产物,1972年韩国在维新的口号下实现了威权体制的强化,也被看作是工业化转向重化工业阶段的政治要求。①但正如本书想要表明的,东亚的威权体制有其独立的历史根源和政治逻辑,是政治领袖回应国内外政治局势的结果。在高增长时期,韩国始终面对来自朝鲜的军事压力,当时朝鲜在人均国民生产总值和国防支出上都要超出韩国,韩国极其依赖美国盟友的保护。1969年新当选的美国总统尼克松决心要从越战中体面撤出。随着美国在越战中军事目标的改变,朴正熙失去了影响美国的王牌。在此之前,朴正熙利用美国需要韩国支持越战来确保美国对其发展现代化武装力量和发展国内经济的援助,也使得美国对朴正熙日益强硬地对待国内政治反对派保持缄默。随着美国的军事保护减弱,来自朝鲜的军事威胁增强,朴正熙需要通过重化工业来增强韩国的国防能力。②因此,不是重化工业化的需要驱动政体转向维新方向,更可能的是维新体制需要重化工业来证明其正当性。③

(三)发展型体制的维系

在讨论东亚发展型体制的建立和维系时,朱天飚特别强调外部安全的重要性:

> 在一个持续的军事竞争环境里,国家安全可能成为政府官员个人权力最大化的先决条件。在这种情况下,他们可能会在一段时间内随着外部军事威胁的加剧,把国内安全和个人利益等同起来,而工业化又是国家安全的根本保障,所以政府官员就有可能拥有共同的发展意愿。……从20世纪50年代到80年代,韩国一直处于全面备战状态。持续的军事对立环境导

① Cumings, Bruce, "The Abortive Apertura: South Korea in the light of Latin American Experience", *New Left Review*, 1989, 173, pp.5–33; Hyug Baeg Im, "The Rise of bureaucratic authoritarianism in South Korea", World Politics, Vol.39, No.2, 1987, pp.231–257.

② Joo-Hong Kim, "The Armed Forces", in Byung-Kook Kim & Ezra F. Vogel, eds., *The Park Chung Hee Era: The Transformation of South Korea*, Harvard University Press, 2011, p.178.

③ Hyug Baeg Im, "The Origins of the Yushin Regime: Machiavelli Unveiled", p.258.

致强权政府和持续的发展意愿。……欧洲和东北亚的经历表明,政权受到持续的生存威胁就可能促使政府官员形成共同的发展意愿。①

和维斯一样,朱天飚在本质上也属于"蒂利主义者",他们均强调战争对于现代国家建构的影响,并将工业化和现代经济看作是统治者建构军事—财政国家,进而维护国家安全的结果。这类观点具有一定的解释力,但并不周延。②理由主要有五个方面:第一,这类观点将发展型国家看作主要是发展意愿问题,而没有对发展能力给予同等程度的关注;第二,这类观点认为战争的作用同等程度地适用于欧洲等先发国家和东亚等后发国家和后一后发国家,但正如之前提及的,对于后发国家而言,殖民主义的历史与遗产对于国家的性质和能力有着持续的影响;第三,战争或战争威胁出现的时间早于发展型国家形成的时间。在朴正熙之前的韩国同样面临战争威胁,而且这种威胁更为迫切和真实,但当时的韩国却没有形成发展型国家。战争或战争威胁也不限于东北亚区域,而是当时很多发展中国家共同面对的问题,但除了东亚之外的其他地方却罕有发展型国家;第四,这类观点没有区分发展型国家的建立和维系。在笔者看来,发展型国家的生成是一回事,维系是另一回事。第五,也是最为重要的一点是,这种分析过于"结构主义",战争或者国际环境需要通过行为者的中介(对于威胁强度的感知)才能作用于国内政治经济。东亚的发展型体制都经历了最主要的创始人的逝世,经历了外部环境(石油危机、西方尤其是美国的自由化压力、美国巨额经济援助的停止、美国外交政策的转变以及冷战的结束)和内部的挑战而得以维系。这绝非理所当然,官僚的现代性并非一个一劳永逸的特征,政治家时

----

① 朱天飚:《比较政治经济学》,北京大学出版社,2006年,第221~222页。

② 对于发展型国家的起源,有三种观点,一种观点是从政治合法性的角度入手,还有一派强调殖民统治的遗产,第三种观点则是强调地缘政治和军事对立。这种观点的代表包括维斯和道尔(Ronald Dore)。参见 Dore, Ronald, "Reflections on Culture and Social Change", in G. Gereffi and D. L. Wyman, eds., *Manufacturing Miracles: Paths of Industrializing in Latin America and East Asia*, Princeton, NJ: Princeton University Press. 在笔者看来,发展型国家最起码需要两个制度性要件,一是国家的能力,二是发展的意愿。上述三种关于发展型国家起源的观点,有的强调它对发展能力的影响,有的则强调其对发展意愿的作用。

刻面临着政治化官僚的诱惑,[1]特别是考虑韩国的威权者具有能力来改变既有制度框架时,这要求我们探讨推动发展型体制持续下去的要素。

除了战争威胁的因素外,支撑东亚发展型体制维系的因素并不相同:日本政体的制度化程度很高,民主制度的运行尽管存在缺陷,但并非完全不起作用。在软性威权体制中,很少有个人具有足够的权威来改变既有制度设置。在这样的政治—行政架构中,一旦现代官僚制得以创立就具备了持续存续下去的动力,因此,充分发达的官僚制为日本发展型国家的存续提供了可靠的保障,但也使得日本的发展型体制呈现出可怕的僵化。韩国的政治制度及其运作为领袖人物预留了一个更加具有侵占性的角色,其作用的范围和方式可以不拘泥于既有框架。韩国的历任总统总是想方设法通过修改宪法来达成其政治目标,而且事实上他们也的确做到了。在这样的条件下,韩国发展型国家的创立和维系更多依赖威权者的个人品行。在朴正熙身上所体现出来的高度自律、民族主义情感都是锻造发展型国家的重要因素,这些在一定程度上弥补了韩国政体低度制度化的不足。威权者所处的制度情景为韩国的政治领袖提供了发展经济的激励,因为这是其获得政治合法性的主要方式。这种判断的一个推论是,一旦这样的激励因素出现了衰减或者产生了替代性的激励来源,韩国发展型体制就面临着转型的压力,这是韩国在20世纪80年代后期以来所发生的事情。在这一时期出现的经济自由化和政治民主化推动韩国的发展型体制在相对较短的时间内实现了转型。

---

① 土耳其的例子生动地说明了这一点,尽管从凯末尔那里继承了一个现代官僚体制,但后来的政治家使出浑身解数尝试将政治权力从官僚转到政党手中。他们所采取的方法包括:第一,公务员的收入在1950年之前是非常高的,但从1950年开始公务员的收入增长滞后于通胀水平,这使得公务员成了一个较少有吸引力的职业。民主党还立法允许开除公务员,这使得公务员的职业安全受到侵蚀。第二,民主党从决策中排除了公务员,忽视他们的政策建议,废除了与民主党偏好不一致的决定,限制他们发挥影响的空间。第三,民主党尝试建立一个替代性的经济行政机构,牢牢地将其控制。民主党还扩展了国有企业,由他们的任命者领导。在建立联合政府的谈判中,每个政党被允许控制一个部委,这分割化了官僚。此外,政党极其依赖于不受约束的庇护,这不只是重新调整公务员,而且创建了无数的新职位,这些新职位很少留意功绩任命。参见 David Waldner, *State Building and Late Development*, pp.71–73.

三、拉美缘何没能形成发展型国家

发展型国家在本质上是一种制度主义研究。它将日本和东亚新型工业化经济体取得非凡成就的原因归结为其在制度上的一些特征,如紧密的政商关系、压制性的劳工制度、导航型的经济官僚机构等,这些制度要件建立在一套"非正统"的政治—行政架构基础上。在这套制度的激励和约束下,身处其中的行为者获得了发展经济的意愿和能力,进而实现了相比于其他发展中国家更为优越的经济表现。然而,案例研究要具有充分的说服力,不只需要证明拥有这类体制的国家取得了成功,而且需要指出不具备这类体制的国家最终失败。从这个角度看,成功者的经验固然重要,但失败者的教训同样弥足珍贵。在比较政治经济研究中,东亚与拉美时常被作为比较的对象,在接下来的部分,我们尝试通过东亚脚本来观察和诠释拉美的发展。

(一)早熟的民主与拉美的现代国家建构

在拉美,国家建构要完成的任务——约束、限制或者剥夺封建贵族的政治与经济特权;通过土地改革来消除财富的畸形分配格局,从而为工业化筹集必要的资本;废除中介化的结构以实现权力的集中和直接的行政;建立考试录用公务员的制度以便破除精英对于公共行政的不当影响,从而为国家自主制定和执行政策创造条件——尚没有实现的情况下,民主和法治等舶来的制度就已经降临到这些地方。这些在现代国家存续条件下发挥了重要政治和经济功能的制度,在拉美却表现出明显的破坏性。拉美的现代领袖从殖民者手中继承了一个高度不平等的经济结构,并以法治和产权的名义对之加以保护,结果是"在一个分化的社会,过早实施保护产权的法令与制度,会致使制度早熟。早熟的制度不仅不能维持长久的经济增长,这样的经济激励结构反而阻碍了经济的长远发展"①。

拉美的民主没有建立在制度化的政党政治基础上,由此所建立起来的民主政治没有起到重塑或改良拉美传统政治的功能,民主化后的政治在本质上仍是

---

① 黄琪轩:《巴西的经济奇迹缘何中断》,《国家行政学院学报》2013年第1期。

传统政治的现代翻版。在这些地方,所谓的政党实质上是政治运动。麦基尔指出,二者的主要差别体现在如下三方面:第一,政党领袖的理想政体形式是各政党经过普遍公正的选举而展开竞争。政党之间的竞争是合法的,至少不可避免;而政治运动领袖则认为,理想政体中不应存在反对者。第二,政党限于通过选举竞争来控制政府,而政治运动领袖和成员认为,当以选举途径合法上台执政的希望渺茫时,可以并应该通过罢工、抗议游行、军事政变等方式夺回政权。第三,在政党中,政党纲领和政策目标的地位高于领袖,而在政治运动中,领袖的地位更加突出。①传统精英利用精英地位来攫取政治职位(如议员等),政治职位则更好地服务于其精英地位的维护。赋权大众可能令事态更为糟糕。原先仅仅需要迎合精英的政治,现在还必须去动员大众忠诚。其结果是,一方面,这类早期的民主不能打破土地上层阶级的权力,倾向于鼓励国家与这些阶级建立联盟来稳定政权。另一方面,政权又要通过民粹主义的方式来迎合一个动员起来的大众部门。精英与大众部门间的矛盾和冲突导致拉美政治在不稳定的民主与威权之间摇摆,经济政策也时常表现出更大的波动性。

尽管如此,民粹主义是一个存在广泛争议的概念,缺乏明确的内涵,"民粹主义像变色龙一样,能够随环境的变化而变化"②,但其本质特征是对代表性的垄断。在拉美情景中,民粹主义这一概念通常用来指称反寡头政治的运动,它主张将劳工整合到与城市中产和新生的工业阶级的联盟中。③民粹主义是以来自城市工人阶级和/或农民的大众支持为特征的政治运动;存在强有力的、自上而下的动员要素;出身于中产阶层或者精英部门的领袖,发挥着重要的作用,通常具有魅力型人格和品格;具有反现状(anti-status-quo)的民族主义意识形态和计划。④民粹主义"是一种包含民粹主义政治运动和民粹主义政党在内的政

---

① James W. McGuire, *Peronism without Peron*, California: Stanford Press, 1997, pp.3-4. [德]扬-维尔纳·米勒:《什么是民粹主义》,钱静远译,译林出版社,2020年。

② [英]保罗·塔格特:《民粹主义》,袁明旭译,吉林人民出版社,2005年,第3页。

③ Robert R. Kaufman, "Industrial Change and Authoritarian Rule in Latin America", in David Collier, eds., *New Authoritarianism in Latin America*, Princeton University Press, 1979, pp.199-202.

④ Ruth Berins Collier & David Collier, *Shaping the Political Arena: Critical Junctures, the Labor Movement, and Regime Dynamics in Latin America*, University of Notre Dame Press, 2002, p.788.

治现象,它往往有(但并不必然)克里斯马魅力的政治领袖,与'人民'(通常是被主流社会长期排斥的边缘群体)通过非中介的方式直接联系起来,动员'人民'反抗那些致力于维护不公平的社会现状的精英,通过选举或者社会运动的方式获得并行使权力的政治现象"①。

经济民粹主义也被称作庇隆主义。庇隆发明了一种持续到今天的民粹主义传统,颁布了能够让其在短期内获取选票的社会政策,但这种政策在经济上却是灾难性的,并且不可持续。他尝试通过关税壁垒和对进口的数量限制来维持充分就业,高估阿根廷比索使得进口更加便宜,对农业出口征税以便为其慷慨的社会政策筹资。这些措施导致普遍的经济扭曲,这种扭曲要求进一步的、更为复杂的乃至有害的对于经济的控制,最终导致生产率的长期下滑,以及只能够通过印钞才能够解决的赤字。②民粹主义经济政策的实施是与进口替代的工业化战略紧密相关的。多数的后发国家要从非耐用消费工业开始工业化,通常会将国内农业产品作为原料。如果国家对农民做出了偏袒性支付(side-payments),尤其是以支持农产品价格高于世界市场价格的方式,工业原料价格会上升。如果国家同时尝试整合城市工人到他们的支持联盟中,工资可能会升到市场价格之上。工业家受到双方挤压,需要为原材料和劳动力支付更高工资,这使他们不可能制造出在国际市场上有竞争力的产品。工业资本家必须得到补偿,结果是,跨阶级联盟导致了保护主义政策,确保国内市场向工业资本家做出偏袒性支付。而更高的工资和农产品价格增加了工人和农民的购买力,使得维护这样一个封闭的国内市场,对于资本家而言是非常有价值的。因此,建立联盟所依赖的高水平偏袒性支付是推动进口替代工业化的充分原因。③

(二)拉美的官僚威权主义与工业化战略

作为缺乏自主性的结果,拉美国家必须去迎合各种社会力量——土地精英、大众、外国资本、本地资本。依据所迎合和依仗的社会力量,政体要么是精

---

① Leslie Bethell, Brazil: *Essays on History and Politics*, London: Institute of Latin American Studies, 2018, p.45.

② Robert Cortes Conde, *The Political Economy of Argentina in the Twentieth Century*, Cambridge University Press, 2009, pp.125-44.

③ David Waldner, *State Building and Late Development*, pp.47-48.

英—威权式的,建立在压制大众基础上;要么是民粹主义式的,建立在反对精英和寡头统治基础上。没有自主性的配合,国家与社会力量之间的关联很容易蜕化为一种互换好处的庇护关系。在这组关系中,执政者向支持者提供各种好处来换取后者的政治忠诚,并且不能为这种好处附加各种严苛的经济条件,也甚少能够超越这些社会力量,制定对国家整体有利的工业化战略。在对拉美新型工业化经济体的一项经典研究中,奥唐奈尔就断定,拉美的威权体制是为了迎合工业化的需要而建立起来的,对应于进口替代工业化的"容易"阶段结束,资本积累机制需要重大转型的时期,这是一个原本以外延式工业化为特征的边缘和依附型的资本主义体制实现深化过程的一部分。深化所需的投资超出了国内资本能够承受的限度,不得不更加倚重国际资本,而这取决于国内政治经济格局的稳定。威权体制的建立迎合了国际资本的这种需求。①按照这种主张,拉美转向威权体制是由于民粹主义经济政策走到了尽头,官僚威权主义是基于工业转型的需要而出现的。

如威权这个概念所暗示的那样,拉美在政治上将那些先前已经被包括进来和激活了的大众团体重新排除。这是通过两种机制来实现的:第一种是通过取消选举,把从属团体从政治领域中排除出去。第二种排除机制更加巧妙,即将工会整合并密封到法团主义安排中(incorporation and encapsulation of trade unions into corporate arrangements),与它们利益相关的议题受到官僚控制,这几乎构成了官僚威权主义主导的本质。与政治上的排他相适应,拉美在经济上也逐渐结束了经济再分配措施,从而延缓或者减少了大众部门对经济成果的主张,但这并不意味着他们变得更加自主。在讨论拉美官僚威权统治最初阶段的经济政策时,奥唐奈尔观察到,拉美的决策者热衷于判定,在世界银行和国际货币基金眼中,什么是合理的经济事务,威权者要为这些国际资本主义"观众"定做政策。②这限制了威权者可选择的、介入经济的工具,进而将拉美的发展绑定

---

① Guillermo O' Donnell, "Reflections on the Patterns of Change in the Bureaucratic-Authoritarian State", *Latin American Research Review*, Vol.13, No.1, 1978, p.6.

② Karen L. Remmer & Gilbert W. Merckx, "Bureaucratic-Authoritarianism", *Latin American Research Review*, Vol. 17, No.2, 1982, p.23.

在中心国家的经济上。官僚威权体制刚开始的时候是国家和跨国公司的"二重奏"。在经过了特定的时间点之后,民族资本家进入其中,形成了三角联盟,但国内资本家是一个处在从属地位的伙伴。[1]

与之相比,东亚的现代国家建构出现在系统的工业化之前,在它们开始现代国家建构时,"缺乏占主导地位的经济阶层,这使得权力在不同利益集团之间的分配相对平均","缺乏拥有强大政治力量的阶层(尤其是大地主和工会组织)"[2]。东亚发展型国家的"深化"并没有显著改变工业化的民族主义样式。处在冷战的最前沿,得到美国慷慨的军事与经济援助以及越战期间的订单,东亚经济体据此克服了资本形成的障碍,而这是折磨其他发展经济体在转向重工业进口替代阶段时的主要因素。有利的外部条件极大地减少了东亚对国际资本的依赖,避免了其对国家自主性可能造成的伤害,而这是使拉美陷入依附资本主义中的重要原因。东亚国家还成功地利用它们与农民的非中介化关系,从农业领域汲取资源来为工业化筹集资金。在工业化过程中,他们又对外国资本保持了高度警戒。在韩国发展型体制存续的绝大多数时期,国际资本更多以贷款形式进入本国市场。由于这类贷款同样需要政府的审批和担保,企业不能绕开政府直接申请并获得,因此国际资本的存在不仅没能削弱东亚国家的自主性,反而成为国家主导经济的一个强有力的工具。

(三)发展意愿与发展能力:由威权国家到发展型国家

尽管在现代化过程中,东亚与拉美都建立起威权的体制,但二者存在显著的差别。相比于东亚,拉美有着孱弱的国家能力,这与其早熟的民主相关。能力低下使得拉美的发展战略必须在更大程度上依附于国内和国际资本,不能对经济政策施以严苛的纪律,政府为产业政策所附加的政策和资源,经常被当作"礼物";拉美的威权者不能完全瘫痪民主的活力,并持续地抵制大众部门的再分配要求。很少有拉美威权者能够享受较长时间的不受中断的威权统治,他们

---

[1] Hector E. Schamis, "Reconceptualizing Latin American Authoritarianism in the 1970s", *Comparative Politics*, Vol.23, No.2, 1991, pp.203—204.

[2] [日]青木昌彦等:《东亚经济发展中政府作用的新诠释:市场增进论(下篇)》,《经济社会体制比较》1996年第6期。

仍然需要用经济政策和资源来达成广泛的政治目标。

与之相比,在发展型体制下,经济政策并非与政治完全无关。在韩国,朴正熙不能或者不会让经济政策只是听命于官僚的技术理性。要建立政治联盟,他需要通过培育商业盟友和赞助者来确保稳定的政治资金流。朴正熙努力平衡市场要求与政治需求之间的关系。①然而除了为其执政建立物质基础外,东亚并不需要用经济政策来实现太多其他的政治目标,不需要迎合大众部门,在政商关系上又处在主导地位,并蓄意限制经济实力转化为政治影响力。因此,将东亚与拉美对于进口替代工业化的支持区分开来的地方在于,东亚没有为由其创造出来的企业家俘获。相反,政权逐渐将"温室中的资本家"(greenhouse capitalists)暴露于市场竞争中,使得出口依赖于产品的质量,而较少依赖逐渐减弱的保护。国家能够强化自由市场的出现而非导致"租金天堂"(rental havens),而如果没有强大的官僚机构作为支撑,东亚不可能强加令企业家感到不快的自由竞争。②

相比于其他关系,政治—行政关系是形塑东亚国家在经济中作用的最为重要的因素,当然,这部分是由于东亚绝大多数属于相对较小的经济体,中央与地方政府之间的关系相对不重要。值得注意的是,本书并不尝试证明,发展型国家是东亚政治—行政关系的逻辑结果,二者并不存在社会科学意义上的因果关系。东亚的政治—行政关系为国家在经济中扮演发展型角色提供了制度基础,学者们所识别出的发展型国家的制度要件,均能在这样的政治—行政框架内形成并有效运行,但并不能据此否认发展型国家不能或不会出现在其他样式的政治—行政架构内。

---

① Byung-Kook Kim, "The Labyrinth of Solitude: Park and the Exercise of Presidential Power", in Byung-Kook Kim & Ezra F. Vogel, eds., *The Park Chung Hee Era: The Transformation of South Korea*, Harvard University Press, 2011, p.158.

② Evans, Embedded Autonomy: *States and Industrial Transformation*, p.57.

第三章　搞对干预：
东亚发展型国家中的产业政策

　　产业政策①是东亚政府用来推动经济实现跨越式发展的一种方式,在这一过程中,国家僭越了原本应由私人企业家来承担的部分功能,这有悖于"正统"经济理论关于国家恰当职能范围和作用方式的信念,因而受到广泛指责。批评者断言,产业政策要么不起作用,要么适得其反。发展型国家研究者尝试从发展经济学中找到产业政策施行的理论基础。建立在对发展过程以及后发国家特性的理解基础上,他们要么将产业政策视作后发国家实现追赶式发展的工具,要么将产业政策看作是后发国家用来增进经济协调的非市场方式。在他们看来,和公共选择理论的其他命题一样,政府失灵只是政府深度介入经济的可能后果之一。然而政府出现失灵的概率并非随机分布,强的国家能力与自主性、用来推动政策目标实现的恰当工具,以及抑制企业家道德风险的制度安排都有助于降低发生政府失灵的风险。能够做到这一点的体制,一方面将享受到更为积极和精准的政府干预所带来的好处,另一方面又能将与之相伴随的潜在不良后果限制在可以接受的限度内,这是东亚取得更为优越经济表现的秘诀所在。

　　尽管如此,产业政策仍是一个存在广泛争议的议题,林毅夫与张维迎的产业政策争论将这一点淋漓尽致地揭示了出来。在林毅夫那里,产业政策被看作推动东亚奇迹的"头号功臣",是实现追赶式发展的不二法门。而在张维迎那里,产业政策的本质是"披着马甲的计划经济",它存在和计划体制一样的缺陷,注定会失败。有趣的是,尽管两人对产业政策的态度完全相反,但他们支持和反对产业政策的经验依据却都是东亚。本书无意介入这场所谓的"世纪争论",

---

　　① 产业在英文中的概念是industry,与之对应的译法还有工业和行业。为了与中文的用法接近,本书将单数意义上的industry称作行业,将处在某一行业内的企业称作行业企业。将复数意义上的industries称作产业,用来指称一组相互关联的行业集合,而在与农业和服务业对应意义上则译作工业。

而是尝试强调这一事实,产业政策广泛存在于各种形式的政治经济体制中,但它在不同体制中的存在形式、政策体系、政策工具与政策目标均存在显著差异,这种差异大到了我们不能对之进行总体性评价的地步,因此,对产业政策的争论不应围绕"要不要产业政策"或者"产业政策会成功还是会失败"展开,而应该将兴趣转移到下列问题上:如何设计和管理产业政策才能更有效地推动经济发展,并规避与产业政策相伴随的潜在不良后果。本章分四节来讨论这些问题。第一节在评述产业政策概念的基础上,指出产业政策的目标、类型与工具。第二节讨论学术界用于论证产业政策正当性的两种理论框架。第三节分析东亚产业政策的实施过程,尤其是其规避寻租和兼顾竞争的方法。第四节将视野转向改革开放以来的中国,观察产业政策的中国化进程。

第一节　比较政治经济视角下的产业政策

一、作为经济政策的产业政策

(一)产业政策的概念

从字面意义上看,产业政策是旨在影响某一或某些产业的各种公共政策措施的总和。按照这种理解,产业政策可以包括三方面内容:一是没有具体指向,能同时作用于多个经济部门乃至整体经济的一般性政策措施,如基础设施投资、通过教育和培训来提高劳动者的通用技能、普遍的贸易保护、税收和金融体制的稳定等。二是产业政策也包括那些针对某类市场结构、特定区域、企业组织和经济行为的政策,诸如反垄断、区域政策、支持中小企业的政策、对某类经济活动(投资、储蓄、出口、研发等)的激励(如财政补贴)和限制(如对罢工的限定,对产品质量、本土化率、生产规模的强制性要求,对于奢侈品消费的抑制)政策。如果这两类政策与具体产业结合起来,就构成了第三种类型的产业政策。比如,政府并不同等程度地保护所有产业,而是给予某些产业(幼稚产业、进口替代产业、出口产业)特别的保护。政府并不对所有的投资活动都予以激励,只是对某些产业的投资给予补贴。反垄断调查也可能并非同等程度地适用于所有产业，对于那些规模效应明显、国内市场狭小的产业，政府可能放松对其的竞争性要求。

　　在有的学者那里，产业政策被理解为直接或者间接影响产业发展的所有政策措施，上述三种类型的政策都可以被看作是产业政策，如林毅夫给产业政策下的定义："凡是中央或地方政府为促进某种产业在该国或该地发展而有意识地采取的政策措施就是产业政策"，包括了关税和贸易保护政策，税收优惠，土地、信贷、研发等补贴，工业园，出口加工区，研发补助，特许经营权，政府采购等。[1]广义的产业政策定义囊括了政府用来介入经济活动的绝大多数方式和方法，几乎等同于经济政策，这使得产业政策陷入概念超载的困境中，概念变得太宽泛而没有实际的分析功能。按照这种定义，批评产业政策几乎等于否定政府在市场经济体制中的作用。中义的产业政策只包括后两种类型。兰德斯曼（Landesmann）通过强调产业政策的特殊主义（particularistic）或者歧视（discriminatory）属性而推动了这一定义方式的出现。在他看来，产业政策是专门性的，指向特定的产业、企业、地区、劳动市场中的某个团体等，而非一般性的。产业政策设计和执行中隐含的是不同团体、地区和产业间的取舍。[2]因此，产业政策的本质是挑选胜者（pick the winners），即一些产业优于另一些产业，因而应该得到优先对待。[3]根据这一定义，我们可以排除普遍性政策，这使得概念更加集中和聚焦，但这一定义包括了旨在影响特定区域和劳动市场中特定团体的政策。产业政策的作用对象是产业，而不是区域和团体，它对特定区域和团体的影响最好看作是政策的副产品而非目标。建立在这种评价基础上，狭义的产业政策只包括最后一种类型，即针对具体产业的专门性政策，这也是本书所主张的产业政策定义。

　　最贴近狭义定义的莫过于张夏准（Ha-Joon Chang）对产业政策的界定："产业政策是旨在影响特定产业以及作为产业组成部分的企业的政策，其目标是实

---

　　[1] 林毅夫：《产业政策与国家发展——新结构经济学的视角》，林毅夫等主编：《产业政策：总结、反思与展望》，北京大学出版社，2018年，第3页。

　　[2] Michael Landesmann, "Industrial Policies and Social Corporatism", in Jukka Pekkarinen, Matti Pohjola and Bob Rowthorn, eds., *Social Corporatism: A Superior Economic System?* Oxford: Clarendon Press, 1992, p.245.

　　[3] Haggard, *Institutions and Growth in East Asia*, p.64.

现国家所感知到的对整体经济有效率的结果。"①在这一定义中,张夏准首先用"特定产业"(particular industries)将那些没有专门指向的一般性政策措施(比如教育投资、改善基础设施)从产业政策中排除。他也将那些有专门指向,但并非直接针对产业的政策排除(如区域政策)。其次,这一定义强调纯粹形式的产业政策的指导原则是效率(efficient),而不是其他目标(比如平等)。再次,突出了整体经济(the economy as a whole)导向。尽管政策针对的是特定产业,但产业政策最终旨在改善整体经济的效率而非只是特定产业的效率。当特定产业目标与整体经济目标冲突时,后者能够占据主导。最后,强调国家的感知(perceived),换言之,产业政策并非必然正确或对每个人都是正义的。②以大体类似的方式,曾任国务院副秘书长的江小娟将产业政策定义为"政府为了实现某种经济和社会目标而制定的有特定产业指向的政策的总和"③。张维迎对产业政策的理解也接近于狭义上的定义,他强调"私人产品"和"选择性干预"在理解产业政策中的重要性。产业政策是"政府出于经济发展或其他目的,对私人产品生产领域进行的选择性干预和歧视性对待"。据此,政府在公共产品上的投资、普遍性政策、专利保护都不属于产业政策。地区政策也不属于产业政策,尽管经常与产业政策伴随。④

(二)产业政策的类型

影响产业发展和国际竞争力的因素众多,包括:产业是否具备足够先进的技术水平、是否拥有受过专门训练能够掌握和利用这些技术的人员、既有企业是否已经实现了规模生产、能否得到足够的资本投入、与产业相关的其他经济部门是否足以支撑该产业的长远发展、产品是否具备旺盛的市场需求等。为了推动产业发展,公共政策能够着眼于其中的某一或某些因素。依据政策指向,

① 英文原文是:a policy aimed at particular industries(and firms as their components)to achieve the outcomes that are perceived by the state to be efficient for the economy as a whole,参见 Ha-Joon Chang, *The Political Economy of Industrial Policy*, Macmillan Press Ltd, 1996, p.60.

②Ha-Joon Chang, *The Political Economy of Industrial Policy*, pp.60-61.

③江小娟:《经济转轨时期的产业政策:对中国经验的实证分析与前景展望》,上海三联书店,1996年,第9页。

④张维迎:《我为什么反对产业政策——与林毅夫辩》,林毅夫等主编:《产业政策:总结、反思与展望》,北京大学出版社,2018年,第16~17页。

我们能够将产业政策分为产业结构政策、产业组织政策、产业技术政策等。在约翰逊对日本发展型体制的研究中,产业政策有两种基本形式:一是产业合理化政策(industrial rationalization policy),另一个是产业结构政策(industrial structure policy)。前者旨在解决企业层面的落后问题,包括企业合理化(即采用新的生产和管理技术,投资于新设备,质量控制,削减成本等)、企业环境的合理化(包括陆路和水路运输与产业选址)、整个产业的合理化(创建产业中所有企业都能公平竞争的框架或者它们能够在一种类似于卡特尔的制度安排中实现合作)。产业结构政策则涉及在一国总的生产中,农业、采矿、制造业和服务业所占的比重;在制造业内部,涉及轻工业和重工业、劳动密集型和知识密集型产业的比重。①

在更为专门的研究者那里,产业政策被分为产业结构政策和产业组织政策两部分。根据小宫隆太郎的研究,产业政策是"政府为改变产业间资源分配和各种产业中私营企业的某种经营活动而采取的政策",即运用财政、金融、外贸等政策工具和行政指导的手段,有选择地"促进某种产业的生产、投资、研究开发、现代化和产业改组而抑制其他产业的同类活动的政策"②。产业组织政策要实现的功能,大体类似于约翰逊用产业合理化概念所要表达的内容。政策旨在推动专业化基础的分工与协作,它意味着扶植大企业,实现产业的集中化和众多小企业围绕大企业进行的事业共同化,包括设立进入门槛,限制战略产业中的企业数量以确保规模经济;推动产业重组以便增强产业的国际竞争力,促进同类企业合并,鼓励同一产业内的企业间实现更大程度的专门化,鼓励企业间建立合作关系等。

产业政策定义的不同也延伸到产业政策的分类中。很多学者提及,除了传统产业政策外,还存在一种所谓的功能性产业政策。按照学者们的解释,它是为了克服传统产业政策的弊端及适应更为自由的国际经济环境而设计出来的传统产业政策的功能替代物,旨在通过完善市场制度、改善营商环境、维护公平竞争、支持技术创新并为之建立系统有效的公共服务体系、帮助劳动者提升技

---

① Johnson, *MITI and the Japanese Miracle*, p.27.

② [日]小宫隆太郎、奥野正宽、铃村兴太:《日本的产业政策》,黄晓勇等译,国际文化出版公司,1988年,第3页。

能以适应产业发展需求等来达成传统产业政策被设计用来实现的目标。在功能性产业政策中,市场处在主导地位,市场机制是推动产业创新发展与结构演变的决定性力量,政府则是为市场的有效运行创造良好制度环境,并在公共领域或狭义的市场失灵领域补充市场机制的不足。因此,在功能性产业政策中,政府与市场是互补与协调的关系。[1]这两种类型的产业政策经常对应起来,前者被称作选择性、纵向定位或硬性产业政策,后者是功能性、横向定位或软性产业政策。[2]功能性产业政策显然是广义产业政策定义的产物,它不要求政策只适用于某一或某些产业,也不要求政策对不同产业的实施力度不同。功能性产业政策隐含着对市场自身选择与淘汰机制的承认和尊重,政策不具有产业专用性特征,甚至被称作"普惠式"和"竞争性"的。[3]与之相比,传统的选择性产业政策更加强调政府在资源配置中的作用,强调政策效应的精准和靶向传导,旨在改变单靠市场机制形成的产业格局,通常伴有程度不同的限制竞争或扭曲市场的举措。将这两种非常不同的经济政策混为一谈,只会模糊我们对东亚产业政策,进而对东亚政府与市场关系的认识。因此,本书更倾向于将"功能性产业政策"——姑且将之也称作产业政策——看作是政府与市场关系向着更加发挥市场作用方向转型的表现,而不是产业政策的新阶段或者新形式。

(三)产业政策工具与产业政策体系

任何一个有志于主导经济发展的政府都不能或者不愿仅仅通过市场机制来实现产业结构与产业组织目标,它必须装备各种各样的政策工具,以便激励乃至强制企业朝向国家所设定的方向发展。约翰逊将日本通产省制定和实施产业政策的过程总结如下:第一,就产业的必要性及其前景进行调查并起草政策声明。第二,批准外汇额度,通过开发银行为产业融资。第三,授予进口外国技术许可。第四,新产业被指定为战略型的,其投资能够得到特殊的和加速的折旧。第五,无偿或以最低价格为企业提供平整好的土地,用于建设设施。第

---

[1] 江飞涛、李晓萍:《改革开放四十年中国产业政策研究与发展——兼论中国产业政策体系的转型》,《管理世界》2018年第10期。

[2] 吴敬琏:《产业政策面临的问题:不是存废而是转型》,《兰州大学学报(社会科学版)》2017年第6期。

[3] 姜江:《加快实施普惠性、竞争性产业政策》,《宏观经济管理》2015年第3期。

六，产业被给予关键的税收减免。第七，创建"行政指导的卡特尔"来规制企业竞争，并协调它们间的投资。[1]这些之所以能够成为产业政策工具，很大程度上是因为要素市场的低度商品化。约翰逊所识别出的多数产业政策工具广泛存在于各种形式的政治经济体制中，其效用可以是通用性质的。只有当这些"通用"工具根据产业需要进行调整，从而具有偏向性的时候，它们就变成了产业政策工具。换言之，产业政策工具的效用是结构性的，而非总量性或通用性质的。除了这一共同特点外，正如张夏准所发现的，产业政策工具有着不同的施行目的。有些政策工具是保护性的，如对竞争性产品的进口限制、减少原材料和中间产品的进口关税、价格控制以及公然的补贴等。有些措施则与实现最优的生产规模相关，目的是防范过度竞争，如限制进入和产能扩展、国家发起的合并、协调产能削减和/或退出、分享市场的安排。[2]还有的措施旨在提高生产率，如为技术升级提供优惠贷款，或为夕阳产业的产能收缩提供激励，对研发和培训的政府补贴等。[3]

约翰逊将日本政府通过产业政策的形式对经济活动的干预称作"遵从市场"的国家干预方法。"遵从市场"体现为政府并不直接从事生产性活动，也不是通过命令和控制的方法来实现产业政策目标，而是通过各种公私合作的平台、激励性的产业政策工具来影响企业决策。能够体现"遵从市场"的产业政策过程和工具包括：创建政府性金融机构，发挥指示性（indicative）影响力；广泛运用窄目标（narrow targeting）和及时修正的税收激励；运用指示性计划（indicative plans）为整个经济设定目标和指南；创造出无数的、正式和持续运作的论坛来交换观点、评估政策、获得反馈和解决分歧；将一些政府职能分配到各种私人和准私人社团中；广泛依赖公共（尤其是公私合营）企业在高风险或者其他难以驾驭的领域中执行产业政策；政府创立并使用"投资预算"（investment budget），其资金来源于通过邮政系统所积累的储蓄，作为确保优先产业投资的方法之一。"投

---

① Johnson, *MITI and the Japanese Miracle*, pp.236–237.

② 将市场划为不重合的部分，每家企业都能够独占一个相对独立的区域。比如，我国曾经将固定通信业务以长江分界区分了南北两个市场，分别由中国网通和中国电信经营。

③ Ha-Joon Chang, *The Political Economy of Industrial Policy*, p.116.

资预算"与一般政府账户预算不同，后者并不为产业提供资金支持，换言之，政府的一般性财政没有投向生产性领域；反垄断政策的导向是发展和参与国际竞争，而非严格维持国内竞争；政府开展或者支持研发，运用审批权来实现发展目标。[1]约翰逊的这些表述包含了日本政府用来推动产业目标实现的各种政策工具（外汇、金融、财政），为了建立或者行使这些政策工具而成立的机构（开发银行、公共企业、通产省），在制定和执行产业政策过程中建立起来的组织与制度（行政指导的卡特尔、各种正式和非正式的论坛）。我们将后两者统称为产业政策体系，将之与产业政策工具区分开来。

在东亚两个最为典型的发展型经济体之间，在发展型体制的不同历史时期，就主导型的产业政策工具而言，仍然存在显著差异。在日本，1949年的外汇外贸管理法授权政府集中通过出口赚取的外汇，这项权力使得政府可以通过外汇预算来控制进口（包括规模和产品类型），它成为1950—1964年通产省进行产业指导和管理的最重要工具。而政策性贷款自从20世纪60年代中期以来一直是韩国最为重要的经济租金来源，政府持续地将它作为最有力的产业政策工具。数据显示，在韩国实施重化工业促进战略期间，1979年的政策性贷款占了银行贷款总额的63%。1977—1979年，制造业总投资的80%是以政策贷款的形式投向了重工业。[2]由于对货币政策的过度依赖，韩国的通胀率在20世纪80年代之前的绝大多数年份明显偏高。一直到朴正熙遭到刺杀，卢泰愚和全斗焕更加重视宏观经济的稳定时，通胀率才相对稳定下来。东亚的产业政策均没有建立在大规模财政赤字基础上，财政对产业的影响主要是通过税收优惠和减免而非直接的生产性投资来实现的。因此，发展型体制虽然有积极的宏观政策，但无论宏观税负还是政府的总财政支出都算是很低的。

产业政策广泛存在于各种类型的政治经济体制中，将东亚从其他体制中区分开来的，不是其政策工具的特殊性，而是运用这些工具的政策体系。产业政策工具散落在不同的经济官僚机构间，只有当经济官僚机构能够以一种强协调

① Johnson, *MITI and the Japanese Miracle*, p.318.

② Moon, Chung-in, "The Demise of a Developmentalist State? Neoconservative reform and political consequences in South Korea", *Journal of Developing Societies*, No.4, 1988, p.69.

的方式运行的时候,不同政策工具之间才能形成合力。在早期的工业化过程中,世界各国都或多或少地要通过产业政策来实现经济追赶,但使用的政策工具却相对单一,能够同时对某一优先产业使用众多的政策工具,并对它们精心编排以便实现协同效应的可能要数东亚的发展型国家。东亚在产业政策工具使用方面的共同之处在于,使贸易、财政、金融等政策工具服务于产业目标,即便这可能有悖于机构自身的信念(如自由贸易、预算平衡、约束通胀),而这是建立在一套复杂和精巧的产业政策体系基础上的。

　　日本在战后逐步建立起产业政策体系。1949年12月通产省设立了产业合理化委员会(Council for Industrial Rationalization)。作为通产省的顾问机构,委员会由29个按照产业组织的部门(如棉纺、丝绸、合成纤维、毛麻、服装、纺织品等)以及2个从事协调和总务的部门组成。产业部门的成员主要来自产业协会以及产业中的主要企业,多数情况下,企业总裁直接担任企业代表。每个产业部门的成员在1~5人之间,在协调部门中也有来自金融机构的代表参加。[1]1951年4月日本开发银行成立,按照职能分工,开发银行在形式上归大藏省管理,但通产省对其施加了压倒性影响。通产省将其重要的退休官员置于开发银行的董事局中,并负责审查开发银行的所有贷款申请。1953—1955年,开发银行83%的资金投向了通产省所指定的四个战略产业(电力、造船、煤炭和钢铁),占到了电力总投资额的23.1%、造船投资的33.6%、煤炭开采的29.8%和新钢厂的10.6%。[2]在韩国,当宏观经济稳定目标与产业政策目标出现冲突的时候,产业目标经常能够占据主导。在经济衰退时期,流向优先部门的优惠贷款要比一般性贷款(没有补贴的)增长更快。即便当总的货币供给受到约束的时候,优先部门以非优先部门为代价得到了融资,从而能免于经济周期的影响,实现了持续

---

　　[1] Tetsuji Okazaki, "The Government-Firm Relationship in Postwar Japanese Economic Recovery: Resolving the coordination failure by coordination in industrial rationalization", in Masahiko Aoki, Hyung-Ki Kim & Masahiro Okuno-Fujiwara, *The Role of Government in East Asian Economic Development: Comparative Institutional Analysis*, Oxford: Clarendon Press, 1996. 这篇文章介绍了日本为了协调煤炭、钢铁和船运产业之间的关系所使用的方法和机制:在通产省内设立了产业合理化委员会,委员会负责协调产业内部不同企业、不同产业、产业与金融机构之间的关系。委员会囊括了来自产业协会、产业联合会、主要行业企业、金融机构以及学术专家在内的人员,借助这种机制,日本实现了相对充分和持续的政商关系协调。

　　[2] Johnson, *MITI and the Japanese Miracle*, p.211.

的扩张。这类政策在韩国内外经常受到指责，但决策圈的主流态度是，短期的不公平将被优先部门在长期所产生的更大收益证明是合理的。[1]这样做的结果是，优先部门能够对宏观经济周期"免疫"，不论整体经济下行还是过热，优先部门始终能够得到政策倾斜，这是东亚发展型体制下产业政策施行的一个突出特征，这与中国的做法形成鲜明对照。正如下文要表明的，在中国，产业政策是宏观调控体系的重要组成部分，产业政策目标常常要服务或者服从于宏观调控的需要。

二、政治经济体制与产业政策

在《通产省与日本奇迹》中，约翰逊将产业政策视作发展型体制的重要构成部分之一，也是区别于其他政治经济体制的标志。遵循这一传统，发展型国家的研究者几乎毫无例外将产业政策作为东亚政府与市场关系的一个独有特征，是推动东亚新型工业化经济体从绝大多数其他后发展经济体中区分开来的关键。尽管如此，也很难说产业政策是东亚的"专利"。作为一种经济政策，产业政策广泛存在于不同形式的政治经济体制中，有着迥异的定位，围绕产业政策的争论在很大程度上是由于将不同属性和体制中的产业政策混为一谈。了解产业政策在不同体制中的运作，比较它们之间的异同，有助于我们深化对其的理解。

（一）发展型体制与计划经济体中的产业政策

在东亚，产业政策时常出现在政府的各种经济计划、政策申明等文件中，被冠之以战略产业、新兴产业、优先发展产业、国民经济支柱产业等称谓，这些概念也时常出现在计划经济体中。尽管如此，发展型国家的产业政策与计划经济中的产业政策存在显著差异。二者最大的不同在于，在发展型体制中，产业政策针对的是特定产业，而不是产业中的特定企业，它对企业的影响是间接的，服务于产业目标，国家很少直接介入企业的内部管理和经营过程。产业政策在本质上还是通过影响企业的成本—收益结构来诱使企业朝向政府设定的产业方向发展，它的各种政策工具是为了谋求得到私人经济部门的配合而设计出来的。而在计划经济体中，国家通过行政命令替代企业决策，企业的国有属性便

---

[1] Ha-Joon Chang, *The Political Economy of Industrial Policy*, pp.110-111.

利了国家的命令式控制。可能没有任何其他概念能够比约翰逊所提出的强影响（strongly influenced）和强控制（tightly controlled）能更准确地捕捉二者的不同了。[1]二者的差别在导论部分已经有所提及，这里不再赘述。

尽管和很多的发展中国家一样，明治时期的日本追求跨越式工业化，并将国家作为实现赶超发展的重要力量，也制定了各种经济计划，但日本从来不是一个计划经济体。1882年任职大藏卿的松方正义产生了与斯密类似的想法："政府不应在创办工商业上与人民竞争，因其永远不如受追逐私利的直接动机驱动的企业创办者精明和有远见。因此，政府最好不要直接介入商业贸易，而是留给个人和企业去经营发展。"[2]这扭转了明治初期通过举办公营企业来进行工业生产的做法，推动了日本工业化在资本主义的轨道上发展。1956年通产省劝告丰田不要挑战五十铃公司在柴油动力卡车市场上的垄断地位，理由是日本不需要两家柴油动力卡车制造商，但丰田总裁的回应是：政府没有权力让我们停止。丰田公司将继续生产和销售柴油引擎卡车，即使通产省反对这样做。[3]

在韩国，深受日本影响的朴正熙将自己看作类似明治的角色，希望效仿日本来进行韩国的现代化，这使得韩国注定不可能将现代化的任务完全留给市场。作为工业化的后来者，朴正熙不能承担将一切都留给市场的后果。市场驱动的工业化，其内生的试错过程存在太多的不确定性，不可避免地导致资源浪费。考虑到资源的稀缺性，这样做的代价过高，必须借助国家更为活跃和积极的作用来推动和加速现代化进程。但美国的影响使得朴正熙没能延续政变初期所采取的最为极端形式的经济干预（如通过货币兑换、操纵股市来为工业化筹集资金，完全不讲究经济规律的工业化战略）和政治统治（如不情愿将统治权移交给文官和更加明目张胆地使用暴力来镇压社会抗争）。[4]用公营企业来替代私人生产者作为增长的引擎，这样的选择在1962年中期短暂尝试过，当时朴

---

① Johnson, *MITI and the Japanese Miracle*, p.19.

②[美]詹姆斯·L.麦克莱恩：《日本史（1600—2000）》，王翔、朱慧颖译，海南出版社，2009年，第179页。

③[美]詹姆斯·L.麦克莱恩：《日本史（1600—2000）》，王翔、朱慧颖译，海南出版社，2009年，第475页。

④ Byung-Kook Kim, "The Labyrinth of Solitude: Park and the Exercise of Presidential Power", in Byung-Kook Kim & Ezra F. Vogel, eds., *The Park Chung Hee Era: The Transformation of South Korea*, Harvard University Press, 2011, p.158.

正熙因财阀承诺的一五计划投资迟迟未能兑现而感到恼火。朴正熙赞同金钟泌所领导的韩国中央情报局设计出来的强迫储蓄的激进观点，建立了一个由国家控制的韩国工业开发公司（Korea Industry Development Company），其目的是将1962年7月货币改革时冻结的银行私人账户中的资金，导入"一五计划"的项目中，这一短暂的尝试最终以政治上的惨败而告终。美国指控军政府尝试转向社会主义经济，威胁中断援助。1961年的时候，来自美国的援助占到了全国预算的比例超过90%，朴正熙只能从货币改革和韩国工业开发公司这样的项目融资方法中折回。[1]他不得不将私人部门的配合看作实现其经济战略的前提，通过发展与企业的合作关系来推动追赶式发展。他寻求强化国家在韩国工业化进程中的影响力，但这样做不是为了扩展国家的直接生产能力，而是为了确保私人部门服从国家所设计出来的政策目标。

在计划经济和发展型体制中，产业政策存在的第二个区别是，在前者那里，出于对经济活动实施计划管理的需要，几乎所有的产业都被纳入国家控制的范围内。事实上，纳入计划管理的产业范围和国家向企业下达的指标数量是度量国家计划管理能力的重要维度。而发展型国家中的产业政策是"选择性"的，最初针对的是重化工业，是出于深化产业的需要引入的。韩国的产业政策大体上源自20世纪70年代，即朴正熙《维新宪法》的实施过程中，这也是韩国启动重化工业战略的时期。在这一阶段，低下的劳动力成本和容易的技术应用已经或即将消失，而这些是帮助韩国在最初阶段实现出口领导增长和工业起飞的主要因素。产业政策被作为转变产业、出口和经济结构，以便支撑经济继续增长的方式。在1973年开始的重化工业战略中，韩国挑选出六大产业，即钢铁、有色金属、造船、家用电器、电子产品、石化。推动他们做出这种选择是出于五个方面的考量：与其他产业的关联性、对国家经济发展的贡献、出口创汇或者通过进口替代节省外汇的可能性、自然资源的使用、对外国资本的诱导效应。[2]

---

[1] Eun Mee Kim and Gil-Sung Park, "The Chaebol", in Byung-Kook Kim & Ezra F. Vogel, eds., The Park Chung Hee Era: The Transformation of South Korea, Harvard University Press, 2011, pp.271-272.

[2] Eun Mee Kim, *Big Business, Strong State: Collusion and Conflict in South Korean Development, 1960-1990*, Albany: State University of New York Press, 1997, p.145.

　　类似的做法还出现在日本。得益于朝鲜战争时期美国的特别采购，日本在1952—1953年经历了一个短暂的消费和投资热潮，但到1953年底日本出现了国际收支逆差。通产大臣冈野提出，只有通过重工业化和化学工业化才能突破日本不可避免要面对的国际收支逆差压力。因为随着收入增加，人们对食物和纺织品的需求变化很小，但对于诸如电器和汽车的产品需求却成比例增加。如果想要摆脱对美国特别采购的依赖，即使失去所谓的比较优势，日本也必须生产这些产品。

　　与计划经济体制相比，东亚建立起来的是市场经济体制，尽管国家在其中发挥了更为广泛和积极的作用，但国家与市场的边界是清晰的。国家干预旨在通过改变企业面对的成本—收益结构来诱导其朝向国家指定的方向发展，并不试图染指企业的内部管理，也没有改变企业的私人产权。冒险进入战略领域的企业家是出于利润动机，而非如同计划体制下国企厂长那样，谋求政治上的晋升。国家从经济发展中的获益是更大的政治合法性和更高的财政资源，继而实现更为可靠的安全保障，而不是通过直接参与生产过程来谋取经济利润。干预是市场导向的，也是有限度的。受到扶植的企业仍要参与到市场过程中，经受竞争法则的考验。当穷尽可用手段后，仍然不能取得成功的企业将被迫退出市场。干预也是选择性的，这与计划经济体中无所不包的经济计划形成对比。

（二）发展型体制与规制型体制中的产业政策

　　日本与韩国通过产业政策来干预经济的做法有时候不被认为是创新，而是对发达国家早期所采取的重商主义政策的模仿，或者干脆就是所谓的新重商主义（neo-mercantile）。在东亚，贸易保护的确是推行产业政策的重要工具之一，但据此主张发展型国家的做法只是拾人牙慧，却操之过急。一方面，发展型国家对不同产业的贸易保护强度存在很大差异。在1978年的韩国，所有产业的平均实际保护水平是2.3%的时候，重化工业享受了16.4%的保护率。对于六个被指定为战略性部门的产业实际的市场保护率达到35%。[1]另一方面，在发展型

① Chung-in Moon and Byung-joon Jun, "Modernization Strategy: Ideas and Influences", in Byung-Kook Kim & Ezra F. Vogel, eds., *The Park Chung Hee Era: The Transformation of South Korea*, Harvard University Press, 2011, p.126.

体制中,贸易保护是与出口促进混合使用的,其目的是推动幼稚产业成长为国际上具有竞争力的产业。贸易政策也只是产业政策工具的一种,而非全部。重商主义也主张推动出口和限制进口,但如前所述,其建立在另一套认知基础上,服务于迥异目标,也甚少体现出选择性的特征。

产业政策的维护者还试图证明,当处在后发阶段时,发达国家大量运用产业政策来实现对领先国家的经济追赶。即便是在今天,发达国家在某些领域(如国防科技)中也时常通过产业政策来介入经济活动,所以没有理由反对发展中国家使用产业政策。任何试图这样做的富国都是"伪善"的,其目的是踢开梯子。这类观点不无道理,但据此抹杀不同经济体制中产业政策的差异,却失之偏颇。正如我们对计划经济体制下的产业政策和发展型体制下的产业政策所进行的区分那样,产业政策有多种形式,可以体现为积极主动和消极被动两种方式。在前者那里,政府的介入并不以市场失灵为前提,政策目标也不限于矫正市场失灵,而是通过规划产业的结构、组织、布局和技术来发挥引领作用,后者则是以弥补市场缺陷为政策出发点和主要内容的产业政策。①

在东亚,多数产业政策旨在从无到有创造出一个新的产业。在产业政策开始施行的时候,不存在一个实质性的产业部门,更谈不上说,市场已经表现出明显的失灵。在这种情景下,产业政策的主旨是促进。而在更为自由的政治经济体制中,政府对特定产业的干预,尽管并不完全是为了矫正市场失灵,却与发展型国家中的产业政策存在显著不同,它更加着眼于产业活动的形式和程序。这样的"产业政策"也仅仅适用于某些产业,但其主旨却如埃文斯所言是巡查(policing),②更应该被看作是规制体系的组成部分。

韦德区分了引领市场(leading the market)与追随市场(following the market)。当政府采取主动,决定应当鼓励什么产品或者技术,并为这些创意投入公共资源时,政府是在引领市场。当政府采纳了私人企业关于新产品和新技术的建议,并为之提供帮助的时候,政府是在追随市场。当政府帮助企业做其本来

---

① 杨龙等:《政府经济学》,天津大学出版社,2004年,第211～212页

② Evans, *Embedded Autonomy*, pp.13–14.

就要做的事情时，这是"小追随"（small followership）。当政府大力帮助企业扩展他们投资的边际时，这是"大追随"（big fellowship）。当政府引领使得某一产业的潜在投资和生产与实际投资和生产间存在真实差异的时候，称作"大引领"（big leadership）。当政府创意只伴有少量资源或者影响力很小不足以造成实质性差异时，可以称为"小引领"（small leadership）。①产业政策很难说是东亚发展型国家的专有做法，但东亚的产业政策有自己的特性。不管是追随还是引领，东亚产业政策都显著改变了企业在没有政府介入情况下的投资规模和行为样式。正是在这一意义上，韦德强调，东亚的产业政策旨在创造出一种不同的产业格局，区别于不受指导、没有受到鼓励的市场行为者自主决策所生成的格局。②这并不是说，政府通过产业政策推动经济增长的做法总是有效的，只是意味着政府的干预不能被看作对结果微不足道。因而，任何致力于解释东亚某一产业乃至整体经济增长的研究都不能忽视产业政策的影响。

产业政策是将发展型国家与其他样式的政府经济角色中区分开的关键。依据国家介入经济活动的方式方法，能够区分出三种理想类型的政府形态：③

第一类国家限制对产业的直接介入，而追求旨在最大化长期增长和金融稳定性的宏观经济政策。二战以后的三十年中，主导性的政策范式是凯恩斯主义，它倡导通过管理总需求来确保稳定长期的增长。当经济出现衰退时，政府应该致力于壮大社会的总需求（通过减税或者更高的政府支出），而当通胀出现时，政府应该着眼于减少社会总需求（通过更高的税收或者减少政府支出）。

第二类国家对于经济的直接介入也是有限的，但国家推动和参与到主要经济行为者间的合作性伙伴关系中，这些是所谓的"新法团主义国家"。政府避免了对产业事无巨细的介入，但与资本和劳工的代表协调对经济的管理。工人同意限制工资增长，以便维持产品在出口市场中的竞争性以及充分就业。雇主承诺维持投资，政府则致力于完善福利政策。资源在产业内部和产业之间的分配

---

① Wade, *Governing the Market*, p.28.

② Wade, *Governing the Market*, pp.12–13.

③ David Coen, Wyn Grant & Graham Wilson, "Political Science Perspectives on Business and Government", in David Coen, Wyn Grant & Graham Wilson, eds., *The Oxford Handbook of Government and Business*, Oxford University Press, 2010, pp.22–24.

则留给了市场。

发展型国家构成了第三种类型的国家形态,它践行了资本主义国家中最具有明确性的干预政策。经济发展被设定为国家最高的优先性。诸如通产省这样的政府机构致力于识别出哪些产业应当得到优先发展,哪些产业可能衰落。职业、自主和杰出的官僚确保了这一挑选过程的质量。

将东亚与其他使用产业政策介入经济活动的经济体中区别开来的地方在于,一方面,产业政策是经济政策的核心,这是通过产业政策机构相比于其他经济官僚部门更高的地位来确保的,而在其他的政治经济体中,尽管也普遍存在产业政策,但产业政策常常要服从于宏观目标,政策内容经常需要根据宏观经济形势进行调整。负责产业政策的机构在官僚层级中处在一个边缘性的位置上,或者是作为高层咨询机构的形式存在,并不具备决策和执行权,尽管这些机构的意见对于决策产生着广泛影响。另一方面,在东亚发展型国家中,产业政策旨在推动产业实现超常发展,继而对整体经济起到带动作用,而在其他政治经济体制中,针对某一产业的政策可能致力于建立一个所有企业可以公平竞争的框架,国家并不为其提供有偏向的优惠。实现产业政策目标的方式和机制也可能存在非常大的差异,从高度干预性质的(为选定产业提供偏向性的优惠措施,乃至将触角延展到企业层面上,比如设立国有经济部门来从事这些产业),到节制性的、发挥"助推"功能的(提供可供产业专用的基础设施,培育产业专用的劳动力和研发支持),再到最小的政策工具(产业政策不具备专用功能,适用于所有经济部门,比如改善营商环境)。正因如此,产业政策可以与各种形式的政治经济体制相兼容,但在不同体制中,产业政策的目标、实现机制和政策工具都存在显著的差异。要准确地将东亚产业政策与其他体制中区别开来,评价其优势和不足,最好要在前面加上若干的定语,这些是很多研究将东亚产业政策称作市场导向的、外向性、选择性的原因所在。市场导向大体上是指,东亚产业政策并没有如计划经济体制那样,消除了市场机制发挥作用的空间,在优先产业的识别、优惠措施的分配等方面,都按照市场规律和表现而非政治忠诚等因素来确定,尽管政府的干预的确改变了单是市场作用会生成的格局。外向性是相对于拉美而言的,即产业政策的效力要在国际市场上进行检验。选择性是指纳入产业促进的范围有限,也体现在产业促进并不是持续性的。政府所提供的优惠措施能够随着产业的国际竞争力和企业的经济表现而进行调整。

三、产业政策效用的度量及其面临的问题

(一)产业政策效用的度量

产业政策在理论上的积极作用不难理解,但要在经验层面上证实这一点却难得多。在某种程度上,产业政策之所以广受争议,就在于难以准确评估产业政策的确切效果。最简单的度量产业政策效用的方法是,选择一个成功或者不成功的产业,描述政府针对该产业所颁布的政策,之后将产业的成功或者不成功与产业政策的效用关联起来,并据此得出结论:产业政策在推动该产业乃至整体经济增长中发挥了重要、一般、无关或者负面的作用。此外,出口的结构和产值证明了该国在国际上具有竞争力的产品类型,如果它们本身就是国家重点培育对象的话,至少说明了产业政策在部分上取得了成功,但这样的做法面临明显的选择性问题。哈格德(Stephen Haggard)为此倡导更加"科学"的方法,主张通过检验国家层面的产业数据来观察那些得到政策支持的产业是否在诸如全要素生产率(total factor productivity, TFP)、出口或者盈利等指标上超过了那些没有得到支持的产业。[1]内森·连恩(Nathan Lane)按照这一思路检验了韩国在1973—1979年所推行的重化工业战略的效果。其主要结论是:第一,从产量和生产率来看,1979年时所选定的产业要比未被选定的产业,相比于1973年之前实现了更为迅速的增长。第二,这些增长差距在1979年政策的主要因素被终止后依旧持续。第三,被选定产业产生了较强的外溢效应。处在选定部门下游的未被选定的部门,以及与选定部门有着密切关联的部门,要比那些与选定部门仅有软弱关联的部门,增长更为迅速。[2]即便如此,这种方法依旧存在问题。韦德指出需要更为复杂的反事实(counterfactual)方法来检验产业政策的效力。特定部门政策不能只是需要与争议产业的成功相关,而且必须导致等同或者优

---

[1] Stephan Haggard, *Developmental States*, Cambridge University, 2018, p.25.

[2] Nathan Lane, "Manufacturing Revolutions: Industrial Policy and Networks in South Korea", https://www.rse.anu.edu.au/media/3159330/Lane-Paper-2019.pdf

越于那些更加遵循市场的政策可能产生的结果。进一步而言，干预必须不能只是私人部门要求的结果，因为如果是私人部门要求，那么争议中的投资反正早晚会出现。相反，干预必须体现出国家的引领作用，这种作用将特定产业置于一条没有干预就不会发生的道路上。①

从计量经济学的角度对产业政策效应进行度量，同样面临着不少问题。逻辑上，要证明产业政策效力就必须证明那些得到政策支持的产业，相比于那些没有得到支持的产业实现了更快增长；那些得到强支持的产业，相比于那些仅得到弱支持的产业实现了更快增长，但这种比较必须建立在产业的属性与初始状况大体相同的情况下，而这是非常难做到的。就如同世界上没有两片完全一样的树叶，也不存在两个相似到足以剔除其他所有可能影响发展要素的产业，因此，对同一产业在不同国家的发展状况进行比较成为一种经常的做法。此外，还存在如何量化产业政策强度的问题。不同产业得到的支持类型有所不同，如出口补贴、进口保护、免受反垄断调查等。如果两个产业同时得到了这些类型的支持，区别只在于力度不同，我们可以安全地主张有些产业得到了强支持，有些只得到了弱支持。但问题是，如果产业得到的支持类型有所不同，我们又该如何来确定产业支持力度呢？比如，纺织产业得到了出口补贴，同时可以免税进口纺织设备，而造船产业则可以免于反垄断调查，同时政府限制进入该产业的企业数量。我们应该如何来确定二者的支持强度呢？令问题更为严重的是，还有一些并没有包括在财政支持或者法律指南中的措施，比如来自日本开发银行的贷款对于商业银行借贷方向的影响，这使得开发银行能够用少量资金来影响更大规模的信贷投放，而这些却不是产业政策本身的组成部分。

除此以外，即便是发现产业政策与产业发展间存在正相关关系，但在进行解读的时候，依然面临种种困惑或陷阱。正如韦德所指出的那样：如果得到大量支持的产业增长慢于那些没有得到支持的产业，这是否表明援助失败或者意味着应当选定那些只有通过援助才能实现快速增长的产业。此外，对产业政策

---

① Wade, *Governing the Market*, pp.29-33, 71-72, 109.

的评估还需要视其(机会)成本而定。政府或者中央银行要么有效控制和监督金融机构的行为,要么为它们提供激励以便提高优先使用方向的资金投放。为了改变资源分配,优先性的借贷者不能只是用便宜贷款来替换更为昂贵的资本,而必须改变它们的生产计划。选择性信贷的有效性要看它对于金融市场中其他参加者的影响。即便选择性干预被证明在产业层面上是有效的,依旧存在问题,因为不能证明,作为一个整体,人们的福利是否变得更好。①斯蒂格利茨也持相同的立场:政府补贴一个出现了高增长的部门,但这并不意味着增长应当归功于政府的行为。还存在这种可能:即便没有政府的介入,这个部门也会增长。②罗德里克最终给出了一个令人气馁的结论:用计量方法来验证产业政策效用,存在几乎无法克服的缺陷。计量分析并没有使我们比开始时得到更多信息。③

(二)东亚的产业政策:成功抑或失败

由于经验研究没能找出一个准确度量产业政策效应的设计,产业政策议题几乎总是存在热烈但经常没有结果的争论。直到现在,针对东亚产业政策效应的研究,依然同时存在非常成功和极端失败两种结论。产业政策究竟在何种程度上推动了东亚奇迹的实现? 又是通过何种机制作用于经济增长的? 影响产业政策效用的是产业政策本身,还是实施产业政策的方式? ……对于这些问题直到现在也没有一个明确答案。产业政策的反对者指出,日本对产业的补贴和政府贷款在相对意义上是较小的,甚至低于很多欧洲国家,因此,东亚的产业政策形式大于内容,④并据此主张"产业政策并非日本成功的主要理由"⑤。作为一

---

① Wade, *Governing the Market*, pp.30–31.

② Joseph E. Stiglitz, "Some Lessons from the East Asian Miracle", *The World Bank Research Observer*, Vol.11, No.2, 1996, p.151.

③ Rodrik, Dani, *One Economics, Many Recipes: Globalization, Institutions, and Economic Growth*, Princeton, NJ: Princeton University Press, 2007, pp.17–18.

④ 这样的推导是成问题的,获得开发银行贷款的后果远大于其实际贷款额度,因为开发银行贷款具有发出信号(这是政府向市场表明其偏好的一种方式)或者分担风险(如果出现问题,政府的贷款也会成为坏账,这向其他借贷者发出共担风险的决心)的效应。

⑤ Philip H. Trezise, "Industrial Policy is not the major reason for Japan's success", *The Brooking Review*, Vol.1, No.3, 1983, pp.13–18.

个坚定的产业政策反对者,张维迎断言,日本早期的产业政策之所以没有发生灾难性后果,是因为错误的产业政策总会受到企业家的抵制。[1]青木等人则指出,由于协调失败的大量存在,在某种情形下,政策在改善经济活动的协调方式上发挥了重要作用。但这并不意味着政府知道如何改善和设计新的协调系统。相反,可能的情况是,政府干预所导致的混乱迫使私人行为者找到并尝试新的开展经济活动的方式,并碰巧发现了更好的体制。青木举例说,二战期间政府所采取的很多政策在战后日本经济系统的演化中发挥了重要作用。然而这些政策是战争努力的一部分,而不是重建战后日本经济的宏大设计的一部分,[2]这些政策对经济的正面作用并非制度设计者积极追求的结果。

产业政策的支持者则争辩说,既有研究并没有充分考虑行政指导的作用,这使得研究低估了日本产业政策的成功。[3]世界银行对产业政策的效用持矛盾的看法,在1993年的东亚报告中,世界银行将东亚的经济政策称作是"基础性和干预性政策的混合"(fundamental and interventionist policies)。基础性政策是那些鼓励宏观经济稳定、高水平的人力资本投资、稳定与可靠的金融体系、有限的价格扭曲、对外国技术开放以及发展农业的政策。按照市场友好的观点,报告强调"搞对基础"(getting the fundamentals right)应当是任何政府的首要事务,报告判定东亚新型工业化经济体中的政府做到了这一点。然而世界银行也主张"这些基础性政策并非故事的全部。在多数新型工业化经济体中,政府以这样或那样的方式系统介入到经济过程中。出口推动战略是基础性政策和干预性政策最为成功的结合,是其他发展中国家最值得借鉴的战略"。另一方面,报告又指出,在东亚普遍践行的其他形式的国家干预中,"对特定产业的促进通常不起作用……温和的金融压制(mild financial repression),加上指导性信贷(direct-

---

① 张维迎:《我为什么反对产业政策?》,中国发展网,2016年11月9日。http://www.chinadevelopment.com.cn/zk/yw/2016/11/1096463.shtml

② Kiminori Matsuyama, "Economic Development as coordination Problems", in Masahiko Aoki, Hyung-Ki Kim & Masahiro Okuno-Fujiwara, *The Role of Government in East Asian Economic Development: Comparative Institutional Analysis*, Oxford: Clarendon Press, 1996, p.147.

③ Andrea Boltho & Andreas Boltho, "Was Japan's Industrial Policy Successful?", *Cambridge Journal of Economics*, Vol.9, No.2, 1985, pp.187-201.

ed credits)在特定情境下起作用,却有着高风险"①。导致这种争议的原因在于,产业政策的效果不止取决于产业政策本身,而且还与执行产业政策的制度情景密切相关。产业政策不是一项能够在不依赖社会配合的情况下,单靠政府部门所掌握的资源就能够独自取得成功的政策。产业政策即便设计严密合理,但如果得不到私人经济部门的配合或者政策体系混乱,政策也将归于失败。

第二节 产业政策的作用原理

一、作为实现追赶式发展的产业政策

(一)后发展与产业政策

韦伯曾警告同时代的德国人:不宜让自由主义政治经济学蒙蔽了眼睛,因为单一视角是危险的。"当一种看问题的方式如此自信地一往直前时,那就已经有落入幻觉的危险,即过高估计了自己这种视角的重要性,尤其是把一种具有相当限定性的视角当成了唯一视角。"②韦伯的观点在比较政治经济学中得到了响应。相比于自由主义经济学家用来讨论经济问题时所使用的效率、福利、比较优势、市场失灵等新古典经济学概念,发展主义者更倾向于使用规模经济、关联性、外部性、收入需求弹性、产业结构、产业合理化、国际竞争力等来分析经济问题。在这种观点看来,市场失灵不是政府介入经济的唯一理由,甚至不是最重要的理由。当国家处在后发展情景中时,市场机制往往不足以推动这些国家成功启动和维系工业化,更何况它们的市场常常由于糟糕的基础设施、软弱的产权保护、金融体系的不完善而难以有效发挥作用。在这种情形下,如果将全部筹码都押在市场机制上,经济要么难以摆脱"贫困陷阱",要么注定沦为发达国家的经济附庸。国家介入是摆脱这种局面,实现追赶式发展的唯一可行选择。

东亚的发展主义者援引马克思、李斯特、韦伯、熊彼特、格申克隆等人的观

---

① World Bank, *The East Asia Miracle: Economic Growth and Public Policy*, Oxford University Press, 1993, p.24.

② [德]韦伯:《民族国家与经济政策》,甘阳编选,生活·读书·新知三联书店,1997年,第94~95页

点作为他们的理论依据。1841年李斯特在《政治经济的国民体系》中开始了对古典贸易理论的批评。建立在斯密和李嘉图等古典政治经济学者的研究基础上,古典贸易理论用比较优势和劳动分工来论证自由贸易的原理和好处。在他们看来,当贸易双方专注于自己具有比较优势的产品,并通过交换来满足自己对其他产品的需求时,他们的福利状况要比各自从事多种物品生产更好。贸易是实现劳动分工和专门化生产的基础,但它受制于市场规模。当一国参与到国际贸易中时,它可以在更大范围内实现劳动分工,并得到由劳动分工所带来的一系列好处:技术进步、提高劳动生产率,进而创造出更多财富。李斯特则一针见血地指出:"财富生产比之财富本身,不晓得重要多少倍。保护关税可能使财富有所牺牲,却使生产率有了增长,足以抵偿损失而有余。"[1]李斯特据此反对自由贸易:"自由放任主义,无论是表现在国际关系领域还是在劳资关系领域,都是经济强者的天堂。国家控制,无论是保护性立法的形式还是保护性关税的形式,都是经济弱者使用的自卫武器。"[2]因此,后发展国家应当对来自发达国家的产品征收关税以便给本国幼稚产业成熟的时间,并最终使它变得在国际市场上具有竞争性。

之后的贸易理论越来越倾向于将比较优势看作是一个动态而非静态概念,即所谓动态比较优势(dynamic comparative advantage)。李嘉图的比较优势概念过于强调自然禀赋的重要性,适用于国际贸易产品主要是未加工的原材料的时期,但是当今,国际贸易越来越多地由制造业产品主导,甚至服务业也成为国际贸易的重要组成部分。没有国家天生会在这些领域具有比较优势,它们在国际市场上的竞争性更多是发展的结果而非起点。20世纪80年代,现代自由主义经济学家克鲁格曼(Paul Krgumam)等人提出了战略贸易理论(strategic trade theory)来为贸易保护提供理论基础。[3]战略贸易理论家主张比较优势能够通过公共政策创造出来。随着生产较少依赖于气候和自然资源,随着资本和技术变得

---

①[德]李斯特:《政治经济学的国民体系》,邱伟立译,华夏出版社,2013年,第118页。

②[德]李斯特:《政治经济学的国民体系》,邱伟立译,华夏出版社,2013年,第308页。

③ Paul Krugman, ed., *Strategic Trade Policy and the New International Economics*, Cambridge: MIT Press, 1986; John M. Culbertson, "The Folly of Free Trade", *Harvard Business Review*, 1986, pp.122–28.

日益具有流动性，比较优势的决定因素是人力资源的质量。政府能够通过补贴教育和工作培训而对人力资源发展施加实质性影响。因此，挑选并培育现在没有比较优势，但看起来却有前途的产业在理论上就是可行的。

这些"非正统"理论要比"主流经济学"更能在东亚经济官僚中找到知音，这与他们的教育背景相关。从行政者的教育背景看，世界范围内存在如下三种样式。第一种以英国为代表，更多强调通识教育（general education）、艺术与人文，相应地较少强调技术能力。第二种以德国、奥地利和瑞典为典型，这些体制更加强调法律训练，三分之二的行政者拥有法学背景。最后一种以美国和若干欠发达国家为典型，这些国家的公务员拥有更大比例的自然科学（包括工程）教育背景。日韩的官僚体系明显属于第二种，1986年日本拥有大学教育背景的资深公务员中有59%的专业是法学。[1]日本不仅如一般国家的公务员制度那样区分了政务官（政党官）和事务官（永久官），而且进一步在有资格官僚中区分事务官员和技术官员。那些拥有法学教育背景的有资格官僚属于事务官员，而受到更为专门教育的有资格官僚则属于技术官员。日本的公务员制度给了事务官员更大的上升空间。在通产省每年考试录用的有资格官僚中，有30名左右的事务官员和20名左右的技术官员，但担任局长级职务的几乎都是事务官员。[2]与之类似，早期韩国的经济官僚很少有经济学知识，他们主要是受过训练的律师，并非新古典经济学家。[3]因此，日本和韩国的决策者更加关注由于过度竞争所导致的社会浪费，强调规模经济，专注于资本积累和发展重化工业。

（二）作为实现不平衡增长的产业政策

尽管能够在新古典经济学的范围内讨论产业政策，即把市场失灵作为政府通过产业政策介入经济活动的理由，但东亚的产业政策并不源于市场失灵，而旨在从无到有创造出一种新产业，从而实现追赶式发展。当在追赶意义上使用产业政策时，需要在李斯特、格申克隆等人对后发展方案的讨论中寻找正当性。产业政策是一种偏向性的经济政策，它将某些经济活动看作应该得到优先发

---

[1] B. Guy Peters, *The Politics of Bureaucracy*, Routledge, 2001, pp.116–120.

[2] 王新生：《现代日本政治》，经济日报出版社，1997年，第184页。

[3] Ha-Joon Chang, *The Political Economy of Industrial Policy*, p.125.

展，而认为另一些经济活动不值得给予过多关注。产业政策的这种属性使其成为实现不平衡增长战略的有力工具。在东亚，产业政策被用作促进出口导向和追赶式的工业化，建立在这种战略基础上，东亚新型工业化经济体经常被称作外向性经济或者出口领导的增长。这些概念强调了这样的事实：相比于拉美的新型工业化经济体，相比于世界上多数其他的发展中经济体，东亚在更大范围和更早阶段参与到国际竞争中。而按照新古典理论，要在国际竞争中胜出，各国必须专注于自己具有比较优势的产品。由于廉价的劳动力或者特殊的资源禀赋，在最初工业化过程中，发展中国家具有比较优势的产品通常是劳动密集型或资源性产品。当这些国家的劳动力出现短缺，人口红利消失并已经有了实质性资本积累的时候，市场力量将推动其转向资本密集型产品的生产，而出现的空缺将为那些更不发达的国家所填补。

市场机制在推动产业转型和升级中的效用可以为发达国家的工业化历史所证实，但它是否同等程度地适用于后发展国家，却存在广泛争议。在《国家与市场——全球经济的兴起》中，赫尔曼讲述了当时的后发经济体爱尔兰参与全球市场的遭遇。17世纪英国对肉类的需求不断增加，为了向英国供应牛肉，爱尔兰地主改变土地用途，将原本种植燕麦的土地变成养牛场。从17世纪中叶开始，爱尔兰每年向英国出口6万头牛，占到出口总额的75%。肉类从爱尔兰民众的饮食中消失了，由此引发国内叛乱。克伦威尔的镇压使爱尔兰人口锐减到90万人。1784年英国向爱尔兰开放粮食进口，爱尔兰经济再度随着对英国的贸易出现转变。为了种植更多粮食，爱尔兰地主将牛和农民从土地上赶走，农民只能靠小块荒地种植高热量的马铃薯来维持生计。1845—1849年马铃薯出现枯萎病，长期吃素的农民难以抵御大饥荒的冲击，由此导致上百万爱尔兰人死亡，而这一时期，爱尔兰出口到英国的粮食增多了。[①]建立在拉美现代化基础上的依附理论同样质疑全球化的好处，该理论认为，国际经济所形成的自然分工会将后发展国家牢牢锁定在它具有比较优势的产品上，继而沦为发达国家的经济附庸。

---

① [美]赫尔曼·施瓦茨：《国家与市场——全球经济的兴起》，徐佳译，江苏人民出版社，2008年，第152～154页。

产业政策是东亚摆脱依附发展,实现经济活动多样性的重要方式。对于东亚这样相对小的经济体而言,增强国际竞争力而非保护内部市场是实现这一点的关键,因此,东亚发展型国家都将参与国际贸易的条件作为培育选定产业的一个重要方面。当这些产业初建时尚属于幼稚产业,不可能参与到国际竞争中,因而必须得到免于外部竞争的保护。此外,受制于国内市场的小规模,企业必须最终参与到国际竞争中,以便实现规模经济,对于那些从事重化工业的企业而言尤其如此,这反过来迫使它们引入最新技术,由此来增强产品的国际竞争力,这或许可以解释通产省为何要兼有产业发展和国际贸易两方面职能,因为这便利于它通过设定产业进行国际贸易的条件作为推动产业发展的工具。

在韩国,出口部门是一系列广泛政策激励的主要受益者,包括偏向性地分配受到补贴的信贷;对于进口原材料、中间产品和资本产品的关税减免;各种不同的税收激励、技术援助和基础设施收益。换言之,除了劳动密集型的轻工业外,很多韩国产品的出口竞争性是人为建构出来的,而不是比较优势的产物。[1]东亚故事并非现代化舞台上的唯一戏码。在面对更为发达的经济体时,后发展国家的国际化道路还存在另一条路径:由于不具备比较优势,后发国家中的新兴产业只能面向国内生产。由于不能在国内市场中得到足够的销售量,从而使其采用收益递增的技术获利,且存在更为便宜的生产要素,这减弱了他们采用最新技术的激励,反过来又使其产品不可能参与到国际竞争中,进而使得更长时期的保护变得必要。这种"保护复生保护"的产业政策使得幼稚产业始终幼稚。

产业政策还能够作为后发展国家实现追赶式现代化的重要方式,林毅夫盛赞说:"尚不见不用产业政策而成功追赶发达国家的发展中国家,也尚不见不使用产业政策而能继续保持领先的发达国家。"[2]当在追赶意义上使用产业政策时,它主要通过着眼于经济活动间的关联性而起作用,当经济活动间存在广泛

---

[1] Chung-in Moon and Byung-joon Jun, "Modernization Strategy: Ideas and Influences", in Byung-Kook Kim & Ezra F. Vogel, eds., *The Park Chung Hee Era: The Transformation of South Korea*, Harvard University Press, 2011, p.127.

[2] 林毅夫:《产业政策与国家发展——新结构经济学的视角》,林毅夫等主编:《产业政策:总结、反思与展望》,北京大学出版社,2018年,第5页。

关联时，对这类项目的投资不应当完全留给市场中的个人，因为不同投资项目的营利性依赖于它们开展的次序。计划者需要考虑投资项目之间的相互依赖性，以便最大化总体的社会利润率。[1]政府应该选择那些与其他产业有着大量关联的部门作为政策重点，将对关键产业的投资作为实施"大推动"战略的切入点。当然，产业政策不一定非要通过生产性投资的方式体现，它可以有多种其他的实现方式。政府可以为"第一个吃螃蟹者"提供额外的补贴以便降低创新风险，也可以通过延缓进入的方式为创新者提供在位优势。政府还可以采用指示性计划，阐明政府的期望和意图，引导企业朝向国家设定的方向发展。关键部门的增长会通过产业间的关联性扩散到另一些部门，并据此推动整体经济增长。但产业间的关联性并不是自动就能够建立起来的，或者如果没有额外的协调努力，关联性的建立需要较长的时间和成本。如果优先部门的增长不能带动相关产业的扩展，就会出现二元经济，导致经济结构的失衡乃至断裂，即蓬勃发展的优先部门和发展长期滞后的非优先部门并存。因此，产业政策的效力不应只是聚焦选定产业本身，而应该延展到它的溢出效应和对相关产业的拉动作用。工业园区是东亚政府用来建立产业关联性的一种有效方式，它通过限定进入园区的产业类型，帮助园区企业间形成关联，这种方式被广泛应用于改革开放以来的中国。

（三）作为分担风险机制的产业政策

几乎所有的经济学家都强调资本形成在经济发展中的重要性。然而资本稀缺并非问题的全部。许多发展中国家即使集中起足够的资本，也可能无法将其转化为生产性投资，因为有权支配这些资本的行为者可能更热衷于将其用于非生产性用途（如奢侈性消费）。只有将可用资本投入生产性用途中，资本积累才能成为促进经济增长的动力，但这并不会自动发生："如果不存在大量的企业家，经济增长将注定是缓慢的。这样的企业家探索新的理念，愿意承担引入它们的风险。如果没有足够的生意人，或者如果生意人不愿意承担风险，私人经

---

[1] Hirschman, Albert O., *The Strategy of Economic Development*, New Haven, CT: Yale University Press, 1958.

济的发展将是迟缓的。"①赫希曼通过对20世纪第三世界后—后发展国家的观察，也主张资本并非发展中国家首要缺乏的要素。所缺少的是企业家精神——愿意冒险将可用资本投入生产性活动中，或者感知到投资机会并转化为实际投资。②格申克隆对其中的原因进行了讨论。企业家不愿意冒险是因为后发国家缺乏必要的分担风险机制。在发达市场经济体中，资本和保险市场将风险分散给股民和其他投保人，有限责任公司的建立允许区分公司资产和家庭资产，这同样减少了经营风险。但在后发国家，资本市场表现出更大的不完善（不稳定、厌恶风险和信息不对称），因此，后发展者所面临的关键难题是不存在允许大的风险在广泛资本持有者的网络间分散的制度，单个资本家没有能力承担这些风险。③

产业政策是东亚政府用来分散企业家风险的一种特有方式。东亚政府均主导和参与到资本市场中，作为第二好的风险担保者和资本提供者出现，很大程度上替代了缺失并难以发展起来的资本市场。在东亚，金融部门由银行主导。相比于银行业，证券等直接融资市场的价格与资本流向更加难以被控制，银行主导显著增强了发展型国家通过金融部门实现产业目标的能力。国家通过其控制的金融机构为其选定的产业融资，一旦产业政策失败，企业只承担有限的失败责任，银行的国有属性最终会将失败的成本转嫁到全体民众头上，④这种"不公平"的风险分担机制鼓励了企业家冒险进入具有高风险的产业中。此外，如果私人企业进入这类产业风险过高，就创立公私合作企业，作为降低企业风险的一种方法或者说是风险社会化的一种方式。在韩国，由于朴正熙所选择的工业化战略是高风险、高收益和高成本的，作为一种风险分担机制的产业政

---

① Lewis, W. A., *The Theory of Economic Growth*, London: Allen and Unwin, 1955.

② Hirschman, Albert Q., The Strategy of Economic Development.

③ Alexander Gerschenkron, *Economic Backwardness in Historical Perspective*, pp.5-30.

④ 银行的国有属性使得金融部门难以发展出独立利益，只能成为推动产业发展的工具，而在英国这样的商业资本主义体制中，得益于国家的穷兵黩武，金融利益在更早阶段发展起来，并为英国的海外扩展提供了强有力的支撑。金融部门形成了独立利益（偏好于自由贸易、强势英镑和海外投资），并成为国家所定义的优先目标，这与产业发展所需要的条件相左，因此，人们很难指望在英国国内，幼稚产业能够得以成长，更不用说是扩大制造业的出口了。结果使得产业成为最缺乏吸引力的投资领域，国家与产业的关系持续是软弱和疏远的。Linda Weiss & John M. Hobson, *States and Economic Development: A Comparative Historical Analysis*, pp.212-215. 相比于东亚，在英国，更为紧密的政商关系出现在金融和贸易部门中。

策表现得最为突出。为了引诱大企业进入高风险的工业项目中，朴正熙通过经济企划院确保预算并为外国商业贷款担保；财政部建立相应的税收减免、关税保护和银行补贴；商工部让投资者在产业初级阶段获得垄断生产；建设部降低土地成本，通过将相关产业置于直接或者间接受到补贴的特别工业区中，以便促进企业间的合作，最大化溢出效应。甚至劳工部也加入其中，给出了一个明确无误的信号，法律上禁止工人在新指定的战略产业中组织工会，劳工部还与内政部和警方合作将工作场所置于他们的严密控制下，并从公司工会中清除异见分子。①

通过信贷补贴、国家担保贷款、税收特权、垄断许可和关税保护等，朴正熙使其产业项目变得非常有吸引力。最大胆的财阀冲入战略性部门中，的确成长为全球性的竞争者，但他们也受制于巨额贷款，这意味着一旦陷入衰退，他们的流动性将受到挤压。国有银行也会在企业陷入困顿时，面临着坏账增加的麻烦。为了降低财阀和金融机构的"后顾之忧"，朴正熙或明或暗地承诺在他们遇到麻烦的时候会施以援手。当企业由于响应政府的产业激励而陷入困境时，政府将精心组织救援计划。在韩国，政府允许企业在遇到困难时，相对容易地裁员或者削减工资，从而强制性地让工人承担经济调整的成本。政府也利用对信贷的分配权，将那些中小规模的企业和家庭住户排除在金融借款的行列之外，以便确保更多资源投入财阀企业中。资源投放上的偏向性，在经济下行时，常会让中小企业陷入困境中，乃至破产，但更大规模的企业——通常是产业政策的执行者和受益者，却能够挺过"寒冬"。通过偏向性的资本分配，国家将大企业实行经济调整的成本部分转嫁给了中小企业。

当然，这并非故事的全部，国家的救助承诺还会产生新一轮的影响。一方面，不管政商之间的关系多么紧密，但二者的目标总是存在差异。一旦被选中作为产业政策的执行者，企业就不能将利润作为企业决策的首要目标，而需要根据政府的偏好进行调整，后者通常会根据产品所占市场份额来度量其表现。

---

① Byung-Kook Kim, "Conclusion: The Post-Park Era", in Byung-Kook Kim & Ezra F. Vogel, eds., *The Park Chung Hee Era: The Transformation of South Korea*, Harvard University Press, 2011, pp.633-634.

企业预期到政府会在它们陷入困境时施以援手,这会降低它们的风险意识,增强了其无节制扩张的信心。另一方面,企业是响应政府的号召才进入某一产业领域的,如果企业最终发现它们的新业务遭遇失败,责任也会落到那些曾经批准了这些业务,设计出相关政策的政府机构上。在这种情形下,政府除了增加对这些困难企业的帮助外,别无他法。为了避免这种情形出现,政府在危机真正到来之前,就要采取各种措施来避免系统性风险。通常情况下,政府倾向于组织救援行动,例如,让健康的企业去兼并经营不下去的企业,而不是让后者公然破产。这样做有助于加速资源的再配置过程,并掩盖政府产业政策的失败,避免给外部力量(如政治家)介入的口实,这成为官僚机构在产业政策过程中能够保持自主性的策略之一。但这种方法并不总是奏效,甚至可能贻误在危机早期根除隐患的时机,造成问题的不断累积、恶化并最终爆发,这就是日本在20世纪90年代所发生的事情。

二、作为改善协调的产业政策

(一)协调失灵:新古典理论与发展理论

对于协调议题的关注,沿着两条路径发展。第一条是新古典式的,它描述了市场发挥协调功能的过程和条件。当条件改变使得市场机制不能有效发挥作用,即市场存在失灵的时候,就需要外部力量介入来提高市场行为者间的协调水平。在自由经济体中,供求双方内部和相互之间的关系主要是通过市场机制来协调的。处在同一行业内的企业,其基本关系是竞争性的,甚至是敌对的,即所谓的"同行是冤家"。它们在法律设定的框架内各自确定生产战略,其产品的竞争力源自价格优势,企业会根据相对要素的价格来确定不同生产投入的比重(使用更多的工人还是购买可以节省劳力的机器),直到不同生产投入的边际收益相同。在产品市场上,企业依据价格来决定生产的数量,确保生产该种产品的边际成本等于从出售这种产品中可以获得的边际收益,当供给量达到这一点时,企业实现了利润最大化。产品在市场上的表现将通过价格机制向生产者发出调整生产活动的信号:如果出现了亏损,既有企业将最终退出市场,而如果存在超额利润,潜在的生产者会进入市场,从而使得供求关系达到新的均衡。

生产者扩大或者收缩产品的供给量、进入或退出市场的过程也是一个资源在不同经济部门间配置和再配置的过程。在古典理论家眼中，这一调整是有效率的，因为任何投资，一旦出现亏损，就能即刻撤出。投资到破产企业中的资源能够即时和无成本地转用到其他活动中。

在这样一个古典式的对市场运行过程的描述中，供求双方内部和相互之间的平衡无须市场行为者从事专门的、事前的、供给层面的协调，供求双方均只需根据价格信号来调整自己的行为就可以确保协调的结果，体现为供求双方内部和相互之间的平衡。市场协调机制的劣势在资产具有专用性的时候会产生不利后果。现代工业经济的一个特征是运用了需要大量固定投资的生产技术。这些固定资产是专有的或者一旦投入就沉没了，不能在没有导致价值损失的情况下得以重新配置。因此，在一个有着资产专用性的世界中，通过市场进行的事后协调是浪费性的，协调失败意味着经济中可用资源数量的净减少。① 基于资源的有限性，后发展国家的决策者必须关注过度竞争以及由此所导致的社会浪费。当行为者处于不完全竞争结构中时，市场信号由需求向供给层面的传导将受到限制，因为不完全竞争市场中的行为者具有市场力量，并不完全是价格的接受者。当二者同时出现，一方面生产涉及专用性资产，另一方面存在规模效应，继而形成了一个不完全竞争的市场结构时，仅通过市场进行协调的劣势将更加明显。在这种情况下，在供给侧层面上进行事前的协调就是必要的，这要求原本处在竞争或者对抗关系中的行为者能够相互合作。新古典理论对于市场协调过程和机制的理解，要求人们在有着资产专用性和规模效应显著的产业中建立额外的、非市场的协调机制。

引导人们更多关注协调的另一个理论路径是发展理论。发展理论面临的最为重要和持续的挑战是如何解释不同经济体间迥异的经济表现。近年来，围绕这一议题形成了所谓的"新增长理论"，其中的一个流派不再和新古典增长理论那样，继续在宏观层面上讨论经济增长与发展议题，而是倾向于从微观视角来理解增长。增长过程被看作是一系列连续的、不断变化的协调问题。如果存

---

① Ha-Joon Chang, *The Political Economy of Industrial Policy*, p.65.

在互补关系的经济活动间没能实现必要的协调，这将使它们处在低水平均衡状态。比如，运用专门技能进行生产的企业与拥有那些技能的工人之间存在互补关系：一方面，如果一个地方的工人没有企业所需要的特殊技能，企业就不会进入这里的市场或在这里建立。但另一方面，如果没有企业雇佣，工人将不会去获取这些技能。①因此，在行为者的经济决策间存在普遍的相互依赖时，变革不会自动实现，除非其得到保证，还会有补充性投资。协调问题在最初的工业化以及在产业转型和升级过程中尤为常见。因此，如果一个国家的资本存量是由相互锁定的要素组成的一个复杂网络，就难以在不花费成本重建其他要件的情况下，用更为现代和有效的要素替代其中的一部分。如果重建的成本和收益都属于一家企业，变革可能得到有效处理。但更可能的情况是，尽管资本存量在使用上相互依赖，但所有权却是分割的，变革的成本和收益分散在不同企业和产业中，在这种情形下，旧有的资本结构适应新技术注定是一个困难的过程。

　　市场机制不能有效地协调存在互补性的经济活动，因为市场要通过价格机制来发挥协调功能。通过市场机制所确定的价格不能充分反映互补性投资之间所存在的依赖性，因为行为者只按照私人成本与私人收益来决策。在经济活动间存在互补性时，一方的投资会给他人带来额外收益，体现为增加了其他行为者采取互补性投资的激励，却没有被行为者纳入考量范围，进而不会体现在市场价格中，也就不能对行为者构成激励，激励需要通过获得更多的货币量来实现。由于市场机制在协调互补性活动中的作用有限，行为者必须做出额外的努力才有可能实现单独行动无法取得的收益。如果行为者不能更好地协调他们的选择，就会出现一种让所有行为者的处境都变糟的结果（均衡）。在这种情况下，协调失灵就出现了。协调失灵并不只是存在于行为者缺乏对替代性均衡感知的情况下，即便当所有行为者都充分感知到存在替代性均衡时，他们也可能由于协调困难不能到达那里，有时候是因为人们有不同预期，有时候是因为等其他人先采取行动，自己的处境会变得更好，有时候是因为人们根本不知道要跟谁去协调，还有的时候是因为人们缺乏使其承诺可信的机制。利益相关者

---

① 这可以看作是一种特殊类型的资产专用性，即互为专用资产（co-specific assets）。

的人数如果太多，且不存在节省交易成本的制度安排时，行为者达成协调所需要支付的交易成本可能过高，甚至超出人们从额外协调中预期能够分到的好处，这些都将抑制人们为了实现更优水平的均衡而进行额外协调的努力。

（二）旨在改善协调的产业政策

市场机制在协调那些存在互补性的经济行为和涉及专用资产的经济活动，以及处在不完全竞争情景下的行为者时所存在的问题，诱使人们寻找一种更为经济的协调方式。产业政策是东亚政府改善协调的一种努力，张夏准将其总结为如下两种形式：一是投资协调，最为常用的投资协调方式是进入许可和规制产能扩张。比如，政府将进入者的数量或者新增产能的规模与需求条件的变化关联起来，即所谓的"有条件的进入"（conditional entry）。①二是组织"衰退卡特尔"（recessional cartel）。②当某一产品的需求突然下降，在没有政府介入的情况下，企业之间不可避免地爆发价格战，失利者将不得不退出市场，这会减少市场供给，推动供求关系达成新均衡。但当这种产品的生产涉及专用资产，而且需求下降是暂时性的时候，通过市场机制实现的协调就是高成本的。一方面，由于失利者的专用资产不能无成本地转用到其他经济活动中，这不可避免地导致资源浪费。另一方面，当产品需求恢复时，产业需要一定的时间并支付相当的成本才能恢复到最优产能。而在"衰退卡特尔"中，产业中的每家企业都通过限制产量的方式来应对需求的下降，从而将经济调整的成本分摊给所有企业。相比于市场机制，通过"衰退卡特尔"实现的调节具有明显优势，但它却难以在政府不干预的情况下自主实现。当所有企业都可以自主选择应对市场需求下降的方法时，不会有企业限制产量，因为这样该企业承担了限制产量所带来的全部成本，而由此产生的收益却由产业中的所有企业共享。这种收益—成本结构将所有企业置于集体行动情景中，单个行为者的理性选择导致非理性的集体结果。

---

① Ha-Joon Chang, *The Political Economy of Industrial Policy*, p.65.
② 对于日本政府所领导的衰退卡特尔参见 Dore, *Flexible Rigidities: Industrial Policy and Structural Adjustment in the Japanese Economy 1970-80*, London: The Athlone Press, 1986; Dore, "Latecomers' Problems", *European Journal of Development Research*, 1989, Vol.1, No.1, pp.100-107.

如果需求下降是长期的,一些企业最终将不可避免地退出。但没有一家企业愿意先退出,因为如果其他企业先退出的话,留在市场中的企业就能够从中获益。如果调整并不涉及专用资产,通过市场机制来实现协调并不会成为问题。然而当涉及专用资产时,国家干预就是必要的,国家可以通过主导或者参与谈判来加速市场调节进程。张夏准识别出东亚政府谈判退出和去产能的四种方式:第一种,一些企业能够用退出来换取补偿。当补偿谈判过于困难时,国家补贴能够加快这一进程。补偿也可以采取增加退出企业在其他市场中的份额来换取该企业在本市场中的退出。第二种,根据每家企业在总的工业产能中的份额或者根据其市场份额,所有企业都压缩一些产能。第三种是封存,即将设备拆除到需要大量时间和努力来复原的程度,这减缓了内生于衰退卡特尔的可信问题。然而这种方式也保留了这样的选项:如果有必要,可以在短时间内恢复到之前的产能水平,避免由于对未来需求过于悲观而退出太多产能。第四种,依据国家的裁决或者命令,企业能够细分市场,从某些部门中退出以换取其他企业从其被允许存在的部门中退出。①

更高水平的协调还可以用来克服集体行动困境,成为自主提供产业内公共品的一种方式。平新乔认为,产业是企业的结合,但不是企业的简单相加。生产同样产品的企业汇集在一起,会形成一种文化或规则,这是产业内的公共品。进一步而言,既然产业是企业集合的组织,产业层面就可能存在决策主体,如计划经济时期的轻工业部等,具有直接配置资源的权力,还存在产业协会这样的决策主体,能够影响资源配置。②在自由市场经济中,同一产业内的企业不存在非市场关系,它们仅根据价格信号来调节自己的生产行为,进而通过竞争来实现协调,这使得产业内的公共品缺失或者供给不足。在协调市场经济中,存在大量的非市场协调机制,这些机制的存在有助于克服企业的搭便车动机,从而能够提供可在产业内专门使用的公共品(如技能培训)。资本主义多样性研究比较了作为自由市场经济的英国和作为协调市场经济的德国。英国式的自由

---

① Ha-Joon Chang, *The Political Economy of Industrial Policy*, pp.65-70.

② 平新乔:《关于产业政策的若干理论问题》,林毅夫等主编:《产业政策:总结、反思与展望》,北京大学出版社,2018年,第372页。

市场经济以低水平的商业协调和国家干预为特征,不受规制的市场是经济活动的首要协调机制。因此,企业经常不能解决面临的集体行动问题,很少能够共同提供基本的供给侧产品来维系职业培训、研发和长期融资。与之相比,德国的协调市场经济以企业间广泛的协调为特征,它建立在包容和重叠的协会基础上。在英国,商业协会的成员在多数部门中占的比重低于50%,而属于德国产业联合会(Federation of German Industry)的企业占比高达95%。这使得德国企业能够克服集体行动困境,确保长期的职业培训、研发、融资和技术扩散。[1]

政府的协调努力还直接影响到企业的经营组织形式。为了适应"业务互换"的需要,被遴选作为产业政策执行者的企业通常需要在多个经济部门布局。相比于单一部门的企业,这些同时从事多个部门经营活动的企业(财阀),自身也能够成为一种有效的协调力量,有能力在财阀内部协调不同子企业间的战略和关系。因而,在财阀占据主导的经济体中,政府可以将重心放到宏观的资源分配上,而将微观层面的协调留给财阀企业。日本的经济结构鼓励处在相同产业内的公司间进行激烈竞争,[2]对于敏感事务(如职业培训和技术转移等)的合作更可能出现在财阀内部。[3]不管采用何种方式,政府所主导和发起的协调都改变了在没有政府介入的情况下,通过市场机制单独协调时,原本会出现的结果。政府组织的或者进行的协调并不必然优于私人协调,但会更加可信,因为政府不只是能够确保自己所做的承诺可信,而且也能通过自己的执行机制来为其他行为者的信用背书。政府协调也区别于市场协调,后者表现出分散性和渐进式的特征,而前者具有一定的等级性和强制性,尽管这种特征并不必然通过正式的形式表现出来,但即便是行政指导或者窗口指导这种表面上不具有强制要求的做法,被指导者也不是能够轻易置之不理的。

---

[1]Orfeo Fioretos, "The Domestic Sources of Multilateral Preferences: Varieties of Capitalism in the European Community," in Hall and Soskice eds., *Varieties of Capitalism: the institutional foundations of comparative advantage*, Oxford: Oxford University Press, 2001, pp.220-221.

[2]要推动一个竞争性的产业结构,政府无需过于留意产业中的企业数量,应更多强调竞争的有效性。两家势均力敌的企业,要比一家大企业与众多小企业竞争会更有效。

[3]Peter A. Hall & David Soskice, "An Introduction to Varieties of Capitalism", in Hall and Soskice eds., *Varieties of Capitalism: the institutional foundations of comparative advantage*, Oxford: Oxford University Press, 2001, p.34.

(三)市场增进与组织协调

更高水平的协调不一定要在国家与企业的关系框架来实现，即将企业看成一个处在集体行动困境中难以自拔的理性行为者，而将国家看成一个选择性激励的提供者，国家对于更高水平协调的偏好使得其有动机去诱发和促进企业间实现合作。正如青木所发现的，在日本经济扩张的不同阶段，一种独特的组织协调机制在企业内部和企业之间演化形成。[1]主银行制度常被看作是实现组织协调的基础，也是将构成日本政治经济的不同制度要件黏合在一起的关键。按照青木的观点，主银行是一种关系融资方式，这种融资方式具备信息优势。[2]在主银行体系中，交叉持股是一个有力的信息分享机制，它使得金融机构可以不借助公开获得的信息来对企业绩效进行监督，信息分享的范围限定在网络内，这样的小圈子使得声誉机制能够有效地发挥作用，从而实现网络内的监督。因此，相对于由于市场失灵所造成的协调问题，青木更加强调企业内部与企业之间的协调机制，即组织协调相对于市场协调在资源配置中具有更为重要的意义和作用。政府的功能和作用不仅仅是通过政府干预来解决由于市场失败所造成的协调问题，也在于推动有助于组织协调的环境与制度，政府在推动和促进企业部门解决协调问题中的作用被称作是市场增进型。通过增强私人部门在解决协调问题中的能力，而不是用政府之手来矫正源于市场失败所导致的协调问题，这种形式的政府被称作市场增进型政府。

作为"市场强化型"政府的论据，青木指出，发现市场机制在解决协调问题上的不足，却并不意味着政府就能够自然而然解决这些问题，当然，这并不是否定政府有时候能够改善协调。国家的强制力量是建立一种特殊协调机制的有效方式。然而就是因为它的强制性，国家领导的协调不可避免地导致更为严格的执行，这限制了进一步改进协调的尝试。更为自由的体系也有问题，但至少

---

① Masahiko Aoki, "Unintended Fit: Organizational Evolution and Government Design of Institutions in Japan", p.235.

② M. Aoki and G. Saxonhouse, eds., *Finance, Governance, and Competitiveness in Japan*, Oxford: Oxford University Press, 2000.

对于发现解决那些问题的新方法是开放性的。[1]因此，在将产业政策作为一种协调机制来使用的时候，有明显的适用范围：当很容易发现应该做些什么的时候，国家的强制力量很有用。比如，在那些只是由于私人行为者不能协调一致行动而引起的协调失灵时，政府介入将有所作为。但协调失败更可能源于不知道该做些什么，或者该去协调何种类型的活动。在这种情况下，政府的协调努力将干扰发现更好协调方法的尝试，"恰好是因为其强制权力，政府所领导的协调限制了多样性和试验，减少了社会持续发现一种更好协调的机会"[2]。

第三节　有租金而无寻租：东亚产业政策的实施

今天来看，国家已经是现代市场经济体制中不可或缺的部分，它以各种形式影响着经济：制定出行为者进行经济活动时所需要遵循的规则；致力于缓和工业化所带来的社会冲突，从而为经济秩序提供一个可以持续运行的基础；参与到经济过程中，通过公共部门来直接生产某种产品；通过宏观调控来减缓经济周期波动所带来的不利影响；提供那些受制于极端市场失灵而不能自主供给的公共产品……与这些国家介入经济的方式相比，产业政策是一种特殊类型的经济政策，其特殊性表现在，国家的介入是在经济部门（sector）层面上展开的，而按照"正统"理论，资源在经济部门间的配置应交由市场行为者，国家不具备指导资源在经济部门间分配所需要的能力，这源于信息不对称或者不完全，也是由于政策具有更强针对性时会诱发寻租行为。没有人愿意为能够普遍获得的经济好处付费，但部门性的政策所带来的是选择性和专门性的好处，将为特定主体获得，这增强了寻租的动力。公共选择理论对于政治家和官僚行为动机的假设也使得人们怀疑官僚施行产业政策的动机。任何主张产业政策有用的观点都不能只是阐述产业政策施行的理论基础，还必须回应这些诘责。

---

① Kiminori Matsuyama, "Economic Development as coordination Problems", in Masahiko Aoki, Hyung-Ki Kim & Masahiro Okuno-Fujiwara, *The Role of Government in East Asian Economic Development: Comparative Institutional Analysis*, Oxford: Clarendon Press, 1996, p.136.

② Kiminori Matsuyama, "Economic Development as coordination Problems", p.149.

一、产业识别与政策执行

（一）动态比较优势与优先产业识别

产业政策的起点是识别出某一或某些具有战略意义的产业，这种战略意义既可能是基于产业本身的发展前景，也可能是基于其对其他产业的关联和带动效应，还可能是基于国防安全、民族融合等政治目的。关于挑选产业的方法，人们知道的并不多。韦德援引经济学人1963年的一篇文章，将通产省挑选产业的做法总结如下：第一，通产省官员研究世界主要市场，尤其是美国市场中不同商品的需求收入弹性。第二，他们考察不同产业的技术发展趋势。第三，对照日本情况来查验那些有着高的收入需求弹性和高的技术变迁可能性的产业，或者对照世界贸易构成来观察日本出口中每种产业所占的比重。第四，观察某种商品在日本总的工业产出中的重要性，与其在出口中的重要性相比较。日本的做法是韩国的教科书，除了上述做法外，韩国还研究进口构成、需求与供给的关联性等。[1]计划者一旦确定了经济发展的方向，就倾向于指导市场朝向这个方向发展，而不尝试让市场在没有帮助的情况下独自决定发展方向。

林毅夫等人提出了一个所谓的"增长甄别与因势利导"（growth identification and facilitation framework）框架。[2]他们主张，后发展者应当瞄准一个与其有着相似结构特征，且人均收入（用购买力平价方式来度量）是其2倍、在过去15～20年中成功出口的国家。如果比较国拥有相似的结构与资源禀赋，其在20年前有竞争性的产业，所要求的生产能力可能是追随国已经有的或者能够相对容易得到的，因而也是追随者具备潜在比较优势的活动。随着比较国的经济增长，它的工资水平将上升，潜在地释放出全球市场中的空间，这些空间可以由追赶经济体填补。因此，优先产业识别包括两个阶段：发现一个可比较的经济体

---

① Wade, *Governing the Market*, p.335.

② Lin, Justin Yifu and Monga, Célestin, "Growth Identification and Facilitation: The Role of the State in the Dynamics of Structural Change", 2011, *World Bank Policy Research Working Paper No. 5313*, Available at SSRN: https://ssrn.com/abstract=1611526.

(其收入不能超过对象国太多),之后识别出比较国中的部门,这些部门就是追随者能够成功出口的。①林毅夫还提出了一组新概念,即"因势利导的产业政策",与之相对的是,20世纪五六十年代许多发展中国家所采用的产业政策被称作"结构主义进口替代产业政策"。在后者那里,由于它们选定用来促进的产业违背比较优势,企业没有自生能力,需要长时间和更大幅度的保护,而新结构经济学的因势利导产业政策所要帮助的企业有自生能力,保护通常是一次性或短期的。②

"增长甄别与因势利导"方法被认为不只适用于国家层面,而且也适用于一个国家内的不同行政区域。在《吉林报告》中,林毅夫等人主张地方政府可以通过如下步骤识别出本地有潜在比较优势的产业:第一,地方政府确定可贸易商品和服务的清单。入选清单应满足的条件是:在具有与本地相似劳动力和资本禀赋结构,且人均收入高于本地约1~3倍的高增长地区中,这些商品和服务生产已超过20年,即将失去比较优势的成熟产业,这些或许能成为符合本地潜在比较优势的新产业。第二,分析本地民营企业在哪些产业已经比较活跃,发现阻碍它们提升产品质量或其他企业进入的制度因素,并加以消除。第三,对于本地企业尚未参与的新产业,鼓励国外或其他高收入地区生产此类产品的企业投资。第四,利用本地区特殊资源禀赋或全球以及全国范围内技术突破带来的新机遇。第五,集中资源设立经济特区或产业园区,克服民营企业进入和外国投资的软硬基础设施障碍,促进产业集群的形成。第六,给予目标产业中的领先企业一定时期的政策优惠,以补偿领先者创造的外部性。③

(二)东亚产业政策的实施

1.产业政策要为竞争留下空间

产业政策旨在改变在没有政府介入的情况下,单靠市场机制自主作用会生

---

① Lin & Wang, "Catching Up: structural transformation and diversification", In J. Felipe, ed., *Development and Modern industrial policy in Practice*, Cheltenham: Edward Elgar, 2015, pp.127-159.

② 林毅夫:《产业政策与国家发展——新结构经济学的视角》,林毅夫等主编:《产业政策:总结、反思与展望》,北京大学出版社,2018年,第13页。

③ 林毅夫:《基于新结构经济学视角的吉林振兴发展研究——〈吉林报告〉分析思路、工具方法与政策方案》,《社会科学辑刊》2017年第6期。

成的格局,但这并不意味着,产业政策必然是"反市场的",尽管其中的确存在一定的张力。一方面,后发展者不得不将资源集中到少数战略项目中,如果它要在给定条件(市场有限和资源稀缺)下实现追赶发展的话,必须限制竞争,因为同一产业中如果出现过多的竞争者,会导致稀缺资源没有得到充分利用,并降低实现规模生产的可能性。当涉及专用资产时,还会不可避免地导致资源浪费。另一方面,要让企业有激励来削减成本和开拓新市场,就必须有竞争者。维持竞争对于避免国家控制以及由此带来的低效率、激励的丧失、腐败及其所产生的官僚主义也是必要的。发展经济学的新星阿吉翁在产业政策设计上很有建树,他最受关注的研究成果就是,如何运用产业政策来强化竞争。[①]

　　产业政策在执行过程中必须平衡竞争和保护之间的关系,拿捏二者的分寸,尽管在东亚,政府更加担忧的是竞争过度而非竞争不足。东亚发展者一方面故意限制优先部门中的企业数量,规定进入者的最小规模或者强迫在位企业合并,以此来确保规模经济的实现,避免出现产能过剩和低度利用的情形。但同时,国家小心翼翼地创建并维持着有限的竞争格局,避免产业政策的实施窒息竞争发挥作用的空间。保护和竞争的平衡通常会导致优先产业部门中出现寡头垄断的市场结构,并显著改变企业的组织形态。在日本和韩国的工业化过程中都出现了所谓的财阀,即围绕一家大银行松散组织起来的关联公司的集团或者由一家核心制造公司与其分包商、子公司和附属公司组成的纵向生产集团。

　　在日本,通产省在分配稀缺资源和进口外国技术许可时,从来不会只针对一家企业,而是在财阀的若干竞争性申请者之间遴选。政府所提供的保护也不是无条件的。一方面,政府对于受保护产业的进入者数量进行了限定,但这种限定在多数情况下是通过延缓进入的方式来实现的。如果在位者不能利用这段"保护期"确立起相对于潜在进入者的优势的话,它们将在之后面临新进入者的竞争。通产省在20世纪50年代早期所宣布的延缓进入中明确地传达了这样

　　[①] 参见阿吉翁:《产业政策和竞争》,《比较》2016年第1期;阿吉翁:《寻求竞争力:对中国增长政策设计的启示》,《比较》2014年第5期。

的信息:在第一个进入者之后的几年中,将有更多企业被允许进入市场。在第一轮中没有被允许进入的企业,将制订长期发展计划,以便在将来能够得以进入受政府保护的市场中。潜在进入者的威胁反过来迫使在位者进行创新,以便确保其在市场中的领先地位。[1]在石化产业中,第一个被允许"垄断"整个产业的进入者是住友集团,它在1955年建立了住友化工。1957年和1960年三菱集团和三井集团分别成为第二和第三个进入者。之后,其他集团和同一家产业集团的其他公司被逐渐允许进入该产业。最后的3家进入者,拥有每年3万吨的产能,这是通产省所确定的乙烯生产的最低规模。1958—1970年,日本乙烯生产商的数量最终从1家增加到10家。[2]

　　另一方面,政府所提供的免于外部竞争者的保护也是有限度的。只有在"合理"价格范围内不能从内部生产者那里得到的产品才能获得进口许可,这为生产进口替代品的厂商确保了一个可靠的内部市场,促进供求双方之间建立关联性。这还有助于降低厂商的经营风险,鼓励他们加大投资来实现规模经济。但同时,这也意味着即便是优先部门的生产者也必须将价格维持在"合理范围"内。[3]通过设定进口许可的条件,一个原本出于保护目的而设计出来的产业政策工具,同样发挥了显著的促进竞争的功能。即便是在保护期限内(1986年韩国政府明确,保护期限定在3年以内),在受到保护的产业内运作的企业也不能"滥用"其支配地位,因为产业政策的保护对象是产业,而不是特定产业中的企业。以抑制垄断的名义,通过谈判价格来对企业施加压力,也是东亚产业政策实施的一部分。如果受到保护的生产者知道在可预见的将来,保护将大幅度减少或者政府将向他们施加转向出口市场的压力,保护将促使他们利用难得的喘息时机,开展必要的投资和创新。有学者总结了韩国威权领袖挑选"胜者"的办法:首先,从财阀中为每一个战略产业部门挑选一家冠军企业(national champi-

---

[1] Hyung-Ki Kim and Jun Ma, "The Role of Government in acquiring technological capability: the case of the petrochemical industry in East Asia", in Masahiko Aoki, Hyung-Ki Kim & Masahiro Okuno-Fujiwara, *The Role of Government in East Asian Economic Development: Comparative Institutional Analysis*, Oxford: Clarendon Press, 1996, p.121.

[2] Hyung-Ki Kim and Jun Ma, "The Role of Government in acquiring technological capability", p.100.

[3] Wade, *Governing the Market*, p.360.

on),为其提供一整套国家帮扶包;其次,当冠军企业因为遵循朴正熙雄心勃勃的产业政策而陷入流动性危机时,对其实施救助,以便使其政策可信;最后,鼓励其他财阀团体挑战先行者(front-runner)的地位,让它们在适当的时候进入到战略产业部门,以防先行者占有太多垄断利润,或者防范先行者变得满足于垄断利润,失去扩张动力,导致其表现落后于目标。①

很多发展中国家同样通过产业政策来对优先产业实施保护,但这种保护对于企业的创新或者投资并没有产生任何显著的促进作用,这是因为保护是无条件的,没能与企业的绩效改善关联起来,产业保护也没有明确的期限,对进入者数量和规模的限制窒息了竞争机制发挥作用的空间。发展型国家的经济保护和市场干预,建立在对市场竞争的坚定信念基础上,它们的产业政策是市场导向的,较好地平衡了产业集中度与企业竞争间的关系,这种战略被称作受控竞争(controlled competition)。这样做的结果是:"日本政府的发展政策在一个受到保护的市场中建立起激烈但受到控制的竞争。"②在这些经济体中,市场竞争,至少是制造业部门的竞争通常是激烈的。③这可能有悖于很多人对东亚经济的认识,他们通常将财阀等同于垄断企业,事实上,财阀是一种多元化的企业组织形式,它同时涉足众多相关或者不相关的行业和领域,但在每一个领域内,它不一定占据突出地位,能够达到足以遏制竞争的地步,而且即便是强大的财阀也没能免于发展型国家强加的纪律。在韩国,如果某一财阀未能有效经营,它将被其他财阀,甚至是公共部门取代。财阀作为综合性的大公司,能够进入多种经营领域,这使得任何一家财阀难以将一个特定的产业作为自己的"封地"。除非它维持了相当的有效性,否则,其他财阀会劝说国家,它们能够做得更好,并在下一轮的产能扩张中得到国家支持。很多由于政治或效率原因失去国家支持的财阀,逐渐被忘却或者遭到遣散,它们的"残余物"被分配给其他财阀。因此,

---

① Byung-Kook Kim, "The Leviathan: Economic Bureaucracy under Park", p.214.

② Chalmers Johnson, Laura D'Andrea Tyson and John Zysman, eds., *Politics and Productivity: How Japan's Development Strategy Works*, Cambridge: Ballinger, 1989.

③ Andrea Boltho and Maria Weber, "Did China follow the East Asian Development Model?", in Barry Naughton & Kellee S. Tsai, *State Capitalism, Institutional Adaptation, and the Chinese Miracle*, Cambridge University Press, 2015, p.243.

尽管受到保护，但财阀企业仍然处在激烈的竞争中。1966年韩国十家最大的财阀中只有两家在1974年仍然处在前十大的行列中。1974年的十大中只有五家在1980年仍然是前十。1980年的前十大中只有六家在1985年是十大。[1]

2.行政指导与产业政策

除了产业政策本身外，东亚发展型国家用来推动产业政策的方式同样值得注意。它们普遍采取了非正式、不透明，也因而赋予官僚机构更大自主性的行政指导方式来推行其产业政策，这使得保持一定距离的、更加正式的、主要透过政治过程实现关联的政商关系变得不适用。东亚发展型国家始终面临着自由化经济的压力，这源于它们在不同时期成为经合组织、关贸协定和世贸组织等国际经济组织的成员，需要履行这些组织对于成员国的要求。因此，在政府主导发展的阶段，东亚的发展型国家就处在渐进的自由化过程中。日本从1965年开始主要通过所谓的行政指导来推动其产业政策，因为当年它加入了经合组织，被迫放弃了外汇控制，而在之前的十几年中，这是日本发展型体制最为有力的产业政策工具。行政指导在表面上是由劝告、指导、指示、希望、建议、协商等非强制性语言组成，并不具有限制国民权利，或对国民课以义务的法律强制力，但实质上"它是行政机构以法律或相关的规范为依据，通过利用各种手段操纵特定对象行为来实现特定政策目标的活动"[2]。作为通产省企业局的局长以及后来的次官，佐桥（Sahashi Shigeru）主导了通产省对于经济自由化的最初回应。佐桥的主要成就是，当通产省在自由化过程中失去了对外汇的控制后，他制度化了行政指导工具，将之作为通产省推行产业政策的主要手段。佐桥的工作因为城山三郎的小说《官僚的夏天》而广为人知。在韩国，行政指导是复杂、不透明的，经常在法律上不合规。对违背行政指导所采取的惩罚措施是通过明确的规范、心照不宣的威胁（未来将给予不利的对待）、发起惩罚性的税收审计，有时候甚至是通过滥用刑事司法来进行的。

然而产业政策的转变并不是顺理成章的。干预具有"复生干预"的倾向，一

---

① Alice H. Amsden, *Asia's Next Giant: South Korea and Late Industrialization*, pp.122-123.
② 王新生：《现代日本政治》，经济日报出版社，1997年，第186页。

且某种形式的干预被证明没有起到预想中的后果,"更大剂量"的干预就被证明是必要的。干预一旦生成,也难以撤销。很多国家在没有撤出旧有干预的情况下,建立起新形式的干预。因此,"从国际经验看,长期实行选择性产业政策的国家很难实现转型,(这)是一种相当普遍的现象。因为这个转变不但跟人们原有的观念相冲突,而且涉及有关机构的权力和利益"①。东亚发展型体制能够适应更为自由的国际经济情景,不断调适其推动产业发展的政策工具,并能从对某些产业的保护中撤出,这是因为它们有更强的国家能力及在产业保护过程中对企业所施加的纪律。

3.依据产业需求实施不同类型的介入方式

如前所述,韦德区分了政府介入优先产业的几种方式,但这些方式并不相互排斥。引领式的政府介入(government intervention of a leadership kind)主要集中于资本密集型的产业(比如钢铁、石化)或者需要从少量潜在供应者那里进口技术的产业(比如半导体),以及与国防有着密切关系的产业(诸如造船)。这种类型的介入也集中于那些有望在国际上变得有竞争力的产业,以及尽管失去了竞争力,但政府认为对经济未来增长重要的产业。在没有这些特征的产业或者项目中,缺乏引领式干预(比如在假发产业和多数的非耐用消费品产业)。在高介入(high intervention)的产业中,引领式介入(leadership episodes)主要集中在创造新产能阶段,尤其是当其面临着高的进入壁垒时。这样,在任何一个产业中,或者作为整体的产业部门中,能够区分出引领(leadership)阶段、追随(followership)阶段和自由放任阶段(laissez-faire)。有时介入开始于引领,之后转向追随;有时介入开始于自由放任或者追随,之后转向引领。②

在产业的不同阶段,国家辅之以不同内容的支持措施。在产业处于幼稚阶段时,产业政策鼓励试验。一旦技术应用的前景明朗,产业政策就能够发挥有价值的协调作用。随着产业进入衰退阶段,生产将出现萎缩。在这一产业中所使用的物质和人力资源对于该产业而言可能是高度专门化的,它们的再配置就

---

① 吴敬琏:《产业政策面临的问题:不是存废,而是转型》,《兰州大学学报(社会科学版)》2017年第6期。

② Wade, *Governing the Market*, pp.303-304.

极端困难。在专门资产价值面临损失的情况下,资产所有者将抵制变革。如果相关企业参与到消耗战中或者出现了漫长的劳动纠纷,这将导致资源的大量浪费。在这一阶段,产业政策的作用应当是鼓励相关行为者间就退出和去产能进行私下协商。当协商陷入僵局的时候,甚至会强加一个"专断"的解决办法。国家所组织的培训和再就业将减少非意愿离职工人对于企业退出或者去产能决定的抵制,从而帮助协商过程顺利进行。①此外,也不存在一个一劳永逸的产业政策,产业政策的内容、重点和实施方式应该根据产业"量体裁衣",以便适应不同产业的要求。对于需要技术升级和涉及大的沉没投资的产业(如汽车),政策的重点是通过国家引领的市场共享措施(即将市场划分为若干个不重合的区域)、进入限制和研发补贴等,从而为新投资和研发活动创造更加稳定的环境。对于已经有了令人满意的技术能力,但资本存量有所老化的产业(如纺织和印染),政策的优先性是技术升级,补贴那些收缩老旧机器,购置新机器的生产者。当生产技术已经足够发达,产业政策的重心是引入更多竞争,减少进口关税。而对于夕阳产业,政策应转向限制进入和产能扩张,补贴去产能,控制价格和限制进口。②

产业政策在东亚表现得更为出色,这与其所处的工业化节点存在一定关系。对于后发国家而言,识别有前景的产业并不特别困难。后发国家能够观察到那些处在经济发展前沿的国家,从它们的经验中学习。尽管林毅夫等人强调产业政策在发达国家同样能够发挥显著作用,宣称"尚不见不使用产业政策而能继续保持领先的发达国家",但这种论断是建立在对产业政策进行广义理解基础上的。在失去参照系的情况下,发展者是否仍然能够在一系列存在高度不确定性的待发展目录中,准确地挑出有前景的产业,并设计出恰当的政策工具进行培育。可以想见,这样做即使不是不可能的,也是有高度挑战性的。但有案例表明,即便在这些领域,发展型装置仍然能够发挥积极作用。埃文斯比较了韩国、巴西和印度等经济体发展信息产业的战略及其后果。③这一产业在当

---

① Ha-Joon Chang, *The Political Economy of Industrial Policy*, pp.76–77.

② Ha-Joon Chang, *The Political Economy of Industrial Policy*, p.117.

③ 参见 Evans, *Embedded Autonomy*。

时来说是高技术的,也具有不确定性。在信息产业领域,韩国的成功表明,高技术产业本身并不必然意味着产业政策过时,所需要调整的是产业政策的重点和实施工具与方式。正如有研究者发现的那样,按照制定产业政策的依据,日本产业政策体系分为两个阶段:在20世纪五六十年代的日本,当经济不是太过于复杂的时候,增长部门的识别主要是通过参照美国经验做出的。之后,经济官僚能够标记出它所感知到的新兴技术,却要归功于其广泛存在的公私互动网络。[1]

二、企业家的道德风险与替代性的市场纪律

公共选择理论预测,产业政策不会对经济增长起到促进作用。导致产业政策失败的原因可以粗略分为两方面,一是决策者不具备挑选出有发展前景的产业所需要的信息基础。另一个是由于政治家和官僚的利己本性。此外,当国家积极地介入到经济过程中时,它就显著地改变了市场的运行规律,继而产生了一系列不能由市场机制来矫正的后果。东亚的产业政策并非"有百利而无一害",也并不是对公共选择理论预设的天然免疫,但其有一套制度来防范这些与政府介入相关的不利后果。

(一)产业政策施行的制度基础

东亚的发展领袖们用自己确立的规则来替代市场规则,作为评判企业竞争力,进而决定哪家企业应该得到优惠补贴的标准,而这是建立在一套严密的数据收集和分析基础上的。政府标准较少考虑企业的财务指标,更多强调企业的出口表现。产业政策的实施使得利润指标不能很好度量企业的竞争力,因为被遴选作为政策执行者的企业是在一个寡头垄断的市场结构内运行,也得到了补贴贷款、税收减免、免于国外竞争等一系列的政策优惠包,这些都将显著地改变经营者的财务状况。与之相比,国际市场是开放和竞争性的。要参与到国际竞争中,企业必须升级其技术,不断降低成本,因此,出口成为度量企业竞争性的

---

① Boltho, Andrea, "Was Japan's Industrial Policy Successful?", *Cambridge Journal of Economics*, Vol. 9, No.2, p.195.

更好变量。此外,出口数据也是政府最能够准确掌握的数据,其获取成本相对低,较少依赖于企业的配合,这使得政府因为信息不对称而错配资源的概率更低。出口数据也是相对透明的,可以为竞争者获得,并用以检验政府的承诺是否可信[1],即政府是否真的依据出口指标来判定企业的胜负,而没有掺杂其他因素。出口表现也可以用来检验政府所选定的战略性部门是否恰当,从而为产业政策提供一个宝贵的反馈机制。出口市场的激烈竞争迫使发展领袖周期性地调整他们的优先发展清单,重新设计其扩张性的政策重点。

在韩国,朴正熙建立起一套严密的官僚监督和监控体制作为产业政策施行的基础。由于需要通过官僚机制而非市场机制来最小化企业家的道德风险,这推动韩国官僚转变成一个"利维坦",它有能力渗透到商业活动的方方面面。商工部从1962年开始以天为基础来核实出口销售的商品、公司和目的地等信息,以便让财阀对于他们的出口承诺负责。所有被遴选为产业政策执行者的企业,都要报告它们的出口表现,而且也包括它们在其他领域的表现,不能定期报告或虚假报告的企业将招致罚款乃至判刑。严格的绩效监督体制使得韩国政府能够获得关于优先部门中企业经营状况的最新和详细信息,并以此作为奖优惩劣的基础。建立在绩效标准基础上的补贴不是某家企业的特权或者国家提供的赠品,而是需要通过努力才能得到的奖励。国家通过出口绩效作为代理指标来度量值得帮助的企业,这种做法暂时性地解决了道德风险的问题,却无助于解决甚至加剧了企业财务结构的不合理,产生了一系列只能通过非市场机制才能有效应对的负面后果。

在市场经济中,规模是企业竞争力的重要影响因素,但在东亚,财阀企业能够胜出却更多是由于相较于中小企业,大企业更有能力承接国家所设定的战略目标与任务。为了能够在政府所举办的经济竞赛中胜出,在慷慨的政策性贷款等优惠措施的刺激下,韩国大企业开疆辟土,呈现出章鱼式扩展趋势。美国人斯蒂尔斯生动地描述了韩国现代集团的状况:

---

[1] 以大体类似的理由,在中国,针对地方政府官员的政绩考核制度集中在最容易度量,也是相对透明的区域,即经济发展以及与之相关的指标(如财政收入、招商引资)。

现代集团公司拥有数不尽的生产线和服务业，包括建筑、汽车、造船、电子、石化、石油冶炼、海上钻油、银行和投资、木制品、铝业、工业机器人、商务海运业、工程服务、超高层公寓混合楼、百货公司、旅馆以及广告。1991年当77岁的郑周永从现代集团董事长的位置上退休的时候，集团的总销售额超过了510亿美元，占韩国国民生产总值的16%。出口额达90亿美元，占韩国对外贸易的12%，法人资产总值超过300亿美元。[①]

韩国大企业的超常发展得益于大量便宜贷款的注入，但由此带来的一个不可避免的后果是，韩国大企业过度举债，极易受到市场波动的影响。由于大企业，尤其是财阀企业在韩国经济中举足轻重，"大到不能倒"，导致在财阀出现经营困难时，政府不得不出手相助。而"相助"的基本办法是授意银行向其发放贷款，这反过来又会进一步刺激财阀过度举债。债务的累积使得政府在财阀下一轮的经营困难出现时，如果不帮助其渡过难关，将承受更为凶险的后果。

政府主导显著地改变了企业的组织形态，导致了经济力量的高度集中。在英语文献中，用来描述东亚大企业集团经常用到的词汇有"zaibatsu"（财阀，大财团）。它是围绕创始家族所建立起来的企业集团，由于被认定应该对发动战争负责，这一产业组织方式遭到了美国占领军的肢解。之后所建立起来的企业组织形式被称作"keiretsu"（企业集团）。它是围绕一家主办银行建立起来的集团公司，成员通常包括一家主办银行、几家工业企业和一家贸易总公司，这些经济组织通过交叉持股的方式关联起来。主办银行作为企业的战略投资者持有企业股票，倾向于将它们的股份看作是保护其贷款和强化与公司商业关系的一种机制，而非直接的收入来源。在韩国，大的企业集团常常被称作"chaebol"（财阀）。与日本相比，韩国的财阀是纯粹意义上的制造业组织，并不允许银行参与其中。这种组织形态发端于20世纪60年代中期的组织试验：一组看起来独立的企业，实际上却是由一个所有者——经理人家庭（owner-manager family）通过

---

① [美]斯蒂尔斯：《韩国制造：郑周永与现代集团的崛起》，范其驹等译，新华出版社，2000年。

不透明的公司治理结构，包括交叉持股、交叉担保、企业间的内部贸易和补贴、集中的计划和管理办公室来经营。通过系统性地控制所属企业的财务、人事和管理，财阀作为一个整体能够参与到多个不相关的市场中。韩国的财阀企业逐渐表现出以下三个共有特征：第一，集团中的所有企业都由一家核心公司所控制，这家核心公司通常由一个经理人家庭运作。第二，多数的成员企业都具有相当规模，在高层的集中化管理协调下运行。第三，集团中的企业倾向于参与到多个部门中，经理人从一个部门调入另一个，因而确保了战略的统一性和经验的跨部门转移。①在道尔等人看来，后发国家出现巨型企业有其必然性。这首先与技术有关。由于先进技术往往只能在大规模企业中实现，为了与先发国家竞争，后发国家的工业化往往伴随着大规模企业的出现。第二个原因与资本的可利用程度相关。在后发国家，产业资本往往受到金融资本或国家资本的支持，足以进行大规模投资。由于这两方面原因，形成了所谓"格申克隆和道尔命题"："后发优势的存在意味着持续成长的后发大国往往形成大规模企业。"②

　　东亚的发展型体制依赖一种所谓的产业合理化战略来应对产业政策所带来的潜在负面效应。它不同于更加市场化的结构调整策略，后者会引起大量失业、企业关闭，以及由于资产专用性所导致的资源净损失等，这是发展领袖所不愿意看到的。产业合理化是一种政府主导的经济调节策略，旨在将企业扩张的风险社会化。一方面，产业合理化策略用债务重组、汇率和利率工具来应对经济周期，但同时要确保这些措施不会让财阀解体或破产。为了避免这些"合理化"措施危及财阀，朴正熙让国家充当中介人来协调和补贴财阀间的业务互换，用国有银行来补贴公司债务重组。这被认为是对市场性质的并购、减少过剩产能、让执行者对于管理不善负责、减少财务困境的替代。在经济表现糟糕的时期，朴正熙将承担显著的调整成本，但也不惮于让失败的企业破产。③尽管如此，产业合理化没能完全替代市场性质的并购，因为国家中介（state-brokered）

① Eun Mee Kim and Gil-Sung Park, "The Chaebol", pp.280-281.

② 宋磊：《格申克龙-道尔命题与中国实践》，《开放时代》2015年第4期。

③ Byung-Kook Kim, "Conclusion: The Post-Park Era", in Byung-Kook Kim & Ezra F. Vogel, eds., *The Park Chung Hee Era: The Transformation of South Korea*, Harvard University Press, 2011, pp.633-634.

的业务互换和公司接管被设计为更多是一种援助行动，而非让企业对经营不善负责的纪律措施。产业合理化帮助财阀度过两到三年的艰难时期，但没有让他们在财务上变得更加健康。相反，使得财阀陷入深刻的道德风险中，他们相信，一旦出现了外部供应或者需求的冲击，能够指望国家援助来应对风险。在宏观层面打破大起大落的循环，在微观层面制约财阀的道德风险，而不瘫痪增长的来源，这一任务留给了朴正熙的继承者。①

（二）只有租金，没有寻租？公共选择与东亚产业政策

东亚的产业政策在性质上与其他国家的产业政策并无不同，其本质都是通过国家创设的租金来诱使企业进入到新产业中。国家创立出来的、对企业有价值的租金包括：通过技术许可获得排他性使用某种国外生产技术的权利、受到保护的国内市场、便宜的贷款和稀缺的外汇。如公共选择理论所断言的，通过国家创造的租金来推行产业政策的风险是，产业政策可能用于保护，甚至鼓励低效的生产者或者生产方法。由于能够通过寻租得到好处，企业家将失去创新动机，倾向于花费更多资源用于影响政治家，以便出台和创设更多的保护措施。这样的保护举措一旦就位就难以撤出，这源于租金接受者对政府所施加的政治压力，也源于产业政策的决策者对于这些租金受益者的政治依赖（政治资金、选票）。因此，在很多发展中国家，存在拒绝长大的幼稚产业，也存在越来越落后的受保护者。新的产业政策将在旧有产业政策没有取消的情况下增加，长此以往，政府提供保护的产业清单将越来越长。

将东亚从绝大多数国家中区分开来的是，在东亚，产业租金没有诱发大面积的寻租行为，那么东亚是如何避免或者最小化寻租风险，并用之来实现产业政策目标的呢？张夏准倾向于区分租金和寻租。租金是国家创建出来的有利可图的机会，而寻租是为了获取这些租金所花费的资源（涉及信息收集、兜售影响力和讨价还价等活动）。公共选择理论家谴责寻租，是因为寻租者将原本应该投入生产性用途中的资源用在了寻租过程中，其危害性，还在寻租得到满足后所产生的一系列相互强化的负面激励中放大。在张夏准看来，人为制造的稀

---

① Byung-Kook Kim, "Conclusion: The Post-Park Era", pp.633-634.

缺性本身并不会导致寻租。政府所创造出来的稀缺性要引发寻租需要满足下列条件：第一个条件是私人行为者有可能影响国家。如果国家对于外部影响并不开放，也就不会有行为者尝试花费资源影响其决策。第二个条件是寻租过程中存在竞争。租金如果不需要竞争的话，也就不必要花费资源来获得它们。第三个条件是有从事寻租活动的行为者。如果租金授予一个利益集团，这一潜在集团中的单个行为者会由于集体行动问题没能组织起来，也就不存在从事寻租活动的行为者。①因此，特定类型的产业政策工具（比如针对某一产品的进口关税）要比其他工具（比如产业许可）更不易于滋生寻租，②因为前者使所有从事这种产品的国内生产者获益，而后者使产业中的特定企业获益。尽管两种类型的工具都可能产生相当数量的租金，但前者较少引发寻租，因为某家企业通过游说得到的收益，比如，提高了某一产品的进口保护水平，同一产业中的所有企业都将获得。这样的成本—激励结构将使产业中的所有企业处在一个集体行动格局中，它们必须克服搭便车才能发起集体行动。换言之，在其他条件相同的情况下，通过运用更加"公共"的干预工具（其效用作用于一组而非特定的行为者），故意在潜在寻租者间制造集体行动问题，国家可能减少寻租成本。

　　张夏准进一步主张，在寻租过程中，耗用资源的数量与租金的分配方式和过程相关。如果租金分配有着明确标准、过程透明，那些有资格获得这类租金的行为者不需要花费额外资源，而那些不具备这类资格的行为者也不会有动力投入资源来进行寻租。在韩国，能够对国家施加影响的主要是财阀。将寻租机会限制在财阀那里减少了寻租成本："当一小组人可以排他性地获得租金时，寻租活动将更少频率和更小规模，因为其他人不会加入寻租竞赛中，知道他们在影响国家中很少有成功的机会。"③如果国家对外部影响"刀枪不入"，尽管租金可能很大，也不会有寻租。国家免受外部影响的一个理由是其关键的决策者并不依赖于选举支持，无须为其政治机器筹集过多资金。在日韩等官僚威权体制

---

① Ha-Joon Chang, *The Political Economy of Industrial Policy*, p.38.

② Ha-Joon Chang, *The Political Economy of Industrial Policy*, p.41.

③ Ha-Joon Chang, *The Political Economy of Industrial Policy*, p.120.

中，多数经济决策被委托给官僚而非政治家，官僚因其工作的安全性较少受到影响。如果官僚认为自己是社会利益的监护者(guardians)，①而寻租者是特殊利益的代言人，官僚的坚不可摧(invulnerability)可能得到进一步强化。

张夏准的研究只是表明，通过产业政策所创造出来的经济租金并不必然导致猖獗的寻租行为，但他并没有正面证明，经济租金如何被用于实现产业政策目标，尽管二者有相关性，但并不必然相同。前者讨论的是，产业政策如何避免糟糕的结果(寻租)，后者则致力于发现，产业政策如何实现设定的目标。研究者发现：经济租金要产生创新激励，一个重要前提是政府对于市场进入的控制应当有明晰并得到严格执行的规定。在很多国家，政府介入技术进口和市场准入，但许可证的分配常常是任意的，受到既有企业游说的影响。缺乏清晰的挑选标准和程序，偏向在位者的趋向将创造出强的游说和抑制创新的激励。而在经济发展的早期阶段，日本和韩国的政府在挑选之前设定了明确的标准，允许所有企业竞争这一特权。②这样的条款将所有的行为者(包括在位者和潜在进入者)置于同一个平台，而没有明显偏向在位者。潜在竞争者的进入机会也抑制了在位者的寻租动力，因为由此产生的好处并不一定能由自己专享。

此外，租金和补贴不同。补贴是直接的财富转移，即将财富从政府转移到某一企业手中，而通过政策创造出来的租金却需要企业通过达到设租者的条件才能实现。如果政策诱致的租金是以达成一个客观标准为条件来提供时，为了获取租金，企业必须努力满足这一标准。在这个过程中，企业得到了租金，而企业在实现租金的过程中所发生的变化(如提高了技术水平)等，也是政府希望看到的。世界银行用"视情况而定的租金"(contingent rents)和"与绩效自动挂钩的奖励"(performance-indexed reward)来描述东亚政府通过为租金设定条件来促进产业目标的做法。因此，政府失败并不是绝对的。"当政府干预建立在明确阐明和能够得到有效执行的规则基础上时，寻租活动将得到控制。当参与者的数量较小，产品的同质性较高，政府与私人部门之间的信息交换渠道通畅且有效

---

① Ha-Joon Chang, *The Political Economy of Industrial Policy*, p.38.

② Hyung-Ki Kim and Jun Ma, "The Role of Government in acquiring technological capability", p.100.

时，政府协调失败的概率能够被最小化，而这些条件大多数存在于东亚。"①

第四节　东亚镜像中的中国产业政策

一、中国产业政策兴起的历史背景与发展历程

产业政策是中国特色社会主义市场经济体制的一个重要组成部分，江飞涛等人将我国产业政策的发展历程分为引入（1978—1988年）、初步尝试（1989—1993年）、发展（1994—2001年）、演进（2002—2012年）和新发展（2013年以来）五个阶段。②

（一）中国产业政策兴起的历史背景

1987年国务院发展研究中心向中央提交了一份题为《我国产业政策的初步研究》的报告（简称《87报告》），这是我国产业政策在"引入"阶段的一个标志性事件。报告将东亚新型工业化经济体作为参照，"建议引进在日本和韩国被认为行之有效的产业政策。这个报告里面说的产业政策要点，和日本通产省所推行的选择性产业政策几乎完全相同……报告很快得到了当时党政主要领导人批示的肯定"③。在这一时期引入产业政策，还与我国当时设定的经济体制改革目标相关："以选择性产业政策主导产业发展、产业结构调整乃至经济发展的模式，既能引进市场机制，同时又能保留政府对经济活动的大量干预。"这种产业政策模式与20世纪80年代"计划为主、市场为辅"，"有计划的商品经济"，"国家调节市场，市场引导企业"的改革思路不谋而合。因此，"（选择性）的产业政策

---

① Hyung-Ki Kim and Jun Ma, "The Role of Government in acquiring technological capability", pp.102-103.

② 江飞涛、李晓萍：《改革开放四十年中国产业政策研究与发展——兼论中国产业政策体系的转型》，《管理世界》2018年第10期。

③ 吴敬琏：《产业政策面临的问题：不是存废，而是转型》，《兰州大学学报（社会科学版）》2017年第6期。

模式被我国采纳,成为推动计划经济向市场经济渐进式转变的重要方式"①。产业政策一词在这一年首次进入"七五计划"中。1988年国家经委与国家计委合并后组建了新的国家计委,下设产业政策司,成为我国产业政策的主管机构,它主持起草了我国第一部产业政策文件,即1989年《国务院关于当前产业政策要点的决定》(简称为《89决定》)。《89决定》是我国第一个框架性产业政策,我们用这一概念指称的是,当某一议题刚刚进入政策议程时,国家通过政策或者文件的形式确定了国家介入的原则、形式、内容、工具和负责机构等,后续政策可能是对政策框架内某一规定的细化或者微调。

按照学者们所做的产业行政史,政策学习阶段最为重要的机构包括国家计委(负责制定计划和供求平衡)、国家经委(负责通过国有企业来协调计划执行)和国家经济体制改革委员会。这三个委员会从日本经验中借用和宣传不同的政策概念与工具。对于国家计委而言,在借用过程中核心的原理是证明持续的政府介入的合理性,对日本学习,侧重于宏观方面,重点在于部门性的计划、支持支柱产业、促进战略新兴产业;对于国家经委而言,对于日本经验的学习,重点放在建立大规模企业集团,建立准规制性质的行业协会,并由退职的干部担任领导职位。其主要目的是要在政府机构和企业之间维持特殊的关系,即实施微观控制;国家经济体制改革委员会,则强调政企分开,实行间接的行政指导,在政企之间建立审议会(deliberation councils)来进行非正式的政策协调。其理论依据则是通过限制政府介入,扩大企业自主性来推动市场化进程。②但之后中国所采取的产业政策没有审议会这样的设置,而这通常被看作是日本产业行政的核心。

正是在这一背景下,尽管明确将日本和韩国作为参照,但相较于后两者,《89决定》的文本还是表明,我国产业政策有着自己的鲜明特征。首先,《89决定》主要针对的是我国当时产业结构中存在的"比较严重的问题",正因如此,产业发展序列被作为政策的核心,"是各部门、各地区执行产业政策的基本依据,

---

① 江飞涛、李晓萍:《改革开放四十年中国产业政策研究与发展——兼论中国产业政策体系的转型》,《管理世界》2018年第10期。

② Sebastian Heilmann and Lea Shih, "The Rise of Industrial Policy in China, 1978-2012", https://www.harvard-yenching.org/research/hyi-working-paper-series-sebastian-heilmann-and-lea-shih/

也是各项经济政策的导向目标"。与之相比，产业组织目标没有得到同等程度的强调，后来则将之简单地等同于公司集团化。这与这一时期我国进行的国企改革有关，改革的主要导向是增强企业的自主性，而企业层面的合理化被认为应该通过放权让利、承包等举措由企业自主实现。这种"重结构轻组织"的趋势在产业政策中国化过程始终存在。

其次，《决定》分领域将产业区分为重点支持、严格限制生产和停止生产三类。而在东亚，产业政策大体上是支持性的，即便存在限制行为，也是为了实现支持性目的。比如，为了确保规模经济的实现，东亚政府限制进入产业的企业数量。这一做法尽管是限制性的，却是为了保护既有产业中的企业。

再次，中国政府试图干预的产业范围要比东亚广泛得多。东亚产业政策是选择性的，只将那些有着重要战略意义和功能的产业纳入其中，产业政策对经济的推动作用，要通过战略产业对其他产业的关联和带动效应间接实现。与之相比，列入《89决定》重点支持范围的产业和产品要广泛得多，包括了粮、棉、油料、糖料、肉、蔬菜、农膜，乃至盐、纱、布等。这与我国经济当时面临的主要问题仍然是短缺相关，"填饱肚子"仍是一个需要通过努力才能实现的目标。此外，尽管工业化的程度有所发展，但当时农业仍然是我国重要的经济部门，基于此，将农业纳入产业政策的作用范围也就不足为奇。

最后，发展型国家中的产业政策，其实施手段主要是经济性的，即通过各种优惠措施来诱导企业朝向政府设定的优先方向发展。与之相比，根据《89决定》，我国产业政策的实施，"要运用经济的、行政的、法律的和纪律的手段，同时加强思想政治工作"。

(二)中国产业政策的发展历程

1994年4月国务院发布了《90年代国家产业政策纲要》(简称《90纲要》)。相比于《89决定》，《90纲要》更加重视发挥市场机制的作用，是我国第一部基于市场机制的产业政策。它的出台与1992年邓小平南方谈话之后社会主义市场经济改革目标的确立相关。在1993年进行的国务院机构改革中，按照"建立适应社会主义市场经济体制的行政管理体制"的要求，国务院以原经委为主体组建了国家经济贸易委员会(简称为国家经贸委)，并在1998年的国务院机构改革中,将煤炭工业部、机械工业部、冶金工业部、国内贸易部、轻工总会和纺织总会等10个部级经济部门改组为国家局,由国家经贸委管理。作为产业政策制定的主体,国家经贸委的主要职责包括:组织拟订、实施国家产业政策;指导产业结构调整;研究拟订利用外资有关政策,指导工商企业利用外资,制订工商领域外商投资产业指导目录并进行监督等。

结构调整仍是这一时期产业政策的重点,但与《89决定》通过产业发展序列来实现结构调整的做法相比,《90纲要》将政策划分为支持性、鼓励性、竞争性、限制性和保护性五类。产业得到不同对待的理由也发生了改变:"对提高国家竞争能力、对产业升级起重要作用的特定产业、特定企业及特定产品"被列入支持行列;鼓励性产业政策针对的是"传统产业改造,以及成长性的战略产业、成长性的战略产品";"除了涉及国家安全的行业、自然垄断的行业、提供重要公共产品和服务的行业,以及支柱产业和高技术产业中的重要骨干企业外,大部分行业、企业、产品都属竞争性产业的范畴";"对污染环境、技术水平落后、严重供大于求的产业实现限制产业政策";保护性产业政策"针对农业和服务业这两个国家竞争力较弱的产业,特别是针对一些幼稚产业"。实施产业政策的方式也发生了重要转变,计划管理性的政策措施有所减少,且主要适用于限制性产业。对于支持性产业,国家将通过诸如资本金、财政贴息、发行债券、债转股等手段来予以支持。对于鼓励性产业给予的优惠措施是减免税收。在竞争性产业中,国家致力于创造公平、公正和透明的政策环境,实现优胜劣汰。而对于保护性产业,"可以实施既不违背世贸组织法律框架,又能适度保护我国产业安全,有利于加快幼稚产业以及农业和服务业发展的保护性产业政策"①。

2003年国务院机构改革是在中国加入世贸组织的大背景下进行的。在此次改革中,针对"宏观调控体系存在着发展规划和产业政策、基本建设投资和技改投资、重要农产品和工业品的进出口计划管理分散、职能交叉的问题","为减少职能交叉重复,提高工作效率,加强和完善宏观调控,将国家经贸委的行业规划、产业政策、经济运行调节、技术改造投资管理、多种所有制企业的宏观指导、

---

① 《我国将推出五种类型产业政策》,《中国金属通报》2001年3月15日,第2页。

促进中小企业发展以及重要工业品、原材料进出口计划等职能，划归发展和改革委"。发展和改革委的主要职责是"拟订并组织实施国民经济和社会发展战略、长期规划、年度计划、产业政策和价格政策，监测和调节国民经济运行，搞好经济总量平衡，优化重大经济结构，安排国家重大建设项目，指导和推进经济体制改革"①。发改委下设产业政策司，成为新的产业政策主管部门，负责"研究分析产业发展的情况，组织拟订综合性产业政策，组织和协调专项产业政策的制定，监督产业政策落实情况；提出国家鼓励、限制和淘汰的生产能力、工艺和产品的指导目录；研究服务业的发展战略和重大政策，协调服务业发展；提出优化产业结构、所有制结构和企业组织结构的政策建议"②。研究者认为这次改革是一个关键的节点，③2004年之后，中国部门性和跨部门的产业政策密集出台，尤其是在2008—2009年国际金融危机背景下，出于危机应对的考虑，产业政策在中国经济决策议程中的位置得到极大提升。

2005年国务院颁布《促进产业结构调整暂行规定》，这是产业政策职能移交到国家发改委后我国出台的第一部重要的产业政策文件。正如这份文件的标题所表明的，产业结构调整仍然是我国产业政策的重点。按照文件，产业结构调整要"坚持市场调节和政府引导相结合，充分发挥市场配置资源的基础性作用"。在发改委配套发布的《产业结构调整指导目录》中，产业被分为鼓励类、限制类和淘汰类，除此之外的为"允许类"。"列入鼓励类投资项目的进口设备……免征进口关税和进口环节增值税。列入限制类的产品和工艺，在限制条件下禁止投资建设，各个投资管理部门不予投资和备案，金融机构不得发放贷款，土地管理和城市规划和建设部门不办理有关手续。对于列入淘汰类项目，除禁止投资外，对现有的存量也采取措施限期淘汰。"④加入世贸组织之后，

---

① 王忠禹：《关于国务院机构改革方法的说明（2003年）》，http://www.npc.gov.cn/wxzl/gongbao/2003-04/04/content_5312163.htm.

②《国家发展和改革委员会》，http://www.china.com.cn/policy/txt/2006-06/03/content_6228593.htm.

③ Sebastian Heilmann and Lea Shih, "The Rise of Industrial Policy in China, 1978-2012", https://www.academia.edu/10985255.

④ 刘如东：《推动产业升级，促进协调发展——访国家发改委产业政策司司长刘治》，《今日中国论坛》2006年第1期。

中国经济对外开放的力度进一步加大。根据2017版《外商投资产业指导目录》，在制造业31个大类、179个中类和609个小类中，完全对外资开放的已有22个大类、167个中类和585个小类，分别占71%、93.3%和96.1%。[1]

　　针对先进产能的财政补贴使得行业产能爆发式增长，造成行业产能过剩及企业间的过度竞争和价格战，使部分新兴产业和传统产业都出现供给与需求的结构性扭曲。[2]和东亚一样，中国并不仅仅依赖于市场机制来化解过剩产能，还需要建立一套应对产业政策负面后果的机制。作为对2008年国际金融危机应对后果的矫正，进入2013年以来的新发展阶段，在"供给侧改革"的思路下，产业政策的重点转向了去产能。2013年国务院发布《关于化解产能严重过剩的指导意见》，之后又陆续出台了针对钢铁、煤炭等行业化解过剩产能的意见。这些意见严格管制甚至禁止新建产能投资，设立去产能专项基金，淘汰不符合技术、环保、能耗、规模等标准的产能，制定严格的去产能目标，然后指标层层分解，落实地区与企业责任，并通过行政问责的方式来实现去产能。与东亚相比，中国政府用来推动去产能的手法更"硬"。

二、中国与东亚产业政策的比较

（一）中国与东亚产业政策的共性

　　与东亚类似，中国同样将产业政策作为加速工业化进程、实现追赶式发展的手段。1978年，中国81%的人口属于农业人口，84%的人生活在国际贫困线（每天收入1.25美元）下。1978年的中国还是一个内向型经济体，进出口在国内生产总值中的占比不到十分之一，90%的经济与国际不接轨，75%的出口产品是农产品及加工品。[3]在这种背景下，产业政策被看作是发展经济的核心政策："产业政策是扶植各个时期战略产业（或产业群）的发展，最大限度地享受后发

　　① 倪铭娅：《新版外商投资负面清单即将发布，制造业实现全面开放》，澎湃网，2018年6月19日。https://www.thepaper.cn/newsDetail_forward_2202993.
　　② 刘尚希等：《"去产能"财政政策分析、评估及建议》，《经济纵横》2018年第1期。
　　③ 林毅夫：《新中国成立70年和中国经济发展奇迹的解读》，《科学社会主义》2019年第3期。

性利益,实现国家工业化目标赶超先进国家的政策。"①

　　由于计划经济的遗产,中国产业政策的选择性特征在初期并不明显。在20世纪80年代产业政策的初步尝试阶段,中国政府试图干预太多的产业:"五年计划读起来很像是在列举一个包罗万象的心愿单。"②但学者们注意到,自从90年代中期以来,中国看起来发展出一个更加具有针对性的产业政策办法,优先性给予了特定部门或者被认定为支柱的产业,诸如汽车、石化、电信和高技术活动。③2002—2012年,中国逐步形成了完备的选择性产业政策体系,不只是体现为对特定产业的选择性扶持或限制,还更多地表现为对特定技术路线、特定产品与特定企业的选择性扶持或限制方面。④

　　中国产业政策施行的市场导向色彩越来越明确。和东亚发展型国家一样,中国同样将金融手段作为最为重要的产业政策工具之一。作为政企分开努力的一部分,也作为建立宏观调控体系的一部分,在1994年的金融体制改革中,我国尝试将国有银行的政策借贷和商业借贷分开。仿照日本开发银行,我国建立了国家开发银行、中国进出口银行和中国农业发展银行三家政策性银行,这样做的目的是让国有银行的经营更加商业化,其借贷行为能够逐渐建立在非政治考量基础上,从而能够为当时已经出现的非国有经济部门提供和国有经济部门同等程度的融资支持。仿照日本,我国还尝试建立主办银行体系。按照央行1996年发布的《主办银行管理暂行办法》,"主办银行是指为企业提供信贷、结算、现金收付、信息咨询等金融服务,并与其建立稳定的合作关系,签有《银企合作协议》的中资商业银行(简称为主办行)。"主办银行除了一般贷款人的权利外,还有权了解掌握企业的重大经济和财务活动,关心企业的长远发展,对企业的生产、销售、储备、

　　① 国务院发展研究中心产业政策专题研究组:《我国产业政策的初步研究》,《计划经济研究》1987年第5期。

　　② Ming Xia, *The Dual Development State: Development Strategy and Institutional Arrangements for China's Transition*, Aldershot: Ashgate, 2000, p.90.

　　③ Dwight H. Perkins, "Industrial and Financial Policy in China and Vietnam: A New Model or a Replay of the East Asian Experience", in Joseph. E. Stiglitz & Shahid Yusuf, Eds., *Rethinking the East Asian Miracle*, New York: Oxford University Press, 2001, pp.247−294.

　　④ 江飞涛、李晓萍:《直接干预市场与限制竞争:中国产业政策的趋向与根本缺陷》,《中国工业经济》2010年第9期。

产品开发、技术改造等经济活动提供信息和建议；应其他贷款人要求，经企业同意后，通报企业的生产经营、资产负债和信用等级等情况；积极协助其他银行清收到期贷款；作为银团贷款的牵头行，监督、检查银团贷款的使用情况，督促企业按期归还银团贷款本息。但主办行的主要服务对象是"与主办行签订《银企合作协议》的国有大中型法人企业"，并不适用于所有类型的企业。

在计划经济时期，我国财政的主要功能是生产性投资。随着经济体制改革，财政的生产性功能减弱。2016年7月《中共中央国务院关于深化投融资体制改革的意见》发布。《意见》明确"政府投资资金只投向市场不能有效配置资源的社会公益服务、公共基础设施、农业农村、生态环境保护和修复、重大科技进步、社会管理、国家安全等公共领域的项目，……原则上不支持经营性项目"。确需支持的经营性项目，"主要采取资本金注入方式投入，也可适当采取投资补助、贷款贴息等方式进行引导"。为发挥政府资金的引导作用和放大效应，近年来我国各地政府还普遍设立了产业引导资金。按照发改委2016年下发的《政府出资产业投资基金管理暂行办法》，政府出资产业投资基金来源于财政预算内投资、中央和地方各类专项建设资金及其他财政资金，主要投向非基本公共服务、基础设施、区域发展、战略性新兴产业和先进制造业、创业创新等领域。

中国也继续使用经济计划的形式来向社会表达产业偏好，但计划的指令色彩淡化，指示性色彩增强。我国从"十一五"开始，将国民经济和社会发展"五年计划"改为"五年规划"。规划通常包括三个方面内容：首先是远景表述；其次是少量的约束性任务；最后是大量的与之相关的部门和区域规划，规划是从总体上推动发展和增长的一套复杂制度的一部分。[1]中国规划体系的功能在于协调部门性、地区性发展目标，并设定实现目标的路线图。规划也通过宣布预期的经济增长、新增就业和通胀指标发挥重要的协调功能。由于城市土地的国有属性，中国还依托土地建立起一系列的政策工具。在20世纪90年代，中国各地兴起了经营城市的做法。这种做法建立在土地国有基础上，主要目的是推动城市更新和经济发展，但土地的产业目标逐渐得以明确。2019年上海首推拥有明确

---

[1] Barry Naughton, "Is China Socialist?" *The Journal of Economic Perspective*, Vol.31, No.1, 2017, p.13.

产业导向的"标准地"。[1]

（二）中国产业政策的特性

尽管有上述这些共性，中国产业政策还是呈现出自己鲜明的特色。首先，在东亚，产业政策是在市场经济的底色上建立起来的，它在若干个挑选出来的政策领域建立起"经济特区"，对之实施了特别的保护措施。而在中国，产业政策则被作为在计划经济体制的底子上促进市场发育的工具。"产业政策的中国化过程绝非仅仅引进一项经济政策，而是寄希望于通过引进产业政策来推动经济体制的转变"[2]，因此，产业政策在中国肩负着更为多元和重要的使命。在《87报告》中，产业政策被看作"政府对市场机制的调控手段"，功能是"可以把建设和改革有机地结合起来，能连接宏观经济与微观经济，填补计划真空和催育市场，可以作为推动计划经济向有计划商品经济过渡的有力工具"。"产业政策是计划和市场相结合的宏观调控方式，……制定和实施产业政策，是计划管理职能转变的重点，是建立直接调控和间接调控相结合的宏观调控体系的组成部分，它将改变和充实我国经济管理的格局，成为计划和市场的结合部。"[3]

其次，我国产业政策经常与宏观政策混合使用。《89决定》在强调产业政策主导地位的同时，也提示产业政策与宏观政策混合实施取向。产业政策与宏调政策混合使用的体制含义在于："在市场经济环境下借助宏调的概念便于为产业政策干预提供合理性支持，产业政策则为宏观调控延伸到行业部门以至于微观主体提供现实抓手，由此形成了我国产业政策宏调化或宏观调控产业化的特点。"[4]由此带来的结果是，产业政策常常要服从或服务于宏观经济目标。比如，中国针对房地产业的产业政策常被称作房地产调控，产业政策的目标和导向经常随着宏观经济形势而转向。对那些在经济下行时期肩负着拉动经济复苏重

---

① 《上海首推产业用地标准地，拥有明确的产业导向》，澎湃新闻，2019年7月31日。https://www.the-paper.cn/newsDetail_forward_4048841.

② 宋磊、丽菁：《经济理念、政府结构与未完成的政策转型——对产业政策的中国化过程的分析》，《公共行政评论》2019年第1期。

③ 薛亮：《产业政策和产业结构调整》，《计划经济研究》1992年第6期。

④ 卢锋：《无需回避产业政策改革——产业政策、体制特征、中美争端（上）》，财新网，2018年7月15日，http://opinion.caixin.com/2018-07-15/101303398.html.

任的产业，在经济出现过热的时候，政策会迅疾转向抑制，而较少考虑产业本身的发展规律与周期。

最后，中国的产业政策将产业结构作为核心目标，且时常与区域考量关联起来，形成了"产业政策地区化"的现象。一方面，产业结构始终是中国政策制定者高度关注的一个目标。在现代化过程中，不同经济部门以不同的速度推进，导致一些产业发展过快，而另一些产业发展滞后。发展滞后的产业，通过产业间的关联影响到其他产业，继而拖累整体经济。产业结构不合理在追求不平衡发展战略的后发展者那里更为明显。如果被选定作为优先发展的产业不能通过产业间的关联带动相关产业的扩展，产业结构将出现失衡。产业结构不合理既是产业政策所针对的目标，也可能是产业政策施行的后果。早在《论十大关系》中，毛泽东就将工业与农业、轻工业与重工业作为计划者需要着重考虑的关系。尽管如此，中国在计划轨道上推行的工业化，还是导致了一个极其不合理的产业结构。改革初期，就重工业水平而言，中国已经达到了人均国民生产总值4500～5000美元左右的中等发达国家的水平，少数尖端工业甚至能与最发达国家并驾齐驱；就轻工业水平而言，中国也达到了人均国民生产总值800～1200美元的中等收入国家水平；而就农业而言，中国只能与人均国民生产总值200美元以下的最落后国家为伍。这种畸形的产业结构，使工业化的质量大打折扣。[1]产业政策地区化是各个产业从其全国布局出发，确定重要产业和大型骨干项目的具体布局，分别规定各个产业允许发展的地区，明确某些产业在某些地区禁止或停止发展。[2]

（三）中国的产业政策体系

适应由计划到市场经济转型的需要，我国行政体制改革动作频繁。在改革过程中，我国先后取消了在计划经济时期形成的行业管理机构，建立起综合性的经济管理部门，并由此建立起产业政策的制定和实施体系。这套体系的核心是国家发改委，处在次要层面上的是工业和信息化部、商务部。与日本相比，在

---

[1] 马春文、张东辉主编：《发展经济学》，高等教育出版社，2005年，第204页。
[2] 薛亮：《产业政策和产业结构调整》，《计划经济研究》1992年第6期。

决策权的设置上，通产省同时掌管产业政策和外贸政策，甚至还控制部分的金融资源（如开发银行），而中国的产业政策体系，并没有类似的设置。中国跨部门的产业政策协调是在官僚机构"外部"进行的，隶属于党的系统的各种领导小组（如中共中央财经领导小组），以及旨在协调不同经济管理部门政策的"联席会议"等，起着重要的政策统一和协调功能。中国的官僚体系没有取得和东亚官僚那样的自主性，需要借助外部力量来进行政策协调。日韩经济官僚不同程度地将产业政策的设计、制定和执行权集中于一身，而中国的政府体制，通常实行决策和执行权的分离。由于中国更大的规模和体量，地方政府在发展过程中发挥了更为积极的作用，有权制定并实施仅适用于所在辖区的产业政策。

中国的产业政策与产业政策体系也表现出一些问题。一种产业的培育需要长时间的关注、精心的选择和设计，也需要不同政策间的协调与对接。东亚发展型国家将产业政策的决策权赋予经济官僚部门，并通过一个导航机构来协调不同部门间的政策。与之相比，中国的产业政策由政治主导，往往会随着党政领导人的频繁变更而推倒重来，被选定产业的贸易、税收、补贴等政策也时常会出现各种形式的冲突和掣肘。由于任期限制，缺乏长远视野的地方官员甚少考虑当地的比较优势，竞相争夺中央战略所创造的政策租金（在东亚发展型体制中，经济行为者则是政策租金的主要争夺者），并通过层层加码的方式来增大优惠的力度，经常在短期内使得产业走完了从初创、成长、成熟到衰退的全过程，且往往以产能的严重过剩而告终。近年来，我国产能过剩行业从传统产业扩展到光伏、风电设备等战略性新兴产业。2015年，风电设备产能利用率低于60%，光伏电池的过剩产能达95%。①

和其他的政策执行体系一样，产业政策也需要通过既有的政策通道来执行和落实，因此，产业政策也体现出中国所有政策过程的一般性特征：在压力型体制下，任务层层分解；重结果管理而较少过程管理。这使得我国产业政策在执行过程中普遍存在政策变异和扭曲。中国的地方政府在选定优先发展产业的时候甚少考虑比较优势——不管是在静态还是动态意义上理解，而是一窝蜂地

---

① 樊轶侠：《结构性改革下"去产能"的政策取向》，《中国经济时报》，2016年7月28日。

上马一些所谓的高技术产业,这导致各地产业同质化现象严重,尽管各地的资源禀赋存在显著差异。"十二五"规划中明确提出以石油化工为主导产业的省份至少有16个,将汽车作为主导产业的15个,将钢铁作为主导产业的11个,还有28个城市提出要建立国际或区域金融中心。①林毅夫所在的北京大学新结构经济学研究中心曾尝试为吉林省"甄别出符合潜在比较优势的产业体系",建议"吉林省在发展上应该充分发挥其比较优势,并利用好后发优势来加速经济发展"。根据林毅夫的研究,吉林省应该重视轻工业,发展大农业产业集群。②报告引起了轩然大波,没有省份愿意去从事"低端"产业。但同质化发展的结果是,中国多数产业难以实现规模生产。由于自生能力不足,政府需要为这些产业提供更长期限和更大幅度的补贴。根据《南方周末》2018年的一篇报道,"过去9年间,比亚迪共获得政府补助56.38亿元,比它2011年至2015年的净利润总和都要多。最夸张的是2014年,比亚迪获得的政府补贴占利润总额比例为91.36%"③。根据万得资讯的数据,我国2016年3505家上市公司中,有3415家有财政补贴。而从补贴的原因看,有高新技术企业补贴,有扩大投资补贴,有纳税超过一定金额或者在本地排前多少名的补贴,还有上市或者挂牌补贴,名义不一而足。如果考虑到非上市公司,补贴的名义更多。与补贴相类似的还有各种名目的退税。从总体上看,我国各级政府都对企业的一些特定行为进行财政补助。除了对机构的,还有对具体人的。比如不少地方为了吸引金融机构注册,就对金融机构的高管进行奖励或者个税返还。④根据财政部2016年公布的对新能源汽车推广应用补助资金专项检查的通报,2009—2015年中央财政对新能源汽车推广应用累计补助334.35亿元,72家车企的76374辆车骗补92.7亿元,占获补新能源汽车的19%和中央补贴的27.7%。⑤

---

① 侯云春:《转变政府职能关键在于改变利益和政绩"指挥棒"》,《行政管理改革》2012年第8期。

② 林毅夫、付才辉:《基于新结构经济学视角下的吉林振兴发展研究——〈吉林报告〉分析思路、工具方法与政策方案》,《社会科学辑刊》2017年第6期。

③ 黄金萍:《"哪里有政策支持,比亚迪就往哪里冲"》,《南方周末》,2018年6月21日。

④ 《用一场深刻、全面的真正改革来应对挑战》,https://mp.weixin.qq.com/s/Vg0SkYDDXH-VW4k_xNCKtYQ。

⑤ 张中祥:《结合能源环境问题谈产业政策》,林毅夫等主编:《产业政策:总结、反思与展望》,北京大学出版社,2018年,第330页。

三、中国产业政策的转型

（一）作为发展包的产业政策

　　尽管产业政策在中国政府的"发展包"中处在一个重要的位置上，但中国却不是一个"产业型国家"。仿照规制型国家的概念，产业型国家可以用来指称政府主要依赖产业政策来介入经济活动的政治经济类型。皮尔森（Margaret M. Pearson）尝试表明，中国经济包括三个层级，依据经济活动的层级不同，中国政府介入经济活动的形式存在重要差异。[1]顶层由自然垄断部门和其他战略产业组成，被视作中国经济的"命脉"。这些经济部门是较少开放和竞争性的，通常由中央政府直接管理的国有企业（即"央企"）来从事这些经济活动。国有制度是政府掌控命脉产业的基础，政府较少需要通过产业政策、规制等手段来实现自己的意图。中层由那些对经济发展至关重要的产业构成，如汽车、制药、化学、钢铁、通信设备、重工业机械、生物技术和替代能源等，它们是我国产业政策尝试促进的主要经济部门。皮尔森所谓的底层是消费导向、轻工制造业和出口导向的部门。在改革过程中，多数国企退出了这一部门，留下的空间由民营企业所填补。政府主要通过规制方式来管理这一经济部门，尤其是当其涉及健康和食品安全时。[2]

　　由于在不同的"经济层"，市场改革力度不同，政府在经济活动中扮演的角色也存在差异。国家对于顶层部门的管理仍然建立在所有制基础上，保留了相当部分的计划管理手段。尽管相比于计划经济时期，政府介入命脉产业的方式已经发生了显著改变。比如，原先由各个政府部门所有的国有企业现在由国资委统一管理，在保证国有经济部门对命脉产业绝对主导的同时，却鲜有一家央企垄断整个产业部门的情形。同一产业部门中存在两家以上的国有企业，这使

---

① Margaret M. Pearson, "State-Owned Business and Party-State Regulation in China's Modern Political Economy", in Barry Naughton & Kellee S. Tsai, *State Capitalism, Institutional Adaptation, and the Chinese Miracle*, Cambridge University Press, 2015, p.32.

②在不同层级，政府介入的理由也存在显著不同。在国民经济的命脉部门，经济考虑相比于过去更为重要，但政治考虑或者说战略考虑依然是第一位的。当二者存在矛盾的时候，政治考虑常常要占据上风。在中间层，经济考虑是最为重要的。在底层，民生成为一个重要的考量，尤其是就业方面的考虑。

得尽管所有制的属性没有发生改变，却仍然能够确保产业内存在一定程度的竞争。在"底层"经济部门中，政府的角色是规制性的，主要是通过制定和执行经济活动需要遵循的程序和规则介入到经济活动中。中间层级仍然存在国有企业，但通常归地方政府所有。由于缺乏战略考量，地方政府对这些国有企业的支持是有限的。当它们在经济上不可维系的时候，地方政府并不怕让它们受制于市场纪律。中间层级日益向外资和民营企业开放，从而使得这个领域存在激烈竞争。中间层级是最能体现中国政府发展角色的领域，也是产业政策应用最为广泛的领域。

（二）林毅夫—张维迎争论与产业政策转型

林毅夫与张维迎的争论激活了学术界早就存在的关于产业政策的争议，并将其由一个原本主要限于经济学界的议题，逐渐扩展为有着多元知识背景学者参与的议题。作为对"林—张"争议的回应，多数学者的看法是，产业政策所导致的问题可能并不是产业政策内容本身不合理所致，而是与实施产业政策的方式相关，所以，"产业政策面临的问题不是存废，而是转型"①。转型议题的提出与我国发展的现实背景密切相关，卢锋将之总结为如下五个方面：一是在新兴行业实施产业政策的困难上升、准确度下降。二是随着市场化改革的深入，在越来越广泛领域主要借助市场竞争机制推动产业发展的可行性增加。三是社会保障体系的建立和初步发展，增强了社会对产业结构调整与企业退出的承受能力，使得制定实施某些产业政策的现实必要性下降。四是通过产业政策干预经济运行的潜在租金规模量级飙升，实施产业政策的各类制度交易成本上升。五是随着中国经济全球影响力提升，贸易伙伴对我国产业政策的关注和挑剔度增加。②

对产业政策应该转向何处，多位对中国政策过程有重要影响的学者，乃至本身就有权参与到产业政策制定过程中的"学者型官员"均有讨论。在吴敬琏先生看来，"压制和限制市场竞争的选择性产业政策需要向与市场相友善的功

---

① 吴敬琏：《产业政策面临的问题：不是存废，而是转型》，《兰州大学学报（社会科学版）》2017年第6期。

② 卢锋：《无需回避产业政策改革——产业政策、体制特征、中美争端（上）》，财新网，2018年7月15日，http://opinion.caixin.com/2018-07-15/101303398.html。

能性产业政策转型"①。刘鹤早年就开始呼吁产业政策转型："淡化传统计划经济模式下差别对待不同产业的色彩，以增强产业竞争力、反对垄断、保持竞争和广泛提供信息等原则支持产业的健康发展。或者说，提供信息、建立市场秩序等增强市场竞争功能的内容将成为新的产业政策的主要特征。"②楼继伟也主张"要推进产业政策由差异化、选择性向普惠化、功能性转变"③。功能性产业政策是市场友好型的，包括保护环境，保护知识产权，支持基础性研究，教育与专业人才培养，行业信息、技术发展及趋势，经济运行信息的收集、整理、研究与发布。④陈清泰先生持有相同观点："影响产业发展有两大政策，一个是产业政策，一个是竞争政策。在中国，产业政策的地位之高几乎是各个国家所没有过的，而且持续至今。这就成了限制竞争、阻碍向创新驱动发展转型的障碍。实现可持续经济增长必须此消彼长，把竞争政策放到基础地位，产业政策不能削弱竞争。"⑤

　　80年代引入产业政策与我国当时设定的经济体制改革目标相关，而产业转型的讨论也与经济进入新常态，我国经济发展战略的转变相关。2013年党的十八届三中全会通过《中共中央关于全面深化改革若干重大问题的决定》，《决定》指出，经济体制改革的核心是处理好政府与市场关系，强调"使市场在资源配置中起决定性作用和更好发挥政府作用"。之后，国务院印发《关于促进市场公平竞争维护市场正常秩序的若干意见》，提出"着力解决市场体系不完善、政府干预过多和监管不到位问题"。2015年10月《中共中央国务院关于推进价格机制改革的若干意见》进一步主张，"凡是能由市场形成价格的都交给市场，政府不进行不当干预"。与此同时，这些文件还要求"加快建立竞争政策与产业、投资

　　① 吴敬琏：《产业政策面临的问题：不是存废，而是转型》，《兰州大学学报（社会科学版）20174年第6期》。

　　② 刘鹤：《走向大国：开放经济条件下我国产业政策的依据和特征》，刘鹤等：《结构转化研究》，中国财政经济出版社，2002年，第182～192页。

　　③ 韩声江：《楼继伟谈产业政策：民营车企基本在产业政策的缝隙中成长起来》，澎湃新闻，2019年2月16日。https://www.thepaper.cn/newsDetail_forward_2996276.

　　④ 江飞涛等：《直接干预市场与限制竞争——中国产业政策的趋向与根本缺陷》，林毅夫等主编：《产业政策：总结、反思与展望》，北京大学出版社，2018年，第135页。

　　⑤ 陈清泰：《中国产业政策地位之高前所未有，已成转型障碍》，《第一财经》2016年11月28日，https://www.yicai.com/news/5169085.html.

等政策的协调机制"，"逐步确定竞争政策的基础性地位"，这意味着我国将逐渐改变各项经济政策以产业政策为中心的做法，转向以竞争政策作为各项经济政策的基础。2016年国务院印发《关于在市场体系建设中建立公平竞争审查制度的意见》，要求建立公平竞争审查制度，防止出台新的排除限制竞争的政策措施，并逐步清理废除已有的妨碍公平竞争的规定和做法。2020年在经济下行压力的背景下，《中共中央、国务院关于构建更加完善的要素市场化配置体制机制的意见》和《中共中央国务院关于新时代加快完善社会主义市场经济体制的意见》先后出台。针对政府与市场的关系还没有完全理顺，文件要求正确处理政府和市场关系，"坚持社会主义市场经济改革方向，更加尊重市场经济一般规律，最大限度减少政府对市场资源的直接配置和对微观经济活动的直接干预，充分发挥市场在资源配置中的决定性作用，更好发挥政府作用，有效弥补市场失灵"，这将进一步挤压传统产业政策能够腾挪的空间。

（三）战略新兴产业与我国产业政策转向

近年来我国越来越多将"战略新兴产业"作为产业政策的重点。不同于重化工业，战略新兴产业是技术密集型的。不同于已经成熟的技术密集型产业，战略新兴产业的技术应用和发展前景仍存在不确定性。按照一些学者的观点，我国是根据经合组织关于战略新兴产业的定义来制定政策。在开始提出针对这些产业的政策时，多数战略新兴产业并不存在于中国，政策旨在从无到有创造出这些产业。比如，1994年之前中国并不存在风力发电制造，但随着1997—2007年之间的政策创新，中国创造出风能发电制造产业，目前主导了全球市场。类似的战略新兴产业还包括电动汽车、高速铁路、移动电话、核能、太阳能和发光二极管产业。在战略新兴产业领域，中国并不具备后发优势，建立在后发展情景下的传统产业政策很少能够再起作用，产业政策的内容和实施形式必须进行重要调整。

对于战略新兴产业而言，技术要比资金更为重要，技术和创新成为中国产业政策的重点，建设创新型国家成为推动中国经济发展的新路径。国家设立各种研究机构（如中国科学院），通过专项基金（如政府设立的自然科学基金）为研发提供资助。政府为人才引进提供激励（如针对国外人才的千人计划等），它可以促使国外先进技术和知识在国内传播与扩散。政府还为企业投入研发中的资金给予税收减免，大力促进高校科研成果转化，设立各种形式的"高新技术产业孵化园"，并为新兴产业建立人才储备，如近年来中国高校加大了对人工智能、大数据等专业的招生。政府也通过各种措施来利用新产业所创造的外部性，延伸创新活动的经济价值。笔者所就职的华东师范大学，毗邻上海交通大学。在这两所高校的周围还建立起国际教育园区和紫竹科技园区。地理上的集聚，便于不同性质的高校之间、高校与企业之间建立"关联性"。

小结：产业政策的效用与限度

经济理论和实践都表明，工业化并非传统经济的自然延伸，在经济起飞和产业转型与技术升级过程中，经济体面临着一系列问题。这些问题，有些是处在不同发展阶段的国家所共有的（不同经济活动间由于存在互补与依赖而引发的协调困难、小规模经济体难以实现规模生产），有些则是后发展者所独有的（由于存在更为发达的经济体，只有劳动密集型产品才具有国际竞争力，这可能将发展中国家"锁定"在这一状态，并陷入对发达国家的经济依附中；技术进步抬高了进入某一产业的门槛，从而将后发展者置于不利的位置上）。市场机制在解决这些问题时并非完全失灵，却表现出明显不足，尽管程度有所不同。在理想状态下，市场机制能够协调互补性投资，打破低水平均衡，但发达国家的工业化历史表明，这会是一个相当漫长的过程，且并不是必然会发生。而对于产业转型与技术升级，市场机制表现出更大程度的不足。

国家领导发展的本质是让官僚来替代市场发挥部分功能，这些功能按照正统的经济理论，本来应该交由市场，让"看不见的手"来行使。国家领导市场的背后隐含着这样的理念：通过市场机制实现的协调，在某些经济活动中是高成本的和需要更长时间的。借助后发优势，国家能够识别应该优先发展的产业经济部门、挑选出有资格进入这些战略部门的经济行为者、通过行政手段来为这些战略合作者筹集资源（如通过国有银行发放的受到补贴的贷款、承诺在这些企业面对困境时予以救助、允许进入者在特定期限内保持寡占地位）、建立官僚机制来核实并进而防范经济行为者的道德风险（市场机制对企业的规训方式是破产，政府的救助承诺使得这样的纪律机制失效，官僚机构需要建立起替代性的纪律机制,包括但不限于在适当的时候开放市场、限制财阀企业的垄断利润等)。

　　产业政策要取得预期的效果是有条件的。尽管公共选择理论对于产业政策后果的判断过于简单,但它并非空穴来风。在拉美、非洲、中东乃至包括东亚本身的现代化过程中,充斥着大量失败的产业政策案例。对于尝试通过产业政策来实现追赶式发展的积极政府而言,一个能干的国家是尤为重要的,它至少需要满足如下两个条件:第一,拥有一个集中的权威结构。这样的结构能够使产业政策得到更大程度的协调,而在分割或者分散的权力结构中,产业政策常常由于存在太多"否决点",并缺乏必要的协调而归入失败。第二,必须建立起密切的政商关系。这种政商关系能够实现低成本的信息沟通,并部分地解决可信承诺问题,尤其是在缺乏民主制度保障的情况下。能够同时满足这两个条件的架构,被埃文斯恰当地称作是嵌入型自主。具备嵌入型自主特征的国家一方面能够使国家回应社会要求,但又能将国家从寻租群体的不当影响中隔离出来,以使他们能够促进有利于广泛公共利益的长远目标。

　　政策内容本身与实施方法对于产业政策效果也至关重要:第一,产业政策必须有明确的时间期限。国家必须有能力结束或者调整给予优先产业的优惠措施,而不能将政策优惠固化为经济特权。第二,产业政策必须为竞争留有空间,并随着产业状态,不断调整竞争的力度。第三,产业政策必须是选择性的,不能将太多产业纳入其中,它对整体经济的拉动作用要建立在产业关联基础上。第四,产业政策的内容必须依据产业本身的特征和发展规律而定,而不能将宏观经济形势作为改变产业政策实施范围和力度的依据。然而既有理论是不是已经将有助于产业政策成功的所有因素都"知识化"了,换言之,依据发展型国家的产业政策"手册",其他后发国家是否能够取得大体类似的结果,这仍是一个需要探讨的议题。

　　政府与市场并不是人类社会发展出来的仅有两类协调机制。将私人组织看作是一个更为优越的协调力量,青木等人提醒我们,现代经济的各种私人制度,诸如企业组织、行业协会、金融中介、劳工和农民组织、商业惯例等,能在显著意义上发挥协调功能。通过这些组织实现的协调是分散的、有弹性的、允许试错、存在反复和渐进推进的,这与更为"硬性"和"等级性"的国家协调区分开来,适合那些"不知道该做些什么,或者该去协调何种类型的活动"。在青木看来,东亚政府的首要作用不是引入一种替代性机制来应对市场失灵,而是致力于增强私人部门解决协调问题的能力。政府积极推动私人协调制度的发育,并与其互动,而不是直接介入到资源配置中。①青木的观点建立在日本经验基础上,较少符合韩国的实际。在韩国,国家指导发展的程度更甚。尽管如此,青木的观点对于产业政策转型有重要的启示。政府主导的协调的确存在重要不足,尤其是随着后发国家攀上产业阶梯的更高位置,面对日益增大的自由化压力时,这种不足将愈发明显。在这一时期,日本更多采取行政指导方式来推行产业政策。这种"柔性"的产业政策施行方式,允许政策制定者利用非正式的沟通方式和渠道,并持续不断地调整产业政策目标和实施方式。这表明,产业政策的目标可以通过柔性方式实现,并不必然是"反市场"的。在今天,经济体制改革正在逐渐去除中国政府过去用来推动产业政策目标实现的工具,尤其是那些带有计划管理色彩的政策工具。中国迫切需要建立一套更加市场化的产业政策体系与工具,使之与"市场在资源配置中发挥决定性作用"的改革目标兼容。如果做不到这一点,产业政策注定会限制乃至抑制竞争,产业政策面对的问题就是废除。反之,产业政策面对的问题就是转型。东亚通过柔性方法实施产业政策的经验能够为我国的产业政策转型提供有益借鉴。

---

① Masahiko Aoki, Hyung-Ki Kim & Masahiro Okuno-Fujiwara, *The Role of Government in East Asian Economic Development: Comparative Institutional Analysis*, Oxford: Clarendon Press, 1996, p.xvii.

第四章　选择性的政治—社会关系
与东亚发展型国家

东亚新型工业化经济体逐渐呈现出与先发国家在现代化进程中类似的现象:形成了一支庞大的劳动大军,中产阶级的规模不断扩大,本土企业家在国家庇护和指导下迅速成长起来。这些力量从不同角度挑战了政府主导体制:大众部门对于经济再分配和政治参与表现出更大兴趣,而占有经济资源的资本家变得更加自主,开始有能力影响产业转型,甚至争夺国家对经济的主导权。如果不加干预,劳资间的对立将日益尖锐,并呈现出极化趋势。东亚的发展领袖必须回应或防范这些变化,不断调试国家介入社会的方法与手段,以便维持既有的发展模式。

与更为"标准"的方式相比较,东亚国家对社会的回应有自己的特征:政体的行政而非政治装置发挥了更为重要的吸纳作用;国家相对于社会力量处在一个更为主导的位置,有权来设定并变更国家与社会团体间关联的规则;国家对社会变化的回应是抢占和防范式的,不一定针对的是已经出现的问题。其结果是,在它们走向民主化之前,在东亚,国家与不同社会力量、同一社会力量的不同组成部分间维持着迥异的关系。这种关系不只有效地防范了现代化过程中所孕育的变革或者潜在的破坏力量,而且还被有意识地用来支持跨越式工业化战略,从而成为东亚发展型国家的一个有机组成部分。

第一节　现代化进程中的利益政治

现代化是很多国家共同经历的现象,它形成于西欧和北美,而后扩展到其他欧洲国家,并传入南美、亚洲和非洲。现代化的核心是工业化,但其作用却不限于经济领域,如果不是更重要的话,起码同等重要的是,它还深刻地推动和影响着所在国家的社会结构和价值观念。与传统社会相对,新的社会被称作现代社会、工业社会等。由传统社会向现代社会的转变，要求政治体制进行必要调整，以便增强政体回应社会变革的能力，而在回应社会变革的过程中，政体与社会的属性也发生了改变。依据传统政体转变的内容以及研究者的用语偏好，在学术文献中，这一过程经常被称作政治发展、政治转型、政治现代化、政治民主化等。当然，它并不一定能够以和平与线性的方式实现，也不一定必然导致政体的民主化。

按照西方政体应对现代化社会后果的理念与制度设计，人们通常区分出两种样式的利益政治，即多元主义和法团主义。多元主义的分析起点是社会群体的利益表达意愿。他们在很大程度上被看作是一个利益最大化者，为了实现团体的共同目标而动员起来发起集体行动。国家则被看作是一个消极行为者，被动接受多元利益的争夺与影响，最终形成的利益格局是多元集团之间力量对比关系的结果。多元主义分析经常考虑的问题是，通过竞争所形成的利益格局是不是正义的？寄希望于通过竞争来约束特权集团的影响，保护低度被代表或者边缘化的群体的做法是否可行？法团主义则希望推动那些本来处在对立乃至对抗状态的利益群体间建立起某种形式的合作关系。从这种关系中，企业得到了产业和平，工人享有了更为安全的雇佣，而政府得到企业和工人的支持，由此获得政治合法性。

一、经济现代化的社会后果

(一)现代化过程中的社会分化与重组

市场经济要求人们从各种传统社会纽带中"脱嵌"，将个人作为经济活动的基本单元，能够自主支配自己的劳动力和财产，享有必要的经济自由和权利，进而参与到商品化的劳动关系中。这需要人们将个人而非集体置于价值观念的更高位置，个人主义有助于对抗国家、宗教、共同体权力对民众的教化。这些组织尝试让民众节制其对个人利益的追求，以便推动那些被颂扬为更加高尚的目标。市场经济鼓励人们为了自利目的参与到经济过程中，它热情地讴歌个人主义和自利动机，并展示出巨大的创造力：

资产阶级在它的不到一百年的阶级统治中所创造的生产力,比过去一切世代创造的全部生产力还要多,还要大。自然力的征服,机器的采用,化学在工业和农业中的应用,轮船的行驶,铁路的通行,电报的使用,整个大陆的开垦,河川的通航,仿佛用法术从地下呼唤出来的大量人口——过去哪一个世纪料想到在社会劳动里蕴藏有这样的生产力呢?①

随着资本主义主导的工业化进程的深入,它对社会的影响愈发清晰地呈现在人们面前。马克思注意到处在资本主义劳动关系中工人的悲惨处境,并用生动的语言记录了阶级间的巨大差异:"原来的货币占有者作为资本家,昂首前行;劳动力的占有者作为他的工人,尾随于后。一个笑容满面,雄心勃勃;一个战战兢兢,畏缩不前,像在市场上出卖自己的皮一样,只有一个前途——让人家来鞣。"②马克思谴责说:"资本是死劳动,它像吸血鬼一样,只有吮吸劳动才有生命,吮吸的活劳动越多,它的生命就越旺盛。"③"如果但丁还在,他一定会发现,他所想象的最残酷的地狱也赶不上这种制造业中的情景。"④目睹资本主义惊人创造力和惊人破坏力的狄更斯感慨道:"那是最好的岁月,也是最坏的岁月;那是智慧的年代,也是愚昧的年代;那是信仰的新纪元,也是怀疑的新纪元;那是光明的季节,也是黑暗的季节;那是希望的春天,也是绝望的冬天,我们将拥有一切,我们也将丧失一切;我们直接奔赴天堂,我们直接坠向地狱。"⑤

个人主义在激励人们进入商品交换关系中的同时,随之而来的是集体规范和伦理不可避免的削弱乃至崩塌。在现代化进程中,曾经用来黏合个体的传统纽带与初级组织(家庭、家族、地域、宗教,其缔结基础是先赋特征)遭到个人主义盛行的冲击和破坏,个人不再得到传统共同体所提供的庇护。为了克服现代化所造成的社会割裂和原子化,保守主义者主张建立新的凝结方式,来替代之前已经为工业化和城市化所破坏的传统共同体在凝聚个体中所发挥的功能。

① [德]马克思、恩格斯:《共产党宣言》,中央编译出版社,2005年,第31页。
② [德]马克思:《资本论》第一卷(上),郭大力、王亚南译,人民出版社,1963年,第200页。
③ [德]马克思:《资本论》第一卷(上),郭大力、王亚南译,人民出版社,1963年,第260页。
④ [德]马克思:《资本论》第一卷(上),郭大力、王亚南译,人民出版社,1963年,第275~276页。
⑤ [英]狄更斯:《双城记》,何湘红译,广州出版社,2006年,第1页。

新的组织更多要通过职业分组的方式建立起来，依据人们在生产关系中的位置来组织社会利益的过程就是我们今天所谓的阶级化，由此形成的社会利益组织就是阶级。马克思敏锐地洞察到这一点："我们的时代，资产阶级时代，却有一个特点：它使阶级对立简单化了。整个社会日益分裂为两大敌对的阵营，分裂为两大相互之间对立的阶级：资产阶级和无产阶级。"①在马克思主义者看来，在现代工业社会中，阶级会成为最具政治意义的社会分野之一。人们对阶级的认同将超越对种族、地缘、宗教、民族和国家的认同。阶级是形塑政体的重要动力，阶级结构的差异是政体多样性的一个重要起源，阶级结构的演变是推动政体变迁的关键。此外，阶级还与一国的福利体制、社会政策、社会运动、政党体制等密切相关。②

在最初的情景中，有着共同利益的个体可以自由结成集团。在同一领域、行业、区域内存在多个代表相同利益的组织，它类似于某种形式的兴趣团体，呈现出松散关联的样式。相比于前现代社会的、建立在先赋要素基础上的有机"共同体"（communal），新出现的团体属于"结社"（association）组织。典型的"结社"组织如工会、行会、公民团体、利益集团、政党等，它们组建的基础是后天的属性（如职业、行业、某种特殊的意识形态等）。③与"共同体"相比，这些组织属于次级团体。出于同对立利益竞争的需要，最初被设计用来营造归属感和增强凝聚性的次级组织逐渐发生了三方面变化：一是代表相同或者相似利益的组织越来越多地呈现出竞争关系。由于实现组织目标的能力与其所拥有的资源相关，这些组织竞相争取成员的加入与认同，使得利益组织超出了工作场所的局限，在更高层面组织起来。二是代表同一利益的组织通过合并、隶属等方式结合起来，协同行动来增强它们在与对立利益竞争时的能量。在与对立利益的抗衡过程中，阶级意识得以萌发，按照马克思的观点，这意味着阶级由自在状态发展到自为状态。他们行动的目标也开始越来越多地集中到对物质利益的主张、争夺和维

①《马克思恩格斯选集》，第1卷，人民出版社，2012年，第401页。

②张振华：《趋向新的争议政治：中国社会冲突中的新现象及其理论意蕴》，《理论探讨》2018年第4期。

③张振华：《社会冲突与制度回应：转型期中国政治整合机制的调适研究》，天津人民出版社，2016年，第207页。

护上。三是出于同对立利益竞争的需要,"寡头统治铁律"①开始发挥作用,即组织内的等级关系得到巩固,组织官僚化的色彩越来越明显。组织成员与组织领袖之间的利益出现了分化,组织由一个利益代表机构逐渐获得了利益综合的功能。

(二)社会利益的组织化及其后果

社会利益组织化有着深刻的政治后果。一方面,在任何体制中,社会都不是单个个体的简单汇合,而是由个人组成的团体的聚合。当社会在与国家相对意义上出现的时候很少是作为个体身份出现的,他们需要以某种形式(语言、宗教、职业、性别、地域)等结合为团体,才有可能参与到政治过程中,向国家表达他们的诉求、赞成或者反对某一政策。组织起来的社会利益能够在更大程度和更广范围内协调成员的行为,这使他们拥有了干扰工业和政治秩序的能力,频繁使用这种能力将对现代社会造成深刻的破坏。另一方面,组织性也增强了其在面对政府时的能量,有能力施加压力推动政策朝向其所渴望的方向发展。不管何种情况,社会利益的组织化及伴随其出现的一系列改变,都生发出需要政体来应对的因素。为了有效应对现代化所释放出来的社会力量,西方政体逐渐发展出了多样的利益表达组织和形式,其中最为重要的是利益集团、社会运动和政党。在政治学中,利益集团是通过协调成员间的行为或态度来推动和促进它们共同利益实现的个人或群体的集合,当他们尝试通过影响公共政策的制定与执行来实现其共同目标时,就被称作政治利益集团。利益集团不同于政党,前者通常关注单一议题与政策,试图从政治外部发挥影响,而政党是个多议题的组织,带有明显的意识形态色彩,要通过赢得选举来获得组织政府的权力,从而推动其所(声称)代表的广泛社会利益。利益集团也不同于社会运动,前者呈现出更多的职业性和专门化特征,其表达行为的正当性与合法性通常已经得到认可。而后者由一组致力于相同或类似议题的团体发起的一系列松散关联的、在某一个时间段内集中爆发的集体行动构成。它们所倡导议题的正当性可能尚未得到政治系统与社会大众的广泛承认,经常表现出较强的反建制立场,是

---

① [德]罗伯特·米歇尔斯:《寡头统治铁律——现代民主制度中的政党社会学》,任军锋译,天津人民出版社,2002年。

所谓的争议政治的主要表现形式。

　　历史上,这些利益表达组织与形式间曾经有着明确界限。由于政治过程的有限开放性,并非所有群体都同时获得参与政治的通道。受制于搭便车的困扰,他们通过集体行动维护自身利益的能力也存在差异。那些率先成为政治"内部人"的群体,获得了通过参与选举和结成利益集团来对政治过程施加影响的通道。而那些尚未被整合到政治过程中的群体或议题,则将社会运动作为争取进入政体或政治议程的主要方式。随着民主政治的发展,越来越多的群体被整合到政治过程中来,各种利益表达方式间的界限日益模糊。一方面,为了最大限度地让集团所追求的目标在众多竞争性的诉求中脱颖而出,利益集团使出浑身解数,尝试任何有助于实现团体目标的策略。除了游说这类传统手法外,①利益集团也日益参与到选举过程中。他们组建政治行动委员会来支持那些对其诉求持同情或者拥护态度的政治候选人,从而在一定程度上模糊了政党与利益集团的区别。另一方面,社会运动不再是"外部人"的专利,而为现代政治过程中的各类群体和议题所广泛采用。社会运动职业化和专业化的倾向变得愈加明显,"电视广告和邮寄广告开始替代基层的组织活动成为筹款的主要渠道。拥有工商管理硕士学位的专业管理人员开始替代基层领袖成为组织的领导者"②。其结果是,社会运动"有时像抗争团体那样行事,组织抗争活动,而其他时候,它们像寻常的游说那样行事,提供信息和建议给官员,在别的时候则像政党或政党的附属物那样行事,帮助特定候选人竞争选票"③。

　　可以将由利益集团、社会运动和政党所组成的各种利益表达组织、政治参与方式、它们相互间的关系、政体对组织化利益的回应,以及由此所产生的政治社会后果统称为利益政治。将这些曾经被分割在不同学科视野中的现象综合起来进行研究,本书试图表达并强调这样的现象与理念:一方面,政党、利益集团与社会运动间的互动、交叉与融合的程度越来越高,它们之间的界限日益模糊。要从高

---

　　① 正是由于过分倚重游说来对政治过程施加影响,利益集团也时常被称作游说团体。

　　② 郦菁:《美国社会运动兴衰的秘密》,《社会观察》,2011年第11期。

　　③ Hanspeter Kriesi, Ruud Koopmans, Jan W. Duyvendak and Marco G. Guigni, *New Social Movements in Western Europe: A Comparative Analysis*, Minneapolis: University of Minnesota Press, 1995, pp. 152–155.

度黏合在一起的众多利益表达样式中,准确识别和隔离某一种利益表达方式变得越来越困难。另一方面,利益表达的形式不再重要,今天的利益群体可以尝试任何被相信有助于最大限度地实现他们目标的手段,社会运动、利益集团和政党不过是将公民与国家关联起来的不同渠道。或者说,利益政治是个多面向的存在。在不同的政策领域或政治过程的不同阶段会呈现出迥异的面向。

(三)利益政治设计中的"元问题"

利益政治设计中的"元问题"最早由麦迪逊提出,因此也被称作"麦迪逊的困境"(Madison's Dilemma)。在《联邦党人文集》中,麦迪逊纠结于两个选项:一方面,如果政府否定了人们自愿组织起来追求他们个人利益的权利,这是对他们政治自由的剥夺;另一方面,如果允许社会利益自由组织和表达,热衷于特殊利益的群体会竞相游说政府出台再分配措施,以他人或者大众利益为代价来推动特殊利益的实现,这毫无疑问是对任何声称要致力于公共利益或"共同善"的现代政府的破坏。利益政治对人性的假设与古典经济学一致,但有所区别的是,在经济活动中,"他们各自追求各自的利益,往往更能有效地促进社会的利益"[1]。但在政治过程中,人们自主追求私人利益的后果却远非那么美好,它体现为相互关联的两方面。

一是由于利益"自然"组织化的能力有高有低,利益政治呈现出明显的精英倾向。经验研究表明,利益组织的成员并非随机分布。收入水平越高、受教育程度越高、管理或者专业人员更可能加入利益集团中。[2]仅从成员身份来推导利益政治的精英属性,这样的做法非常粗糙,尤其是60年代以来,随着主要资本主义国家逐渐进入到后工业社会,西方出现了以种族、性别、文化等为认同基础的新社会运动。用来动员它们的"社会运动组织"或者与之关联的利益集团经常被称作公共利益集团。这类集团所追求的目标与其成员自身的物质利益没有直接关系,它们寻求推动社会中被低度代表的群体利益。然而,公共利益集

---

① [英]亚当·斯密:《国富论》,郭大力、王亚南译,上海三联书店,2009年,第235页。

② Kay Lehman Schlozman, "Voluntary Organizations in Politics: Who Gets involved?" in William Crotty, Mildred A. Schwartz, and John C. Green, ed. *Representing Interests and Interest Group Representation*, Lanham, MD: University Press of America, 1994, p.76.

团的存在并没有显著改变利益政治的精英色彩。正如一本教科书的总结：总的来说，利益组织服务于有产者。即便是当它们在议题和政策上采取相反立场时，它所反映的也常常是上等收入阶层内的分歧而非上层与下层间的冲突。①利益政治的精英倾向意味着，在"自由竞争"的情景中，利益政治的收益将集中到那些组织良好、信息完备、获利最多的少数人手中，而由此所带来的成本分摊到组织化程度低下、信息缺乏、原本就没有得到什么利益的人身上。如果没有特别的制度设置，政治过程只会复制既有的利益分配格局，它时常出现在那些存在强大的利益集团，同时国家缺乏必要自主性的体制中。在这样的情形下，由于执政者需要迎合精英的需求，政治失去了通过做出有利于大众的再分配，继而矫正经济与社会初始利益格局的能力。

二是谋利行为带来大量不利后果。奥尔森将那些致力于特殊利益的团体称作分利集团，由于这类组织"只代表其中一小部分人的利益，则该组织必然不肯为增加全社会的利益而做出自我牺牲；更为可能的是，它将为其成员在社会总利益分配中争取更大的份额。尤其甚者，即使社会利益重分配所招致的损失超过该集团由此种重分配所得利益的许多倍，仍会发生上述情况"②。因此，利益组织在谋求特殊利益的实现过程中，它所带来的不只是偏向于特殊利益的再分配，继而使得原本就已经不公平的利益格局进一步失衡。令事态更为糟糕的是，它还可能导致所谓的"无谓损失"。

在经济学中，这一概念通常用来表达这样的现象：某一行为给他人造成了损失，但这种损失并没有完全转化为自身收益，二者之间的差额就是"无谓损失"，这意味着社会收益的净减少。在奥尔森看来，"无谓损失"源于分利集团在寻租过程中可能导致的一系列负面后果：寻租"降低了社会效率与社会总收入，使政治生活的分歧加剧"；"分利集团决策较个人和企业决策迟缓，从而使议事及协商日程拥挤"；"分利联盟延缓社会采用新技术，在生产情况变化时阻碍资源的重新分配"；"当分利集团发展到足以取得成功的规模时，它必然采取排他

---

① Pitzer R. J, Ginsberg B, Lowi T. J, et al. *Essentials of American politics*, W. W Norton, 2006, pp.205, 218.

② [美]奥尔森：《国家兴衰探源》，吕应中等译，商务印书馆，1999年，第51~53页。

性政策";"分利集团的累积将增加规制的复杂性,强化政府的作用,改变社会演化的方向"。[1]

　　奥尔森还推断,随着时间的推移,一个稳定的民主国家将倾向于创造出越来越多的分利联盟。它的累积将导致这些国家逐步走向停滞和僵化,这就是二战后英国经济长期不振的关键原因。[2]而由于战争、动乱、外敌入侵等削弱或废除了分利集团的那些国家,在建立了自由和稳定的法律秩序后,其生产就会迅速增长。这被用来解释二战的战败国,特别是日本和西德在战后出现的经济奇迹。奥尔森给出的避免经济停滞与僵化的方法是"实行比较自由的贸易政策,并允许生产要素和企业毫无阻碍地自由流动"[3]。他推断说,这有助于形成不受任何院外活动集团控制的国际市场,削弱企业的卡特尔化,间接减少劳动力市场的垄断权力。因此,生产要素和企业的自由流动对于分利集团是一种致命打击。奥尔森将不受干预的市场所产生的结果作为理想状态,因为按照新古典主义的观点,这会导致经济出现最有效率,因而也是最大限度和最可持续的增长,[4]而分利集团对于利益再分配的追求,将阻碍市场协调功能的发挥,进而对整体经济起到抑制作用。奥尔森的论断完全建立在对经济效率的追求基础上,却没有充分考虑由此所产生的利益格局是否正义,而这恰好是西方民主政体建构利益衡平机制的主要动力。

二、西方民主政治中的利益衡平

　　在制度设计者看来,利益组织是作为"必要的恶"而存在的。作为保护公民

---

　　① J. Barkley Rosser, "The Rise and Decline of Mancur Olson's 'The Rise and Decline of Nations'", *Southern Economic Journal*, Vol. 74, No. 1, 2007, pp. 8-9.

　　② 对于英国经济衰退的解释存在广泛争议。除了奥尔森的主张外,还有观点主张从资本主义多样性的角度入手。按照这种观点,英国是自由市场经济的发源地,利益集团对英国公共政策的影响力更弱,这使其不能有效应对经济转型和产业升级的需要,后者通常需要德国那样的建立在法团主义基础上的协调机制,这或许更好地解释了英国相比于其他欧洲经济体的衰落。

　　③ [美]奥尔森:《国家兴衰探源》,吕应中等译,商务印书馆,1999年,第165～166页。

　　④ 发展经济学则争辩说,最有效率的增长不一定带来最大程度的增长,因为增长不仅取决于效率,也取决于经济体能够动员起来的、可供投入的资本。单靠市场机制,不足以为工业化筹集到足够的资本,国家的介入能够加快资本的形成。

结社自由的代价,西方政治制度必须承受由此带来的负面,乃至可怕后果:利益组织的偏狭与自私会使任何一个纵容利益集团过度发展的政体陷入无休止的冲突中,利益政治会呈现出低效、混乱、无序的特征。因此,不论是政治家还是学者,对利益组织的负面评价并不罕见。从某种程度上甚至可以说,负面评价是主流。事实上,在学术界除了少数多元主义者在承认利益组织负面影响的同时,也指出利益组织具有正面作用外,很少有学者认为利益组织是个"好东西"。

(一)利益衡平的多元主义方案:政治理念与制度设计

麦迪逊对自己所面对的"困境"给出了这样的解决思路:野心要靠野心来平衡。尽管不同社会利益初始组织化的程度和能力并不相同,但利益间的竞争会刺激低度组织化的利益或将潜在利益动员起来,对那些已经先行组织起来的分利集团构成制约。当所有特殊利益都得到有效制约时,利益间的竞争将导致一种以妥协和节制为特征的均衡结果。麦迪逊的方案后来被称作多元主义,为杜鲁门等人所继承。在后者看来,在多元主义社会中,尽管不同利益组织的政策影响力有差异,但弱势集团可以通过联盟的方式来增强自己的竞争力,"社会中还有一些基本的游戏规则来保护潜在集团的利益。对这些规则的破坏会遭到其他利益集团的攻击和社会的不齿,从而导致其社会地位和影响力的下降"。"利益集团之间以及利益集团与潜在集团之间的多重成员身份也能够成为多元集团社会政治生活中的一种主要平衡力量。"[1]多元主义的衡平方案甚至能在奥尔森那里得到印证。尽管奥尔森相信,规模是影响利益组织化水平和能力的关键,大集团在利益组织化过程中面临更多障碍,但它们可以借助"选择性激励"来克服成员的"搭便车"动机。因此,即便是那些被奥尔森称作"忍气吞声的集团""被遗忘的集团"[2]也有望在国家不介入的情况下逐步组织起来,继而代表、主张和维护它们的利益。

美国是最接近多元主义利益政治的样本,而商业利益是组织化程度最高与最为活跃的利益团体。学者们对于在华盛顿从事游说的商业利益进行了大量

---

① [美]杜鲁门:《政治过程:政治利益与公共舆论》,陈尧译,天津人民出版社,2005年。
② [美]奥尔森:《集体行动的逻辑》,陈郁等译,上海三联书店,2004年。

研究,得出了如下具有共识性的主张:第一,商业的利益代表在组织上是分割和竞争性的。相比于日本、瑞典、德国,甚至是英国这样的国家,在美国,没有一个机构或一小部分机构能够貌似合理地宣称它是商业利益的权威代表。第二,不同商业代表组织间不存在等级制关系。美国商会(the Chamber of Commerce)和全国制造商协会(the National Association of Manufacturers)与代表专门产业的行业协会间并没有直接关系。除了少量例外,行业协会也没有监督、规制单个公司的权威。在美国商业体制中,主权性单元(sovereign unit)是企业。利益代表组织存在于竞争性的结构中,要通过为公司提供服务来招揽成员。第三,顶峰组织①和行业社团并不是唯一的商业代表性来源。大公司本身雇有专门的利益代表(如公司所属的政府事务办公室)。第四,商业利益集团经常是某些把商业与其他类型组织关联起来,或者一种商业利益反对另一种商业利益的短期联盟的一部分。②

(二)利益衡平的法团主义方案:政治理念与制度设计

利益集团的组织方式会在重要程度上塑造利益政治的属性。在劳工政治研究中,一个基本共识是,工会结构对工会所关注的议题及策略有重要影响:"如果工会运动压倒性地以企业层面的工会为基础,在产业或者国家层面上缺乏协商分配性议题的制度平台的话,集体行动问题(搭便车)最有可能盛行。在这种条件下,对普遍社会福利和产业/国家层面劳动保护的要求并不那么强烈。相反,分配斗争将主要发生在企业层面,倾向于特殊性和短视的议题,偏爱内部人工资最大化策略。"③而那些能够在更高层面组织起来的利益,将更多呈现出相容性集团的特征,这类组织"一般都倾向于促使其所在社会更加繁荣,在试图

---

① 顶峰组织是 Peak Organization 的直译,如后所述,最为典型的出现在法团主义体制中。这里的"顶峰组织"指的是美国商会或者美国制造商协会等,正如这些组织的名称所暗示的那样,它们致力于代表全部的商业利益。但在多元主义体制中,这些组织徒有其名,它与代表各个产业或行业的组织间没有隶属关系。

② Timothy Werner & Graham Wilson, "Business Representation in Washington, DC", in David Coen, Wyn Grant & Graham Wilson, eds., *The Oxford Handbook of Government and Business*, Oxford University Press, 2010, pp.262-263.

③ Jae-jin Yang, "Corporate Unionism and Labor Market Flexibility in South Korea", *Journal of East Asian Studies*, Vol. 6, 2006, pp.205-231.

为成员增加收入份额时，尽可能减少社会额外的负担。只有当国民收入再分配中所产生的利益与由此引起的全社会损失相比较大时，才支持这种利益再分配行动"①。在法团主义（corporatism）文献中，这类组织常被称作顶峰组织或者"伞组织"（umbrella organizations）。按照张静的分析，这类组织具有如下特征：第一，法团主义允许利益团体设立一个国家承认的最高代表机构，它在本职能范围内具有垄断性地位，其他团体不能竞争其地位。第二，集团的代表性和执行作用的融合。作为利益集团，它起着集中并传达成员利益的作用；作为执行集团，则要符合公共机构或国家的要求，并接受后者的管制。第三，国家和利益集团是互动合作，相互支持的关系。②按照这种方式建立起来的利益组织，具备了显著的利益整合功能。法团组织在利益政治中的主导作用，以及它们所推动建立的福利国家体制是各种法团主义政体实现利益衡平的主要路径。

　　除了作为一种利益代表样式外，法团主义的概念还用于指称这样一种决策体系：它将利益团体整合到决策过程中。能够进入到法团主义谈判中的组织，有能力管理他们各自成员的行为，确保其服从于所达成的协定。施密特将前者称作"新法团主义1"，将后者称作"新法团主义2"，③这成为学者们用来识别法团主义国家的两条路径。有的主张依据决策过程中所涉及的行为者属性及它们的内部组织，而非其在政策过程中所发挥的作用来区分多元主义和法团主义。④而另一些主张，区分多元主义和法团主义，真正的关键在于，组织化的团体在何种程度上被整合到国家的决策过程中。⑤尽管如此，两种意义上的法团却是相互支撑的。法团的组织方式将从如下三个方面便利这种决策样式：一是在法团主义的设计中，个人与团体、低层级团体与高层级团体按照等级制的方式组织起来。等级关系的建立，通过使后者拥有强制前者接受和遵守协议的能

　　①[美]奥尔森：《国家兴衰探源》，吕应中等译，商务印书馆，1999年，第51～53页。

　　②张静：《法团主义》，中国社会科学出版社，2005年，第27页。

　　③ Schmitter, "Reflections on where the theory of neo-corporatism has gone and where the praxis of neo-corporatism may be going", in Gerhard Lehmbruech & Phillipe C. Schmitter, eds., *Pattern of Corporatist Policy-making*, Beverly Hills: Sage Publications, 1982.

　　④ Colin Crouch, "Pluralism and the new corporatism: a rejoinder", *Political Studies*, Vol.31, No.3, 1983, pp.452-60.

　　⑤ Ross M. Martin, "Pluralism and the new corporatism", *Political Studies*, Vol.31, No.1, 1983, pp.86-102.

力,而增强了其在同对立利益博弈过程中的竞争力。二是由于协调是在高层级上进行的,过于狭隘的地方性议题将在组织内部得到过滤,最终能够进入政策议程的都是具有普遍性的议题,它确保了之后更低层面的磋商,能够在一个共同的框架内进行,这就显著降低了后续谈判的难度和成本。三是集中化的协调还为国家的介入和斡旋创造了条件。经济谈判变得太过于重要不能完全留给私人,国家必须作为积极协调者介入对立利益的谈判中,充作最终的权威和裁判,但只有当谈判是集中进行的时候,国家的介入才是可行的。与之相对的是压力集团式的决策安排,在后者那里,利益团体没有被包括到决策过程中,要从政体外部对决策施加压力,利益集团影响政策过程的通道是需要竞争的,这种决策模式更加适合那些按照多元主义模式建构起来的利益政治。

(三)作为利益衡平与整合机制的大众政党

制度主义者主张,行为者的利益由它所处的制度情景来定义。追求偏狭利益的行为者或组织有时候会受到谋求公共或一般利益的激励,这类组织的典型是韦伯所谓的大众政党(mass parties)。在韦伯看来,经济发展必然导致社会的离心倾向,政治的基本任务是凝聚多元分散的利益。唯一能够做到这一点的是大众政党和全民普选。"大众政党致力于沟通不同阶层、不同集团、不同地区的局部利益,从而凝聚对民族整体利益的社会共识,而定期的全国大选机制则为利益千差万别以至彼此冲突的社会各阶层提供相互了解、谋求妥协的机会。选举政治使有自己特殊利益的阶层、集团和地区同时具有对全国政治的基本意识。"[1]将政党看作有助于整合偏狭与自私利益,从而节制利益政治的可能负面后果的组织,这在之前是不可想象的。事实上,不论在西方还是中国,早期政党更多被看作是一种代表狭隘利益的党派、朋党或者志同道合者所组成的"同人团体"。比如,按照麦迪逊的观点,所谓党派,"是一定数量的公民,无论在总体中占多数还是少数,受到某种共同激情、共同利益驱使,联合起来,采取行动,不顾其他公民利益,不管整个社会的长远利益、总体利益"[2]。

---

① 甘阳:《走向"政治民族"》,《读书》2003年第4期。
② [美]亚历山大·汉密尔顿、詹姆斯·麦迪逊、约翰·杰伊:《联邦论:美国宪法述评》,尹宣译,译林出版社,2016年,第58页。

竞争性选举是激励政党转化成相容性组织的关键，它对政党的形塑作用在普沃斯基的精彩论断中体现得淋漓尽致。19世纪欧洲主要的劳工运动几乎毫无例外都建立工会来发起集体抗争，建立工党来组织投票与选举代表。然而一旦工党被置于竞争性选举中：

> 由于工人阶级被整合进资本主义秩序不是以阶级身份为基础，而是以公民身份为基础……这就将工人阶级政党置于一种选举困境中。工人阶级政党要想在选举中获胜就必须赢得多数选票，可事实上工人阶级在选民总体中只是少数，如果工人阶级政党坚守其阶级性质，那么注定长期处于败选地位，而工人阶级政党要赢得选举，就必须淡化其阶级诉求，转而寻求其他阶级成员的支持，也就是说工人阶级政党不能以阶级身份作为选举动员的基础，而只能诉诸更具有普遍意义的公民、人民等作为基础。工人阶级政党性质的淡化反过来疏离了其与工人阶级间的联系，因为阶级身份在选举政治中已经不重要了，工人阶级政党已经越来越与其他政党没有差别，工人阶级的利益也更多的基于公民身份获得，阶级忠诚变得模糊，宗教、种族、语言、地域等开始成为工人阶级开展政治运动的重要基础。①

在获得组织政府的权力后，政党不再只是如利益集团和社会运动那样充当将公民与政体关联起来的通道，而且成为现代政治过程中，最为重要的利益整合力量。政党的利益整合功能通过两种过程得以实现：一是渴望获得多数选票的政党，通过政党所属的外围机构来动员选民，而这通常需要建立在其政党纲领和政策主张能够兼顾来自各个社会阶层选民的诉求基础上；二是那些渴望从外部影响政治过程的组织化利益需要与这些"大权在握"的政党进行合作，以便使其所代表的利益得到优待。利益集团谋求与政党合作的过程，同时也是政党的利益整合过程：它将代表狭隘的、相互矛盾与冲突的团体利益进行拼凑、取舍和妥协，最终形成一个可以为各方接受的政策方案或者产生方案的程序。正是在这一意

---

① [美]普沃斯基：《资本主义与社会民主》，丁韶彬译，中国人民大学出版社，2012年，第21～27页。

义上,政党与利益集团的关系,被看作是塑造民主政府结构与属性的关键。①

从政体的角度看,利益政治的建构和实现过程,也是一个政体民主化的过程。正如陈峰所指出的,构成现代民主的主要制度都发端于旷日持久的斗争。具体来说,西方政体建立起三种基本制度,以便将大众争议导向既有政治框架内:第一,建立在选举基础上的代议制度,它允许政党整合与代表相异的社会利益,将它们组织到一个大的联盟中以便赢得选举;第二,利益集团政治,不管是多元主义模式还是法团主义模式,它都将决策过程中的团体利益代表制度化;第三,国家允许将公民社会与社会运动作为一种直接的代表形式,表达那些在既有制度设计中被低度代表者的诉求。②从国家与社会关系的角度看,政体的民主化将一种预设是对立状态的国家与社会关系转变为相互依赖和互相制约的国家与社会关系,后者既是实现政治民主化的条件,也是政治民主化的后果。在资本主义多样性研究者看来,多元主义和法团主义还分别是与自由市场经济和协调市场经济互补的制度设计。将协调市场经济从自由市场经济中区分开来的主要制度,均建立在法团主义的利益政治样式基础上。

民主政体中的利益衡平机制在当今受到严重挑战。在哈贝马斯看来,伴随后工业社会而来的新社会运动并非分配斗争(distributional struggles),它们的主张不能透过政党来传递或者通过物质补偿(福利体制)来缓解,这会推动发达资本主义国家出现更大的合法性危机。③危机体现在两方面:一方面,大量"后物质主义"议题绕开政党,借助公共利益集团或者新社会运动表达,政党的代表功能乃至组织形式受到严重挑战而不可避免地出现衰落;另一方面,公共利益集团与新社会运动越来越不满足于通过政党的"居间"实现抱负,他们组织自己的"政党分支"来尝试直接进入政治过程。这些所谓的"新政治政党"(new politics parties)或"利益集团政党"(interest party),④尽管获得政党头衔,并如政党那样

---

① Clive S. Thomas, *Political Parties & Interest Groups: Shaping democratic Governance*, Boulder London: Lynne Rienner Publishers, 2001, p.1.

② Feng Chen & Yi Kang, "Disorganized Popular Contention and Local Institutional Building in China: a case study in Guangdong", *Journal of Contemporary China*, Vol.25, No.100, 2016, pp.1–17.

③ Harbermas, Jurgen, *Legitimation Crisis*, Boston: Beacon Press, 1975.

④ Yishai, Yael, "Interest Groups and Political Parties: The Odd Couple", *Paper presented at the annual meeting of the American Political Science Association*, Chicago, August–September, 1995, p.6.

参与选举，但它们拒绝软化立场来换取更多的支持者，依旧专注于私人利益/单一议题。这使得西方政党体制（尤其是比例代表制下）呈现出明显的分割化，甚至极化的趋势。利益政治表现出更多的失衡、对抗与冲突，成为诱发西方民主治理体制出现危机的根源之一。

三、利益政治建构的动力与演变

（一）利益政治建构的动力

多元主义和法团主义，从大的理论归属来看，均属于社会中心范式。和其他社会中心理论一样，它倾向于低估乃至忽视国家在社会现象形塑中的作用，事实上，利益政治的样式很少是社会力量单方面作用的产物。在讨论"为何法团主义没有出现在美国"时，索尔兹伯里（Robert Salisbury）等人指出，美国国家的基本结构，诸如联邦主义、地域性代表单元的重要性、非纲领性政党、行政官僚分割的领域、国会及其专门委员会的重要性等都鼓励了竞争性、专门化和纪律松弛的利益集团。[1]换言之，由于美国国家的内部结构比较分散，这就使那些与美国政府打交道的社会利益集团也需要采取分散接触的方式，继而使其利益政治呈现出多元主义的样式。与之相比，欧洲许多国家因为国家中心化程度高（单一制），导致社会力量的集中程度（如全国性的商会和工会）也较高，因而更容易形成法团主义。不管是在何种样式的利益政治中，相比于之前，现代国家越来越多地介入到社会利益的博弈过程中，群体的诉求也越来越多地需要通过国家来实现。在这种情景下，国家的结构与介入方式更加显著地影响到社会利益的组织和表达方式。

尽管多元主义和法团主义的利益政治间存在明显差异，但这些早发现代化国家在应对社会利益组织化的过程中，还是表现出明显的共性：一是利益政治是基于政治目的设计出来的，即如何有效地应对社会利益组织化，防范其危及

---

① Robert H. Salisbury, "Why No Corporatism in America?" In Philippe Schmitter and Gerhard Lehmbruch, eds., *Trends Toward Corporatist intermediation*, Beverly Hills, CA: Sage, 1979, pp.213-30; Graham K. Wilson, "Why is there no corporatism in the United States?" In Gerhard Lehmbruch & Phillipe C. Schmitter, eds., *Pattern of Corporatist Policy-making*, Beverly Hills: Sage Publications, 1982, pp.219-36.

既有的政治经济体制。它们将扩大选举权作为应对社会利益组织化的一个重要路径,在这个过程中,西方政体逐渐实现了现代意义上的普选。二是在民主的情景中,由于每个群体都被赋予了组织起来的权利,利益衡平成为利益政治设计的主要思路。对于社会抗争,国家的应对思路由最初的压制逐渐转变为制度化,即转化治理冲突的场域。这种转化并不会消除社会领域中的冲突现象,甚至有可能助长其生长,但它有效地改变了社会冲突的形式,增强了冲突的可预期性,有助于节制抗争的策略,推动国家与社会进入到更具合作性的关系中。①与之相比,很多威权体制缺乏制度化抗争的渠道,哪怕最轻微的抗争都会在政体的"铁皮"上留下"凹痕"。三是政体甚少参与乃至主导社会利益组织化的建构,只能在社会利益成形,在它进行组织化利益表达的过程中,予以回应。

当然,在面对社会的时候,国家也不总是消极的,而是积极主动形塑个人对某一争议话题所持有的立场,动员有助于自身目标达成和实现的群体。政府的行为也是推动个人结成团体的重要动因。例如,全国性的养老金政策推动形成了一个退休人员团体,国家为了履行国防职能而导致社会形成了一个庞大的退伍军人团体,中国的计划生育政策导致那些失去独生子女的父母潜在地构成了一个"失独者群体"。这些组织是出于对政府行为的回应而出现的,而不是先有社会诉求,之后再由国家来予以回应。但不管何种情况,这些组织均是民众践行结社自由的产物。在这种情景下生成的组织,具有较强的自主性和独立性。

(二)利益政治的演变

利益政治样式具有一定的韧性,它发端于历史的某个关键节点,不断适应所在国家的政治架构,并与某种政治经济样式形成了互补的制度设计。正是基于此,我们持续地使用多元主义、法团主义或民粹主义等概念,将之作为某种政治社会关系,乃至政治经济样式的标签。但这并不是说,利益政治样式一旦生成就固定不变,而是说,利益政治样式是一种基础性的制度,它牢牢地嵌入到政治经济的其他制度要件中,难以在不改变与之存在互补关系的制度情况下,单独去改革利益政治样式。因此,利益政治的变迁注定是渐进式的,这在法团主

---

① 张振华:《寻找中国争议政治的理论基础:范式选择与政策启示》,《社会科学》2018年第4期。

义利益政治中体现得最为明显。在20世纪后半期以来，西方发达国家陆续进入到后工业化阶段。伴随着信息技术的发展，世界各国主动或者被迫卷入史无前例的全球化进程中。后工业化和全球化会如何改变法团主义的制度安排，毕竟它原本是在福特主义和民族国家情景下发展出来的利益政治样式。

法团主义者最初将法团视作一种缓和社会对抗与阶级冲突的制度安排。社会利益的组织化使得任何一个主要的经济利益组织都具有破坏工业秩序的能力，因此这些经济利益团体间的合作，对于资本主义的良性发展至关重要。然而随着现代化进程，法团式的制度安排出现了两个方面的变化：一是它被用来实现不同的目的，二是它被移植到其他的政治情景中。在此过程中，法团主义出现了更多的亚型，前者如新法团主义，它将法团作为促进平等的一种途径，后者如国家法团主义或者威权法团主义，它将法团转变为控制和防范社会利益组织化，继而维持威权统治的一种方式。国家法团主义广泛存在于包括东亚在内的威权政体中，我们将在第二节阐释其含义，这里只简要讨论新法团主义（也称作左派法团主义、自由法团主义或社会法团主义）。

出于对边缘团体利益的关注，新法团主义鼓励民主参与和包容所有集团的利益，将之作为促进更大程度平等的一种方式。其倡导者包括瑟罗（Lester Thurow）、库特纳（Robert Kuttner）及美国前劳工部长赖克（Robert Reich），他们普及了运用政府权力来积极推动社会正义和经济增长的理念。瑞典和奥地利则经常被看作新法团主义的典范。新法团主义理念背后的逻辑是，现代经济由利益集团主导，自由放任政策只是允许更强的集团掠夺未组织化的群体（诸如小企业、农民、非工会化的工人以及穷人），政府应当保护这些低度组织化或者尚未组织起来的弱势群体。它的一个提议是将政府、工会、消费者和地方社区代表置于公司董事会中。这样做的理由是，他们最终都会受到公司影响，因而在确保公司决策对社会负责议题上具有共同利益。让利益攸关者来影响公司决策，这与新古典理论的主张截然相对。在后者看来，在公司的众多利益攸关者中，只有股东是剩余索取者，因为股东所得到的回报是在所有其他利益得到满足之后才能主张的，所以它受到最大化企业利润的激励，这是股东成为企业所有者的理由。以股东为中心组织经营活动的方式被称作股东资本主义（shareholder capitalism）。与之相对的公司治理样式则被称作利益相关者资本主义（share-holder capitalism），①它是新法团主义者所偏好的公司治理样式。

（三）趋向收敛的利益政治？

斯密特注意到在全球化进程中，当代的新法团主义安排出现了很多改变：一是行为者身份的改变。最初的论述假设，关键的参加者是资本和劳工的代表，辅之以国家偶然的、通常不引人注目的介入。但是如今，出现了代表其他利益的组织，诸如环境、女性、消费者、年轻人等。二是行为者组织的改变。原先的法团主义参加者是垄断的、按层级组织起来的（hierarchically structured）、广泛全面的（broadly comprehensive）和官方承认的组织，而现在很多组织却是多元、自主、分割和非正式承认的组织。三是政策议题（substantive policy content）的改变。之前法团主义的核心关切是就业、收入政策或者工资争议；而现在这些已不再如此重要，转向了其他议题，其中的一些与阶级冲突只有微弱的关系。四是决策层级的改变。为整个国民经济设定规则和标准是新法团主义的通常做法，但这种做法已经发生了显著改变，它表现为日益诉诸更为专门化的论坛，出现在经济部门或者非中央地区这样的中观层面上。五是行为者能力的改变。原先进入新法团主义谈判中的组织，有能力管理他们各自成员的行为，确保其服从所达成的协定。如今的利益组织和社会运动明显缺乏这一能力，充其量只能够劝说其成员服从他们所赞成的政策。六是决策过程的改变。之前，多数决定需要通过所有参加者的共识来达成，决定的执行依赖于组织确保其成员服从的能力。如今一些参加者拒绝签署协定，或者要求国家通过强制手段来确保最终的服从。②

尽管这些改变已经为众多的研究者所捕捉到，但它是否意味着法团式的利益政治已经或即将解体，抑或这只是法团主义根据新情景做出的另一次调整而已，或者法团主义出现了一种新的亚型。对于这些问题，学术界尚未给出共识

---

① [韩]张夏成：《韩国式资本主义：从经济民主化到经济正义》，邢丽菊、许萌译，中信出版社，2018年，第93~117页。

② Philippe C. Schmitter, "Business and Neo-Corporatism", in David Coen, Wyn Grant & Graham Wilson, eds., *The Oxford Handbook of Government and Business*, Oxford University Press, 2010, pp.251-252.

性的答案，但的确有研究注意到在20世纪90年代的欧洲，新法团主义再度变得流行起来。对此的解释，除了强调制度和系统变量（如欧洲一体化、经济形势等）的影响外，还需要更加强调行为者的目标和战略行为。就行为者而言，关于当今时期的法团主义需要强调三点：一是国家在协商中发挥了积极作用。随着传统上支持新法团主义的那些制度逐渐衰落，公共当局在法团主义中的重要性有所增加。在一些案例中，政府只是作为第三方介入，正如它之前所做的那样。在其他案例中，政府向工会和雇主施压，要求他们进行协商。在多数案例中，政府有责任引导谈判过程。二是相比于签署社会协定的20世纪六七十年代，谈判伙伴的力量平衡发生了实质性转变。过去二十多年在多数欧洲国家中，工会运动的分割或者衰落，削弱了工会相对于雇主和政府的地位。与此相应，不同行为者目标和行动能力出现的变化，影响到谈判过程并涉及的政治交换。三是集中化和广泛覆盖的劳资顶峰利益组织对于成功的法团主义不再是必要条件。法团主义结构的演变将导致谈判过程的改变，而不是其消失。[1]对法团主义走向的观察还构成更为宏大的全球化研究的一部分。大体而言，全球化论者更加相信，全球化将让世界各国的制度趋向收敛。这自然包括利益政治的样式，而资本主义多样性研究则坚信，国际体系并不会自动导致国内结构的改变，它需要通过国家的中介才能作用于国内政治经济。因此，即便是在全球化的情景下，由于不同国家对其的感知和回应方式不同，政治经济样式的差异也将得以持续。

第二节　现代化进程中的东亚国家—社会关系

相比于先发现代化国家，后发国家在现代化过程中所要触动的传统因素更为深刻，社会的"反向运动"也就愈加的激烈。亨廷顿很早就注意到了这一点：

政治动乱之所以在20世纪的亚洲、非洲和拉丁美洲到处蔓延，很大程

---

[1] Oscar Molina and Martin Rhodes, "Corporatism: The Past, Present, and Future of a Concept", *Annual Review of Political Science*, Vol. 5, 2002, pp.316–317.

度上要归咎于那里的现代化进程过快,其速度远远超过早期实现现代化的国家。欧洲和北美的现代化进程延续了几个世纪,大体上来说,每次只解决一个问题或对付一种危机。但是除了西方,世界其他地区在现代化进程中,中央集权、民族融合、社会动员、经济发展、政治参与、社会福利等,不是依次而至,而是同时发生的。①

因此,在后发国家,尤其是在那些采取政府主导发展的后发经济体中,利益政治呈现出与先发国家迥然不同的特征,这既源自现代化在不同国家出现时的时间节点、现代化的内容和形式上有所差别,也源自国家对于经济现代化的社会后果采取了不同的应对策略。

作为一个整体,将东亚从其他更为"民主"的体制中区分开来的关键一点是,在东亚发展型体制中,通过行政渠道实现的国家—社会关系更加密集,而政治化的关联机制要么完全缺失,要么只是部分存在。通过行政通道实现的国家与社会关系有自己的特征:国家可以不以阶级或其他共同体为单元与社会力量进行整体性关联、可以选择性地回应社会中的某些利益,或者赋予某一社会利益中的某些组成部分特权性地进入国家的通道,这使得东亚的国家—社会关系呈现出更强的异质性。相比于先发现代化国家,相比于拉美的新型工业化经济体,东亚的国家与社会关系也更少争议。

一、比较现代化视角下的东亚利益政治

(一)东亚现代化的社会后果

作为跨越式工业化的结果,东亚国家的社会结构以更快的速度发生着改变。1965年的韩国,工业部门就业人口在总就业人口中的比例只有17.2%,而农业就业人口占比高达50.4%,但到1988年,工业就业人口占比已经扩大到41.5%,农业就业人口占比下降到20.6%。与之相比,在法国,农业就业人口占比从53%减少到22%用了120多年(1840—1962年)。即便是作为后发工业化典

---

① [美]亨廷顿:《变化社会中的政治秩序》,王冠华等译,生活·读书·新知三联书店,1989年,第43页。

范的德国，也用了近80年（1882—1961年）才使农业劳动力占比从50%减少到16%，同期，它的工业就业人口占比从32%增加到了45%。[1]韩国学者宋丙洛指出，韩国的工业化"是世界上已知的最快速、最具有压缩性的无产阶级化过程之一。它在一代人的时间里造成了欧洲社会用一个世纪才完成的大规模变迁"[2]。

中产阶级的规模急剧扩大。一般而言，中产阶级分为旧中产阶级和新中产阶级两部分。前者主要包括小企业主、小商人、小资本家，其主要特征是，以有形资本来获得中产阶级地位，旧中产阶级存在于传统农业社会，并以不同形态存在于现代工业社会的不同发展时期。新中产阶级是随着产业结构的升级、知识密集型产业的发展、大学教育的普及而大量产生的。按照米尔斯的定义，新中产阶级主要指那些"依附于庞大机构、专事非直接生产性的行政管理工作与技术服务、无固定私产、亦不对服务机构拥有财产分配权、较难以资产者论之、靠知识与技术谋生、领取较稳定且较丰厚的年俸月薪"[3]的阶级，它主要包括专业技术人员、企业管理人员和政府行政人员，以及属于中产阶级下层的公司职员和中小学教师。1960年韩国中产阶级在总人口中所占比例不到20%。1960—1970年，中产阶级占比每年平均增加一个百分点，到1970年已经达到29%，成为韩国社会的第一大阶级。此后，中产阶级的规模继续增加。1980和1990年分别达到38.5%和45.7%。[4]

东亚国家对经济的主导显著地改变了企业的组织形式，推动了大企业的形成和超常发展。统计数据表明，1966—1976年间韩国企业总数增加了不到10%，但雇佣人数在300人以上的大企业增加了332.4%，雇佣人数在50～299人间的中型企业增加了178.4%，雇佣人数少于50人的小企业则呈现持续下降趋势。[5]20世纪70年代是韩国推出重化工业战略的时期，也是韩国财阀增长最为

---

① Hagan Koo, "From Farm to Factory: Proletarianization in Korea", *American Sociological Review*, Vol. 55, No. 5, 1990, pp. 669-681.

② [韩]宋丙洛：《韩国经济的崛起》，商务印书馆，张胜纪、吴壮译，1994年，第118页。

③ 陈曙红：《新中产阶级与民主》，《浙江学刊》2004年第4期。

④ Hong, Doo-Seung, Kim Byung-Jo & Jo Dong-Gi, *Occupational Structure in Korea*, Seoul University Press, 2003, p.141.

⑤ [韩]宋丙洛：《韩国经济的崛起》，商务印书馆，张胜纪、吴壮译，1994年，第119页。

快速的十年。1971—1980年,在位列前十的财阀中,增长最快的大宇以年均53.7%的速度增长,这意味着在不到十年的时间内,它的总资产增加了47倍。紧随其后的是现代,它的总资产以年均38%的速度增长。即便是与国家关系不太密切的三星,也实现了年均18.4%的增长,总资产累计增加了近3.6倍。[1]大财阀之所以能够实现如此快速的增长,在很大程度上要归咎于它们同国家的产业政策"同频"。

相对于整体经济,财阀实现了更快增长,其结果是,韩国前十大财阀的销售额占国民生产总值的比重,由1974年的略高于15%(15.1%)猛增到1984年的67.4%。前五大财阀销售额占国民生产总值的比重,同期则由11.6%增加到52.4%。最大财阀销售额占比则从不到5%增加到12%。[2]在民主化前夕的1986年,韩国前十大财阀总销售额超过650亿美元,占韩国国民生产总值的份额超过65%,前五大财阀的收入在1991年达到1160亿美元,几乎占到了该国当年国民生产总值的一半。[3]财阀企业的所有人与高级管理者,与政府高官和高级专业人员(律师、医生、著名学者)共同构成了一个仅占总人口4.3%的上层阶级。[4]

(二)作为应对现代化后果的东亚利益政治

就如同后发状态使得东亚国家采取一种有别于先发国家的工业化战略一样,作为后发现代化的样本,在东亚,工业社会的形态及其政治回应方式都呈现出显著的差异。在民主化之前的东亚国家与社会关系,符合法团主义的一般定义,它存在"单一的、非竞争性的、分层命令、部门条块分割的利益组织,发挥着垄断的利益代表角色,同时接受国家的限制,包括他们选举领导人的类型,向国家提出常规要求时的范围和强度"[5]。但在东亚,国家在形塑法团主义结构中发

---

[1] Eun Mee Kim, *Big Business, Strong State: Collusion and Conflict in South Korean Development, 1960-1990*, Albany: State University of New York Press, 1997, p.153.

[2] 转引自Alice H. Amsden, *Asia's Next Giant*, p.116.

[3] Soong Hoom Kil and Chung-in Moon, eds., *Understanding Korean Politics: An Introduction*, p.217.

[4] 张振华:《大企业主阶级与韩国民主化》,《当代韩国》2008年春季号。

[5] Philippe C. Schmitter, "Still the Century of Corporatism?", *The Review of Politics*, Vol. 36, No. 1, pp. 85-131.

挥了更为重要的作用，它通过法团组织来抵御现代化过程中所产生的新生社会力量，而按照预设的情景，这些群体本来应该组织起来，向国家争取权利。这种类型的法团主义被称作国家法团主义。作为法团主义的一个子类，在国家法团主义下，法团主义的制度特征"主要是由国家自上而下地主导、诱引、强制而促成的"，而非通过"自下而上的社会团体间的竞争、联合、兼并来完成，再由国家赋予合法性并换取相应的控制权（社会或自由法团主义）"。①这种区分部分是为了消除依附在法团主义概念上的意识形态符号，因为法团主义在历史上曾与法西斯纠缠在一起。

建立在国家法团主义基础上的东亚国家—社会关系具有如下三方面特征：一是在国家与社会的关系中，国家处在了一个明显主导的地位上。它不只是被动回应利益诉求，还主导了社会利益的组织化过程，对其利益组织的样式、活动领域和可用的利益表达手段等进行严格限定。按照这种逻辑建立起来的法团主义属性的组织，与其说是在代表和维护社会利益，不如说是限制和防范社会利益。二是在国家倡导下建立起来的法团主义组织，具有明显的抢占色彩，表现为它在工业化的更早阶段，在工业化造成的社会后果得到充分展示之前，就建立起相应的组织。一旦这些组织就位，它就起到了限制这些利益自主联合的能力。在它们作为组织化利益开始获得或者重新获得力量之前，通过建构法团主义的政治安排，国家能够约束其对于国家所提出的要求，节制社会利益组织化的政治后果。三是与早发现代化样本相比，东亚利益政治的构建不只着眼于如何防范和制度化社会抗争，而且有着更为重要的经济考量，即推动国家与社会关系服务于经济目标。国家与工业化所导致的两组主要社会力量（资本家和劳工）维持着迥然不同的关系样式，一方面，相比于规制型国家中的政商关系，②东亚发展型国家中的政商关系，尤其是国家与财阀企业间的关系更为紧密；另一方面，国家对于劳工，尤其是对劳动密集型产业中的劳工表现出更强的压制性。国家与社会关系的这种选择性取决于社会力量在国家战略中所处的位置，

---

① 吴建平：《理解法团主义》，《社会学研究》2012年第1期。
② 在本书中，政商关系仅指政府部门与企业在公共领域内的关系，而不包括它们在生产领域内的关系。

密切的政商关系有助于国家战略目标在企业家群体那里得到响应,而压制性的劳工政治有助于抑制劳工的再分配诉求,压低劳动力的成本,继而为出口导向的工业化战略提供强有力的支撑。

东亚式的国家—社会关系样式与其国家建构的情景相关。在国家建构的"关键节点",由于孱弱的社会力量,国家有能力单方面划定公民权利与国家权力之间的边界,并根据政治的需要,不断调整公民权利的内涵,以便为自己进一步扩张权力提供依据。一旦威权政体就位,它就与国家法团主义制度相互强化:一方面,政体的威权或者软威权属性便利了国家法团主义的制度安排。通过法团主义的制度安排,国家介入乃至主导了社会利益的组织化进程。这样做显著削弱了社会利益的自主组织进程,甚至从根本上瘫痪了它们通过集体行动争取与维护其共同利益的能力,并由此维持了国家相对于社会的高度自主性,确保了其对工业化进程的主导。另一方面,国家法团主义的制度安排反过来又使得政体得以维持其威权色彩,并能根据政治的需要,不断调整"威权的成色"。在这种情景中,包括劳资关系在内的社会形态较少是由不同社会力量的直接对抗与力量对比关系所形塑,而更多是为国家对不同社会利益所持的有差别的态度所决定,后者取决于它们服务国家经济和政治目标的能力。

在东亚,利益政治的构建较少是对现代化被动回应的结果,更多是作为国家经济发展战略的一个有机组成部分。尽管如此,依据政治的制度化程度,在东亚,国家—社会关联方式也存在较为显著的差异。政治的制度化程度越高,国家与社会关联的差异性就越少,社会利益的自主组织化程度就越高。反之,政治的制度化水平越低,国家与社会关联的差异性就越大,社会利益的自主组织化程度就越低。在日本,企业界的自主性和组织化程度较高,也更多能够借助政治机制表达利益,从而使得政商关系处在一个更加平衡的位置上。它的劳工政治更少压制性,却更多受制于冷战格局下形成的保守主义政治。

而在韩国,政商关系的天平更多偏向政府,政商关系的基本规则和格局是由将明治视为效仿对象的朴正熙所建构起来的。作为一个整体的商人也很少得到同等程度的对待,只有那些财阀的所有者和高级管理人员,才享有与国家更为便捷和有效的关联渠道。朴正熙有意识地防范这些财阀与政党(包括反对党,乃至其自己所在的党)建立关联,或者说防范这些财阀将其财力转化为政治影响力。政党没有同这些最有实力的社会力量间建立制度化关系,财阀绕开了政治的平台,其利益直接在行政决策和执行过程中得到了体现和满足。韩国的劳工政治也体现出更强的压制性。

二、政体设计与东亚的政商关联

发展型国家的研究者经常异口同声地主张,东亚的政商关系,最为突出的特点是紧密。用来描述这种紧密关系的概念有两个:韩国公司、日本公司。这些概念用以表明,国家不是作为企业的外部行为者,而是作为后者的战略合作伙伴。类似于有限责任公司中的股东,国家广泛地参与到财阀企业的管理中,承担了在更为自由的市场经济情景中,原本应由企业来承担的部分职能,但这一概念也暗示,国家并不对其商业活动承担无限的救助责任。

从政治视角来关注和诠释东亚经济表现的研究者,更倾向于将其政商关系称作伙伴关系。可能没有比科利对这种伙伴关系更为形象的描述了,他把政商比作"驾驶战车的两匹马":如果把工业化的过程设想成驾驶战车,那么国家和企业家就可以被看成拉车的两匹马。如果这两匹马不但强壮而且朝着同一方向奔驰,战车就会走得很快。而如果得不到经济精英的配合就如同"两匹马不朝一个方向用力,即国家与企业家有时一起工作有时则不,社会的权力资源就被浪费,工业化的战车也不会快速和平稳前进"①。

本书尝试从比较政治经济的视角来讨论东亚的政商关系,它包括三个相互关联的方面:一是作为政体组成部分的政商关系,二是作为政府主导发展战略的制度基础的政商关系,三是比较意义上的政商关系。这里仅涉及第一方面的政商关系,其他角度将在第三节中予以讨论。从政体的角度看,联结和沟通国家与社会是现代政体的基本功能之一,但在不同样态的政体设计中,用来实现这一功能的理念和装置有所不同。社会力量进入政治过程和政治行为者动员

---

① [美]科利:《国家引导的发展——全球边缘地区的政治权力与工业化》,朱天飚等译,吉林出版集团,2007年,第24～25页。

社会群体的动力和目标也有所差异。本书的研究表明,区别于更为"正统"的政体设计,在东亚,行政发挥了重要的沟通与吸纳"民意"的功能。换言之,东亚的政商关系,既是政治家与企业家的关系,更是行政官僚与企业家的关系。在这种样式的政治—行政设置中,企业家的诉求可以不依赖政治的中介,直接在与官僚的互动中得以表达,据此形成了"紧密"或者说更为"直接"的政商关系。

(一)政体设计与日本的政商关系:三角联盟与"下凡"

从1955年开始日本政治逐渐形成了所谓的五五体制。当年左和右的社会主义政党合并形成了日本社会主义党(Japan Socialist Party,简称社会党),而自由与民主党合并形成自由民主党(Liberal Democratic Party,简称自民党)。从1955年到1993年自民党享有未曾中断的一党执政,这是日本政党制度常被称作"一党独大"的主要依据,但不能据此进一步推断说,日本已经出现了强政党。自民党是一个包含许多不同派系的复合型政党,每个派系都构成一个分立的实体。自己筹集竞选基金,自己推进其成员的事业升迁。各派系间谈判解决党和内阁高层职位的分配,并轮流担任内阁总理大臣。缺乏内部的凝聚和团结,使得自民党即便长期执政,也不能主导行政过程,而是逐渐处在一个所谓的三角联盟中。联盟的三方分别是自民党、高级官僚和大企业。自民党的长期执政以及在国会中占据的多数席位为精英官僚提供了政治稳定,而高级官僚在退职后时常会出任执政党的国会议员或者充当大企业的理事会成员。大企业则为自民党提供了大量的政治资金以换取其在国会中的亲企业政策。在五五体制下形成的执政三角模型,明显不同于从明治维新开始逐渐演化而来的日本制度。在三角模型中,尽管官僚依旧是重要的决策者,但它的权力日益需要与执政的自民党和大企业分享。日本政治中据此出现了一个"部族"(tribes)的概念。"部族"是有影响力的自民党国会成员,围绕省厅的管辖领域所组织起来的一个非正式团体。国会成员通过获得影响省厅相关事务的权力,被认为是特定省厅的部族成员。

随着时间的推移,日本的"铁三角"逐渐在各个主要的次级层面上形成,如工商业团体—通产省—工商族议员、农业团体—农林省—农林族议员、运输业团体—运输省—运输族议员、教育团体—文部省—文教族议员、国防产业—防卫厅—国防族议员等。①"三角模型"的稳固不只建立在利益重合和权力互赖的基础上,相同的社会背景和学校与婚姻关系所结成的关系网络也是黏合三方的纽带。②一项研究表明,在1980年度国家公务员考试录取的1059名人员中,东京大学出身者为519名,接近总数的50%。在359名国会议员中,出身东京大学者为206名,占被调查议员总数的53%。而在银行、商社、钢铁公司、汽车制造厂、电力机械等大企业任职的251名总经理、社长中,有109名毕业于东京大学,占被调查者总数的41.5%。③

如果说,在日本,政商关联的政治通道,与绝大多数民主体制相比并无太多区别的话,通过行政通道实现的政商关联,却是多数民主国家所不具备的,甚至是要着力防范的。建立在个人主义方法论基础上,公共选择理论怀疑官僚介入经济的动机。在他们看来,由于官僚是理性的,倾向于将个人的利己动机置于组织目标之上,因此在被赋予了更为广泛的干预经济的权力时,这些权力将被转用于促进个人利益。解决这一问题的办法是,尽可能限制政府介入经济的范畴,也尽可能维持官僚与企业之间的距离。民意应该通过议会所颁布的法律得以体现,度量人民主权或者民主的依据是,这些法律成为官僚制定和执行公共政策的根本指南。因此,官僚与受到公共政策影响的社会群体之间的联系是间接的,是需要通过议会的中介来实现的。这有助于减少官僚暴露于社会群体直接压力下的风险,也减少了官僚通过选择性地配置资源谋取私利的可能性。

日本政商最为重要的行政关联通道是审议会。根据王新生的研究,这是日本省厅的资讯机构,主要职责是提出政策议题,审议省厅起草的法案。1984年时日本共有214个审议会,其中,总理府50个、通产省31个、农林水产省22个、

①[美]马克·拉姆塞耶、弗朗西斯·M.罗森布鲁斯:《寡头政治:帝国日本的制度选择》,邱静译,江苏人民出版社,2013年,第64页。

② Michio Muramatsu & Ellis S. Krauss, "Bureaucrats and Politicians in Policymaking: The Case of Japan", *The American Political Science Review*, Vol. 78, No.1, 1984, pp.126–146.

③王新生:《现代日本政治》,经济日报出版社,1997年,第70~71页。类似的做法也存在于法国,法国通过"精英学校"(grandes écoles)来培养未来的高级公务员、政治家和大公司的经理人。

厚生省22个、大藏省17个、劳动省14个。①审议会由不同团体的代表组成,包括政府官员、财界代表、工会代表、新闻界代表、学者代表等。审议会成员通常由有关省厅的课局提名,大臣或次官任命,任期一般为两年,可连任,因而很少变化其成员;审议会的规模不等,最少的5名,最多的130名,其中拥有20~30名成员的审议会约占40%;审议会成员来自社会各个领域,虽然名义上是以个人身份参加,但实际上却代表社会各界的利益;审议会成员平时从事自己的本职工作,只参加审议会的会议或活动,并按照出席会议的次数给予津贴和交通费;审议会召开会议多少不一,最多的每年可召开百次。②按照学者的看法,审议会的广泛存在支撑了合作性的政商关系:一旦审议会在经济中普遍使用,单方面强加其意愿到产业或者部门的政府,将冒着削弱审议会对于其他团体价值的风险,因为这有可能颠覆整个合作性的决策系统。在这样的情景下,政府不可能只遵守那些它所偏向的决定,而推翻那些它所反对的。通过制度化审议会,政府减少了其任意的权力,但收获了企业对于政策稳定的信心。③

精英流动即"下凡"(Amakudari),也是日本政商关联的一个主要机制。按照日本行政机构的惯例,同年进入省厅的有资格官僚中,如果有一人升任次官或者局长职务,其所在省厅或局的其他官僚就要退职。这些官僚将转任到私人企业、银行、政治界和公共企业的高层职位中。1992年7月,日本115家上市银行董事局中,有78名前大藏省的官员和64名前日本央行的官员。这种做法的一个明显后果是可能诱发道德风险,因为官僚可能会为了个人退休后的利益而在任职期间,着力培育他们与特定机构的关系。对于这种行为的制约(尽管不能完全消除这种倾向)是通过最小化官员个人在安排退休后工作的自主性来实现的:这项工作由大藏省或者央行的官房(负责人事工作),而非相关个人来安排。因而,单个官僚在他们任职期间与特定机构发展关系的激励受到限制。不仅如此,由于这些职位最终要由他们任职期间负责监管的产业部门来提供,官

---

① 王新生:《现代日本政治》,经济日报出版社,1997年,第72页。

② 王新生:《现代日本政治》,经济日报出版社,1997年,第103页。

③ Hilton L. Root, *Small Countries, Big Lessons: Governance and the Rise of East Asia*, Hong Kong: Oxford University Press for the Asian Development Bank, 1996, p.12.

僚将受到维系此类产业持续增长的激励。①对于"下凡"的研究，有助于矫正我们对于日本官僚的刻板印象，后者通常强调日本官僚仅仅因为高度的内聚性和对于公共利益的信念而获得了韦伯式官僚的特征，这是其实现创造性行政的基础。

　　具体而言，"下凡"与日本官僚的激励结构至少有四个方面的密切关系：第一，在私人或准公共部门中的重新就职安排（通常会取得更高水平的收入），是对官僚从事较低报酬公务活动的一种补偿。第二，官僚所能够获得的"下凡"职位与其退职时在省厅中所处的级别对应，这激励官员在任职期间获得更高职位。第三，由于官员的"下凡"职位不是自我决定的，而由部委安排，因而与某家公司培育特殊的密切关系并不有助于未来的"下凡"任命。进一步说，如果官员被发现从事了促进个人物质利益的行为，可能因此被迫离开省厅，丧失了其在退职后得到补偿的机会。偏向某一企业会玷污省厅的声誉与合法性，会促使这些公司拒绝提供丰厚的"下凡"职位。据此，"下凡"有助于将个人利益与组织集体利益整合到一起，充作对公职人员的惩戒机制。第四，"下凡"能够帮助省厅有效履行职能。老友关系有助于加强省厅与私人部门间的沟通、便利政策执行，以及省厅更为密切注意企业的需求。②这些都有助于政策取得成功，反过来帮助省厅抵御国会或者政治家借口管理不力而干预官僚决策，并刺激私人部门为退职的官员提供更多的丰厚职位。

　　这类制度的潜在负面后果是，尽管官僚个人不能决定自己退职后的安排，但已经"下凡"的前官僚对于这些即将"下凡"官员的安排有影响。现任官员倾向于忽视前任的错误，不情愿处理可能牵连到前任的问题，由此导致最初是小的、限定在某一特定金融机构中的问题很容易随着时间而扩散。"下凡"制度看起来破坏而非促进了监督，因而不利于银行系统的合理运转。③

　　由于相对年轻的强制性退休年龄，公务员对于退休后的工作更加感兴趣。

---

①　Masahiko Aoki, Hugh Patrick and Paul Sheard, "The Japanese Main Bank System: An Introductory Overview", in Masahiko Aoki, and Hugh Patrick, ed., *The Japanese Main Bank System: Its Relevance for Developing and Transforming Economics*, Oxford University Press, 1995, pp.32-33.

②　Jennifer A. Amyx, *Japan's Financial Crisis: Institutional Rigidity and Reluctant Change*, Princeton University Press, 2004, pp.69-71.

③　Jennifer A. Amyx, *Japan's Financial Crisis: Institutional Rigidity and Reluctant Change*, pp.83-84.

通过延期支付担任公职人员期间可以获得的好处,部分地解决了公务人员的道德风险,即利用信息优势来谋取私利的激励。这将日本的公职人员置于了类似于美国官僚的情景中。在后者那里,掌权的官员希望在不担任公职后谋求一个好的职位,为此倾向于暗中运用权力为客户(如军事采购)谋利。在美国,体制是通过对官僚再就业的限制来预防这种情况发生。而在日本,对这一现象的防范是通过对官僚"下凡"职位的规定来实现的。它并不是需要个人,而是通过官房来安排。此外,如果将集权国家理解为权力高度集中于中央的话,由于较小的规模,多数东亚经济体的权力是高度集中的,地方政府很少拥有实质性权力,这将政府与企业互动的空间集中到中央层面上,形成了一种集权式的政治经济,限制了分散化掠夺出现的可能性。而像美国那样的体制,由于联邦制度的设置,在州和地方政府层面上也存在大量的政商互动。

(二)韩国的政体设计与低度制度化的政商关系

从政治代表性的角度看,日本的政党政治已经能够在政商之间建立起制度化的关联,与西式民主相比,所缺乏的是,它没能同等程度地代表劳工利益,政治体制因而是保守的,是有限的多元主义,是"没有劳工的法团主义"①。与之相比,在韩国,政商更少能够通过政治通道关联。韩国的威权领袖把企业看作实现增长的工具,而尽力遏制企业发挥政治影响力的通道。朴正熙明确,他支持大企业的条件是他们并不追求政治权力,希望财阀做好企业家的本分。威权领袖对于想要将经济资源转化为政治影响力的企业,施加了很高的机会成本。韩国企业大肆扩张是因为有来自国家的金融支持。企业财务上的弱点,使得国家能够有效惩罚那些违背领袖利益而进行政治投资的企业。由于不能利用政治权力来保护和促进其经济利益,韩国的财阀始终处在被动位置上,经济资源的集中并没有危及国家的自主性,威权领袖有能力根据企业家的表现来分配资源,这显然不同于在朴正熙之前韩国的政商关系样式。在李承晚时期(1948—1960年),政府控制的资源通常流向那些与执政的自由党有着密切关联的权贵

---

① Pempel, T. J. and Keiichi Tsunekawa, "Corporatism without labor? The Japanese anomaly", in P. Schmitter and G. Lehmbruch, eds., *Trends Toward Corporatist Intermediation*, London: Sage Publications, 1979, pp. 231‐270.

手中,政治关系而非经济表现是他们获得这类优惠的关键。这再度表明,韩国的发展型国家并非既定的,而是一套人工制品。

与日本相比,在韩国,政商之间在行政通道上的关联同样存在显著差异。韩国不存在广泛的官僚"下凡"现象。事实上,由于决策的核心是总统所在的青瓦台,财阀并不需要邀请退休的职业官僚作为中间人。韩国的精英部委和财阀之间也甚少存在密集的互动。如前所述,在进行制度设计时,由于商工部需要与组织化的利益打交道,担心其被俘获,制度设计者蓄意削弱了商工部在发展装置中的作用。在韩国,扮演导航机构的是不将任何一个部门作为自己管辖范围的经济企划院。因此在韩国,能够为"紧密的政商关系"提供佐证的少有几个论据是,朴正熙从那些已经有承担风险、管理能力和优异表现的财阀中挑选伙伴,赋予他们特权性的与总统关联的通道。

(三)政商关系与商业利益的组织化

卡岑斯坦认为,连接国家与社会的政策网络对政策结果有重大影响。国家和社会各自的集中程度与二者的分化程度,决定了国家在应对20世纪70年代石油危机中的作用。在日本,国家在应对石油危机的决策与执行中起到主导作用,它是建立在国家和社会各自的集中程度高与两者的分化程度低基础上的。国家集中程度高是指国家的自主性强,国家与社会分化程度低是指二者有很强的联系,社会集中程度高是指代表社会利益的组织或利益集团的包容性强。国家自主性高使其可以相对独立决策,与社会联系强使其可以更好地通过社会执行政策。社会权力的集中,使国家与社会的互动更有效率,因为社会权力越集中,国家与社会的沟通就越方便、信息的组织和传递成本就越低。[1]这项研究是法团主义文献中的一个关键转折点,它使得学者们对法团主义的关注从政治理论逐渐转向了政治经济,研究者开始尝试探讨法团主义制度安排与宏观经济表现之间的关系。

政商之间存在制度化的关联,必须建立在组织化程度较高的经济利益基础

---

① Peter Katzenstein, "Conclusion: Domestic Structures and Strategies of Foreign Economic Policy", in Peter Katzenstein eds., *Between Power and Plenty: Foreign Economic Policies of Advanced Industrial States*, London: University of Wisconsin Press, 1978.

上。"经团联"是日本最高层次的工商业利益集团,它成立于1946年,由日本主要公司和企业集团组成。其下属的常设委员会,与政府各经济省厅相对应,而且与执政的自民党决策机构,即政务调查会下属的各个部会也具有密切联系。政府有关省厅的主管局长或主管课长以及执政党有关部会的负责人,经常被邀请到经团联的常设委员会,就某项正在制定的法案进行说明。此外,经团联常设委员会的负责人,也时常参加政府有关省厅以及执政党举行的听证会,并陈述工商业团体对某项政策的意见与要求。①与官僚的联系多数通过协会来进行,人们不会为了团体获得的利益而支付额外成本。商业利益组织化的程度不同,这是不同样式的合作机制的产物,同时也有着明显的后续影响。碎片化的商业利益更可能形成庇护或者掠夺样式的政商关系,而组织化的利益既能充作商业抵制国家意图的堡垒,也能够成为二者之间建立起制度化关联的基础。

韩国经济利益组织体现出非常显著的国家法团主义色彩。最为著名的经济利益组织包括韩国商工会(Korean Chamber of Commerce and Industry)、韩国工业联合会(Federation of Korean Industries, FKI)、韩国雇主协会(Korea Employers' Association),以及根据产业部门组织的各种行业协会。这些组织受到政府的鼓励或由政府倡导。"当经济结构变得更为复杂,政府需要企业家的合作。国家分配给商会的主要功能是动员企业部门来支持政府政策。"这些组织极易受到政府的操纵,"国家能够,而且确实干预了商会领导人的挑选,最起码它拥有事实上的,对由商会选择的领导人的否决权。通行做法是国家将退休的政府官员安排到领导职位上"②。一项对20世纪70年代韩国纤维产业联合会的研究结论是"联合会的最大作用在于实现政府和纤维产业界的沟通,并让纤维产业界顺应政府政策"。"许多协会是顺应政府政策而设立的……(其目的)与其说追求会员企业的利益,不如说忠于政府的要求。"③工业联合会是韩国大工业企业的最高组织,不只是充作表达和维护大企业集体利益的渠道,而且使得国家能够

① 王新生:《现代日本政治》,经济日报出版社,1997年,第72页。

② Moon Kyu Park, "Interest Presentation in South Korea: The Limits of Corporatist Control", *Asian Survey*, Vol. 27, No. 8, 1987, pp. 903–917.

③ [韩]朴燮:《韩国经济中的政府与同业组合》,[日]中村哲:《东亚近代经济的形成与发展》,人民出版社,2005年,第266页。

控制、形塑和影响大企业的集体利益。韩国工业联合会有助于帮助国家和财阀共同应对棘手任务，协商建立"产业合理化卡特尔"（industrial rationalization cartels）所要求的市场份额，防范大公司间的过度竞争。同时，朴正熙组织韩国工业联合会以便垄断其成员的政治忠诚，预先防范与朴正熙对立的政治力量，甚至是朴正熙执政联盟内的潜在对手，得到独立的政治资金来源。一旦他将所有大企业都招进了韩国工业联合会，朴正熙偏好与财阀以单个为基础来协商，经常是以不公开的、一对一交谈的方式，而不是通过正式的韩国工业联合会这样的官方渠道。①

三、东亚现代化进程中的劳工：政治排斥与制度保护

对于东亚的劳工政治，尤其是韩国现代化过程中的劳工，我们团队已经进行过较为充分的研究。毕业于韩国庆北大学的张彦华博士与我就这一主题合作完成了三篇文章，分别是：《控制与抗争：韩国威权时期劳动政治演变的历史制度主义分析》（发表于《韩国研究论丛》2017年第32辑）、《威权下的成长：韩国威权发展时期劳动体制演变的政治经济分析》（发表于《比较政治学研究》2017年第12辑）和《去势的阶级：民主化与新自由主义情景下韩国劳工政治的嬗变》（发表于《学海》2017年第2期）。在这组文章中，我们对威权与民主情景下韩国的劳工政治进行了较为系统的分析。对于发展型体制下东亚国家与社会关系的关注，还出现在我更早时期发表的一组学术成果中，它们从阶级角度来研究韩国政治民主化的动力，如《公民社会兴起的政治意蕴：以韩国为样本》（发表于《经济社会体制比较》2013年第3期）和《劳工阶级与韩国民主化》；《中产阶级的兴起与韩国民主化》和《大企业主阶级与韩国民主化》（分别发表于《当代韩国》2005年冬季号、2007年夏季号和2008年冬季号）。由于我们对这一议题的研究已经相对充分，这里只是对其进行简要的梳理和总结，目的是与政商关系形成对比，下面的部分论证出自这些已经发表过的文章中。

在《公民社会兴起的政治意蕴》中，我们对威权体制下的韩国劳工政治进行

---

① Eun Mee Kim and Gil-Sung Park, "The Chaebol", p.275.

了这样的描述:产业工人是韩国威权统治重点压制的对象。1961年通过军事政变上台的朴正熙在制度层面上初步建立起国家法团体制,劳工的组织权利受到严格限制。依据当时的法律,工会要被承认是合法的雇员代表,必须事先向行政当局提交详尽报告。一旦接到这样的报告,当局会私下通知雇主。雇主利用在一个工作场所只能建立一家工会的规定,迅速建立傀儡工会来达到先占目的,并通过开除、削减工资、降级、重新安排工作来惩戒工运分子;情报部门或警方时常会介入主要的产业工会联合会的选举。韩国劳总①(Federation of Korean Trade Unions)成为当时唯一合法的全国工会组织。然而"有限的政治多元主义"使得韩国威权体制本身存在一些漏洞。基于美国的外交政策及其与朝鲜社会主义政权的对立,"即便是在韩国威权统治时期,民主作为国家意识形态和终极目标的地位也没有真正受到挑战。专制者发现他们处于尴尬的境地中,要用政治权宜的托词来证明威权统治的合法性,威权政治只是建构民主所需的社会经济基础的暂时措施"②。韩国的威权者至少都需要通过赢得暗地里受到操纵的选举,并维持"打折"的其他民主制度(如反对党、宗教自由等)来佐证和彰显政权的合法性。与此相应,韩国的国家法团控制表现出非常明显的局限。韩国劳总的垄断地位时常受到挑战。早在1970年韩国就出现了独立的劳工工会。工人还在宗教领袖的指导下建立了大量的宗教性劳工组织。这种指导与合作关系也出现在工人与学生、知识分子和政治异见者间。由此,韩国的劳工运动很早就摆脱了经济工会主义的范畴,成为民主运动的一个组成部分。

　　韩国的统治者没能维系一种相对稳定的劳工体制,而是呈现出周期性的压制—放松—压制循环。20世纪60年代晚期,韩国仿照美国建立了一套自由劳工体制。工人拥有组织工会、集体谈判和集体行动的权利,而且除了政党,其他外部组织没有被禁止卷入劳工事务。1972年的"维新体制"实行"三个禁止":禁止第三方介入、禁止在一个工作场所或在公司和产业层面上组建多个工会、禁

---

①　韩国劳总最初是在李承晚(1948—1960年)任内,作为执政党的一个外围组织被建立起来的。在朴正熙执政初期,该组织接受了韩国中央情报部的重组和监督,在全斗焕时期改由国家安全委员会约束。

②　Byung-Kook Kim, "Party Politics in South Korea's Democracy: The Crisis of Success", in Larry Diamond and Byung-Kook Kim, *Consolidating Democracy in South Korea*, Boulder: Lynne Rienner Publishers, Inc. 2000, p.70.

止工会的政治活动。在经历了执政初期对公民运动的严厉镇压后，从1983年底到1984年初全斗焕政权采取了一系列放松举措，工人的部分权利得到默认。权利的"得而复失"与"失而复得"无疑在告诉工人"权利要靠斗争获得"。多数威权政体或脆弱的民主政权还存在一个明显的软肋，即不能将政权的更迭制度化。统治者更迭时，往往是政权最薄弱的时候，自然也就成为公民组织和公民运动最活跃的时期。从"4·19革命"到"5·16政变"①一年多的时间里，韩国出现了劳工运动复苏的迹象。1960年韩国劳工纠纷的数量从1957年的45起和1959年的95起增加到227起。工人建立了315个新的工会，取得15%到50%的工资增长。②类似的现象也出现在1979年底到1980年初朴正熙和全斗焕政权的更迭期，以及1987年中到1988年初全斗焕和卢泰愚政权的更迭期。

　　尽管东亚各个主要样本之间，就劳工政治而言，存在一些差异，但正如社会学家弗雷德里克·迪约（Deyo Frederic）所说的那样，这并不妨碍对它们做出一个整体性的判断："在国家事务中，组织化劳工在政治上只起到边缘性的、无关紧要的作用。在集体讨价还价中，劳工在雇主面前处于弱小的地位，产业中罢工的情况很少，而且普遍很容易被压制下去。劳工对经济决策的参与，最多只是象征性的。……快速、持续的工业化并没有改变劳工弱小的政治地位。"③迪约倾向于从工业化战略的角度来理解劳工控制。按照迪约，劳工控制起码从以下方面有助于政府主导发展战略：由于低工资对出口导向工业的重要性，东亚从排斥劳工中享有特殊优势。尽管威权国家不能完全管理工资增长的路径，在吸收了来自农业的剩余劳动力之后，产业部门目睹了实际工资的稳步增长，但劳工控制可能阻碍了实际的工资增长幅度。左派和劳工的软弱限制了对于福利支出的压力。在工厂层面上，劳工控制增加了管理的弹性，允许在企业层面上

---

　　①　1960年4月19日，李承晚为再次当选总统而修宪，引发大规模学生示威。示威遭到残酷镇压，李承晚也因此被迫下台。1961年5月16日以陆军少将朴正熙为首的少壮军官发动政变，推翻了张勉文人政府。

　　②　[韩]具海根：《韩国工人——阶级形成的文化与政治》，梁光严、张静译，社会科学文献出版社，2004年，第32页。

　　③　Deyo Frederic, *Beneath the Miracle: Labor Subordination in the New Asian Industrialism*, Berkeley: University of California Press, pp.3–4.

建立起高度父爱主义的产业关系。[1]

尽管存在政治上的排挤，但劳工在经济上并非纯粹的受剥削者。在快速的工业化过程中，劳工取得了实质性的工资增长。将1970年作为基数100，韩国的实际工资快速增长到1979年的238。英国工人用了70年的时间将其实际所得提高了大约150%，而韩国工人工资在大约20年的时间内（1955—1976年）取得了类似的增长。仅仅十年内（1969—1979年），韩国的实际工资增长超过了250%。[2]这与拉美的情况形成了鲜明的对照，尽管后者在民粹主义的口号下，强调更多保护大众部门的利益。1966—1973年间，阿根廷的实际工资下降了2%，1964—1982年间巴西的实际工资仅仅增长了86.3%。1976—1982年间阿根廷的实际工资下降了40%，1973—1982年间智利下降了42%，同一时期的乌拉圭下降了32%。[3]更进一步的研究表明，工人工资在不同规模的企业、不同资本强度的产业和不同性别的工人间存在显著差异。在整个20世纪六七十年代，很大一部分韩国制造业工人的工资报酬难以维持正常的生活。按照1984年韩国"基督教社会问题研究所"的统计，韩国大约11%的男工和59%的女工，其工作所得竟然达不到城市最低生活维持线。许多工人无法承担住宿和医疗开销。[4]在非正式部门的轻工业制造者和正式部门中的纺织业者，只能得到勉强维持生计的工资，而重工业部门中的有着相当技能和教育水平的工人得到了更高水平的薪水。

东亚"共享增长"的美誉似乎要被揭穿，因为数据表明，劳工阶级内部存在惊人的差距。本书给出一个需要进一步论证的命题，并依此来维护共享增长的命题。在多数现代化样本中，收入分配差距是需要通过民主机制，或者说再分配机制来实现的，其主要体现是福利国家（welfare state），这一概念起码包含两个层面的含义：一是社会保障是政府的一项核心职能，社会保障支出在公共支出中占据显著的份额；二是国家是最为重要的福利责任承担者。除了国家之

---

① Stephan Haggard, *Developmental States*, Cambridge University, 2018, p.62.

② Alice H. Amsden, *Asia's Next Giant*, pp.195–197.

③ Hector E. Schamis, "Reconceptualizing Latin American Authoritarianism in the 1970s", *Comparative Politics*, Vol.23, No.2, 1991, p.208.

④ [韩]姜万吉：《韩国现代史》，陈文寿等译，社会科学文献出版社，1997年，第368页。

外,还有其他潜在的福利提供者,包括家庭和宗族、集体互助(如人民公社、工会)、社会慈善(教会)等。在福利国家体制中,这些潜在的福利提供者,相比于国家,处在边缘和辅助性的位置上。

现代福利制度起源于《贝弗里奇报告》,报告提出了西方福利体系建构的三个原则:普享性原则,即所有公民不论从事何种职业,都应该被纳入预防社会风险的范围之内;统一性原则,即增设专门的福利机构进行社会福利事业的管理;均一性原则,即个人获得的社会福利是根据其自身需求情况而非收入情况。①"在多数的欧洲国家,社会福利主要是由福利国家来照看的。而在东亚,相同的功能由一个软弱的福利国家体制、公司福利(company welfare schemes)安排、家庭供给和其他形式来实现。"②尽管东亚政府可能没有将福利国家作为一个核心目标,但却对教育给予了更多关注。东亚的共享增长并不是通过再分配机制来实现的,而是通过更为公平的教育机制。它使得尽可能多的人能够跟得上快速变迁的经济结构,有能力参与到工业化进程中,从而获得阶层上升的机会,这是东亚实现共享增长的关键。

第三节　国家—社会关系与东亚政治经济

依据定义,威权政体中的国家与社会关系,其底色应该是压制性的,但东亚威权者与工业化过程中形成的两大群体呈现出迥然不同的关系态势。对于劳工,它表现出威权者的本性,但与此同时,它却与企业家建立起密切的关系。这种关系服务或服从于国家主导的经济发展战略。一方面,东亚国家通过产业政策来主导经济发展,这就使得它必须与处在特定产业内的企业家维持一定的关系,因为"产业政策是旨在影响特定产业以及作为产业组成部分的企业的政策"③。另一方面,作为选择性产业政策的制度基础,东亚政商关系也表现出明

---

① [英]贝弗里奇:《贝弗里奇报告:社会保险和相关服务》,劳动和社会保障部社会保险研究所组织翻译,中国劳动社会保障出版社,2008年。

② Ha-Joon Chang, "Institutional change and economic development: an introduction", in Ha-Joon Chang, eds., *Institutional change and economic development*, United Nations University Press, 2007, p.5.

③ Ha-Joon Chang, *The Political Economy of Industrial Policy*, p.60.

显的选择性。在与绝大多数经济部门中的企业家保持一定距离的同时，它与处在战略产业内的企业和规模更大的企业，即财阀（二者高度重合，因为有能力响应国家产业政策的企业，通常是规模更大的财阀）建立起紧密合作的关系。本节将探讨这种国家—社会样式与东亚政治经济体制之间的关联。

一、发展型国家的内生性问题与东亚国家—社会关系

在东亚，政商关系的重要性在较少意义上是政治性的，而更多要从经济战略的角度来认识。政商关系是东亚应对资本主义发展型国家内生性问题的关键，约翰逊用内生性问题来指称在资本主义发展型国家中，"国家指导性与私人所有制"之间的张力。本书尝试扩展这一概念的内涵，用它来指称东亚发展型国家面临的几组困境。除了"国家指导性与私人所有制"外，东亚发展型国家还面临着威权体制与可信承诺的困境，信息需求与信息供给之间的困境。一个合作性的政商关系有助于缓解上述三种类型的问题，这是东亚产业政策在多数情况下表现更好的秘诀所在，因此政商合作关系构成发展型国家的一个有机组成部分。

（一）国家的指导性与私人所有制

早在经济危机以更高频率和更广范围在资本主义世界爆发之前，马克思就断言危机会是周期性的，它植根于资本主义社会的基本矛盾中，出现在单个企业内部生产的有组织性和整个社会生产无政府状态之间。为了消除矛盾产生的根源，马克思主义经典作家倡导建立公有产权和计划经济，使之成为组织经济活动的基本原则。与马克思主义的方案不同，东亚国家对经济的指导作用必须在市场经济的框架内进行，由此建立起来的是资本主义发展型国家，它的本质是一种政府指导的市场经济体制。一方面，国家尝试发挥指导作用，通过各种形式的经济发展计划和产业政策来协调不同的经济活动，以便加快工业化进程，但另一方面，私人而非国家是生产性资本的所有者，利润是其从事生产性活动的主要动机，而经济自由是其谋取利润的必要保障，但这可能成为资本偏离乃至对抗国家指导性的根源。注意到二者之间存在紧张关系的约翰逊，将国家的指导性和私人拥有企业之间的潜在矛盾，称为内生于资本主义发展型国家的基本问题。

约翰逊的研究表明，日本对这一问题尝试了三种不同的解决方法，即自我控制、国家控制和公私合作。[①]自我控制是指，国家为了发展目标授权某一产业中的所有企业设立卡特尔，卡特尔由该产业中的最大企业负责管理。卡特尔在成员企业间协调价格、分配市场份额等。大企业利用其在卡特尔中所处的优势，通过削减与合并企业等来减少产业内的竞争，这导致日本经济迅速"财阀化"。这种形式的公私关系得到大企业的欢迎，但由此带来的一个不利后果是，产业中的最大集团控制了整个产业，以及大的经营者与国家利益发生偏离的可能性。国家控制指的是国家尝试将管理权从所有权中分离出来，将管理置于国家监督之下。这是20世纪30年代后期日本的改革派官僚，[②]以及战后重建和高增长早期阶段，整个国家官僚所偏好的关系形式。它的首要优势是，国家的优先性被置于私人企业之前，主要不足是抑制竞争，因而必须容忍经济中的低效率及不负责任的管理。[③]在尝试了上述两种形式的政商关系之后，日本逐渐建立起第三种形式的政商关系，即合作形式的政商关系，这是发展型国家在日本最终形成的标志。这种形式的政商关系，将所有权和管理权都留在私人手中，因而相比于国家控制实现了更高程度的竞争。相比于自我控制，它使国家能够对私人决策发挥更大的影响。[④]合作形式的政商关系能够兼顾国家控制和自我控制的好处，同时避免它们的不足，但它需要拿捏国家指导性与企业经济自由间的分寸，在二者间维持微妙的平衡。然而这并不意味着这种关系必然是脆弱和不稳定的。如前所述，维斯将这种形式的政商合作称作"被治理的相互依赖"（governed interdependence）。这一概念包括两层含义：一是"相互依赖"指合作建立在双方利益关联基础上，而不是建立在一方利益对另一方的单向依附基础上；二是合作以规则为基础，这是"被治理"的含义所在。规则不能由任何一方单方面改变，或者说任何一方都有惩罚对方单方面修改规则的能力。"被治理的

---

① Chalmers Johnson, *MITI and the Japanese Miracle*, pp.309-310.

② 改革针对的是日本之前广泛存在的"自我控制"的卡特尔。他们强调国家应该对经济实施更为严密的控制，以便有效地应对日本当时面临的经济危机，并为之后的侵略战争筹集资源，因而也被称作控制派。

③ Chalmers Johnson, *MITI and the Japanese Miracle*, p.310.

④ Chalmers Johnson, *MITI and the Japanese Miracle*, p.311.

相互依赖"使得日本的政商合作关系得以制度化,我们用制度化来表明一种关系脱离其创始人而持续下去的能力。

　　类似的过程也出现在韩国。朴正熙最初希望通过强制的办法来让财阀服从其经济发展战略。在政权初期,朴正熙将主要的企业领导人投入监狱,指控他们在李承晚和张勉政府时期,非法积累了大量财富。这些企业家不得不"自愿"捐资来"将功赎罪",以便最终能够得到赦免。朴正熙还试图通过货币改革和操纵股市来为工业化筹资,组建了国有性质的韩国工业开发公司,作为工业化战略的实施者。只是在这样的战略遭遇失败后,朴正熙才停下了敌视市场的步伐,但这也使得他开始面临与日本的发展官僚同样的问题,即如何在市场经济的框架内,实现国家的指导性。

　　朴正熙采取的办法是政府主导下的政商合作。20世纪60年代的朴正熙在与财阀打交道的时候,逐渐更多强调"胡萝卜"而非"大棒"。建立在银行国有化基础上,他将政策性贷款作为对私人经济部门进行"选择性激励"的基础。那些积极响应国家号召,进入高风险战略产业中的企业,将得到包括贷款支持在内的一系列优惠政策包。在绝大多数情形下,这被证明是非常有效的。70年代初期的韩国,当朴正熙宣布将重化工业作为战略目标时,感知到条件不成熟的财阀反应冷淡。然而当政府宣布为之提供丰厚补贴时,大财阀纷纷响应。到70年代末期,十家最大的财阀中已有九家,在重化工业领域做出了实质性投资。与此同时,朴正熙保留了军政府时期发展形成的最早用来处理政商关系的规则:只与那些已被证实有企业家精神的财阀集团结成伙伴,建立寡头竞争的结构,一旦救济措施被耗尽将让失败的财阀企业破产。同时,财阀不应当靠自己或者作为朴正熙潜在政治对手的盟友来谋取政治权力。当他们的政治忠诚受到质疑时,他们会受到严厉惩罚。①然而朴正熙将跨国公司从其潜在的合作名单中排除出去,以免陷入对发达国家的经济依附。民族主义的发展样式限制了朴正熙可以选择的合作伙伴,增大了它对国内大企业的依赖,尤其是其在推行重化

---

① Byung-Kook Kim, "Introduction: The Case for Political History", in Byung-Kook Kim & Ezra F. Vogel, eds., *The Park Chung Hee Era: The Transformation of South Korea*, Harvard University Press, 2011, p.11.

工业战略的时期，按照金恩美的研究，这意味着韩国的政商关系逐渐由国家主导转向共生（symbiosis）。[1]在共生形式的政商关系中，威权领袖任意改变合作条件的能力受到限制。但相比于日本，韩国的政商合作表现出更低程度的制度化。低度的制度化意味着，关系的维系在很大程度上仍要依赖于行为者个人的利益、认知、威望和品行等。威权者具有单方面变更合作条件的能力。它的一个顺理成章的推论是，在韩国，政商关系的属性并非一成不变，而可能随着政商的力量对比，以及其所处的国际环境和嵌套的政体属性，乃至政治领导人的变更而发生变化。

（二）威权—发展型国家与可信承诺难题

政体类型与经济增长的关系是政治经济学、民主转型与巩固研究的基础议题之一。尽管仍存在广泛争议，但奥尔森的主张能够成为理解二者关系的一个恰当起点。奥尔森将最有益于经济增长的政府称作"强化市场型政府"。这种类型的政府需要满足繁荣市场所需的两个基本条件：一是要有完备的财产和契约权利，二是约束政府和分利集团的掠夺与寻租行为。奥尔森发现，满足这两个基本条件所需的制度——法院系统、独立的司法体系，以及对法律和个人权利的尊重等——恰好也是持久民主存在所必需的。奥尔森据此推断：持久民主政府能够成为所谓的市场强化型政府，这种类型的政体最有利于经济的长期繁荣。

奥尔森没来得及完成《权力与繁荣》就溘然而逝，因而还留下很多疑问没有解决。对于本书所关注的议题来说，一个重要的遗憾是，奥尔森没有给出一个相对完整和明确的"持久民主"定义，而这并非政治学研究者的常用概念。尽管如此，我们还是能够透过他的一些零散表述来揣测其观点。在《权力和繁荣》中，奥尔森提到了最简单的民主制、持久的民主、多数人统治、代议制政府等概念，也在多处表达了他对这些概念的理解。例如他说："所谓最简单的民主制国家，就是指有两个总统候选人或两个成熟的政党去寻求建立一个完全在大多数

---

[1] Eun Mee Kim, *Big Business, Strong State: Collusion and Conflict in South Korean Development, 1960–1990*, p.5.

人利益基础上运转的政府。这个初始性的假设……是非常适合代议制政府的。""我们应该把民主视为一种制度,在该制度中现任政治领导人由于政党或者其他团体自由选举竞争的存在因而是可以更替的。""民主的确立与选举的推行并不必然带来稳定的契约或者财产权利。……法院系统、独立的司法体系以及对法律和个人权利的尊重对持久的民主来说是必要的。"①从这些表述推断,奥尔森所谓的持久民主,就其内涵与外延而言,与多头民主、自由民主等概念所要表达的意义类似。

奥尔森相信,与持久民主相比,其他体制,包括简单的民主、威权体制都不能满足繁荣市场所需要的两个基本条件,不能成为市场强化型政府,继而不能实现长期繁荣。奥尔森将"可信承诺"作为威权政体不能成为市场强化型政府的机制:

> 理性的君主由于有兴趣去增加其臣民进行投资和贸易的行为,从而有动机让他的臣民相信他不会以任何方式聚敛财富。但是君主的承诺是不可靠的,因为其承诺得不到任何来自司法或其他独立权力部门的制约,也就是说君主可以跨越所有的权力部门。由于这些因素,以及专制者总是存在采取短视措施的明显可能性,其对臣民的承诺是永远不可靠的。实际上,在任何专制君主统治的社会里,怀有与流动匪帮首领一样动机的专制君主迟早注定要出现。②

民众预料到这样的掠夺,就不会长期投资。专制统治下可能会出现一时的增长,然而这些终究是昙花一现。换言之,做出可信承诺的能力与政体的属性相关,而无法使其承诺可信的政治体制,不会给其所在社会带来长期繁荣。以略微不同的方式,阿西莫格鲁得出了类似的结论。他宣称,汲取性制度下的增长在属性上不同于由包容性制度所带来的增长,因为它是以既有技术为基础的

---

① [美]奥尔森:《权力与繁荣》,苏长和等译,上海人民出版社,2005年,第12、25、33页。
② [美]奥尔森:《权力与繁荣》,苏长和等译,上海人民出版社,2005年,第23页。

增长，而持续的增长要求技术上的变革，技术变革所带来的创造性破坏是专制者不愿看到的，因为这削弱了其实施专断统治的基础。由于缺乏持续的创新，由于争夺财富而引起的政治内斗，或者由于新生的包容性要素最终被逆转，汲取性制度下的增长不可持续。①

奥尔森用可信承诺、阿西莫格鲁用创造性破坏，作为他们论证威权体制不能实现长期繁荣的核心概念。但后者更适用于那些缺乏国家自主性的体制，这类体制中的统治者不能汲取充分的财政资源，也不能仅仅靠官僚体制来维持政治秩序，必须依仗社会中的权势人物来维系统治。这些人的权力源自其在既有经济结构中的主导地位，创造性破坏对此造成了威胁，因而必然遭到权势人物的反对。需要借助权势人物维系统治的威权者必须回应他们的关切，继而反对创造性破坏，尽管这可能抑制了整体经济的发展。阿西莫格鲁的观点不适用于东亚发展型国家。在东亚，国家具有高度的自主性，并将这种自主性转化为推动经济结构转型的优势。在东亚的现代化过程中，国家主导了从进口替代到出口导向、从劳动密集型到资本密集型、从民族主义样式到全球化转型的过程。国家不仅没有阻碍，反而积极地推动经济结构的变迁。国家甚至实现了"自我革命"，推动经济体制由国家主导向市场主导的转型。奥尔森将不存在掠夺行为，作为维系市场进而实现经济繁荣的关键。在东亚发展型体制中，国家的作用包括但不限于维持市场机制，如果不是更重要的话，起码同等重要的是，它还要推动和加速工业化进程。事实上，为了实现后者，它甘愿节制市场力量。比如，它有意识地限制进入战略产业中的企业数量，继而建立起寡头垄断的市场结构。这样的角色定位，使得仅有"不掠夺"的"可信承诺"是不够的。在东亚，经济行为者也指望在陷入困境中时，政府能够出手相助，我们将这一点称作"救助承诺"。救助承诺能使行为者解除后顾之忧，更为积极地响应政府的产业号召，而这一点难以在"持久民主"体制中实现，因为它用来确保"不掠夺"承诺的方式，即法治，对政府的职能范围和运作过程构成了制约。换言之，法治强化了其做出"不掠夺"承诺的能力，却使其"救助承诺"变得不可置信。

① Daron Acemoglu & Jim Robinson, *Why Nations Fail*, pp.124, 184.

　　后来的研究者相信,民主机制与可信承诺并非一一对应。一方面,单是"持久民主"并不足以完全解决可信承诺问题。正如伍德(Stewart Wood)观察到的,在相关生产者团体有足够的结构性影响来惩罚政府偏离协定的地方,承诺将更加可信。这种结构性的影响力可能建立在很多做法基础上:生产者组织在政党内的权威、新法团主义做法在决策领域根深蒂固,因此一方的背叛会受到另一方的惩罚,或者分散化的决策过程,足以允许生产者团体有更多的进入点和一些否决点。在国家权力高度集中在政府执行机构①或者生产者团体在党内影响力非常有限的地方,生产者团体难以存在结构性的影响,即便它们已经建立起成熟的民主机制。伍德据此主张,英国产业合理化计划的失败并非由于政府的软弱,如很多人曾经认为的那样,真正导致其失败的是其权力的分配:威斯敏斯特体制将太多权力集中到政府手中,政府太过强势,这减弱了其赢得经济精英配合的能力,②尽管它拥有无可争辩的民主制度。类似的难题也出现在拥有持久民主的法国,法国政府拥有足够权力,却在执行区域或者技术发展计划中陷入困境,这些计划需要私人行为者的合作。私人行为者不愿意合作的原因是,法国体制将太多权力集中在中央,生产者组织没能找到影响它们的通道。③按照埃文斯所提出的概念,这些案例中的国家都属于有自主而无嵌入的国家。仅拥有自主性的国家,在经济中只适合发挥规制性功能。而那些能同时实现嵌入和自主的国家,既能够获得国家自主性所带来的好处,又能够收获额外的收益:"嵌入"成为国家向社会做出可信承诺,并将经济精英动员到政府所设定的战略目标和任务中的关键。

　　另一方面,让承诺可信的机制是多元的,民主机制只是其中的一种途径。可信承诺分为两类,即动机意义上的可信承诺与强制意义上的可信承诺。前者指的是与参加人激励相容的约束,它是一种可以自我实施的承诺;后者指的是

---

　　① 相比于行政机构,政治机构(国会)对于社会团体而言,可能是一个更加开放性、也更容易进入的制度,因为它是民主原则的体现,其决策更多建立在协商基础上。

　　② Stewart Wood, "Why Indicative Planning failed: British Industry and the Formation of the National Economic Development", *Twentieth Century British History*, Vol.11, No.4, 2000, pp.431-459.

　　③ Levy Jonah, *Tocqueville's Revenge: Dilemmas of Institutional Reform in Post-dirigiste France*, Cambridge, Mass.: Harvard University Press, 1999.

通过外在约束或压力保证的承诺。①动机意义上的可信承诺类似于博弈论中的声誉机制，即在一个无期限的重复博弈中，当事人考虑到自己的声誉对未来收益的影响，会信守自己事前的承诺。按照周黎安的研究，强制意义上的可信承诺主要通过下列方式保证：第一种是信息分散化。当事人之所以不信守承诺是因为他发现了可资利用的信息，如果委托人获得信息的渠道被屏蔽，当事人就不会有激励来改变承诺。第二种方式是引入竞争。如果契约一方是垄断者，那么他很有可能违背承诺，这是因为另一方没有其他选择，而如果引入竞争，使得原本别无选择的一方有"用脚投票"的权力，那么一方在事前的承诺就会可靠得多。第三种是权力分散化。如果契约双方中有一方拥有另一方难以有效制衡的权力，那么它就有可能为改进自身利益，而利用这种权力任意改变契约内容，从而使得事前的承诺变得不可置信。相反，当这种权力变得分散、容易被制约时，其承诺的可信程度就会上升。第四种是资源的分散化。当委托人掌握的资源远远不足以救助处于困境中的代理人时，他关于不救助的事前承诺就可以相信了。②

　　包括东亚在内的非民主政体有可能在威权框架内找到使其承诺可信的替代机制。首先，在东亚，授权（delegation）是威权者摆脱可信承诺困境的方法之一，它通过将经济决策权授予相对自主的技术官僚，避免在经济决策中让政治考量压制经济理性。相比于民主政体中的政治—行政关系，东亚政体中的官僚机构掌握了经济决策权而非仅仅是执行权，这种形式的威权体制因而被称作是官僚威权体制。通过授权来让承诺可信，也时常出现在法团主义中。在这一体制中，国家授予某一组织排他性地代表某一经济部门的权力。排他性需要在两种意义上理解，一方面，它是唯一获得授权的组织，即顶峰组织，没有别的私人组织能够与之竞争。这是绝大多数法团主义文献着力强调的一点，但排他性的另一层含义却没有得到同样程度的对待，即当私人组织获得授权后，包括政府在内的公共组织也不能去染指这样的权威。换言之，在法团体制下，政商关系

① Shepsle, Kenneth, "Discretion, Institutions and the Problem of credible commitment", in P. Bourdieu and J. Coleman, eds., *Social Theory for a changing society*, Westview Press, 1991.

② 周黎安：《转型中的地方政府：官员激励与治理》，格致出版社等，2017年，第417～418页。

是需要通过法团组织的中介来间接实现的。它所起到的作用,正如学者们所总结的:通过授权私人组织,国家有意识地限制了自身的能力,从而鼓励私人行为者能够在小团体(得到法律授权来规范某一活动的私人组织)内分享信息,而不用担心这样的信息被国家用于其他用途。①当然,威权者既然能够授权,也自然能够将权力收回,然而这样做是需要成本的。通过抬高威权者中途变卦的成本,授权在部分意义上增强了威权政体做出可信承诺的能力。

其次,按照定义,威权体制缺乏实质性的民主制度。威权领袖有能力规避形式上的民主装置(如果存在的话),长时间维持其执政地位,但这同时意味着,威权者缺乏程序上的合法性。如前所述,作为一个现代威权者,发展经济是其建立政治合法性的仅余选项。长期执政使威权者具备了建立并维持声誉的动机。尽管没有制度上的保障,观察到威权者先前良好执政记录的行为者,将有激励从事生产性活动,而威权者更长时间的执政,反过来又使得生产者拥有稳定的政策预期。当政商间的目标因为政府提供的一系列优惠政策包,出现了更大程度重合的时候,动机意义上的可信承诺产生了。响应政府发展计划进入指定战略产业中的企业,有理由相信,政府的承诺可信,因为商业上的成功不只是企业家追求的,同样也是威权领袖希望看到的。

(三)政府有效介入的信息困境与政商关系

对于政府主导经济的一个主要反对理由建立在信息基础上。这一论断有两个主要组成部分:第一,它主张国家没有足够信息来正确决定经济的未来产业结构。这是信息不充分的问题,"由于行政机关并没有能力预先知道什么样的产业结构和产业组织是最优的,作为变相计划好的选择性产业政策也跟指令性的计划一样,不可能收到预期效果"②。第二,它主张国家与那些受到产业政策影响的企业相比,处在信息劣势位置上。企业可能运用他们的信息优势,汲取多于他们应得的资源,这是信息不对称的问题。运用信息观点的人通常支持

---

① Stewart Wood, "Business, Government, and Patterns of Labor Market Policy in Britain and the Federal Republic of Germany", in Hall and Soskice eds., *Varieties of Capitalism: the institutional foundations of comparative advantage*, Oxford University Press, 2001, p.254.

② 吴敬琏:《产业政策面临的问题:不是存废,而是转型》,《兰州大学学报(社会科学版)》2017年第6期。

一般化的产业政策(generalized industrial policy),而非选择性产业政策(selective industrial policy),前者针对特定类型的活动(比如投资与研发),而非特定的产业(particular industries)。①一个顺理成章的推论是:如果国家拥有相关信息,特殊性质的干预将起作用,但由于这不可能是事实,国家应当支持一般意义上的生产行为,而非依据不完全信息来挑选胜者。

信息问题的确是任何试图领导发展的体制,当其需要对经济活动进行更具有专门性的干预时,共同面对的问题。解决这一问题的任何方案都需要建立在一套激励信息披露和分享的机制基础上。这并非理所当然,它在规制体制中难以达成,因为在规制体制中,政府与企业处在监督和被监督的位置上,企业所披露的信息能够成为政府对其实施管制(通常不利于企业利益)的基础。在另一些体制中,政府也有隐匿信息的动机,因为对信息的收集、掌握和利用是官僚权力的一个重要来源,它可以利用这些其他行为者无法获取的信息,作为夸大公共政策效果的证据,并确保其不受政治家和公众监督,继而进一步扩张官僚自主性。信息分享的障碍也出现在存在竞争关系的企业之间,它们受制于经典的集体行动问题。如果没能通过"选择性激励"来克服搭便车,企业不得不依赖市场机制来获得仅仅适用于某一产业的公共品。

按照公共产品理论,由于这类产品不具有排他性和竞争性,单靠市场机制来提供的话,这类产品的供给要么不足,要么完全没有供给。将东亚从其他政府领导发展体制中区分开来的是,在东亚发展型体制中,政商之间与产业内部存在信息共享,以及建立在此基础上的非市场协调机制。事实上,通过发起各种形式的论坛来推动信息分享,继而实现协调是东亚产业政策的重要组成部分之一,如日本的石化合作恳谈组(Petrochemical Cooperative Discussion Group)、韩国的石化产业促进委员会(Petrochemical industry Promotion Committee)。②主银行制度允许银行参与企业的内部运作,继而将其信贷决定建立在内部信息基础上。广受诟病的财阀也发挥着重要的信息共享功能,对于敏感事务(如职业培

---

① Ha-Joon Chang, *The Political Economy of Industrial Policy*, pp.88-89.

② Hyung-Ki Kim and Jun Ma, "The Role of Government in acquiring technological capability: the case of the petrochemical industry in East Asia", p.123.

训和技术转移等)的合作更可能出现在财阀内部。

在很大程度上要归功于哈耶克等人对信息议题的洞见,人们逐渐认识到信息并不是完整地存在于行为者那里,现代社会所缺乏的不仅仅是收集和整理信息的能力。在现实中,关于任务的信息是不完全的,因此合同也必然是不完全的,这就是不完全契约理论尝试针对的问题。不完全契约中的委托人与代理人,并不能如新古典理论所主张的那样,二者彼此分离,只通过合同条款关联。不完全契约要求存在开放性条款,以便适应那些存在高度不确定性的任务。东亚政商之间存在的信息共享机制,特别适用于尝试和不确定性的任务,因为它允许行为者根据事态不断调整任务目标,而这是正式机制难以实现的。为了强化契约的执行力,后者通常会限定契约方对目标进行调整的空间,它适合那些有着明确预期和常规性的事务。

与之相关,东亚政府倾向于通过行政指导的形式来推进产业政策,行政指导是一种非正式的实现政府意图的手段,它并非建立在明确的法律授权基础上。由于不能将指导性建立在法律强制基础上,政策发布之前的协商、政策发布之后的反馈,政策执行过程中的调整就变得必要,它需要相关行为者在更早的节点、以更高频率介入和参与到政策过程中,而这只有通过一个紧密的政商关系才能实现。在这种关系中,大量问题得以在幕后化解,避免出现公开对抗。因此,东亚的政商之间并非没有冲突,而在于它们的冲突没有公开化,或者说在其冲突公开化之前,绝大多数能够得以有效解决。

二、国家—社会关系的演变与东亚发展型国家的未来

(一)比较视角下的东亚政商关系

相比于劳工政治,本书在政商关系上用了更多的笔墨。这是因为对于前者,我们已经有了较长时间的积累,形成了比较丰富的研究成果,但对于政商关系并没有多少涉及,这与我们切入东亚议题的角度相关。之前的东亚研究围绕政治转型和民主化进行,劳工和中产阶级在反对威权和民主巩固中发挥了重要作用,他们自然成为研究的焦点。当我们的视野从东亚政治扩展为东亚政治经济时,研究的重心放在了经济发展的制度基础或政治制度设计的经济后果上。

在这些议题中,政商关系处在一个更为重要的位置上。我们已经就东亚政商关系的几方面议题进行了探讨,得出了如下结论:一是在东亚,行政是政商关联的主要渠道;二是政商关系服务于经济发展战略。由于东亚国家通过产业政策来推动经济跨越式发展,政商之间的互动点更多是在产业层面上进行的。处在国家—产业互动链条上的行为者,不同于那些依据个体身份或者作为整体经济部门的代表,进入到政策过程中的企业家。

我们对东亚政商关系形成的制度根源也进行了讨论。一方面,它与政商关系建构的时间节点相关。东亚在实质性的工业阶级出现之前形成了一个拥有强渗透和汲取能力的国家。国家能够对于经济利益集团的形成和运作,以及利益集团进入国家的通道,施加显著的影响。与之相关的另一方面是,由于建立和维持了硬性或软性的威权体制,政权有能力防范经济财富转化为政治权力(韩国),或者说为二者之间的转化设立规则(日本),避免其成为对抗国家指导性的基础,从而确保了国家在现代化进程中能够拥有无可争议的主导地位。东亚政权有能力根据自己的认知和所面临的情景对政商关系进行调适,这使得相比于发展型体制的其他制度要件,政商关系在发展型样本中呈现出更为显著的差异。本书的研究也有助于澄清乃至反驳那些曾经被粘贴到东亚身上的各种政治经济标签。东亚的国家与社会关系,经常被归入国家法团主义中,并由于政商之间存在的广泛互动,成为协调市场经济的一员。我们的研究表明,法团主义式的协调方式很难适用于东亚发展型国家,因为前者是一种高度组织性、包容性和正式的协调方式,它并不适合用来追求不确定性的目标。为了实现后者,东亚采取的是一种非正式、选择性(并非一体性地赋予社会力量协商权力)、内部的和非公开的(希望不引起议会的干预和媒体的关注)协调。除了日本之外,其他的发展型样本也与协调市场经济的本意相去甚远,这有助于解释,在转型之后韩国等地的经济体制更加接近于自由市场经济,而非协调市场经济。

东亚的政商关系尽管并非独有,却并不常见,更非必然如此。接下来将从比较的角度来理解东亚政商关系的特殊性。从横向比较来看,并非所有政府主导体制或者后发展国家都能够实现或维持合作性的政商关系,阻碍它们实现这一点的原因各异。奇伯(Chibber)尝试解释为何印度没能在独立后建立一个发展型国家,尽管政治领导人将其设定为国家的核心使命。根据奇伯的研究,与韩国同行不同,印度的资本家抵制建立一个强大和干预主义的国家。尽管资本家支持国家提供的免于外部竞争的保护,但他们尽其所能来破坏国家规训国内市场的企图。因此,"阻碍在印度建立一个成功发展型国家的关键是工业阶级普遍和组织化的抵制"[1]。印度的种姓制度也使得高种姓的官员和低种姓的商人团体之间的合作成为难题。伊朗创建了强大的国家机器,但很少发展与国内利益集团联系的工具,因为它直接掌握石油收入,没有兴趣也不愿意发展行政能力来控制传统资产阶级。[2]

在东亚,政商合作关系建立在政府所提供的一系列激励基础上。国家目标与私人经济部门目标,在后发展的情景下,呈现出更大程度的重叠,然而却并不完全一致。按照预设的状态,私人部门追求利润最大化,而国家则希望其超越短期利润目标,进入到高风险的经济活动中,成为转变产业结构,实现追赶式发展的"先锋"。尽管利润最大化和增长最大化在理论上并非对立,但它们并不必然等同。发展型国家需要发展出制度化的机制,推动二者目标趋向收敛,继而进入了更具合作性的关系中。响应国家指导性计划的日本企业将有机会获得政府提供或者担保的融资、有针对性的税收减免、政府开展的投资协调、在逆境时期由国家公平地分配负担、政府在商业化和产品销售中给予的帮助,以及产业出现整体下滑时提供支持等。[3]不拥有这些政策工具的政府,难以向那些积极响应政府号召的企业提供选择性激励,继而降低了企业谋求并维持与政府合作性关系的动力。

从纵向来看,在先发国家自由式的、资本主义主导的现代化过程中,资本家与专制王权分庭抗礼。资本家需要可靠的产权作为保障经济自由的基础,而专制者、教会等是前现代产权的主要受益者,他们所享有的一系列封建特权均建立在模糊和多重的土地所有制度基础上。在现代化过程中,资本家领头,其他

---

[1] Chibber Vivek, *Locked in Place: State-Building and Late Industrialization in India*, Princeton University Press, 2011, p.85.

[2] Hootan Shambayati, "The Rentier State, Interest Groups, and the Paradox of Autonomy: State and Business in Turkey and Iran", *Comparative Politics*, Vol. 26, No.3, 1994, pp.307-331.

[3] Chalmers Johnson, *MITI and the Japanese Miracle*, p.311.

社会力量紧随其后,逐渐推动形成了一个包容性的政治体制,它通过法治来建立并确保现代产权,通过民主机制来赋权大众,并逐渐建立起责任政府。资本家在政治发展中所起到的作用,被摩尔总结为"没有资产阶级就没有民主"①。建立在法治基础上的民主样式也被称作自由民主,它的出现解决了可信承诺难题。当然,民主政治的实现,并不完全是社会力量抗争的结果。

民主机制将政治力量置于竞争性的情景下,政治力量也就存在赋权大众的动机,寄希望于新的选民群体将壮大其在同对立力量竞争时的优势。东亚的现代化最接近于摩尔所谓的第三条道路,即只存在最弱的资产阶级冲动,他们没有能力单靠自身力量发起资产阶级革命。在"没有资产阶级的资本主义"情况下,东亚采取的是一种政府主导的现代化样式,在这种关系样式中,资本拥有者不是一种异己力量,而更多是发展领袖的联盟者。"内部人"的地位解决了先发国家需要通过民主和法治来实现的可信承诺问题,继而弱化了其民主的诉求。"没有资产阶级就没有民主"的命题,并不适合东亚。在东亚的民主化过程中,中产阶级是一个更为关键的力量。

在利益政治研究中,相比于其他形式的政府—利益集团关系,政商之间的关系具有特殊的重要性。这种重要性通常是从政治的角度来理解的,正如林德布洛姆所主张的,它源于资本主义民主中存在一种相互依赖:国家依赖企业进行投资,实现经济增长,进而推动政治成功,企业依赖政府营造适宜的规制环境。林德布洛姆将商业利益凭借特权地位而获得的权力称作结构性权力(structural power),并将它从多元主义所主张的利益集团权力概念中区分开来。②后者更倾向于认为,利益集团的影响力源自其有效动员起来,采取集体行动的能力。与结构性权力相对,这种类型的权力被称作结社性权力③(asso-

①　Theda Skocpol, "A Critical Review of Barrington Moore's Social Origins of Dictatorship and Democracy", *Political Society*, Vol.4, No.1, 1973, pp. 1–34.

②　Stewart Wood, "Business, Government, and Patterns of Labor Market Policy in Britain and the Federal Republic of Germany", in Hall and Soskice eds., *Varieties of Capitalism: the institutional foundations of comparative advantage*, Oxford University Press, 2001, p.256.

③　Erik Olin Wright, "Working-Class Power, Capitalist-Class Interests, and Class Compromise", *American Journal of Sociology*, Vol. 105, No.4, 2000, pp. 957–1002.

ciational power）。林德布洛姆将商业利益作为一个整体的行动者,低估或者忽视了商业利益内部存在的分歧、对立和冲突,以及由此对政商关系的影响,但结构性权力和结社性权力,都是从政治角度来理解政商关系的重要性。在东亚,国家与社会、不同社会力量(尤其是劳资关系)之间的关联规则是由政府来主导和设定的,而这取决于其服务于国家经济战略的能力。与此相关,社会利益在较小程度上是通过中介性的利益团体,以及建立在此基础上的结社性权力来代表和实现的。

在其他形式的政治经济体制研究中,很少会把政商关系置于如此重要的位置上,即便是在协调市场经济中,在所谓的法团主义国家里,它对国家与社会关系的强调也更多放在劳资关系层面上。在这样的制度安排下,国家是作为三方机制中的成员出现的,并不是一个主导性角色。政商关系在东亚政治经济中的作用更为重要,其中的主要原因是,东亚政府主要通过产业政策来主导和推动工业化的跨越式发展。与其他体制中的产业政策相比,东亚产业政策的特殊性在于,它旨在从无到有创造出一种新兴产业,产业发展的前景在产业政策酝酿时,很少已经是确定无疑的。因此,政府对产业政策的推动需要通过行政指导的方式来实现,而不能建立在法律的明确规定基础上。只有这样,政策才能够容纳更多的不确定性,可以建立在不完全契约基础上,能够反复调整政策目标,而这是更为刚性的法律所不能允许的。诸如宏观调控等政策工具是在总需求层面上来发挥作用的,它不需要建立在社会力量配合的基础上,单是依靠政府直接掌握的政策工具(货币和财政政策)就能够发挥作用。产业政策是一种供给层面上的经济干预形式。它的政策效力,包括诱导企业克服集体行动困境,从而能够提供产业内的集体产品(诸如研发合作、培育具有产业专门性的技能、技术扩散),也包括说服企业响应政府的产业号召,这均取决于政府做出可信承诺的能力,而这通常需要建立在一个合作性的政商关系基础上。

(二)东亚的政治经济:发展主义还是裙带主义

合作性的政商关系不是一个单方面能够起作用的制度要件,它需要在其他要件配合的情况下,才能充分发挥发展主义的作用。埃文斯对这一议题进行了充分的研究。他将国家与社会力量间制度化的协商目标和政策的通道,作为国家具有嵌入型的依据。发展型国家的研究者通常相信,这是一种特殊类型的国家权力,即所谓的协商权力,维斯将之称为最高形式的基础性权力,是当代强国家的标志。与其他形式的国家权力相比,协商权力的特性在于,它不是建立在权力主体对权力客体的单方面支配基础上,权力双方是正和关系。换言之,当社会力量增强时,并不必然意味着国家力量在变弱。国家可以通过延展其代表装置,使之能够与组织化利益进行更为常规的合作。埃文斯提醒说,仅拥有嵌入型的国家并不足以确保正面的后果。制度化的关联能够确保私人团体对于决策过程的输入,使得企业、金融机构和自主性的决策者间的信息能够双向及时流动,继而转化为国家更强的组织能力,增加其获取信息和执行公共政策的通道,却也能够成为国家与某一社会力量结成特殊交换关系的基础。要避免这种情况出现,就需要这类国家同时具有自主性的特征。只有当国家的嵌入型和自主性相结合,即实现了"嵌入型自主"时,它才有可能成为发展型国家。①

　　在将东亚国家在经济中所发挥的作用定位为发展型的时候,总会面临其他定位的竞争。对于东亚政治经济,一个更加具有批判性的说法是权贵资本主义(corny capitalism),这一概念用来表明这样的现象,财阀通过俘获国家来寻租。这一观点的经验基础在韩国表现得最为充分。在朴正熙时期,为了得到贷款,财阀通常需要将贷款额的10%～20%作为政治资金"捐赠"给执政党。这样的做法在韩国屡见不鲜。1983年时任总统全斗焕据称要建立一个名为日海②(Il-hae Foundation)的基金会,基金会的资金完全源自商业捐赠。韩国工业联合会的主席负责筹集捐款,最终得到了高达9000万美元的捐赠。让全斗焕大为光火的是国际财阀(Kukje)创始人梁正模(Yang Chung-mo)。1985年该集团拥有38000名职工,是韩国第七大财阀。由于该财阀拒绝捐赠"足够"的数字,其贷款申请遭到拒绝。③此外,在针对日本的一项研究中,卡尔德(Kent Calder)也指出,政治要素在决定国家控制的信贷分配中发挥了关键作用。信贷计划反映出

---

① Peter Evans, *Embedded Autonomy*, p.12.
② 即现在的世宗研究院,日海是全斗焕的"号"。
③ Soong Hoom Kil and Chung-in Moon, eds., *Understanding Korean Politics: An Introduction*, pp.92-93.

日本政治的庇护主义属性。[1]

如何面对和理解东亚政府主导发展体制所出现的各种与发展主义定位不一致的证据。约翰逊注意到裙带主义的迹象主要出现在政治领域,因而将之总结为"腐败的政治家和廉洁的官僚",轻描淡写地说,由于行政官僚而非政治家是发展型国家的关键执行者,只要官僚保持足够的廉洁,它就足以确保发展主义的结果。按照公共选择理论家所提出的概念,东亚的做法属于"集中掠夺",要比"分散掠夺"对于经济发展有着更低程度的抑制效应。[2]发展型国家的维护者另一个可能的辩护是,和其他的定位一样,发展型国家是一种理想类型的政府定位,它并不要求政府在任何时候和领域都发挥发展型的功能。尽管如此,发展型国家的研究者还是有责任去找出导致其他定位出现的原因,或者它们可以在更大程度上统一起来,只是在不同的情景下展示出有差异的定位。发展型样本内部的差异有助于我们即便不涉及其他的样本,也能对这些议题提供一定的洞见。

韩国的政商合作建立在双方利益互赖的基础上。对于朴正熙而言,财阀对其"富国强军"的政治目标不可或缺。对于财阀而言,朴正熙对他们成长为经济帝国也必不可少。尽管如此,二者不是平等主体之间的对等合作,它们的合作建立在不对称的利益交换基础上。朴正熙通过维护财阀盟友免于商业失败的风险来换取财阀进入高风险的工业项目中,这种关系导致国家和财阀呈现出矛盾性的特征。按照金恩美的研究,国家既是掠夺型,也发展型的。国家创造租金来引诱财阀进入高风险的增长前沿,但同时在官僚层面上规制,在政治上规训寻租者,使租金低于系统性危险的水平。类似的,财阀是裙带也是企业家,其通过朴正熙的支持来获得许可、补贴与贷款,但也将由此得到的租金用于工业项目投资。因此,在朴正熙时期,国家与财阀关系的特征是,如何来平衡国家的掠夺和发展倾向,平衡财阀的裙带主义和企业家精神,平衡租金创造和应对由

① Calder, Kent, *Strategic capitalism: Private business and public purpose in Japanese industrial finance*, Princeton, NJ: Princeton University Press, 1995.

② Besley, Timothy, and Maitreesh Chatak, "Property rights and economic development", in Dani Rodrik and Mark Rosenzweig, eds., *Handbook of Development Economics*, Vol. 5, Amsterdam: NorthHooland, 2010, pp.4525-4595.

此而产生的道德风险。[1]

在韩国,为了避免救助承诺导致的道德风险,达到触发系统性危机的地步,朴正熙不得不在社会化商业风险与防范道德风险之间寻求平衡。一方面,在宏观经济调整时期,朴正熙支持处在强大压力中的商业伙伴,直到他耗尽所有可能的政策选项,这样做使得朴正熙的"救助承诺"可信,继而能够相对容易地动员财阀支持其高风险的工业项目。当朴正熙不得不从最弱的财阀那里脱身,来保存韩国更强的大企业时,多数财阀不是将其行为看作对承诺的违背,而是由于脆弱的韩国经济迫使其不得不进行的调整所使然,因为他只有在耗尽了所有可能的让那些财阀团体存活下来的努力之后,才会重组最弱的财阀。这一做法防范了道德风险过分扩散。尽管这在经济上是低效的,因为它将太多的资源浪费在对那些软弱的财阀进行救助上,但这是一项政治上有效的策略,能够用来维持大企业的忠诚和信任,同时防范最坏形式的道德风险。[2]

(三)发展型国家的转型

发展型国家是一种可以长期坚持的政治经济范式,还是一种注定要转变的过渡形态范式,多数研究者的回答是后一个,尽管他们对于引起发展型国家转型的原因存在争议。一些学者强调国际格局对发展型国家的重要性。由于处在冷战格局中美国的一方,部分东亚国家一方面可以相对自由地进入美国和欧洲等重要市场,另一方面又可以不开放自己的国内市场。[3]同时,由于在国际上面临"敌对方","韩国才能够既感到直接的军事威胁,又能够集中精力为长期的军事安全建立工业基础。在很大程度上,经济奇迹其实是冷战环境下军事安全的副产品"[4]。既然国际环境对发展型国家如此重要,一个几乎必然的推论是,它的改变会对发展型国家造成重大影响。20世纪80年代以来,美国要求日、韩开放国内市场,这破坏了政府引导经济的权威和能力。冷战的结束"削弱了发

---

[1] Eun Mee Kim and Gil-Sung Park, "The Chaebol", in Byung-Kook Kim & Ezra F. Vogel, eds., *The Park Chung Hee Era: The Transformation of South Korea*, Harvard University Press, 2011, p.267.

[2] Eun Mee Kim and Gil-Sung Park, "The Chaebol", pp.268-269.

[3] Beeson Mark, "Developmental states in East Asia: a comparison of the Japanese and Chinese experiences", *Asian Perspective*, Vol. 33, No.2, 2009, pp.5-39.

[4] 朱天飚:《发展型国家的衰落》,《经济社会体制比较》2005年第5期。

展型政权内部团结对外的动机,使其在政治、军事对立时形成的共同意愿开始瓦解,并为政府官员与商业利益集团的寻租和创租活动打开了方便之门"①。

国际环境对发展型国家的形成的确起到了重要的促进作用,但发展型国家的相关制度一旦就位,就可能超越促进它产生的条件,具备了独立的自我维系和强化的能力,这是历史制度主义者长期以来所坚持的基本观点。多数发展型国家在面临变革的时候已经持续了二十五年左右的时间,这足以让支撑发展型国家的制度和关系变得根深蒂固。②也不应当如一些学者所认定的那样,将伴随全球化而来的新自由主义本身作为发展型国家衰落的证据。③东亚发展型国家取得成功的关键在于,它有能力通过战略政策的转变来适应不同时期经济环境的变化,建立在新自由要义基础上的政策转变反映的可能是发展型国家的持续而不是中断。据此,有学者断言,在全球化时代更需要政府对经济进行指导,国家也有能力在民主制度下完成这一任务,发展型国家虽然也会转化,但不会消亡,甚至会变得更加具有发展导向。④

在本书看来,这些论断均过于草率,且表现出结构功能主义分析的共有不足。发展型国家对新情景的回应方式并不一致,可能的回应至少应该包括失效、解体和演变三种。失效是指发展型国家的核心要件依然存在,但由于外部环境的变化不再能取得高速增长,同时,既得利益抵制着拆解发展型体制的任何努力。解体是指发展型国家主动或被迫放弃过去用来主导经济的特殊政策工具,发展经济的思路和方法向规制型国家等方向转变。演变是指政府依然在经济中发挥了重要作用,但干预经济的手法有了明显改变,发明和装备了新的政策工具。

如果将1985年美、日等国所签订的广场协议看作东亚全球化的一个标志性事件,将1997年亚洲金融危机当作发展型国家变革的一个关键节点,到2000年

---

① 朱天飚:《发展型国家的衰落》,《经济社会体制比较》2005年第5期。

② Richard Stubbs, "What ever happened to the East Asian Developmental State? The unfolding debate", *The Pacific Review*, Vol.22, No.1, 2009, pp. 5–6.

③ 张晨、王娜:《新自由主义与发展型国家的衰落》,《河北经贸大学学报》2015年第3期。

④ Elizabeth Thurbon & Linda Weiss, "Investing in openness: the evolution of FDI strategy in South Korea and Taiwan", *New Political Economy*, Vol.11, No.1, 2006, pp.1–22.

前后,日本、韩国这两个最为典型的东亚发展型经济体应对全球化的策略、方式及其后果已经一览无余。尽管同为发展型经济体,也几乎在同一时期被纳入全球化的轨道中,但它们在全球化时代的命运却大相径庭:日本在20世纪90年代资产泡沫破裂后陷入"失去的二十年"中,韩国在遭到亚洲金融危机的猛烈冲击后发起了彻底的新自由改革。从这一时期的全球化历程来看,日本、韩国大体分别对应于发展型体制的失效与解体模式。值得强调的是,这一区分并不是绝对的,它可以是同一个发展型体制按照时间先后所做出的阶段性回应,但一种失效的体制并不必然意味着它会朝着解体或演变方向发展,而有可能长期处在失效状态而不能自拔,这是所有版本的中等收入陷阱现象的共同根源。①

　　本书并不尝试对发展型国家的转型进行深入的探讨,这会是我们下一部作品的核心主题。在这里,我们只是从国家与社会关系的角度,管窥发展型国家的走向。从政商关系的角度看,东亚政商关系存在向着其他方向蜕化的路径或可能性。一方面,在发展型体制下快速成长起来的私人资本,逐渐有挑战政府对经济过程主导的潜在能力。这种能力随着经济的新自由主义改革和政治民主化进程而进一步增强。另一方面,更为密切、非正式和不透明的政商关系,在二者关系主要是发展型的时候,起到了降低了交易成本和提高承诺可信的作用。但它同样有助于降低寻租的成本,继而放大寻租的风险,正如公共选择理论所怀疑的,这可能从根本上使得产业政策的设计、制定和执行偏离了推动整体经济增长的目标,而转变为迎合资本集团私人利益的工具。

　　在韩国,新自由主义改革和政治民主化进程并没有显著地降低裙带主义的发生。1995年国会的反对党成员朴启东(Park Kye-dong)指控前总统卢泰愚在任期内接受了数百万美元的贿赂。卢泰愚最终承认收取了超过6.5亿美元的公司捐赠,将之存入个人的非法政治基金中,并因此锒铛入狱。陷入"前总统的魔咒"中的韩国总统名单还在不断增长,最新的案例是李明博。朴正熙的女儿朴

---

① Randall Peerenboom, "China and the middle-income trap: toward a Post Washington, Post Beijing Consensus", *The Pacific Review*, Vol.27, No.5, 2014, pp.651-673.

槿惠,自称"嫁给韩国的女人",也因为"亲信干政门"在内的一系列丑闻而被判入狱。

尽管很多人提出在理论上能够建立或者现实中已经存在所谓的民主的发展型国家,但原型意义上的发展型国家似乎更可能是一种过渡形态的政府样式。它诞生于特殊的情景中,倾向于随着政体的民主化和经济的新自由主义改革而逐渐退出。东亚政商关系的达成是建立在私人经济部门作为一个整体,发展滞后、能力不足的前提下,因而迫切需要国家的保护和指导。东亚的发展型国家成功地启动并维持了跨越式的工业化,在这一过程中,私人经济部门的财富急剧扩展,它们的能力和企业家精神得到明显提高,这为改写政商合作关系的规则打下基础。东亚发展型国家必须找到新的建构可信承诺的机制,那些不能在既有政治框架内实现这一点的体制,将目睹一个更为软弱的政商合作关系,继而只能得到打折的发展效果。而一旦必须在民主框架来实现政商合作,发展领袖在经济财富和政治影响力之间打下的隔断就受到冲击,而这是确保国家指导性的重要保障。"政治市场"的出现将发展领袖置于一个不利的位置上,如果想在民主框架内维持其执政地位,他必须更加留意私人经济部门有差异乃至矛盾和冲突的诉求,以便在同对立政治力量的竞争中胜出。不管何种情况,国家的指导性都不再能够无条件地居于私人经济部门利益之前,政商关系的发展型将更加难以实现。

对发展型体制的挑战也来自大众部门。20世纪80年代中后期韩国威权体制的自由化为独立中产阶级工会的兴起提供了契机。白领工会运动首先在金融机构雇员中出现,并很快蔓延到其他专业群体中。"白领工会首要关心的是更为广泛的政治和社会议题。专业人员尤其关注国家对他们工作的政治和意识形态控制。记者重新强调社会言论自由的高尚目标,教师宣称他们不再是政府控制学生的工具,受雇于政府研究机构的人员拒绝为政治权力服务,要求改组机构以便服务于大众的真正利益。"[1]国家与社会关系的变化成为推动政体民主

---

[1] Hagen Koo, "Middle classes, democratization, and class formation: The case of South Korea", *Theory and Society*, Vol. 20, No. 4, 1991, pp. 485–509.

化,进而改变国家经济定位和角色的动力。在韩国,第五个"五年计划"被命名为"经济社会发展计划"(1982—1986年)。增加福利和收入平等分配成为计划的核心,具体项目包括:增加就业机会,增加受教育机会,为低收入阶级提供医疗照看和改善居住条件,执行全民养老计划,扩展全民医疗保险,促进合作性的劳资关系。1981年全斗焕在经济企划院内设立了公平贸易委员会。作为曾经的导航机构,企划院在过去几乎不遗余力地支持财阀,允许它们在特定市场拥有垄断或者寡头地位,但公平贸易委员会的成立意味着,国家开始肩负起反垄断的职责,这是韩国发展型国家转型的一个重要节点。

第五章　发展型国家理论与中国现代化道路

在之前的章节中,我们分别从政体设计、产业政策,以及国家—社会关系的角度对东亚发展型体制的形成过程、制度基础和体制特色进行了探讨。本书的研究表明,将东亚新型工业化经济体,从其他表现平平的发展中国家区分开来的是,前者建立起凝聚性的现代官僚体系,它成为支撑国家获得并行使自主性的基础。政体的政治—行政设置赋予官僚更大的自主性,使得创造性行政成为可能。拥有这种特征的国家,不仅能够主导现代化的进程,还能按照社会力量服务于国家战略目标的能力来建构或重构国家与社会关系。当外部环境(军事威胁)和/或内部情景(政治竞争)使得政治领袖,主动或被迫将经济发展作为维系国家安全和增强政治合法性的途径时,他就受到激励,约束自己的掠夺行为,操纵官僚机器朝着推动经济跨越式的方向发展。国家主导其与社会关系的能力,使它能够选择性地赋予某一群体特权性的进入国家的通道,这成为建构政商合作关系,继而解决资本主义发展型国家内生性问题的关键。

在本章,我们将从发展型国家的视角讨论中国政府在经济发展中的作用,以及由此生成的政治经济样式,并将之与东亚的情形进行比较。中国的发展型体制是改革开放以来,在经济转型过程中所发生的一系列制度变化中逐渐出现并渐次组合在一起的。构成发展型国家的要件包括:在党的十一届三中全会上,党的工作中心转移到经济建设上来,并在之后得到坚持;国家的工业化战略发生了根本性转变,工业化的基本模式由进口替代转向出口导向,这使得决策者能够摆脱计划经济模式下遭到严重扭曲的价格信号,得以观察和比较不同经济战略的市场后果;从日本引入并逐渐将产业政策置于经济发展战略的重要位置,作为政府引领市场,推动经济实现跨越式发展的政策工具;在改革过程中所进行的一系列制度调适后,地方政府处在了竞争性的情景中,继而成为中国政治经济中最具有创造性的主体;政商关系的定位发生了根本转变,之前作为统战对象的工商业者,现在被更多整合到政府所主导的经济战略中。①

第一节　现代国家建构与中国的工业化

一、当帝国遇上现代化：国家建构与中国近代的工业化

近代中国,和绝大多数前现代社会一样,需要通过国家建构来增强体制对抗外部列强的能力。在这一过程中,依据时间,中华帝国发生了两方面变化:一是沿着军事—财政的链条,国家的集权能力,尤其是汲取能力,有了一定程度的发展;二是它将民主作为西方政体的总括性特征,政党、选举、议会等现代民主政治的元素被引入并尝试嫁接到古老的中华帝国。然而帝制与现代化不兼容的一面也很快体现出来。建立在不完整和选择性的现代国家建构基础上,帝制只能支撑或者允许一个有限度的工业化。这不足以应对外部挑战,继而又为内部反叛者提供了"机会",内外夹击最终葬送了中国最后一个王朝。

(一)文明的危机及其应对

史学家通常将1840年作为中国历史进程中的一个重要节点。在这一年爆发的鸦片战争,开启了长达百年的中华民族屈辱史。在这一过程中,中国由一个封建专制国家逐渐沦落为半殖民地半封建国家。②与近代日本类似,让中国陷入屈辱中的是外国列强,它的出现对中华帝国构成了一种不同性质的威胁。在之前,对于帝国统治,挑战是间断性的,主要来自内部或者边疆。农民起义和蛮夷入侵是王朝更迭的主要动力,但帝国的治理结构很少因此发生根本性变化。用"雄才大略"的开国君主取代"昏庸无道"的末代帝王,往往是改变的全

---

① 本章的部分内容来自作者已经发表的两篇文章,即《发展型国家视野下的中国道路:比较与启示》,《学海》2018年第6期;《我国地方发展型政府建构的制度基础与形态演变》,《比较政治学研究》,社会科学文献出版社,2018年12月。在涉及这部分内容时,本章不再单独注释。

② 封建是对源自欧洲中世纪的政治统治形式的概括,它的基本关系不是统治者与臣民,也不是国家与公民,而是领主与封臣。参见侯建新:《"封建主义"概念辨析》,《中国社会科学》2005年第6期。在封建制下,领主与封臣并非围绕血缘关系搭建起来的,而是建立在权利与义务互换基础上。领主通过赐予封地获得封臣所提供的一系列服务(最为重要的是军事和财政)。这种交换关系日益通过契约方式确立。封臣、领地和庄园的存在限制了国王权力,因此,推行封建制的国家往往不是统一的、强有力的国家。

部。然而晚清以来,帝国的统治者所面对的是一种不同性质的危机,它可以被称作文明的危机。拥有了更为先进的政治(现代民族国家)和经济架构(工业化)的西方文明,开始挑战中国相对传统的、前现代的政治(帝国)和经济(农业)体系。在这种挑战下,中华帝国既有的、通过王朝更迭来化解危机的做法失效了,它必须做出更为系统性的变革,以便增强其应对挑战的能力。

如斯蒂芬所观察到的,类似于西欧的军事—财政国家的发展逻辑,在面临挑战的时候,在中华帝国,战争、税收和官僚体制三者之间也开始以类似的方式关联起来。从19世纪晚期到20世纪早期,官员们用西方的军事技术装备起新型陆军,建立了铁甲舰队。1842—1911年,为了跟上国防开支的步伐,去除通胀因素,税收增加了三倍。贸易税的重要性超出了土地税。官员的职能也有了新的发展。①

尽管如此,与明治时期日本对于外敌入侵所做的回应相比,帝国的回应是节制性的。拥有更为庞大的领土和更为丰富的资源,中国的统治者有理由相信,节制性的变革就足以应对外部威胁,它并不需要同明治天皇那样,对旧有的政治经济体系进行彻底翻新。因此在最初,帝制对西方文明的学习是选择性的,学习西方是为了更好应对外部威胁,以便延续自己的皇权统治。这种选择性的回应体现在当时用以证明改革必要性的口号中,如"师夷长技以制夷"或"中学为体,西学为用"等。在当时,这已经是帝国愿意或能够做出的最大妥协。

如果知道在鸦片战争之前,世界上最强大的国家(英国)面对最大的文明国家(中国)时的两次遭遇,那么中华帝国所做出的反应就不足为奇。1793年肩负着与中国通商使命的马戛尔尼率领庞大使团到访中国,处在盛世中的清廷将英国看作外夷,将通商的使臣称作夷人,争议围绕英使觐见皇帝的礼节,而非贸易条件展开。23年后的1816年英国使团第二次到访,因为坚持不愿意向皇帝叩头,他们甚至没能见到皇帝。帝国所偏好的工业化形式是官督商办,②因为它允

---

① [美]斯蒂芬·哈尔西:《追寻富强:中国现代国家的建构,1850—1949》,赵莹译,中信出版社,2018年,第10页。

② 在英文中,官督商办是state-owned and private-run,与之相对的概念是官办(state-owned and state-run)和商办(private enterprises)。参见 Yongnian Zheng and Yanjie Huang, *Market in State: The Political Economy of Domination in China*, Cambridge University Press, 2018, p.202.

许国家主导工业化的进程和内容。

优先性给了那些有助于增强国防力量的工业投资,在这一背景下进行的洋务运动或历史学家所谓的"自强运动",开启了中国军事近代化的进程。在自强运动的第二个阶段,改革派官员意识到光是建设国防工业还不够,军事现代化也需要现代制造业体系和西式学校,因而工业化的努力也扩展到民用领域和开办新式学校中。然而帝国与现代化不兼容的一面也很快体现出来。19世纪六七十年代,政府因为害怕电报会助长外国对中国的政治和经济渗透,以"不便"为由拒绝引入电报。在帝国统治者眼中,这些"创造性破坏"威胁到国家对其境内信息秩序的控制。

(二)中国国家建构的方向:民主还是集权

节制性的变革不足以应对来自列强的挑战,在1894—1895年的中日甲午战争失败后,这一点已经显露无遗。戊戌变法是帝制对于西方文明态度转变的一个重要节点,它标志着中国开始尝试通过更为系统,也因而更为激进的变革来应对外部威胁。在这一背景下,中国人对西方的学习,从技术层面逐渐扩展到制度层面。现代国家建构所涉及的各类议题均在这一时期出现,并产生了激烈争论:

> 建立多民族统一国家还是汉民族单一民族国家、建立单一制国家还是联邦制国家、建立新的集权制国家还是三权分立的分权制国家、建立中央集权制国家还是广泛实行地方自治的国家、建立一党制或以党治国的国家还是两党制或多党轮流执政的国家、建立继续以家国共同体为本位的国家还是以个人为本位的国家、建立实行精英主义精英治国的国家还是坚持草根主义草根治国的国家。[1]

每一种观点都有人响应,也有人反对。立场的不同使得这种状态几乎成为必然。

---

[1] 姜义华:《辛亥革命以来中国大一统国家体制再造中的承续》,《学术月刊》2011年第1期。

　　尽管如此，当时的中国知识分子，对于西方的理解极其有限，它将民主作为西方政体的总括性特征，并认定它是帮助西方，以及学习西方的日本，迅速实现"富国强军"的法宝。这成为支撑晚清和中华民国初期中国进行政治体制变革和设计的观念基础。站在今天的角度看，当时的知识分子无疑开错了药方，民主是一种赋权社会和制衡政府的机制，它并不适合强敌环伺的情景。中国的体制当时真正需要做的是集权，或者说，新一轮的国家建构应该更多强化国家的集权能力。尽管有迹象表明，有的知识精英，实际上是在用"民主"来表达对"集权"的追求。①然而这种对民主的误解，即将民主作为强国的手段还是产生了广泛影响，筹划中的改革压倒性地集中在民主制度设计上。梁启超等人倡导仿效英国建立君主立宪制，提出了包括开设议院、制定宪法、三权分立等在内的一揽子政治民主化改造方案。1906年9月，清廷在内外压力下，决定实行"预备立宪"，颁布《钦定宪法大纲》。中华民国政府在建立之初，也开始了一段尝试建立西式民主制度的曲折进程。

　　尽管如明治维新所表明的那样，在民众缺乏民主意识和诉求的情况下，执政者可以在民主的旗帜下进行集权。事实上，议会制度既是民主的体现，更是集权的产物。在现代国家建构过程中，君主将原先分散到领主、贵族和教会手中的权力，集中到自己手中。作为交换，这些封建时期的显贵，被安置到贵族院中作为特权力量的代表。只是随着"人民主权思想的传播、公民社会的发育以及大众型政党的兴起，民主政治逐渐与代表观念深度融合"②，议会制度才成为民主的象征。与日本相比，中国在尝试民主制度的过程中，缺乏有效的集权措施。当然，这部分是因为，当时的中国相比于绝大多数前现代国家，已经是一个"集权"的国家。其他国家在现代国家建构过程中所要实现的部分内容（如确立

---

　　① 当时的中国知识精英表现出对于强国家的渴望，有学者疾呼，如果能够建立强国家，哪怕将其最后一点自由带走都行。在党的话语体系中，用民主集中制来表达对集权和民主的排序。在近期刊发在《求是网》的一篇文章中，作者主张，中国民主道路的发展，保障人民权利与集中国家权力并举，"集中国家权力则是当代中国民主政治和政治发展道路最具有特色之处"。与之相比，资本主义政治体制采取的是保障权利和开放国家权力的双向民主。参见《中国民主道路的四条经验》，《求是网》。https://news.china.com/zw/news/13000776/20190902/36957887_all.html#page_2.

　　② 高春芽：《政党代表性危机与西方国家民粹主义的兴起》，《政治学研究》2020年第1期。

国家的宗教信仰，通过竞争性的考试录用官员，依靠官僚来进行日常的行政），在中国早已实现。正是基于此，福山主张中国是一个早熟的国家，他宣称："中国人发明了好政府。他们设计的行政机构是理性的，按照功能组织起来，以非人格化标准进行招聘和晋升。"①从时间节点上看，这要比欧洲早得多。

将集权作为当时中国在面对外敌入侵的时候应该采取的对策，这可能与很多人对于中华帝国政治的理解相悖，他们往往将专制等同于集权，将专制的意志等同于专制的能力。尽管相比于欧洲，中华帝国的确在更早的阶段就建立起郡县制，并用皇帝任命的官员来行政，但这仅限于有限的领土范围内。古代帝国实际上包括两个截然不同的部分：一是中央之国，是皇权能够使用郡县制直接管理的地区，通常以中原为核心；另一个是边疆之国，是皇权不能直接管理的地区，要通过和亲、朝贡、册封等方式实行间接管理。即便是在中央之国，正如冯友兰先生对于县政的描述，它与现代意义上的行政也相差甚远：

> 县官的收入，无论增加或减少，朝廷是不管的。实际上，朝廷是把这一块地方包给县官了，县官只要把每年规定的银子定额上缴国库，就算尽职了。县官实际上等于一个封君，他管的一县就是他的采邑。所不同于古代封君者，就是古代的封君把采邑的收入全归自家享受。而县官必须按定额向国库交银子。在这些地方，可以看出古代分封制的残余痕迹。县官确实像个百里侯。②

在对明代财政体制进行分析时，黄仁宇对中华帝国所下的判断切中要害："中央集权的愿望超出了当时的政府实现这种愿望的技术手段。"③其结果是，对于绝大多数民众而言，皇权只是一个抽象的存在，而并非能够直接影响他们日常生活的、可以真切地感知到的力量。"中国的皇权对全国更多的是一种政治文

①[美]福山：《政治秩序的起源：从前人类时代到法国大革命》，毛俊杰译，广西师范大学出版社，2012年，第307~308页。

②冯友兰：《三松堂自序》，生活·读书·新知三联书店，2009年，第18页。

③[美]黄仁宇：《十六世纪明代中国之财政与税收》，生活·读书·新知三联书店，2001年。

化意义上的统治。国家权力没有能有效地深入到社会中，当时的中国人缺乏一种民族认同，主要是一种文化的认同。"①

帝制时期的中国政体特征，在曼所提出的概念中，能够得到更好的呈现。曼区分了两类国家权力，即专断权力和基础权力，并据此将国家分为封建国家（低专断权力、低基础权力）、帝制国家（高专断权力、低基础权力）、官僚国家（低专断权力、高基础权力）和威权国家（高专断权力、高基础权力）。②按照曼的分类，当时的中国处在高专断权力和低基础权力的范畴中。帝国所集中起来的权力，压倒性地以专断权力为核心，它有能力应对蛮夷对中原的骚扰或者农民反叛者，并防范任何试图对其权力实施硬约束的尝试。但它缺乏有效地渗透到社会中的能力，后者需要的基础性权力，而皇帝们所拥有的是专断权力。

中华帝国也和很多的前现代国家一样，需要建立起权力的"毛细血管"，以便能够渗透到传统政权没有触及或者只是有限存在的地方。③然而在负责制和法治缺失情景下的国家集权，究竟会否发展出充分的基础性权力，这一点是成疑的，"物质条件和技术的每一项进步，落在不受制衡的国家手中，便意味着国家更有能力为自身目的而严格控制社会"④。马克斯·韦伯也倾向于认为，专制权力与常规权力是相互冲突的。君主要求无限的、不受约束的、超越规则的权力，而官僚制度的本质特征恰好在于它依据制度和规则来运作的能力，所以一种权力的膨胀必然意味着另一种权力的萎缩。⑤作为其结果，尽管帝制时期的中国在更早阶段就开始通过官僚来行政，但它却始终辅之以运动式治理，后者赋予皇权随时干预官僚事务的能力，这使得帝制时期的行政始终不能完全地制

① [英]麦迪森：《中国经济的长期表现：公元960—2030年》，伍晓鹰等译，上海人民出版社，2008年。

② Michale Mann, "The Autonomous Power of the State: Its Origins, Mechanisms and Results", *European Journal of Sociology*, 1984, Vol. 25, No. 2, pp. 185–213.

③ 对于中国帝制时期国家能力的讨论，可参见 Stuart R. R. Schram, ed., *The Scope of State Power in China*, Hong Kong: Chinese University Press, 1985, and *Foundations and Limits of State Power in China*, Hong Kong: Chinese University Press, 1987; H. Lyman Miller, "The Late Imperial State", in David Shambaugh, ed., *The Modern Chinese State*, New York, NY: Cambridge University Press, 1999, pp.15–40.

④ [美]福山：《政治秩序的起源：从前人类时代到法国大革命》，毛俊杰译，广西师范大学出版社，2012年，第317页。

⑤ [美]孔飞力：《叫魂：1768年中国妖术大恐慌》，陈兼译，生活·读书·新知三联书店，1999年，第246~250页。

度化或官僚化。

(三)失败的国家建构与夭折的早期工业化

尽管福山对于中国国家的表述可能失之偏颇,但他对帝制时期社会的描述更为准确:"国家之外的社会像以前一样,与欧洲或印度相比,组织更为松散,很难采取政治行动。没有拥有土地的独立贵族,也没有独立城市。四下分散的士绅和农民,只可被动抵制政府命令,不时爆发激烈的起义,又遭到残酷的镇压。他们从来没有像斯堪的纳维亚农民所做的那样,组织成集团向国家争取权利。"①但这种格局并非自然形成的,而是专制权力逻辑运作的结果。与欧洲相比,中国的皇帝们面对的一个迥然不同的社会,中国没有发展出系统性的农奴制度,多数的农业种植者是农户,或者建立在土地租佃关系基础上的佃户。地主在村庄中发挥了更大的作用,但这种作用的发挥不是建立在其对于佃户或者农户具有直接的政治力量基础上,宗族的存在弱化了土地占有者将土地财富转化为政治力量的能力。在中国这样的社会,国家建构者在尝试集权的时候,其面临的最大问题,不在于资本主义民主国家对于国家权力膨胀的警惕,不在于封建制下领主对于国王权力的制衡,也不在于宗教传统根深蒂固的国家对于异族政权的顽强抵制。传统中国没有"风能进、雨能进,国王不能进"的产权理念,以及相应的法治传统,没有民主体制下形成的公民权概念,没有发展出独立于世俗统治者的宗教权威,皇权警惕任何不受其控制的权力中心的形成,在理论上有权任意地进入社会生活的每个领域。

事实上,凡是外在于国家控制的领域和行为,都被定性为"私",均应该受到谴责(如结党营私)或者抑制(如大公无私)。因此,尽管政权的基础权力孱弱,没能将触角延伸到社会的各个方面,所以有"皇权不下县"的说法,在这些地方,宗族、乡绅的确发挥了很大的作用。但他们的权威始终没有得到制度上的保障,并据此将自己的自治空间上升为一种排斥外部力量干预和介入的权力。一

---

① [美]福山:《政治秩序的起源:从前人类时代到法国大革命》,毛俊杰译,广西师范大学出版社,2012年,第307~308页。

旦外部政治力量的基础权力得到了发展,这些所谓的自治空间瞬间就被蚕食。由于国家的基础性权力孱弱而广泛存在的"自治"空间,并不构成政权"下乡"的制度性障碍。

与欧洲相比,中国的现代国家建构,核心内容不在于用现代官僚来替代横亘在皇帝和民众之间的各种中间层级,而在于如何使权力变得可执行。换言之,让一种文化性或象征性权力落地,使其转变为一种建立在制度基础上的基础性权力。在中国这样的社会中,这样做的最大威胁有两个:一是如何确保集权的效率。比如,为了汲取资源而雇用了更多的盈利型经纪,而盈利型经纪的增多反过来又需要更多的资源来维系。因此,尽管政权能够从乡村中汲取的资源增多,但这并不意味着国家可用财力的增加,因为它不是建立在更为有效的国家官僚机器的基础上,而是建立在原有的营利型经纪、包税制度扩容的基础上,杜赞奇将这种现象称作"政权的内卷化"。二是国家的基础权力,尤其是渗透和汲取能力的发展,不可避免地激活民众的产权意识和国家意识,因此它必须有能力证明这种做法的合理性。如果说集权对于执政者来说,总是一个值得追求的目标,激发民族性对于统治者而言,则可能是把"双刃剑"。民族性的塑造需要用一套话语体系来提醒人们是社会中的平等成员,其行为选择有着更为宏大的政治后果(国家兴亡,匹夫有责)。国家权力具有公共性,即"公天下",处在其中的每个人都对其负有义务,这在逻辑上要求政体建立起相应的政治制度,来容纳和鼓励人们的政治表达和参与,但这不可避免地动摇挑战帝国的政治理念与制度,即"家天下"。

依据杜赞奇的研究,传统乡村政治演变的转变点发生在1900年左右,起点是清末的新政运动。之后,国民党政权的"闾邻制"和日伪政权的大乡制都尝试变革乡村政治。这些举动的一个共同目标是渗透到传统政权没能深入的领域,汲取更多的乡村资源用于现代化建设(兴学、新军、警察、铁路、电报)、为战争筹资、强化对乡村的控制等。经常性的做法包括:在县级政权以下建立乡公所;将之前存在于县级政权与乡村政治之间的各种经纪官僚化;试图弄清楚土地的总量,增加应税土地总额。绝大多数国家建构的努力均遭失败或仅取得有限成功。杜赞奇对1900—1942年间国家权力向下延伸的努力做了这样的总结:"要么国家权力形式上扩张而实际仍受制于传统乡村权力结构，要么国家权力的扩张破坏了传统村落政治的文化网络，导致以乡村庇护人身份存在的保护型经纪纷纷退出政权，而以攫取包税剩余为目的的盈利型经纪趁机占据这类职位，成为诱发革命和社会动荡的潜在根源。"①

政权"下乡"遭遇失败的原因各有不同。晚清的国家建构者缺乏创制出替代性的话语和概念来论证新举措正当性的能力。帝国的统治建立在前现代的神秘主义（皇帝是作为天子）和儒家伦理基础上。儒家思维的起点是家庭及家庭关系，其他关系均是家庭关系的类比和放大，家庭的美德和政治的美德是一体的。传统家庭关系甚少是平等的，而是等级性和依附性的。家长的权威建立在血缘关系基础上，对家长的服从是无条件的。将家庭生活所遵循的规范，看作是在群体生活（所谓的"老吾老以及人之老，幼吾幼以及人之幼"）和政治生活中应该奉行的基本准则，家庭关系中的"父为子纲，夫为妻纲"，就必然转化为"君为臣纲"或者"父母官"，依此所建立起来的政治形态必然是专断和威权的。世俗统治者同时也是最高的道德和意识形态权威，他不断地主导和参与意识形态的缔造、解读和传播。皇帝拥有祭天、任命教职的权力，并通过科举等机制来实现意识形态的再生产，继而发挥政治教化的功能。在一元化的权力结构中，意识形态本身构成国家政治统治机器的一部分，它们相互支持，彼此强化。与中国相比，在前现代的日本，幕府和天皇的权威二者长期分离。在欧洲，基督教义也倡导"凯撒的归凯撒，上帝的归上帝"。依据社会契约论，国家是按照不同于家庭、宗教所建立起来的一种独特的组织形式。国家的组织原则不同于家庭、宗教。

当制度权威和文化权威复合在一起的时候，一方面，单独的文化改革很难成功，因为这会动摇帝制的政治合法性。也正因如此，康有为不得不借助古圣来论证变法的合理性，他将这种策略称作"托古改制"。在《马克思进文庙》中，郭若沫等人也试图表明马克思主义与中国儒家传统"一脉相承"，这些努力有助于降低提议中的改革与传统价值和制度的差异，因而降低改革的阻力。另一方

① [美]杜赞奇：《文化、权力与国家——1900—1942年的华北乡村》，江苏人民出版社，1994年，第226页。

面,没有文化改革的政治改革也很难成功。中国政治文化最偏爱的统治形式是贤能政治。理想的统治者应该首先是一个道德上的圣人。司马光在《资治通鉴》中对选官标准的见解生动地表明了这一点:"是故才德全尽谓之圣人,才德兼亡谓之愚人,德胜才谓之君子,才胜德谓之小人。凡取人之术,苟不得圣人、君子而与之,与其得小人,不若得愚人。"一旦发现或者选拔出"圣人",他就应该被赋予充分的、不受制度约束的权力,因为外部的约束只会束缚他的手脚,防止他发挥更大程度的作用。对于滥权的防范,要寄希望于道德的内在约束。因此,对德行的强调,在很大程度上并不是因为德行有助于更好地履行公务,而在于它是外部约束虚化条件下,用来防范滥权的依靠。这种政治理想非常类似于柏拉图在《理想国》中对于"哲学王"的描述:"用法律条文来束缚哲学家——国王的手脚是愚蠢的,就好像是强迫一个有经验的医生从医学教科书的处方中去抄袭药方一样。"①"哲学家具有超人的智慧和真实的知识,又具有杜绝偏私和拒绝腐蚀的品性,与智慧相比,法律显得蹩脚。让哲学家的智慧受制于死板和教条的法律,就等于使真实的知识服从于大家的意见,让人类的智慧屈从于习惯和偏见。法律不是为智者创设的,而是针对一般人固有的缺陷而设立,哲学家没有一般人固有的缺陷。"②

　　曾经担任袁世凯法律顾问的古德诺,在中国目睹到下列现象后感到匪夷所思。1861年英法联军侵华,雇佣中国劳工帮助进攻京城。古德诺对此感到困惑:这些人似乎没有意识到,他们是在帮助外国人攻打自己的国家。他们的行为缘何没有国家责任的障碍。③古德诺所观察到的现象是一个低度国家认同情景下的产物。按照阿尔蒙德和维巴所提出的概念和分类,处在儒家规范中的民众,属于"村落地域型"政治文化(parochial political culture)。在这种文化中,人们对自己属地的认同感强于对国家的认同感,缺乏公民权意识,在认知上既没有意愿也没有能力参与政治。事实上,帝国时期的统治者也很少表现出民族主义意识。法国人阿兰·裴蕾亚特在其著作中记录了这样一件事情,能够为这种

---

① [美]萨拜因:《政治学说史:城邦与世界社会》,邓正来译,上海人民出版社,2015年,第128页。

② 汪太贤:《人文精神与西方法治传统》,《政法论坛》2001年第3期。

③ [美]古德诺:《解析中国》,蔡向阳等译,国际文化出版公司,1998年,第88页。

观点提供佐证。荷兰东印度公司于1740年听到反叛的传闻后,组织了对巴达维亚(雅加达)华人的大屠杀,造成2万到3万人丧生。荷兰方面否认这次暴行,公司董事们深恐因此得罪中国皇帝,因而会对(荷兰东印度公司)在广州的买卖和商人进行报复。他们派了使团说明事由并道歉。意想不到的是,乾隆皇帝毫不介意地让人答复说:"我对于这些贪图发财而远离祖国、舍弃自己祖宗坟墓的不肖臣民并无丝毫的关怀!"①

戊戌变法失败后,中国人寄希望于通过改良来实现现代化的梦想破灭。在这种背景下,过去引以为傲的传统文化,现在被当作中国在迈向现代化强国道路上的绊脚石,甚至是限制中国发展的"罪魁祸首"。只有彻底否定和抛弃,中国才有可能卸下负担,真正地跻身于世界强国之林。新文化运动的发起者和中共早期领导人之一的陈独秀,倡导更为激进和彻底的改革,支撑其主张的是,他对中西文明的看法:"无论政治学术道德文章,西洋的法子和中国的法子,绝对是两样,断断不可调和迁就的。……若是决计守旧,一切都应该采用中国的老法子,不必白费金钱派什么留学生,办什么学校,来研究西洋学问。若是决计革新,一切都应该采用西洋的新法子,不必拿什么国粹,什么国情的鬼话来捣乱。"②知识精英们将目光转向大众。他们意识到大众身上所蕴藏的巨大变革力量,因而致力于启蒙并唤醒大众。"睡狮"和"醒狮"成了当时广为人所知的政治符号。相比于文言文,白话文更适合对文化水平低下的民众进行启蒙,因而得到了推崇。各种舶来的理论,在中国知识精英间传播。

在这样的背景下,在其他版本的政权"下乡"方案中,国家建构者们都创造了一套新的话语体系(如民族主义、共产主义),用来证明伴随着政权下乡所进行的各种改革方案的正当性。它们也都尝试弱化权力的文化网络,村级政权的组织形式刻意地不同于村落中的宗族和宗教等文化网络,以使新建立的村级政权更多响应外部官僚的需要。换言之,新政权需要的是更多地作为官僚的乡村代理人而非村落的保护人,但既有改革并不足以确保这一点。如王奇生的发

① [法]佩雷亚特:《停滞的帝国——两个世界的碰撞》,王国卿等译,生活·读书·新知三联书店,1993年,第43页。

② 陈独秀:《今日中国之政治问题》,《新青年》1918年第1期。

现:"农村的剥削者阶层为了应付国民党当局都进行了伪装,他们中的许多人加入了国民党,常常在县和县以下的国民党机构中占据领导地位。这表明国民党在向基层社会渗透的过程中,非但未能动摇旧有地方封建势力的基础,反而为他们所僭夺,成为土豪劣绅维持其原有权势结构的工具。"①

国民党的"下乡"方案遭遇到的困境,也不同程度存在很多其他的下乡方案中。在没有能力建立起新的组织框架的情况下,制度设计者只能将既有的治理结构简单"装扮"后重新使用,这些旧的行为者很难成为改革的理想执行者,因为他们很容易为传统势力同化,事实上其本身就是传统势力的一员。在这样的组织架构基础上,对乡村资源所进行的汲取,其结果要么是"传统类型的、以村庄庇护人形象出现的士绅正在消失,他们的位置被新兴的'劣绅'所代替。这些新型的中间人更加代表国家而非村庄的利益,以对村庄的搜刮掠夺为能事"②。要么如张乐天的感叹:"传统的村落社会犹如一个具有强大吸纳力的循环的陷阱,资本主义的萌芽,商品经济的渗透,小城镇的兴盛,城市工业的发展,新式学校在农村的建立,党派向农村的延伸,一切进步的因素一旦进入村落,就被强大的传统势力所化解。"③

当工业革命在西欧萌发的时期,中国也存在工业化的需要。从内部看,中国人口从1700年的1.5亿增加到1794年的3.13亿左右,并在1850年达到4.3亿。④马尔萨斯的"幽灵"在中国大地徘徊:"无论是商业的扩展还是向外部移民都不能使每个人得到关照,总有一部分人会被完全排除在生产性经济之外。他们的出路是向社会下层移动,沦为乞丐之类的社会下层。"⑤解决人地矛盾的根本出路在于工业化。从外部看,比较现代化研究依据现代化的动因区分出两种类型的现代化,即内生型现代化和应激型现代化。

---

① 王奇生:《党员、党权与党争:1924—1949年中国国民党的组织形态》,上海书店出版社,2009年,第44页。

② 黄宗智:《华北的小农经济和社会变迁》,中华书局,2000年,转引自周飞舟:《从汲取型政权到"悬浮型"政权》,《社会学研究》2006年第3期。

③ 张乐天:《告别理想:人民公社制度研究》,东方出版社,1998年,第2页。

④ 何炳棣:《明清社会史论》,徐泓译,台北联经出版社,2013年。

⑤ [美]孔飞力:《叫魂:1768年中国妖术大恐慌》,陈兼译,生活·读书·新知三联书店,1999年,第51页。

在英美，在前现代的传统社会中，传统性和现代性之间存在一种较强的兼容关系，它们的现代化主要是从社会自身不断发展出有利于现代化的因素来实现的。这种类型的现代化可以称作内生型现代化。更多的国家由于社会内部的传统性和现代性之间的兼容关系较弱，无力从社会内部产生出推动现代化的强大因素，而是在英美现代化起步以后而产生的外部刺激，或者说外部压力下，开始作出反应而逐步实现现代化的。欧洲大陆的国家都属于这种类型，可以称作应激型的现代化。①

相比于内生型的现代化，应激型的现代化对于国家能力提出了更高的要求。它需要借助国家力量，来有意识地培育和触动那些有利于现代化的要素，同时抑制和破坏那些与现代化不兼容的传统习俗和制度，依此来加速工业化的步伐，实现对发达国家的经济追赶。1949年之前的政权形式都没能做到这一点，其结果是，中国在内外压力下只能采取一种高度节制性的工业化。据统计，1919年全国工人合计仅为190万余人，②相对于中国庞大的人口规模而言，这是微不足道的，而这一年距离第一次鸦片战争已经过去了近80年。与之相比，根据维斯提供的数据，1911年的英国，工人阶级占比已经高达21%~30%。在俄国社会主义革命爆发前，即一战前夕，俄国的无产阶级仍然处在幼稚阶段。工人数量，依据统计数据不同，从300万到900万，再到1400万，而当时沙俄的总人口是1.71亿，因此无产阶级占比为总人口的2%~8%。③即便如此，俄国工人的数量，不论是绝对值还是占比，都要比同一时期的中国大得多。有限的工业化是低度国家能力的结果。

二、党治国家与社会主义工业化

中国倡导并采取的是一种以政党为中心的现代国家建构，由此所建立起来

---

① [美]布莱克编：《比较现代化》，上海译文出版社，杨豫、陈祖洲译，1996年，第19页。
② [日]中村三登志：《中国工人运动史》，王玉平译，中国工人出版社，1989年，第11页。
③ Linda Weiss & John M. Hobson, *States and Economic Development* .

的政体形式,表现出特殊的国家与社会关系(建立在党群关系基础上),特殊的权力结构(以党政体制为轴心)。按照这种样式搭建起来的政权具有前所未有的组织动员能力,这成为其在"根本不具备发动工业化的初始条件,更谈不上工业化的高速起步和大规模的经济建设"①的情景下,发起系统工业化,并通过计划体制追求经济跨越式发展的组织基础。计划经济是一种将国家在经济活动中的作用放到最大的经济形态。在这种组织经济活动的方式中,国家垄断性地掌握和配置经济资源,并直接从事生产性活动,这使得计划经济的载体(单位和公社)同时也是国家权力向下延伸与党关联社会的触角。政治权力与经济权力,在计划体制中,相互支撑,互为因果,据此形成了一个总体性社会或者一元社会。

(一)革命政党的理念、组织与国家—社会关系

中国共产党是按照列宁的建党思想和建党原则建立的。列宁的政党理论要解决的是,在一个高度残酷和敌对的政治环境下,无产阶级政党如何存续并壮大自身力量,最终夺取国家政权的问题。在这种情景下产生的列宁主义政党,有三个相互关联的特征:一是不同于在更为宽松环境下出现的议会政党,后者通常将争取尽可能多的选民,获得多数议会席位作为政党目标,而按照列宁主义原则建立起来的无产阶级政党,有着鲜明的革命理想和目标,它致力于推翻现有政权,希望建立一个符合其革命理想的政权形式。也正因如此,早期的中国知识精英认为革命党并非真正意义上的政党:"时人对政党的认识基本局限在西方经验,即认为只有像西方那种在共和政体或君主立宪政体条件下活动于议会的内生型、体制内政党才可称为政党,革命党是体制外的组织,非政党。"②

二是为了适应革命斗争的需要,列宁主义政党强调高度的纪律性,党的中央与地方组织按照集权的原则组织起来。尽管属于工人阶级的代表,但党员却并非工人阶级的普通成员,而属于阶级中的优秀分子,他们"用先进的理论武装头脑",据此建立起来的党组织具有非凡的凝聚性,属于无产阶级的先锋队。它

---

① 胡鞍钢:《中国政治经济史论(1949—1976)》(第二版),清华大学出版社,2008年,第62页。
② 金安平:《中国政治语境下的政党概念》,《政治学研究》2004年第4期。

的组织形态显著不同于大众政党。大众政党服务于选举目的,对于党员没有严格要求,党员与非党员之间不存在明显的边界,党的地方和上级组织之间的关系松散。

三是西方的政党政治通常以多党合法存在,相互竞争执政机会为特征,而革命政党形成了一套与之有别的处理党际关系的准则,其考虑的不只是如何将社会力量组织起来并动员到党所确立的战略目标中,同时也需要防范对立政治势力对社会力量的染指。1921年在中共建党之初的《关于当前实际工作的决议》就明确:"党应该警惕,使工会避免成为其他党派的傀儡。党应特别机警地注意,勿使工会执行其他的政治路线。"为了组织动员人民群众,党依据社会类别建立起相应的人民团体和群众组织。它们作为党的外围组织而存在,而非社会力量自主结社的产物,在理论上它们应该是唯一能够组织和代表这类群体的团体。

列宁主义政党,表现出超凡的组织动员能力,这是中国的政权"下乡"取得成功的关键。与之前的政权"下乡"方案相比较,共产党所主导的政权"下乡"有如下三个相互关联的特征:一是它引入了一套阶级话语体系,用以对乡村社会的现状进行描述和评价。这套话语体系凸显了既有格局与理想蓝图之间的差异,继而成为对其进行社会主义改造的基础。二是它将土地改革作为实现"政党下乡"的关键。傅高义的研究发现,党组织的扩展是随着计划经济秩序的建构而出现的:在合作社迈向高潮的几个月中,党组织迅速扩大,此后持续发展。从1954年末到1956年中期,广东的党员人数几乎增加了一倍,而增加的大部分是在农村。到1955年秋,农村大约有10万名党员,当时73%的乡建立了党支部。到1956年中期,广东94%的乡有党支部。青年团的发展甚至更快。1955年初,约有90%的乡已经建立了青年团支部,到1955年末达到95%,全省青年团总数近50万。①三是它建立起一套完全不同的组织框架,作为执行对农业社会主义改造的基础性力量。"共产党在乡村建构起种类繁多、层次分明的组织网络,并以群众运动的方式将绝大多数村民纳入其中。网络的核心是党支部、村政权、贫农团、农会、民兵队等组织中的党员干部,稍外围是以贫雇农为主的基

---

① [美]傅高义:《共产主义下的广州:一个省会的规划与政治》,高申鹏译,广东人民出版社,2008年。

本群众,再外围是以中农为主的普通群众。"①在党所领导的各类运动中脱颖而出的入党积极分子被吸收为党员,继而成为各类运动的骨干。忠实执行党的路线、方针和政策是他们获得这一职位的原因。相比于传统农村精英,他们更加听命于上级。

在党的理论中,用来处理党群关系的核心概念是群众路线。刘少奇对之有经典的表述:"在一切群众中,通常总有比较积极的部分及中间状态与落后状态的部分,在最初时期,积极分子总是比较占少数,中间与落后状态的人总是组成为广大的群众。"建立在对群众认识的基础上,群众路线成为党的基本工作机制,"必须照顾多数,即必须照顾中间状态与落后状态的群众,否则先进部分就会孤立起来。如果中间与落后状态的群众还未自觉,我们就要善于去启发他们,并要善于等待他们;如果我们不愿意等待,而冒冒失失地率领少数积极分子前进,我们就会脱离群众,我们就要失败"。建立在群众路线基础上的党群关系,不同于政治学理论中常用的"委托—代理"。在党群关系中,群众是需要引领、教育和启蒙的,而这个引领者、教育者和启蒙者就是党:"有些同志……违反领导群众前进一步的原则,迁就群众中落后的意见,把自己降到普通工人、农民甚至落后分子的水平,失去先锋队的作用。有时又迁就群众中错误的意见,而跟随在群众自发运动的尾巴后面跑,不能对群众实行正确的有远见的领导。这种倾向,是要使我们脱离广大人民群众的,因为人民群众并不需要这样的人来领导自己。"②

以党群关系为核心搭建起来的国家—社会关系,不能用脱胎或植根于多元主义传统的国家—社会关系理论(如法团主义、公民社会)来分析。政治学发明了很多二分的概念,如国家与社会、集权与分权、民主与专制,等等。二分的概念是在相对意义上来界定的,换言之,国家是非社会的,社会是非国家的。在这组概念下进行的政治社会学研究,致力于探讨在国家与社会作为二元存在的情况下,它们是通过何种路径和渠道关联起来的,它们关联的后果是什么……而

---

① 李里峰:《革命中的乡村——土地改革运动与华北乡村权力变迁》,《广东社会科学》2013年第3期。
② 刘少奇:《论党》,1945年5月14日,http://www.people.com.cn/item/newlsq/zz/lxjs/lxjs030.html.

这种关联是建立在二者存在结构性分化基础上的关联。因此,关联性的存在并没有导致国家或社会丧失独立性,它们仍遵循各自的主导性原则。在中国的情景下,社会不是脱离国家而独立的存在;相反,社会的形态和结构是国家形塑的产物,它要服务于国家的目标。在这一过程中,国家组织所要遵循的基本原则(权威和等级制关系),也渗透到社会中,成为组织社会的主导原则。其结果,正如林尚立指出的:"在国家与社会一元的条件下,社会是作为国家的社会而存在的,人们在社会中所形成的团体和组织,是国家权力运行的产物,而不是社会自身运行的结果。这样,团体与组织自然也就构不成社会的多元化存在,因而它们既很难形成相互之间的各自独立,也不可能作为独立的力量来面对国家权力,进而争取掌握或分享国家的权力。"[①]

从中国与东亚的比较看,作为组织国家与社会关系的两种方式,党—国家体制与威权体制都给予了国家主导社会的能力,但党—国家体制相对于社会的控制能力要显著强于威权体制。前者能够通过渗透和嵌入的方式实现事前的控制,而后者只能在威权的控制出现缺口之后进行事后管控。东亚威权体制并不尝试通过普遍动员的方式来实现国家战略目标,很少通过嵌入的方式来实现对大众的控制和管理,也缺乏这样做的能力(没有一个强有力的政党)。多数情况下是在出现了问题后进行的事后控制。中国的做法与之不同,不论是在革命还是社会主义建设期间,中国的党和国家领袖都更多使用了群众动员的方式。为了实现动员目的,国家必须嵌入社会的各个细胞中,这反过来使得运动式治理成为可能。

(二)党政关系与中国的国家权力结构

贯穿于近代西方政治思想和政治理论的一个经典主题是,如何让政府在具有维持秩序能力的情况下,不让其成为公民自由的威胁者。思想家们给出的一个方案是,通过分权制衡的方式来限制公共权力的滥用,继而确保人民主权。产生这种思想的现实基础上,通过国家建构,国王将之前处在分割状态的权力

---

① 林尚立:《政党、政党制度与现代国家——对中国政党制度的理论反思》,《中共延安干部学院学报》2009年第5期。

集中到自己手中,其专断权力得到了扩张。它不再需要领主的中介,开始有能力直接与民众建立关联,这使得王权对社会的可能威胁变得日益真切。在这一论断上,可能没有任何其他人的主张能比孟德斯鸠更有影响力了。在《论法的精神》中孟德斯鸠指出,立法权和行政权如果集中在一个人或一个机构手中,自由便不复存在,因为人们担心君主或议会可能会制定一些暴虐的法律并暴虐地执行。司法权如果不与立法权和行政权分置,自由也就不复存在。司法权如果与立法权合并,公民的生活和自由就由专断的权力处置,因为法官就是立法者。司法权如果与行政权合并,法官就将拥有压迫者的力量。如果由同一个人,或由权贵、贵族或平民组成的同一个机构行使这三种权力,即制定法律的权力、执行国家决议的权力以及裁决罪行或个人争端的权力,那就一切都完了。①孟德斯鸠的主张在美国"宪法之父"那里得以制度化,并通过权力在联邦和州政府之间的纵向分割得到了巩固。

通过分权制衡来限制国家,继而确保人民主权,这样的考虑从来没有成为中国近代以来国家建构者的主要关切。与东亚其他样本类似,中国的现代国家建构出现在一个内部缺乏强大社会力量,但却有着棘手外部挑战的情景中。在这种情景下进行的国家建构,如前所述,其主要困境并不在于存在难以克服的集权障碍,而在于如何最大限度地增大国家应对威胁的能力,由此建立起来的中国现代国家形态也自然表现出非常不同的特征。一方面,在横向层面上,公共权力的确有所区分,包括了立法、行政和司法,但它们相互之间不是分权制衡的关系,而是分工协作的关系。在担任人大常委会委员长时,李鹏形象地说:"人大和政府都是一条船上的,为了一个共同目标而行使不同的职权。"②另一方面,在纵向层面上,尽管曾经有过联邦制的设想,但它并没有落实到制度设计中。地方政府没有成为一个单独的权力中心,而是始终作为中央和上级政府的地方代理人。中央政府有权根据情势的需要,调整中央与地方政府间的权力配置。随着中央收紧或者下放权力,中央与地方政府关系就相应地呈现出集权—

---

① [法]孟德斯鸠:《论法的精神》上册,张燕深译,商务印书馆,1961年,第154页。
② 李鹏:《立法与监督——李鹏人大日记》(上),新华出版社,2006年,第35页。

分权的形态。此外，由于不存在强大的社会力量，国家建构甚少围绕国家权力与公民权利的边界展开讨论。

与之前的国家建构路径不同，在政党主导的国家建构路径中，党是最为重要的国家建构力量，党政关系是国家权力结构的主轴。一方面，不同于多数制度设计中的政治与行政关系，党对政的领导不需要只是通过代表机构的中介来实现，最为重要的党政关系是通过与各级政府并行的党委体制，在党内建立与政府职能部门对口的领导小组、在非党组织中建立的党组等来实现的。这一做法脱胎于1942年，为了适应敌后和对日战争的需要，党采取了统一集中领导的办法，所有的军队、所有的政府机构，以及群众组织中的所有党团都必须无条件地服从同级党委，这一原则在新中国成立之后得以坚持并持续加强。另一方面，由于党是按照民主集中制原则组织起来的，在"领导政"和"领导社会"的过程中，党的组织原则必然渗透到国家和社会的组织架构中。党的集中统一就强化了中央对地方、上级对下级政府的集权能力。国民党是中国历史上"第一个完成以党建国、以党治国，形成一套比较完备的党治国家方案并加以实践的组织"①。但在1949年前国民党的党国体制中，党与国家结合的方式在不同层级有所区别。在中央层面上，党国体制推崇的是"以党统政"，在省级层面上是党政并列，在地方层面上则是"融党于政"②。与之相比，中共所推行的党治国家体系，其基本原则在不同行政层级并无区别。这使得中国不同于东亚的发展型国家，中国拥有的是发展型政党，即党将经济发展作为最为优先的使命，通过领导国家和动员社会的优势来促进经济增长。党的领导有助于将分布在不同政府部门中的权力围绕中心工作协调整合起来，这被一些学者称作政治统合制，"是指党委围绕中心工作，对行政科层制进行结构整合、资源聚集、功能重组的治理模式"③。

（三）中国的社会主义工业化：后发展与建设社会主义的物质基础

马克思主义断言，社会主义要在资本主义高度发达之后才能实现。这种观

---

① 束赟：《现代战争与动员型政党：组织比较视野下的国民党研究》，复旦大学博士论文，2014年，第1页。

② 陈明明：《在革命与现代化之间——关于党治国家的一个观察与讨论》，复旦大学出版社，2015年。

③ 欧阳静：《政治统合制及其运行基础——以县域治理为视角》，《开放时代》2019年第2期。

点经过了列宁的改造,以便诊断在贫穷国家建设社会主义时面临的问题及可能的克服途径。在列宁看来,经济落后国家走向社会主义必须经历一个中间阶段,即利用资本主义提供的物质条件和文明成果进行积累的过程。这个阶段,在新中国成立初期被称作新民主主义阶段,在改革开放初期被称作社会主义初级阶段。在马克思主义看来,生产力决定生产关系。当生产关系适合生产力状况时,生产关系就会促进生产力的发展,反之,就会阻碍生产力发展。在生产力低下的情况下,应该允许存在一定的私人资本和市场交换,尽管相比于社会主义生产关系,这是一种相对低级的生产关系,注定为更高级别的生产关系所取代。但相比于社会主义生产关系,它更适应当时的生产力水平,继而为之后的社会主义建设奠定物质基础。

同其他发展中国家一样,后发展深刻地限制了中国可以选择的工业化道路。领导人面临的棘手问题是,如何在一个落后的农业国(农业产值占国民生产总值的比重高达90%,农业劳动力占总劳动力的比重高达85%以上),在不具备工业化的条件和基础的情况下,在遭遇到战争的长期破坏的情况下(一穷二白),发起并维持工业化的动力,甚至在短时间内实现对发达国家的经济追赶("赶英超美")。

20世纪20年代苏联曾有过一场关于增长政策的激烈辩论。左派经济学家普列奥布拉任斯基提出了著名的原始社会主义积累理论。这一理论包括三个要点:一是社会主义体制必须将投资集中于工业建设,特别是重工业,同时必须推迟轻工业和农业的发展。二是严格控制消费,甚至不惜降低消费。必须以很低的价格从农民那里购买产品,与此同时,通过税收和制定很高的工业品价格削减农民的购买力。三是加快实施农业集体化才能为工业化提供必要劳动力。[①]这些要点最终体现在1957年《社会主义国家共产党和工人党代表会议的宣言》中建设社会主义的九条法则中,其中与经济体制相关的法则有三条:消灭基本生产资料资本主义所有制和建立基本生产资料公有制;逐步实现农业的社会主义改造;有计划地发展国民经济,以便建成社会主义和共产主义,提高劳动

---

① [苏联]普列奥布拉任斯基:《新经济学》,纪涛、蔡恺民译,生活·读书·新知三联书店,1984年。

人民的生活水平。

　　由于将工业化作为建设社会主义的物质前提，同时希望能够在极端不利的条件下实现经济赶超，领导人希望"以生产关系改造促进生产力发展、以上层建筑革命引领经济基础变革"。因此，"中国现代化具有强烈的社会主义改造性质，其目标不仅是要告别传统的小农经济和农业文明，而且要超越现代资本主义生产关系，建立一套全新的生产关系和制度"[①]。按照这种思路制定出来的社会主义工业化战略，农业处在了为工业化提供原始积累的位置。这样的做法，在初期工业化过程中并不罕见。中国工业化战略的特殊性在于，一是它不能大规模获得外部资源，几乎要完全依靠内部积累为工业化筹资；二是工业化没有从劳动密集型产业开始，而是将重工业作为工业化的重点，这与其所处的国际环境相关。感知到外部的军事威胁，不安全感迫使国家将资源优先投到了与国防相关的重工业，但这对于积累提出了更高要求。为了便于资源的汲取，我国在农村建立起以统购统销、人民公社、户籍制等为核心的制度体系。这套制度有力地支撑了计划体制下的工业化。统计数据表明，从"一五计划"到"六五计划"（1953—1986年），国家积累总计是2243.2万亿，农业部门提供了其中的1/4~1/3。[②]党在政权下乡过程中建立起来的组织动员能力，为制度的顺利运行提供了强有力的支撑。

　　对计划经济时期中国的经济表现进行准确度量，仍然面临很多困难。困难一方面来自计划时期的中国采取了一套不同于市场经济体制的国民财富核算体系，另一方面也源自频繁的政治运动导致统计体系的瘫痪以及统计数据的失真。度量上的困难，也因而不可避免地导致对这一议题的大量争议。争议还经常因为伴随着计划的执行出现的一系列灾难性事件而放大。其结果，正如著名的中国问题专家诺顿指出的那样，采取标准的经济指标来研究1978年改革开放前夕的中国经济，就能观察到许多相互矛盾的特征。一方面，中国依然很贫困，据世界银行估计，按照2000年不变价格计算，当年中国人均国内生产总值仅为

---

　　① 陈明明：《现代化进程中政党的集权结构和领导体制的变迁》，《战略与管理》2000年第6期。

　　② Thomas P. Bernstein and Xiaobo Lu, *Taxation without representation in contemporary rural china*, Cambridge University Press, 2003. p.37.

674美元。这一数字意味着在这一时期,中国是一个典型的低收入国家。另一方面,根据这一时期的价格,中国国内生产总值的44%是由工业生产的,这一比例大大高于其他低收入国家。还是这一年,中国的人口中只有18%居住在城市,这一点低于低收入国家的平均水平,因此中国又呈现出低度城市化的倾向。同时,对于一个处于这种收入水平的国家来说,其平均寿命和识字水平又非常高。因此,"并没有一种简单的方式可以对中国1978年的这些数据进行调整,由于自身的历史和经济体系,中国就是这样与众不同"[1]。然而中国经济发展历程和经济表现上的差异,并非中国特有,而是采用计划体制推进工业化的经济体的共有表现。计划体制是一种将国家在经济活动中的作用放到最大的体制,它允许计划官僚按照其制订的蓝本来组织经济活动,继而操纵工业化的进程,改变工业化的规律和发展轨迹。按照这种方式得到的工业化结果,显然不同于那些更多按照经济法则和规律来运行的经济体。

第二节　转型与发展:中国道路的两种研究范式

一、中国的经济表现及其政治经济解读

改革开放以来我国取得令世人瞩目的经济成就。据安格斯·麦迪森的统计,1952—1978年间我国人均国内生产总值年均复合增长率仅为2.3%,这不仅低于东亚新型工业化国家(同期日本人均国内生产总值年均复合增长率是6.7%、新加坡是4.8%、韩国是6.3%),而且低于2.6%的世界平均水平。但在1978—2003年间,我国人均国内生产总值的年均复合增长率达到6.6%,是改革开放前的2.9倍,远超出东亚新型工业化经济体的增长水平(同期日本人均国内生产总值年均复合增长率下降到2.1%、新加坡是4.2%、韩国是5.6%),是世界平均水平(1.55%)的4.3倍。[2]当把中国的经济增长记录置于转型经济体中时,其

---

[1] [美]诺顿:《中国经济:转型与增长》,安佳译,上海人民出版社,2010年,第8页。

[2] [英]安格斯·麦迪森:《中国经济的长期表现:公元960—2030年》,伍晓鹰等译,上海人民出版社,2008年,第59、99、106页。

表现会显得更加突兀。除了中国之外的其他社会主义经济体，当其从计划体制转向市场体制之后，经济均出现了较长时间和较大幅度的下滑。中国不仅避免了这种情形，而且实现了"弯道超车"。[①]截至目前，中国的改革开放已经走过四十年的历程。在这四十年内，中国的国内生产总值以年均9.5%的速度增长。经济持续增长的结果是，我国先后于1992年和2010年跨入下中等收入和上中等收入国家行列。2017年我国国内生产总值占世界经济的比重已经由1978年的1.8%大幅提高到2017年的15%左右。[②]2020年我国国内生产总值首次突破100万亿元，在世界经济中的份额上升到17%，第三产业增加值占国内生产总值的比重达到54.5%。[③]当我们的视野从总量转向人均的时候，中国的经济表现同样可圈可点。按照国家统计局的数据，2019年我国人均国民总收入首次突破1万美元大关，高于中等偏上收入国家9074美元的平均水平。世界排名位次明显提升。2000年，在世界银行公布人均国民总收入数据的207个国家和地区中，我国排名仅为第141位；2019年，在公布数据的192个国家和地区中，我国排名上升至第71位，较2000年提高70位。[④]

　　经济增长和收入分配之间的关系，是现代化理论关注的核心议题。中国的收入分配差距，在改革开放的过程中有所增大。根据国家统计局的数据，2003—2012年间，我国基尼系数全部高于0.4的警戒线，最高值出现在2008年，当年的基尼系数达到了0.491的最高值，之后逐年回落，到2012年这一数字下降到0.474。这些数据表明，"当前国内居民贫富差距依然较大"[⑤]。从横向比较看，根据《世界发展报告2006》提供的127个国家近年来收入分配不平等状况的指标，基尼系数高于中国的国家只有29个，其中27个是拉丁美洲和非洲国家，亚洲只有马来西亚和菲律宾高于中国。但中国政府表现出很强的意愿和能力，

---

　　① Angus Maddison, "Measuring the Economic Performance of Transition Economies: Some Lessons from Chinese Experience", *Review of Income and Wealth*, 2009, 55, pp.423–441.

　　② 林毅夫：《中国经济改革：成就、经验与挑战》，《人民日报》，2018年7月19日。

　　③ 陆娅楠：《中国经济总量首超100万亿元》，《人民日报》，2021年1月19日。

　　④ 张军：《从民生指标国际比较看全面建成小康社会成就》，《人民日报》2020年8月7日。

　　⑤《中国官方10年来首次公布2003至2012年基尼系数》，中国青年网，http://news.youth.cn/gn/201301/t20130119_2818506.htm.

积极运用多种手段来消除贫困。改革开放四十多年来,中国的人均收入增长超过25倍,8.5亿人摆脱了贫困,对世界减贫贡献率超过70%,成为全球最早实现联合国千年发展目标中减贫目标的发展中国家。党的十八大以来,中国贫困人口从2012年底的9899万减少到2019年底的551万,连续7年每年减贫的规模都在1000万人以上。[①]

张五常先生曾经这样评价中国经济对于"正统"经济理论构成的挑战:中国经济就好像一个奇怪的跳高运动员,尽管姿势看起来怪异,但更怪异的是其能屡创新高。所以建议他采取正确的跳高姿势是一回事,讨论他为什么能够以奇怪的姿势屡创新高是另一回儿事。[②]对于改革开放以来的中国道路,从政治经济的角度看,有两种主要的研究范式:一是转型范式,二是发展范式。这两大范式都试图对中国道路进行描述,在同其他参照经济体的比较中发现其特性,继而解释改革开放以来中国出现迥异经济表现的原因,并展望其未来变革的方向与路径。

在接下来的章节中,本书将对这两种视角的主要观点进行评述,指出其各自的不足。我们主张将转型视角整合到发展研究中。一方面,中国的发展是转型中的发展,区别于在自由市场经济框架内的发展,也区别于在计划经济体制内的发展。它继承并创造性地运用了计划体制的遗产,并根据市场经济的需要对其进行了转化。在市场转型理论看来,注定要成为变革对象的国有企业,在有中国特色的市场经济情景中,已经找到了新的存在理由。另一方面,中国的转型是为了发展而进行的转型,这区别于基于某种经济理念而进行的转型,它根据经济发展的需要调试国家与市场的边界,并出于发展的需要而保留、新建、重铸、撤销国家介入经济的工具,由此形成了有中国特色的国家与市场关系。

二、中国道路的转型研究范式

转型研究倾向于观察、描述和比较中国与其他转型经济体的异同,并用之

---

① 《中国减贫成就具有世界意义》https://www.thepaper.cn/newsDetail_forward_8990802.
② 林毅夫等主编:《产业政策:总结、反思与展望》,北京大学出版社,2018年,序,III。

来解释它们之间有差异的经济表现。从转型视野看,中国道路的特色在于,在坚持党的领导和国家基本政治制度的情况下,改革使市场力量从计划的缝隙中生长出来,并逐渐在资源配置中发挥基础性,直至决定性作用。体制内转型使得党和国家有能力按照自己对于市场的理解来对其进行建构,并主导市场转型的方式、内容和进度,由此所建立起来的市场形态,以及国家与市场间的关系,呈现出显著的中国特色。中国转型道路不同于"标准"的共产主义转型,后者倡导转型应该一次性完成,经济转型应该辅助以政治转型,甚至以政治转型为前提。

(一)制度互补性与转型路径选择

科尔奈曾断言,经典社会主义体制无法改良,而只能推倒重建,因为"尽管斯大林式的经典社会主义是高度集权和无效率的,但它构成了一个连贯统一的整体。当该体制开始改革自身的时候,这种连贯性同时也就被破坏了,内部矛盾也将不断加深。尽管改革带来一系列好的变化,但它注定要失败:经典社会主义体制无法从内部进行自我更新。当最终发生真正革命性变革之后,经典社会主义体制将一去而不复返,社会也将从此迈向资本主义市场经济"[1]。青木的制度主义研究也为科尔奈的观点提供了佐证。青木将日本金融网络与政治经济其他要件或制度间存在的横向关联称作制度互补性(institutional complementarity)。互补性的存在意味着单项制度不能轻易地被改变或者孤立地被设计,而需要一个跨不同领域的全面制度安排。[2]横向关联的深度在重要方面影响系统变迁的属性。

在存在低度互补性的情况下,在风险、责任、成本与收益更容易被划清的地方,我们期望能够看到一种更为节制的变革方法,即将特定部门作为改革目标且隔离于其他领域的改革进程会取得成功;在政策领域间有着特别高的制度关联的系统中,一种模块化的改革不可能成功,因为任何单一政策领域的改革后果都视其他领域伴生的改革而定。[3]科尔奈和青木的研究都为一种整体式的改

①[匈牙利]科尔奈:《英文版序言》,科尔奈:《社会主义体制——共产主义政治经济学》,张安译,中央编译出版社,2007年,第7页。

② Aoki, Masahiko, *Toward a Comparative Institutional Analysis*, Cambridge: MIT Press, 2001, p.225.

③ Jennifer A. Amyx, *Japan's Financial Crisis: Institutional Rigidity and Reluctant Change*, pp.235-236.

革方法提供了理论支撑，它成为苏东国家通过"休克疗法"来改革社会主义经济的依据。

　　中国的做法与之不同。相比于休克疗法，中国的改革路径常被称作渐进改革。渐进改革有多种表现形式，它最为集中的体现是中国改革所采取的"试点—推广"方法。中国的改革者没有将西式的自由市场经济作为蓝本，而是采取实用主义的态度，对其所面临的问题尝试不同的解法。当各种解法的后果最终得以明确的时候，中央政府挑选出可行方案，在全国范围内推广。在"试点—推广"机制下，任何改革举措在全国范围内推开之前，都要在地方或者局部层面上，对于改革的后果进行检验，并据此对改革方案进行调适和优化。那些被证明效果欠佳的改革，将在试点阶段终止。而一旦试点的效果得到证明，中央政府表现出很强的意愿和能力，能够将试点的改革向全国推开。

　　相比于分散化的政策学习和传播方式，中央政府主导的推广过程节省了大规模制度变迁的成本。"试点—推广"机制在我国对外开放进程中体现得极其充分。1980年我国正式设立四个经济特区，作为对外开放的试点。在试点效果得到体现后，短时间内有更多地区进入开放行列，包括1984年设立的14个沿海开放城市，1992年在边境市县、内陆地区省会（首府）城市实行与沿海开放城市类似政策。在对外开放政策的推动下，中国的外商直接投资规模从1978年的近乎为零，增长到2017年的1360亿美元，自1992年以来连续26年居发展中国家首位。外资的大量流入使得中国的生产性投资可以不限于国内积累，这减轻了我国的工业投资对农业"剩余资源"的依赖，后者是在计划经济时期，我国主要的工业积累方式。

　　与拉美形成对照的是，在引入外资过程中，中国表现出很强的自主性，有能力对于外商投资的领域、形式（合资企业有利于先进管理和技术的扩散，成为利用外资的主要形式）和条件（如技术等）进行管理，以免陷入对外国投资的过度依赖中，也避免外资流入非生产性领域，成为投机资本。相比于计划经济时期，按照国家计划配置的资源，外国资本也表现出更强的流动性，希望获得这类资本的地方政府，必须参与到同其他地方政府的竞争中。这种竞争性的关系，甚至存在于同一地方政府不同的开发区之间。

发展中国家和转型国家通常不能一开始就建立所谓最好的制度，而是需要先建立一些过渡性的制度（比如中国的乡镇集体企业、中央与地方政府间的财政包干制、物价改革中的双轨制），作为下一步实现更具效率的制度安排的跳板。按照钱颖一的研究，这些过渡性的制度安排，尽管在效率上可能低于"最好的制度"，但却能够适应当时的政治（缺乏法治以及对于国家行为的约束）和经济环境（不可靠的财产权利），既能够满足制度设计者的政治（相对于纯粹的私人企业，政治上的反对会更小）和经济利益（各级政府仍然能够参与到经济过程中），相比于旧制度，它还能够起到提高资源配置效率的作用。①

双轨制是中国采取渐进改革策略，并在改革过程中建立起各种"过渡性"制度的主要原因。在双轨制下，生产者被允许在完成计划任务后，将新增的部分按照市场规则进行交易，这使得生产者能够在计划框架下，参与到市场交易中。由于政府下达的计划任务相对不变，随着生产率的提高，按照市场轨道运作的部分，在总产量中所占比重越来越高。当计划所占比重已经显著降低的时候，中国推动计划轨道向市场轨道"并轨"。双轨制的存在一方面使得计划的生产秩序得以维系，计划体制下的既得利益得到了维护，从而使得早期改革成为一场没有受损者的改革。另一方面它允许计划体制下的经济组织，在较长的时间内逐渐适应新的经济模式。

但双轨制的一个明显不利后果是，它为套利行为大开方便之门。20世纪80年代中国出现了很多"官倒"，其行为的实质是将从计划轨道获得的资源，投放到市场轨道中变现。这种形式的改革所面临的一个潜在风险是，这些过渡性的制度安排定型下来。因为有能力参与到"官倒"过程中的人们发现，这种半市场半计划的体制，相比于全面的市场体制和纯粹的计划体制能更有效地满足其利益，因而其受到激励来阻止改革向着市场化的方向进一步发展。

仿照政治经济学中的概念，孙立平警惕人们注意"转型陷阱"。这一概念指的是，在改革和转型过程中形成的既得利益格局阻止进一步变革的过程，他们要求维持现状，希望将某些具有过渡性特征的体制因素定型化，形成最有利于

---

① Yingyi Qian, *How Reform worked in China: The Transition from Plan to Market*, pp.47–51.

其利益最大化的"混合型体制",并由此导致经济社会发展的畸形化和经济社会问题的不断累积。[1]杨小凯等人也提醒人们注意"后发劣势"。[2]后发者从发达国家开办的"发展超市"中选取相对容易的应用和技术,而不愿意进行更为彻底的制度变革,这使得它们能够成功地启动工业化,并获得最初的发展,却使得它们永远不可能赶上发达国家。中国的渐进改革能够取得成功的关键在于,体制表现出足够强的意愿和能力,能够终结那些过渡性的制度安排,它建立在中共坚决防止、高度警惕,并绝不允许党内形成既得利益集团的基础上,因为后者会削弱党和政府具有的高度自主性,继而成为推动改革向纵深发展的桎梏。

中国改革领域的初始选择也值得关注。在其他转型经济体中,国有经济几乎总是最早被挑选出来进行改革的部门。改革的目标也是明确的,即通过产权改革,使得国有企业变成私人企业。中国的做法有所不同。改革首先在能够创造出新利益的领域(比如对外开放)展开,这些新的获利者(改革初期主要是沿海地区的地方政府)成为改革领袖的同盟者和支持者,抵制着改革可能出现的逆转,并积极推动改革向着扩大其利益的方向进一步发展。科斯与王宁用"边缘革命"来概括中国改革的特征,这对转型研究做出了重要补充。在他们看来,四大边缘革命——农村的家庭联产承包责任制、乡镇企业的蓬勃发展、为了安置返城知青而开放的个体私营经济、为了解决逃港问题而建立的特区——是推动中国经济实现市场转型的根本动力。边缘革命并非政府理性设计或引导的结果,而是社会主体对放松的政治压力的自发回应。但之所以这些领域的改革得到许可并存续下来,很大程度上是因为这些制度安排,在计划经济体制中处在边缘的位置上。

尽管如此,这些改革还是显示出了旺盛的生命力,并日益冲击了那些尚未被市场改革触动的经济部门。家庭联产承包责任制的推行,伴随着国家对于粮食统购体制的放松,使得国家必须通过支付更高价格来从农民手中收购粮食,却不能将增高的成本马上转移给城市居民,因为后者的低工资是建立在计划者

---

① 孙立平:《"中等收入陷阱"还是"转型陷阱"》,《开放时代》2012年第3期。
② 林毅夫:《后发优势与后发劣势——与杨小凯教授商榷》,《经济学(季刊)》2003年第4期。

蓄意压低的生活成本基础上的。通过发放物价补贴来提高城市居民承受更高物价水平的能力，却又面临着通胀风险。对于国有经济部门，由于其处在计划体制的核心，对其的改革，中央政府表现出更大的耐心。它并没有将产权改革作为选项，只是在其他样式的改革被耗尽之后，才开始将产权改革作为国企改革的一个选项。20世纪90年代中期以来国企"抓大放小"的改革，导致出现大量下岗失业人员，但之前的改革开放过程已经创造出一个实质性的外资和民营经济部门，这减轻了存量改革的阵痛，从而使得中国得以"处理好改革、发展、稳定三者之间的关系"。

中国的渐进式改革不仅体现在某一项具体的改革领域或过程中，而且也体现在整个市场经济建设的过程中。世界银行的一项研究将中国的改革历程区分为三个阶段：[①]一是探索市场阶段（market seeking reform）。中国并没有如其他转型经济体那样，将西欧和北美的经济体制作为转型要达到的目标，而是尝试寻找方法来让市场机制渗入计划主导的体制中，这属于"探路阶段"。在这一时期，中国的改革主要集中于经济的微观层面。

第二是建构市场阶段（market building reform）。邓小平的南方谈话为中国经济改革确定了方向和目标，并在1993年召开的党的十四届三中全会上，正式成为全党的工作指南。《中共中央关于建立社会主义市场经济体制若干问题的决定》，提出全面建设社会主义市场经济体制的目标，其具体内容包括建立现代税收体制、国有企业改革和金融改革（商业银行与政策银行的分离），紧接着进行的是住房和社会保障体制的改革，这搭建起中国特色社会主义市场经济体系的框架。在这一阶段，中国还正式加入了世贸组织，这使国内市场更加具有竞争性，从而有助于对国内改革形成倒逼。私有产权入宪是这一阶段的结束。

第三是强化市场阶段（market-enhancing reform）。在这一阶段，推行了两大核心改革举措：一是逐渐扩展社会保障网（养老、医疗和福利），尤其是在2006年建设和谐社会成为国家政策目标后。二是从2004年以来全国性的产业政策出

---

① Bert Hofman, "Reflections on Forty Years of China's Reforms", http://blogs.worldbank.org/eastasiapacific/ch/reflections-on-forty-years-of-china-reforms, 2018-07-02.

现了显著的增长。尽管早在20世纪80年代后期中国已经着手制订全国性的产业政策，但其数量和涵盖的部门始终非常有限。在国际金融危机之后，随着政府大规模的救市举措，产业政策达到了新的高潮。[1]

党的十八大以来，我国的市场经济建设转向深化阶段。2014年习近平总书记指出："中国改革经过30多年，已进入深水区，可以说，容易的、皆大欢喜的改革已经完成了，好吃的肉都吃掉了，剩下的都是难啃的硬骨头。"2013年11月党的十八届三中全会以《中共中央关于全面深化改革若干重大问题的决定》作为公报的主题。作为深化改革的组织载体，我国在十八届三中全会之后，在中央政府层面上成立了全面深化改革领导小组，"负责改革总体设计、统筹协调、整体推进、督促落实"，并在2018年3月根据《深化党和国家机构改革方案》将领导小组升格为"中国共产党中央全面深化改革委员会"。

深改组（委）的成立是中国改革策略的一次重大调整。"摸着石头过河"一直是中国所倡导的改革策略，在这一过程中，地方政府是最为重要的制度创新者。但当改革进入深水区时，这种策略的有效性减弱。改革开始更多强调顶层设计，越来越多的改革措施由中央政府主导，自上而下来推动。在新的改革战略中，地方政府的作用下降。它们由改革的试验者和创新者，变成了改革的执行者。中央通过强化巡视巡察制度来对地方政府执行中央决议的状况进行监督。

（二）一个问题的多种解法：市场经济转型与政治体制改革

很多研究将渐进改革和"休克疗法"作为将中国从其他转型经济中区分开来的关键。在这些研究者看来，"休克疗法"失败的关键在于，它没有注意到市场的建立和运行需要一定的制度基础。渐进改革使得中国能够在一个相对长的过程中，建立起市场经济运行所需要的制度框架。渐进改革是中国区别于其他转型经济体的重要方面，但不是中国改革取得成功的全部法宝。渐进改革之所以能够取得成功，它与中国党和政府持续推进改革的决心和能力密切相关，而这又取决于中国所采取的是以经济为核心内容的改革。关于20世纪90年代

---

[1] Sebastian Heilmann and Lea Shih, "The Rise of Industrial Policy in China, 1978–2012", https://www.academia.edu/10985255.

中国的经济改革与政治改革,在之前的一篇文章中,杨龙教授和我指出:"从实践来看,中国的政治改革以一种相对被动的方式进行,当经济受到来自政治制度的制约、影响时就会启动。这种改革动力机制的一个佐证是,在政治改革中,行政管理体制改革最为活跃,这是因为对经济的直接影响多数来自行政管理层面,所以经济体制改革所带来的政治冲击首先在行政层面上展开,行政管理体制也因而成为历次改革的重点。"①将改革的主要内容限定在经济领域,中国得以持续主导改革的进程,有能力根据自己的认知、偏好和考量来控制改革的节奏、领域和方式,并将在社会主义现代化过程中所释放出来的社会力量吸纳。

从政治改革与经济改革的关系看,苏联和东欧各国采取的是"先政治,后经济"或"政治与经济同步"。转型的研究者意识到转型过程中存在改革被逆转的风险。改革过程中所出现的各种经济困难(通货膨胀、收入分配差距扩大)、政治社会风险(社会冲突)等都有可能被看作是经济改革本身所造成的(新左派),而不是改革的不彻底、不完全所造成的(新自由主义者的主张)。要避免这一风险,经济改革必须以政治改革为前提。

政治改革要达到两方面目的:一是解决经济改革动力的问题。官僚是计划体制中的既得利益者,要让市场转型能够顺利推行,并不被逆转,就需要创造出有效的政治力量来平衡计划体制的既得利益。戈尔巴乔夫认为,唯一的办法是开放政治领域,赋予改革潜在受益者(人民)政治权力(投票权等),让他们来对抗计划体制的维护者(中央计划官僚)。②二是政治改革能够起到限制和约束政府权力的作用,进而使其不具备主导甚至影响改革进程的能力。与经济的市场化一道,这些改革要通过防范政治权力染指经济资源来保证市场机制的发育和运行,继而消除政治权力和经济权力一体化的现象。

遗憾的是,在俄罗斯,这些意图并未能实现。俄罗斯科学院社会学所的一项调查表明,截至1995年在政府和叶利钦的亲信中有75%的人是苏联的官僚,他们曾经是苏共、共青团、苏维埃和经济机关的高级领导人;有82%的地方领导

---

① 杨龙、张振华:《政治集权与经济分权配置制度的绩效与问题》,《江苏行政学院学报》2011年第5期。
② Susan L. Shirk, *The Political Logic of Economic Reform in China*, University of California Press, 1993, pp.11–12.

人和74%的俄罗斯政府官员来自苏联时期的官僚机构,61%的大工商企业家也来自这一机构。美国学者的统计也表明,俄罗斯最富有、最有影响力的企业家中,有近2/3是原党政机关要员。①直至今天,这些转型经济体,经济自由化的程度和政治民主化的水平都受到质疑,它是选举威权体制经常列举的对象。

中国的转型道路建立在中国政府具有高度自主性的基础上。北京大学姚洋和贺大兴等人将之称为中性政府(disinterested government),并认为:

> 中国的成功依赖于中国的中性政府。中性政府指的是政府对待社会各个集团采取不偏不倚的态度,不和任何一个集团结盟。中性政府是奥尔森所讲的泛利性组织,这种组织的利益和整个社会的利益相重合;也就是说,中性政府追求的是整个社会的经济增长而不是增加它所代表或与之结盟的特定集团的利益。②

之后他们还补充说:

> 中性政府指的是不长期偏向某个(些)社会群体的政府。中性政府不是对社会群体毫无兴趣,也不是在制定政策的时候不掺杂自己的利益诉求。相反,中性政府是自利的,也可能对社会群体采取掠夺行为,只不过它的经济政策和群体的非生产性特性无关。换言之,它采取中性的态度,是它策略选择的结果。由于它的中性选择,政府在制定政策的时候才可以不受社会利益集团的限制,放开手脚把资源分配给那些最具生产力的群体,从而促进经济增长。③

转型研究在中国面临的最大挑战,正如导言部分指出的,转型仅仅意味着我们现在能够运用市场这一更有效率的方式来组织经济,却没能将中国与那些

---

① 转引自关海庭:《中俄体制转型模式的比较》,北京大学出版社,2003年,第184页。
② 姚洋:《中性政府:对转型期中国经济成功的一个解释》,《经济评论》2009年第3期。
③ 贺大兴、姚洋:《社会平等、中性政府与中国经济增长》,《经济研究》2011年第1期。

同样在利用市场机制但始终不能摆脱欠发达状态的后发国家区分开来。此外，转型范式应用的基础正在改变。如果粗略地将"一五"计划实施的首年（1953年）作为全国性计划经济的开端，到1978年底召开的党的十一届三中全会为止，我国计划体制持续的历史不过25年。即便是在这25年的时间内，相比于多数其他社会主义经济体，中国的计划体制也存在重大缺陷。而时至今日，改革开放已经走过了四十多年的历程。换句话说，我国从计划到市场转型的时间已经大大超出了计划体制延续的时间。在这种背景下，继续沿用转型范式，其误导性会越来越明显，因为转型范式暗示着既有的政治经济架构是暂时和过渡性的，是注定要转变的。转型研究还有浓厚的价值预设。在不少研究者心目中，转型意味着向发达国家政治经济的收敛。此外，中国的转型并没有创设出新的制度，家庭联产承包责任制、乡镇企业、中央向地方政府的分权等只是回归传统，所以任何将改革成功归因于这些制度性做法的观点都存在缺陷。转型研究面临的问题需要从发展的视角来弥补。改革开放后的中国表现出与东亚发展型国家类似的特征：一是它系统地运用国家力量来培育市场机制和推动经济增长，二是它创造出一个相对稳定的宏观经济条件，三是它将经济增长作为国家的核心使命。最为重要的是，它还系统地运用了东亚发展型国家的一些做法，如产业政策、经济园区等，这使得中国的发展道路与东亚现代化过程呈现出一定的相似性，它成为国内外学者不断应用发展型国家理论来解读改革开放以来中国道路的经验基础。

三、中国道路的发展研究范式

当改革开放以来的中国经济增长，被证明是真实和持续的时候，它就和东亚一样，成为发展研究的热点。由于中国的经济增长，从时间段上看，紧接着日本和东亚四小龙，中国与这些经济体又同属于东亚区域，在历史上都受到儒家文化的深刻影响，且"中国的结构变化过程与其他东亚奇迹经济体经历的过程极为相似"[①]，学者们自然而然地将东亚奇迹的解释范式，应用和延展到对中国

---

① [美]诺顿：《中国经济：转型与增长》，安佳译，上海人民出版社，2010年，第1页。

经济的讨论中。

在此理论视野内开展研究的一派学者,倾向于从政治经济的角度来切入这一议题,认定中国是发展型国家的新样本,尽管它是建立在不同制度及其组合基础上的。它创造性地应用了东亚经验,并使之与中国的政治体制契合,从而推动形成了一个有中国特色的政治经济样式。仿照发展型国家的概念,中国国家在经济中所发挥的作用被称作"有中国特色的新李斯特式的发展型国家"[1]、社会主义发展型国家[2]等。尽管这些研究的关注点有所不同,但一个共同点是,它们均倾向于将改革开放以来的中国看作一个后发展经济体实现了赶超发展的典范。这些研究一方面观察和比较中国和东亚发展型国家的异同,另一方面则尝试证明那些曾经帮助东亚实现了快速增长的因素(创造性行政、产业政策、政商关系等),同样在中国奇迹中发挥了积极作用。尽管如此,在应用发展型国家理论来解读中国道路的时候,仍然存在争议。

(一)中国是发展型国家吗? 演绎方法与归纳方法

关于中国是否发展型国家的学术讨论,多数建立在演绎方法基础上,即将东亚发展型国家作为"标尺"来"丈量"其他国家的政治经济,依据二者间的相同或者差异作为判定这些国家是否发展型体制的依据。学者们识别出中国的国家结构与东亚发展型国家间存在重要差异:它不存在一个核心的导航机构。经济决策权的下放导致"无数地方创新功能失调的集聚"[3](dysfunctional agglomeration of numerous local initiatives)。中国更为复杂的制度体系和更大程度的对外开放则是博尔茨(Andrea Boltho)和韦伯(Maria Weber)所列出的中国与东亚发展型国家差异的核心。[4]豪厄尔(Jude Howell)指出,东亚发展型国家的政治精

---

[1] Shaun Breslin, "The China Model and the Global crisis: from Friedrich List to a Chinese mode of governance", *International Affairs*, Vol.87, No.6, 2011, pp.1323–1343.

[2] Andrzej Bolesta, *China and Post-Socialist Development*, Bristol: Policy Press, 2015. So. A. Y, "The Post-socialist path of the developmental state in China", in Y-W. Chu eds., *The Asian Developmental State: Reexaminations and New Departures*, Basingstoke: Palgrave Macmillan, 2016, pp.175–196.

[3] Shaun Breslin, "The China Model and the Global Crisis: From Friedrich List to a Chinese mode of governance?" *International Affairs*, Vol.87, No.6, 2011, pp.1323–1343.

[4] Boltho, A. and Weber M., "Did China Follow the East Asian Development Model?" In B. Naughton and K.S. Tsai (eds.), *State Capitalism, Institutional Adaptation and the Chinese Miracle*, Cambridge University Press, 2015, pp.240–264.

英更多受到民族主义情感的驱动，而在显著分权化情景下的中国地方官员，更多是为地方，甚至个人利益所驱动。[①]如何解读这些差异，学者们仍存在争议。一些学者依此来否定中国是一个发展型国家样本，而另一些学者则倾向于将之看作中国存在一种特殊类型的发展型国家的证据。他们用分权化的发展型国家、地方国家发展主义[②]、二元发展型国家[③]等概念来强调地方政府在中国发展型体制中发挥的更为活跃和积极的作用。

在中国国情中，发展型国家的应用研究还存在另一种方法，即聚焦于某一具体案例，通过剖析案例中政府干预经济的动机、政策工具及其后果，进而"窥一斑而知全豹"对整个宏观政治经济体制的属性进行判定。早在20世纪80年代，布莱切尔（Blecher Marc）等人就发现中国有的地方政府开始超越其在传统计划体制中的定位，在辖区经济中发挥一种更为间接的作用：协调不同政府部门及其与经济行为者的关系，投资到地方基础设施中，有意识地培育和促进特定产业与经济活动。在这样做的过程中，地方政府没有再像寻常计划者那样直接组织生产，而是满足于扮演一个更为常见的政府角色，为不同性质的企业生产与盈利创造条件。[④]

仿照当时正在兴起中的东亚发展型国家研究，这类政府被称作地方发展型政府。后来的建立在不同时期案例基础上的研究，都一再发现和验证了地方发展型政府的存在，[⑤]它"以地方发展为政策导向，识别本地区的比较优势产业，并提供相应的辅助性政策支持和战略性的基础设施。但是地方政府本身并不直

---

① Jude Howell, "Reflections on the Chinese State", *Development and Change*, Vol.37, No.2, 2006, p.284.

② Gunter Schubert & Thomas Heberer, "Continuity and Change in China's Local State Developmentalism", *Issue & Studies*, Vol.51, No.2, 2015, pp.1-38.

③ Ming Xia, *The Dual Developmental State: Development Strategy and Institutional Arrangements*, Brookfield, VT: Ashgate, 2000.

④ Blecher, Marc, "Development State, Entrepreneurial State: The Political Economy of Socialist Reform in Xinji Municipality and Guanghan County", in Gordon White (eds.), *The Chinese State in the Rea of Economic Reform: the Road to Crisis*, Basingstoke: Macmillan, 1991, pp.265-94.

⑤ 在后期的追踪研究中，布莱切尔发现20世纪90年代的辛集政府持续地主要依据发展型模式来行事，参见 Blecher, Marc & Vivenne Shue, "Into Leather: State-Led Development and the Private Sector in Xinji", The *China Quarterly*, Vol.166, 2001, pp.368-93; 近期一项针对产业园区的研究，同样将园区管委会定位为发展型，参见 Gunter Schubert &Thomas Heberer, "Continuity and Change in China's Local State Developmentalism", *Issue & Studies*, Vol.51, No.2, 2015, pp.1-38.

接参与生产,地方政府并不以直接运作地方国有和集体企业作为发展地方经济的主要手段,而是允许非公有部门的企业保持自己的产权独立和决策自主权,并采取辅助性的政策工具支持非公有制企业发展"①。在学者们看来,这些地方政府在辖区经济中所发挥的作用类似于发展型国家在东亚新型工业化经济体中的作用。这些研究隐含的一个推论是,与造就了东亚奇迹的发展型国家一样,地方发展型政府是推动中国经济奇迹的主要动力。

在这一理论脉络持续进行的同时,受到中央提出的建设服务型政府的激励,国内学者在2000年之后开始了一波对中国地方政府行为模式的研究高潮。在这些研究中,致力于经济建设的地方政府被称作"地方发展型政府",它是指"发展中国家在向现代工业社会转变的过程中,以推动经济发展为主要目标,以长期担当经济发展的主体力量为主要方式,以经济增长作为政治合法性主要来源的政府模式"②。这一定义得到广泛引用。③大体来看,这类研究呈现出如下特征:一是在概念上,它将发展型看作与服务型相对的政府模式,不区分政府发展经济的方式方法,倾向于将"地方政府公司主义""地方政府即厂商""政权经营者""地方企业型政府"等统统看作是发展型政府的表现。④二是在问题意识上,它关注的核心议题是,中国的地方政府缘何"冷落"社会建设,而对经济建设"情有独钟"。响应中央提出的建设服务型政府的号召,这类研究的一个基本共识是,地方政府应由发展型转向服务型。

将服务型政府作为参照的地方发展型政府研究,倾向于将发展型与服务型对立起来,这种做法可能存在一定的误导。如果将服务型政府理解为政府的核心职能转变为提供公共产品和服务的话,服务型政府的实质不是要超越发展型政府,而是转变政府发展经济的政策工具和基本方法,即由过去直接参与经济

---

① 张汉:《"地方发展型政府"抑或"地方企业家型政府"》,《公共行政评论》2014年第3期。

② 郁建兴等:《从发展型政府到公共服务型政府——以浙江省为个案》,《马克思主义与现实》2004年第5期;郁建兴、高翔:《地方发展型政府的行为逻辑及制度基础》,《中国社会科学》2012年第5期。

③ 以"发展型政府"为篇名在知网上搜索,能够得到45项结果。按照引用排名,郁建兴教授领衔的团队高居榜首。上述两篇文章引用率分别达到207次和281次。

④ 郁建兴、高翔:《地方发展型政府的行为逻辑及制度基础》,《中国社会科学》2012年第5期;王清:《超越地方发展型政府:理论框架与经验分析》,《四川大学学报(哲学社会科学版)》2014年第6期。

过程转向为经济发展营造适宜环境。事实上，即便是将二者对立起来的研究也发现"地方政府并未向服务型政府转型……一种新型的、以社会政策为工具的地方发展型政府正在成为中国地方政府的新形态"①。

归纳方法发现中国某些地方政府的确发挥了类似于东亚发展型国家的作用，尽管他们判定的依据与东亚发展型国家的构成要件存在显著差异。其中最为不同的一面是，"所有的发展型国家将它们的注意力集中到中央政策精英（尤其是经济领域的）。不关注地方政治以及它们与中央的关系，因为它假设，地方政府对核心目标的实现无足轻重，它们会自动服从上级指示"②。而在中国，改革开放以来，中央向地方政府的行政分权使得难以将国家概念化为一个同质的行为者。事实上，"分权化的威权主义"③（Decentralized Authoritarianism）、"碎片化的威权主义"④（Fragmented Authoritarianism）一直被视作中国决策体制的主要特征。面对这种差异，演绎方法倾向于将之作为判定中国并非发展型国家的核心依据，而归纳方法更愿意相信这是中国存在一种特殊类型的发展型体制的表现："如果我们认为集权是发展型国家的一个本质特征的话，那么中国将不符合这一概念，但是如果我们主张发展型国家有自己的逻辑——不管这个逻辑发挥作用的层级——那么我们将不应当吃惊地发现中国存在一个地方性的发展型政府。"⑤辛哈也认为，对发展型国家的研究可以把地方政府作为中心，特别是像印度这样的大国。她对印度1960—1991年产业发展的研究表明，古吉拉特邦的工业投资与发展很接近于发展型国家的行为，泰米尔纳德邦则是反例。⑥

演绎和归纳方法都存在明显缺陷。从东亚发展型国家的构成要件或其他结构性要素入手，比较研究对象与东亚范本间的共性与差异，并据此作为判定

---

① 郁建兴、高翔：《地方发展型政府的行为逻辑及制度基础》，《中国社会科学》2012年第5期。

② Jude Howell, "Reflections on the Chinese State", *Development and Change*, Vol.37, No.2, 2006, p.283.

③ Pierre F. Landry, *Decentralized Authoritarianism in China*, Cambridge University Press, 2008.

④ Andrew Mertha, "Fragmented Authoritarianism 2.0: Political Pluralization in the Chinese Policy Process", *The China Quarterly*, Vol. 200, 2009, pp. 995–1012.

⑤ Giuseppe Gabusi, "The Reports of my death have been greatly exaggerated': China and the developmental state 25 years after Governing the Market", *The Pacific Review*, Vol.30, No.2, 2017, p.240.

⑥ Aseema Sinha, "Rethinking the developmental state Model: Divide Leviathan and Subnational Comparisons in India", *Comparative Politics*, Vol.35, No.4, 2003, pp.459–476.

研究对象是否发展型体制的依据。这种简单类比的方法几乎不可能得出一个共识性的结论,因为任何两个体制之间都不可能完全类似。事实上,即便是在东亚发展型国家内部,也存在非常明显的结构性差异。演绎方法的另一个重要缺陷在于,它没有注意到发展型国家要件与制度间的互补性。不同政治经济要素并非割裂和孤立存在,而是相互支撑与互补的。那些没能注意到这一点,将发展型国家经验简化为产业政策或者任何其他单一制度和要件的国家,由于缺乏支撑其实现积极作用和防范负面后果的制度环境,最终可能会被证明是失败的。正因如此,希望借助国家力量来推动经济跨越式发展的后发国家并不罕见,但多数的后发国家对经济的干预经常被证明是低效和适得其反,甚至引发经济灾难。

归纳方法对中国的定位,依据的是改革初期和中期的案例,强调中央与地方的经济关系(尤其是20世纪80年代的财政包干制、1994年以财权上收为特征的分税制)对地方政府参与经济活动性质的影响,而对此之后的政治经济变化关注不够。另外,发展型只是地方政府在辖区经济中所发挥的一方面作用,除此之外,学者们还用掠夺型(predatory)、庇护型(entrepreneurial)和企业型(clientelist)等概念来概括地方政府在辖区经济中的作用。这一分类源于鲍瑞嘉(Richard Baum)和舍甫琴科(Alexei Schevchenko)。他们依据地方政治精英与地区经济增长,以及其与当地企业家的关系,识别出四种地方政府模式。

在用发展型来定位地方政府在辖区经济增长中的作用时,如何面对那些明显有悖于这一定位的案例,这将是关于中国发展型政府研究所面临的重要挑战。本书关注的核心问题不是中国由发展型向服务型转型的制度障碍,而是在地方政府属性没有发生根本变化的情况下(依旧作为中央的代理人),在地方政府仍具有其他大量选择的时候,中央是如何通过制度变革来激励和推动地方政府在辖区经济中更多发挥发展型的作用。此外,正如埃文斯所主张的,不能将国家在经济中的上述定位看作截然对立,而应当把它们看作沿着从掠夺到发展变化的连续体。[1]

---

[1] Peter B. Evans, "Predatory, Developmental, and other apparatuses: a comparative political economy", *Sociological Forum*, Vol.4, No.4, 1989, pp.561-587.

换言之，一种政府定位的式微会有助于其他定位的出现与强化。这样，我们不仅能够从发展型政府的结构特征来发现其建构的制度基础，而且不利于掠夺型或庇护型等政府模式的要素同样会推动地方政府更多呈现出发展型的特征。

(二)应用发展型国家的"正确方式"

本书首先倡导对发展型国家做最小定义，即将理念作为判定发展型体制的基础。在理念层面上，发展型国家有两个核心特征：一是它将经济发展设定为国家最为核心的使命与任务，从而将它与那些不具备设定单一目标能力的国家或者将其他目标(如平等和/或某种特殊的意识形态)作为核心使命的国家区分开来，也不同于那些将满足特权群体的利益放到首位的国家；二是发展型国家主张和相信国家在经济中可以且应该起到更为积极和活跃作用。国家在市场经济中的活动领域不限于古典经济学所划定的狭窄范围(市场失灵)，发挥作用的方式也不限于制定规则(规制性国家)，而是对市场的领导、掌舵、主导、驾驭，是一种计划理性的市场经济或者政府主导的市场经济。这将它与那些完全依靠行政计划的命令经济体制或者完全依靠市场的自由经济体制区分开来。依此所定义的发展型国家类似于莱夫特威奇(Adrian Leftwich)的理解，发展型国家是"那类政治上已经积聚了充分权力、自主性和能力来塑造、追求和鼓励明确发展目标实现的国家，不管这类国家是通过建立和促进经济发展的条件和方向，还是通过直接组织经济，或者两者不同程度的结合"[1]。以大体类似的方式，奈特(John B. Knight)也主张，一个国家要被称作发展型国家，只需要满足两项主要条件：一个是政府将最高的优先性给予了经济增长，另一个是治理体系被设计用来实现这一目标。[2]在此基础上，我们依据国家推动经济发展的政策工具、基本策略、政商关系、经济后果等对发展型体制进行分类，如社会主义/资本主义发展型国家，或者所谓的凝聚性资本主义国家、分散性多阶级国家等。这样做的好处是，我们可以在发展型国家的框架内，洞悉它的变化轨迹，而不是将

---

① Adrian Leftwich, "Bring Politics Back in: Toward a Model of the Developmental State", *The Journal of Developmental Studies*, Vol.31, No. 3, 1995, pp.400-427.

② John B. Knight, "China as a Developmental state", *The World Economy*, 2014, doi: 10.1111/twec.12215, p.1344.

任何要件的变化都不假思索地视作发展型国家已经逝去的证据。这种处理方法也使得我们有可能对不同时期和形态的发展型体制进行比较。

依据发展型国家的最小定义,改革开放以来的中国已经具备了发展型国家的核心特征。一是它用经济建设取代阶级斗争作为国家最为优先的目标,推动国家中心目标转移的动力是,领导人需要通过治理效能彰显社会主义的制度优势,既然中国政治文化关注的是治道而非政道,换言之,较少关注权力的来源,更多强调掌权者的表现,这样做就是可行的。1980年邓小平就指出:"现代化建设的任务是多方面的……离开了经济建设这个中心,就有丧失物质基础的危险。其他一切任务都要服从这个中心,围绕这个中心,决不能干扰它,冲击它。"[①]经济中心目标一旦确立,党的长期执政就为这种战略目标的持续奠定了坚强基础。之后的领导人都反复强调和确认了经济建设的中心定位,并明确反对赋予其他议题(如反对和平演变)中心工作的定位:"中心只能有一个,就是以经济建设为中心,不能搞'多中心论'"(1991年7月)、"无论解决什么问题,都不能影响经济建设这个中心"(1992年10月)、"只要不发生大规模的外敌入侵,都始终扭住经济建设这个中心不放"(2000年10月);[②]"我们必须牢牢坚持发展是硬道理的战略思想,牢牢扭住经济建设这个中心,决不能有丝毫动摇"(2011年7月1日)[③];"只要国内外大势没有发生根本变化,坚持以经济建设为中心就不能也不应该改变"[④]。

需要强调的另外一点是,中国的发展目标是以工业或者生产为导向的增长。和东亚发展型国家一样,它让金融和贸易服务于生产目标(金融服务于实体经济发展),让国际目标服务于国内目标(为国内经济发展创造良好的国际环境)。更为重要的是,我国对发展的理解逐渐超越了用国内生产总值度量的增

①《邓小平文选》(第二卷),人民出版社,1994年,第314页。

②《江泽民同志强调,以经济建设为中心是不可动摇的原则》,http://theory.people.com.cn/n/2012/1026/c350790-19402298.html.

③《胡锦涛同志强调,牢牢扭住经济建设这个中心,决不能有丝毫动摇》,http://theory.people.com.cn/n/2012/1026/c350790-19402297.html.

④《习近平关于社会主义经济建设论述摘编》,http://theory.people.com.cn/n1/2017/0615/c148980-29340887.html.

长。在坚持经济建设为中心的同时，我国不断调适和优化经济发展战略，先后提出和倡导科学发展观、以人民为中心的发展观，并最终形成"创新、协调、绿色、开放、共享"的新发展理念。

二是自从党的十二届三中全会通过的《中共中央关于经济体制改革的决定》将计划与市场的关系表述为"有计划的商品经济"之后，我国始终强调市场的主体和基础性作用："使市场在国家宏观调控下对资源配置起基础性作用"（党的十五大）、"在更大程度上发挥市场在资源配置中的基础性作用"（党的十六大）、"从制度上更好发挥市场在资源配置中的基础性作用"（党的十七大）、"更大程度更广范围发挥市场在资源配置中的基础性作用"（党的十八大）。党的十八届三中全会更是把市场的基础性作用提升为决定性作用。

三是我国不将市场与政府看作零和关系，并不认为经济改革是一个市场进入和政府退出的简单过程，而是始终强调国家对于经济过程的主导。2004年在党的十六届四中全会上，除了重申"坚持抓好发展这个党执政兴国的第一要务，把发展作为解决中国一切问题的关键"外，还要求"不断提高驾驭社会主义市场经济的能力"，并将这一能力作为加强党的执政能力建设的第一要务。政府与市场的这种辩证关系在党的十八届三中全会中得到了充分体现，"使市场在资源配置中起决定性作用和更好发挥政府作用"。

（三）将转型视角整合到发展研究中

目前关于中国道路的转型研究和发展研究，处在对立而非互补位置。如前所述，市场中心和国家中心曾经是解释东亚现代化历程的两大范式，现在它们均出现在中国情景中，并同样呈现出激烈的争论。中国道路的转型研究不止关注转型本身，而且也尝试解释转型经济体出现快速增长的根源。由于转型的前提是计划体制的失败，转型的目标是让更有优越性的市场体制成为配置资源的基础性力量。换言之，转型研究蕴含着市场优于计划的信念，它很自然地将改革开放以来，中国经济的快速增长看作市场力量成长的结果。市场中心观点相信，推动中国经济改革取得成功的理由和支撑其他地方实现经济增长的因素没有什么区别，"市场自由化、私人激励和开放，加上一个稳定的宏观经济环境，解释了中国改革的成功"。因此，中国道路只是对市场基本原则的再次证明。钱颖一将这类观点称作普遍原则派(school of universal principles)。与之相对的是中国特色派(school of Chinese characteristics)。特色派断言,中国改革证伪了标准化的经济理论。"改革之所以成功,恰恰是因为它没有遵守华盛顿共识。"①与普遍原则派相比,中国特色派更多强调党和国家在中国经济转型和快速发展过程中的作用,因而表现出鲜明的国家中心主义的理论色彩。两大范式"相互拆台"使得国外学界和政界对中国道路始终存在质疑、曲解和误解。②

我们致力于弥合发展视角与转型视角之间裂痕。一方面,我们坚持认为,发展视角是一种相对独立于转型视角的研究范式。发展研究有助于更全面认识中国道路,中国特色社会主义的建设经验也有助于进一步推动和丰富发展型国家理论。另一方面,中国道路的发展与转型研究应该在更大程度上实现融合,在中国国情中,转型可以看作发展的一种战略选择。既然如波兰尼所言,市场是一个人工制品,转型经济中的市场就不是一个政府退出,市场就会自动出现的简单过程,而是需要政府参与到市场的建构过程中,这自然会使市场形态不可避免地体现和反映出政治人物的偏好与当时政治的特征。转型视角看来有些突兀的安排(存在庞大的国有经济部门,缺乏西方意义上的产权和法治),事实上是中国发展道路的特色所在。这些工作能够在一定程度上打消西方学者对中国的误解和曲解,也有助于用学术语言更好地阐明中国道路与模式的世界意义。

第三节　我国地方发展型政府的形成及其演变

改革开放以来,我国地方政府在辖区经济中发挥了更为积极的作用,包括发展型在内的政治经济范式都被用来描述这一时期地方政府的定位。财政激励和政绩考核赋予了地方发展经济的激励,成为地方发展型政府建构的必要条件。在国有经济成分有所收缩且日益掌握在中央和高层地方政府的情景下,中

---

① Yingyi Qian, *How Reform worked in China: The Transition from Plan to Market*, The MIT Press, 2017.
② 王绍光:《中国政体:从被质疑,到引起西方恐惧》,《世界社会主义研究》2018年第2期。

低层级的地方政府需要更多通过改善营商环境来吸引流动性资本。地方政府间的竞争有助于遏制官员的寻租行为，防范其过度侵害政府的发展型。我国地方发展型政府建构的制度基础与成长环境显示出浓厚的本土特色，并非东亚发展型国家原型的重演，而是发展型国家的一个单独子类。

一、财政分权与政治集权：我国地方发展型政府建构的制度基础

中国的发展型体制是建立在改革开放过程中逐渐形成的一套激励与约束机制基础上的，核心是中央为地方政府设立了发展经济的政治和财政激励，并通过经济分权的方式使地方获得主导和影响辖区经济的政策工具与能力。地方政府积极响应这套机制并从中获益。在这种激励—响应的过程中，地方政府逐渐获得发展型体制的特征，限制和破坏了其他政治经济样式形成的基础，并由此对整体经济产生了强的正外部性，继而为中国改革开放以来的长期增长奠定了基础。

（一）财政分权与地方政府的发展激励

中央与地方政府间关系的调整是肇始于1978年的中国改革的重要组成部分。1980年，一场被形象地称作"分灶吃饭"的财政包干制度开始推行，就此拉开了中央与地方关系调整的大幕。仿照当时在农业改革中所推行的分配模式（"交够国家的，留足集体的，剩下都是自己的"），财政包干制度确立了中央与地方政府间的财力分配原则：省级政府在向中央缴纳了事前确定数额或者比例的财政收入后，被允许保留余下的部分。不同层级地方政府间也仿照中央与省级政府间的分配原则确定了相应的财政关系。

相比之前的统收统支模式，包干制度下的地方政府拥有了对辖区财政收益的剩余索取权，这与当地经济的发展水平正相关，因而成为激励地方政府发展辖区经济的基础。这种财政制度安排明显有悖于单一制的中央与地方关系，黄佩华和温加斯特（Barry R. Weingast）等人据此认定，这表明中国的纵向间政府关系在财政领域已经显示出联邦主义体制的某些特征，[1]是一种"事实上的联邦

---

① 黄佩华：《中国地方财力问题研究》，中国检察出版社，2003年，第2页。

制"(区别于法律规定上的联邦制)①或财政联邦主义。

尽管如此,财政包干制度缺乏联邦主义体制所隐含的制度刚性。它是中央向地方单向"放权让利"的产物,而不是一种让双方共同获益,并因而具有"自我执行"②(self-enforcing)特性的制度设计。一旦"放权让利"的情景不复存在或得到缓解,③中央政府就显示出改变这种安排的强烈动机,这使得财政包干制度处于不断调整过程中,最为重要的一次调整发生在1994年。在这场被称为分税制的改革中,税收被分为中央税、地方税和中央—地方共享税,并组织国税和地税两个系统分别征收。这次改革改变了中央与地方政府间的财力分配模式,由先前的"分收入"转变为"分税种",并将财力更多集中到中央政府手中。

对这一改革的属性及其后果有两种截然相反的判断,一种认为,这意味着财政分权或财政联邦主义体制的结束,并由此会推动地方政府在辖区经济中所发挥的作用由"扶持之手"转向"掠夺之手"。④而另一类研究主张,分税制并没有改变地方政府的发展属性,只是影响到地方政府选择用来"扶持"的产业。分税制后的地方政府"根据现行的国家财政和税收体制的安排,选择能够将地方财政收入最大化的政府行为模式。对税收收入主要归属地方政府的行业,表现出强烈的发展冲动和明确的支持态度"⑤。分税制带来的集权效应诱使地方政府日益从无须与中央政府共享的预算外,尤其是土地征收中为自己集聚财力。⑥它还导致中国经济呈现出一种广受争议的特征,即财政收入的增长率持续高于国内生产总值增长率,这是"由于政府极力推动的都是高税率部门,特别

---

① Barry R. Weingast, "The Economic Role of Political Institutions: Market-Preserving Federalism and Economic Development", *The Journal of Law, Economics & Organization*, Vol.11, No.1, 1995, pp.1-31.

② "自我执行"指的是,无需第三方干预和介入就能自动遵守与执行协议的现象,这往往是由于协议内容符合双方利益,任何一方都没有机会主义行事的动机。

③ 包干制度施行的背景是改革初期的财政危机。1979—1980年我国的财政赤字高达204亿元,接近1953—1978年赤字的总和。参见周黎安:《转型中的地方政府:官员激励与治理》(第二版),格致出版社、上海三联书店、上海人民出版社,2017年,129页。

④ 陈抗等:《财政集权与地方政府行为变化——从援助之手到攫取之手》,《经济学(集刊)》2002年第1期。

⑤ 张汉:《"地方发展型政府"抑或"地方企业家型政府"——对中国地方政企关系与地方政府行为模式的研究述评》,《公共行政评论》2014年第3期。

⑥ 周飞舟:《分税制十年:制度及其影响》,《中国社会科学》2006年第6期。

是制造业和房地产业,这些部门的发展速度要高于绝对税率较低的部门,如农业和其他服务业部门,这在很大程度上就导致财政收入超国内生产总值增长"①。

分税制也没有终结财政的激励功能。分税制仅仅是在中央与省级政府层面进行的,省以下地方政府间仍然沿袭过去的财政包干制,并没有专属于地市或者县级政府的税种。中央向地方的转移支付没有拉平地方政府间的财力差异。在经过了中央的转移支付后,经济发达地区的地方政府仍然维持了相比于欠发达地区更为充裕的财力。地方政府也有能力规避中央单方面上收财权的做法,中央与地方政府间的信息不对称使得这种做法在实践中是可行的。因此,分税制后的地方政府仍能从辖区经济增长中获得相对稳定的收入。此外,根据我们的调研,地方政府部分可用财力能够相对便利地转化为官员个人的合法收入,这是通过年度考核机制来实现的。

(二)政绩考核与地方政府的发展激励

我国中央与地方政府间依然具有鲜明的集权特征。政治集权的核心表现是在人事制度上采取了党管干部和分级管理的原则,由上级党组织负责任命、监督和管理下级党政机构的主要领导干部。政治集权的本质是将中央与地方政府塑造为一种等级制的上下级关系。在这组关系中,地方政府的首要身份是中央和上级政府的地方代理人(尽管随着人大制度的发展,它也日益被要求对同级人大负责)。作为委托人的中央政府有权根据自己的偏好设定考核事项,要求地方政府限期完成,并对完成情况进行监督检查。

中国式委托—代理关系的一个核心特征是"打包委托"或属地管理,即将行政辖区内的几乎所有事务都下放给所在辖区政府来处置,因此地方政府要履行的任务是多方面的,但并非同等重要。中央和上级政府通过设定考核项目、指标类型(硬指标、软指标、约束性指标等)、权重、考核的方式(定量还是定性)等来引导地方政府调整资源和注意力的投向。

考核结果的使用有两方面:一是作为对地方政府及其官员进行物质(经济奖励或扣罚)和政治(评奖评优或纪律处分)奖惩的依据;二是将之作为对地方

①陶然、苏福兵:《中国地方发展主义的困境与转型》,《二十一世纪》2013年10月号。

官员进行人事使用(提级提拔)的基础。

改革开放以来,党中央用经济建设取代阶级斗争作为国家最优先的目标。与此相应,中央对地方官员的考核越来越强调经济指标的重要性。这种重要性通过三方面体现出来:一是与经济相关的指标在考核中所占的权重增大;二是经济指标多属于定量或者所谓的硬指标;三是考核中的"加奖"全部属于经济指标。[1]为了帮助地方官员达成受托任务且让财政分权真正起到激励地方政府的作用,中央还向地方下放了大量的经济管理权,地方政府具备了推动辖区经济增长,进而在一定程度上影响考核结果的实质性权力。这种考核方式所起到的作用,正如周黎安所指出的,它"将地方官员的晋升与地方经济发展的绩效关联起来,让地方官员为了政治晋升而在经济上相互竞争,形成了政治竞标赛模式"[2]。

观察财政与政治激励的差异,对于分析这两种激励方式的相对有效性是有帮助的。一方面,与财政激励的普遍性不同,受到晋升激励的官员是有限的。这种有限性体现在两方面:一是只有那些有望升迁到更高级别的官员才会受到晋升激励;二是受到晋升激励的官员只限于特定的年龄段内,而非贯穿于其职业生涯的全过程。另一方面,如前所述,财政分权对组织的激励与对官员个人的激励是高度一致的,而良好的政绩只会给主要官员加分,与其所在的官僚组织没有直接关系。因此,政绩考核能否成为激励地方政府发展辖区经济的动力,取决于主要官员将其受到的激励转化为整个官僚部门发展动力的能力及其程度。

对于本书来讲,它有两项启示。一是对于中国当前的地方发展型体制而言,财政与政治激励是一个互补的制度设计,同时为它提供了支撑。但相对而言,财政激励的作用更为普遍和有效。正如后面对于乡镇企业的研究中指出的,在村干部基本不受晋升激励的情况下,单靠财政激励,村干部仍能如政治企业家那样行事。二是地方政府的发展型是与掠夺型和庇护型等非生产型政治经济范式混杂在一起的,彼此之间并非泾渭分明。因此,对于任何尝试对我国地方政府进行政治经济研究的学者而言,正确的问题不应该是,中国是不是具

---

① 张振华:《中国房地产市场发展过程中的利益群体与政府角色》,南开大学出版社,2011年,第177~181页。

② 周黎安:《转型中的地方政府:官员激励与治理》,格致出版社等,2017年,第20页。

备发展型/掠夺型等模式建构的基础，而是为何更多的地方政府或者同一地方政府更多时候或在更多领域内呈现出发展型的特征。

二、作为一种过渡形态的地方发展型政府

财政分权与政治集权是贯穿于我国改革开放全过程的制度安排，成为形塑地方政府行为模式的基础性制度。然而正如蔡心怡（Kellee S. Tsai）所言，尽管这些的确为地方政府提供了推动辖区经济增长的激励，但并不必然以市场化方式来促进。①在财政分权与政治集权的框架内，仍有多种政治经济样式存在的空间。地方发展型政府还需要更多的制度配合，其中最为关键的是，地方政府可用的影响辖区经济的政策工具和经济资源。它与更为宏观的经济制度相关，而这是经济改革的目标与结果。这样，我们就能够根据经济改革的历程来对地方发展型政府进行分期，观察在不同时间段内的地方发展型政府形态。如果将1993年党的十四届三中全会通过的《中共中央关于建立社会主义市场经济体制若干问题的决定》作为分界线，之前的经济体制，尽管已经有了一些改变，但总体来看，由于行政分权（中央向地方政府的分权）的力度要远远大于经济分权（政府向市场的分权），计划仍是我国配置资源的基础方式，只不过这些手段日益由中央转移到地方政府手中。获得更多计划权力的地方政府逐渐偏离了其在传统计划体制中的定位和作用，在财政与政治体制的双重激励下，开始在辖区经济中发挥一个更为积极主动，但较少直接性的作用。

（一）经济改革与地方发展型政府的形塑

在1979到1993年中国改革的头十五年中，多数新出现的企业既不是私人企业也不是国有企业，而是钱颖一所谓的地方政府企业②（local government firms），即由各级党委和政府（包括军队）及其组成部门和附属组织（包括银行和大学）所举办的各类经济实体，它们是对双轨制改革所创造出的市场机会的回

---

① Kellee S. Tsai, "Off Balance: The Unintended Consequences of Fiscal Federalism in China", *Journal of Chinese Political Science*, Vol.9, No.2, 2004, pp.7-26.

② Yingyi Qian, *How Reform worked in China: The Transition from Plan to Market*, The MIT Press, 2017, p.32.

应。区别于计划体制下的企业,这些组织不再是政府部门用来完成其生产计划
的载体,而更多是为了盈利目标参与到市场过程中的。它们也不再是传统意义
上的政府部门的经济分支或者附属物,而是具备了更多的自主权。这些都暗示
着,在这类组织中可能孕育出一种有别于计划属性的政企关系。最为重要的地
方政府企业是由乡镇政府或村委所举办的乡镇企业,乡镇政府在其中发挥了多
重作用。作为所有者,他们对企业的所有重大事务(如投资方向、经理人的选任
和报酬设计、利润的分配)有最终决定权。他们从企业经营所得中抽取一定比
例的红利或者收取一定数额的管理费,作为其工资性收入和福利的部分甚至全
部来源。他们还扮演着企业高层管理者的角色,参与到企业资本的筹措、获取
原料、收集商业信息、选择所使用的生产技术和制定销售策略等。他们也像过
去的计划者那样,发挥着利益再分配的功能。他们通过成立经济发展公司来管
理下属的乡办或村办企业。经济发展公司类似于投资或控股公司,时常从富裕
企业再分配资源到新开办的企业或较少成功的企业中。

　　如何对乡镇企业异军突起中基层政府所扮演的角色进行定位? 关注中国
改革的一些国外学者,尤其是政治学背景的研究者,倾向于将之看作是发展型
政府的一种变体。①尽管与经典理论所刻画的发展型国家原型间存在很多差
异,这类研究相信,基层政府在辖区经济,尤其是乡镇企业成长过程中所发挥的
作用,实质上是发展型政府的一种体现。首先,将发展型国家从其他政治经济
范式(如规制型国家)中区分开来的关键一点是,在东亚新型工业化经济体中,
政府负责挑选它相信有"前景"的产业与经济活动,通过各种优惠政策来推动这
类产业的超常发展,并通过产业间的关联来带动整体经济的增长。在我国,由
于严格的城乡二元分割,计划体制下基层政府主要肩负着为城市工业化提供
"农业剩余"的功能。在获得更多自主权后,基层政府开始将农村工业化作为发
展目标。他们选择了其具有比较优势的产业,即社会主义工业化所长期忽视的

---

① 他们将之称作地方法团主义国家(local corporatist state),参见 Jean C. Oi, "The Role of the local
state in China's Transitional Economy", *The China Quarterly*, No.144, 1995, pp. 1132–1149; Jean C. Oi, "Fis-
cal Reform and the Economic Foundations of Local State Corporatism in China", *World Politics*, Vol. 45, No.2,
pp.99–126。

轻工业部门,这一战略取得极大成功。在发展高峰期,乡镇企业创造的工业产值占全国工业产值的比例接近50%,占国内生产总值的30%左右,吸纳农村富余劳动力1.27亿人。[①]

当然,官僚部门不一定能挑出"正确"的产业,它需要一定的制度配合。在东亚发展型国家中,密切的政商合作、杰出的官僚能力、可信承诺的机制,以及"用资本来驯服资本家"的制度被普遍认为是其产业政策取得成功的重要基础。这一时期我国的基层政府也展示出"做出正确选择"的能力,尽管导致其做到这一点的原因完全不同。与中央和高层地方政府相比,基层政府掌握的经济资源极其有限。对于银行部门的影响微乎其微,因此不可能对所属企业承担无限责任。经典计划体制下国有经济部门的预算软约束问题在乡镇企业这里得到了解决。另外,基层有着极其有限的附属企业,信息不对称的程度有所收缩,它们拥有了更强的监督能力。最后,基层政府对于这类企业有着更为单一的目标。其他层级政府对于企业的超经济考虑,如为辖区内的其他企业提供原料、维持充分就业、为职工提供必要福利、意识形态考量等几乎完全让位于经济理性。[②]

与东亚发展型国家的另一个相似之处是,这一时期的地方政府同样也选择运用"贸易保护"的方式来为本地企业提供帮助:一方面禁止本地资源外流,另一方面禁止外地商品侵入。[③]根据2003年的一项研究,1987—1997年间,我国省区的对外开放度(省区的进出口总额占国内生产总值的比重)平均从14%上升到37%,但在推动更为自由的国际贸易的同时,我国却没能减少对跨省贸易的障碍。1997年消费者从省内生产者购买的商品额27倍于从外省生产者那里购买的商品额,这一数值在1992年和1987年分别是16倍和12倍。比较来看,我国省际贸易壁垒更加接近于主权国家间(欧盟成员国间或加拿大与美国间的)的水平,而非单一主权国家内的水平。[④]这种被称作"地方保护主义"乃至

---

① 周黎安:《转型中的地方政府:官员治理与激励》,格致出版社等,2017年,第284页。

② Andrew G. Walder, "Local Governments as Industrial Firms: An Organizational Analysis of China's Transitional Economy", *The American Journal of Sociology*, Vol.101, No.2, 1995, pp.263-301.

③ 沈立人、戴园晨:《我国"诸侯经济"的形成及其弊端和根源》,《经济研究》1990年第3期。

④ Sandra Poncet, "Measuring Chinese domestic and international Integration", *China Economic Review*, Vol.14, 2003, pp. 1-21.

"诸侯经济"的现象被广泛认为是中国政治经济的长期顽疾,但从发展型国家的角度看,贸易保护是它们为其选定的产业提供的"优惠政策包"的关键部分。当然,这是以整体经济为代价的。

(二)我国地方发展型政府的本土特色

如果将这一时期的乡镇政府定位为发展型政府的话,那么中国的发展型政府有着浓厚的本土特色。将中国式发展型体制从东亚发展型国家中区分开来的关键一点是,这一时期地方政府的"政府性"与"企业性"杂糅在一起。正如有的研究指出的,"越是底层的地方政府就越类似于一般意义上的盈利公司,即县处在公司顶层,对应于集团总部,乡镇是区域总部,村是分公司。每一级在功能上都类似于分权化的商业管理中的利润中心。那些能够成功变得高度工业化的乡镇将得到积极关注,在'集团总部'拥有更多影响力,在执行上级规定的时候获得更多自主空间。作为奖励,它们的负责人有可能被擢升到集团高层"。在这一意义上,"中国正在接近于理想中的东亚新型工业化经济体的发展模式,在后者那里,那些被判定有着最好潜质或者已经在特定领域内表现最好的企业将得到补贴"①。中国的地方发展型体制更进了一步,乡镇政府也参与到胜者的竞争中,那些"有着最好潜质或者表现最好的地方政府"将被挑选出来得到"补贴"。

需要指出的是,尽管学者们创新性地使用了发展型政府来描述在乡镇企业发展中基层政府所起的作用,但这一政府形态是在极其特殊的制度环境中产生的,其发展型的面目是含糊的、若隐若现的。一方面,双轨制改革带来了新的市场机会,给了人们从事创造性活动的激励,但另一方面,私人经济的正当性仍然没有得到认可。在这种情况下,就产生出一种极其罕见的现象,即既有体制内的行为者和非经济性组织通过如下两种方式参与到市场组织的创建过程中:一是既有体制内的行为者和组织直接创办企业,二是其他性质的企业(如外资企业)需要"挂靠"体制内组织(如国有企业)。这些组织因而呈现出独有的特征:既不同于计划体制时期的企业,因为它们是响应市场机会而出现的,但也不同

---

① Jean C. Oi, *Rural China takes off: Institutional foundations of economic reform*, Berkeley, CA: University of California Press, 1999, p.102.

于多数转型经济体所创造出来的企业。在后者那里，私有化被视为经济转型的核心。只有在割断了政府部门与企业的产权纽带后，一个兴旺的市场经济才有可能发育出来。

但中国的改革并没有将私有化作为优先议题，而是致力于培育市场竞争机制。这样做的结果是，尽管这一时期的改革并没有触及产权，但市场竞争的机制日益成长起来，逐渐让公共经济部门处在相互之间的竞争中，它们也开始更多感知到那些没有受制于计划束缚的经济组织的活力与压力。从计划缝隙中生长出来的市场机制，能够逐渐成长起来，并在经济活动中发挥基础性直至决定性的作用，地方政府在此过程中功不可没。它们参与到这类组织的培育中，帮助其在当时的经济条件下存活下来，这种形式的扶助之手在功能上类似于发展型政府，但它显然是一种暂时状态，因而我们将之称作过渡状态的发展型政府。那些建立在乡镇企业案例基础上的发展型政府研究，显然只是关注到我国地方发展型体制的一个"片段"或者"雏形"。正如下文所要指出的，在之后的经济改革历程中，基层，尤其是乡镇政府的发展型已经不复存在。地方发展型政府建构的基础和形态有了大的改变。

三、市场化改革与我国地方发展型政府形态的演变

（一）市场改革与地方政府的经济定位

20世纪90年代中期前后中国改革进入新的历程中。生产要素的市场化成为改革的核心目标之一。在这场改革中，很多之前由地方政府垄断控制的资源逐渐转向市场分配。其中最为关键的改革是发生在1994年的银行体制改革。在这次改革中，银行被分为政策性和商业性两类。在政策性银行被期望继续按照政治考虑来投放资本的同时，按照设计，商业银行主要依据经济考量（如项目的盈利前景）来为各种性质的市场主体提供资本，这使得非国有经济组织有望绕开地方政府的计划管理部门直接申请并获得贷款。产品市场化的步伐走得更快。在经历了80年代的双轨制改革后，通过市场轨道分配的产品比重越来越大，直至"计划轨道"与"市场轨道"的完全合并。根据最新修订的《政府制定价格行为规则》，政府制定价格的范围已经收缩到"重要公用事业、公益性服务和

自然垄断经营的商品和服务"。2016年我国价格市场化程度达到97.01%,较2012年提高了2.68%,政府管理价格的比重已不足3%。[1]

生产要素和产品的市场化削弱了计划经济时期所形成的对于国有经济部门的种种保护,而让其暴露于日益充分的市场竞争中。进入20世纪80年代后期,国有企业的颓势已经显露无遗。1988年报道称,当时国企的亏损面为10.9%,到1989年上升至16%,到1990年为27.6%,到1993年超过30%,1995年更是达到了40%。1995年由九部委组成的调查组对上海、天津、沈阳和武汉等16个大城市进行调查,结果显示这些城市中国企的亏损面已经达到52.2%。[2]在这种背景下,国企改制在1995年之后步入快车道。但改制的后果是不平衡分布的,对低层级地方政府的影响更大。这与国企的地域分布特征以及规模差异相关。越是在低层级的地方,当地政府所属国企在经济总量中所占比重越低,规模越小。[3]由于国企改制采取了"抓大放小"的做法,被纳入改制范围的国企主要集中于地方政府,尤其是中下层级地方政府手中。

类似的情况也出现在乡镇企业身上。1992年后,发展私人经济的正当性在经济和意识形态上得到认可,乡镇企业所具有的制度性优势逐渐丧失,不再能够成为乡镇财力的重要来源,反而日益成为其沉重的负担。根据国家统计局的数据,在1994年到2004年间,国有企业户数从217万家下降到了92万家,年均减少8.2%;集体企业从546万家减少到139万家,年均减少了12.79%。同期,私营企业从43万家增长到了365万家,年均增长23.87%。到2012年我国已经拥有1085.72万家私营企业,有2200万的投资人,有11296万人在私营企业就业。[4]

---

① 赵薇:《我国价格市场化程度达97.01%》,《中国改革报》2017年7月26日。

② [英]科斯、王宁:《变革中国:市场经济的中国之路》,徐尧等译,中信出版社,2013年,第175页。

③ 从中央到地方,国企占辖区企业总量的比重持续下降,企业规模也大幅减少。1985年有3835家制造企业直接由中央管理,它们都属于国企,平均雇佣超过2200人,年均产值4300万元;在省和地市级层面上,国企平均雇佣745人,年均产值1200万元,占该层级总产出的81%,其余部分由更小的集体企业生产;在县级层面上,国有和集体企业规模更小,国企的产出比重是65%。在最低层的乡镇和村,所有企业都属集体所有,其规模也都更小。数据转引自 Andrew G. Walder, "Local Governments as Industrial Firms: An Organizational Analysis of China's Transitional Economy", The *American Journal of Sociology*, Vol.101, No.2, 1995, Table 3, p.275.

④ 张振华:《社会冲突与制度回应:转型期我国政治整合机制的调适研究》,天津人民出版社,2016年,第192页。

这些因素共同作用的结果是，地方政府通过行政手段直接配置资源乃至最终影响辖区经济的能力大幅减弱，"地方企业型政府"存在的制度基础被动摇，这迫使它们参与到流动性资源的争夺中，从而推动了下文所讲的地方政府竞争的出现与强化。改革的另一个后果是，曾经最能体现发展型政府属性的乡镇和村委基本失去了影响辖区经济的手段、能力和动力。经过了数轮的机构改革，乡镇职能越来越多要靠上级部门的派出机构来履行，这极大地限制了其动员和整合辖区资源的能力。

（二）地方政府间竞争与地方发展型政府形态

中央还有意识地削弱地方政府对宏观经济工具的掌控。从20世纪90年代中期开始，中央与地方政府间关系调整的基调由分权转向集中。在这场被称作"垂直化管理的浪潮"中，之前被下放给地方政府的重要权力，特别是与宏观经济调控和管理相关的国税、银行、海关变成中央垂直管理；质检、工商、国土、统计实行省以下垂直管理。党的十八届三中全会决议还提出，要推动省以下地方法院、检察院人财物统一管理，探索建立与行政区划适当分离的司法管辖制度。纪检监察体制垂直管理的力度也在增强。这些改革将传统的属地管理转变为属地与垂直管理的结合，压缩了地方政府发展经济的自主空间，尤其是削弱了地方建立保护主义的能力，从而推动地方发展型政府的形态出现转变。

适应新的环境，地方政府参与到对流动性资源的争夺中，开启了发展型政府的新阶段。地方政府竞争在推动这一时期地方发展型体制的建构与运行中发挥了重要作用。一是它充作一种纪律机制来惩罚地方官员不适当的市场干预行为。流动的资源会很快离开那些有着不恰当干预行为的辖区，因为这类行为给企业增加了额外成本，使得它们在与那些没有受到这类干预的企业竞争时处于劣势。[1]而对政府任意干预行为的约束是维护市场经济秩序的重要保障。二是辖区竞争有助于遏制官员的寻租和掠夺行为。耿曙等人的研究指出，地方政府与外资企业间存在所谓的"双向寻租"，"既包括传统意义上的企业逢迎政

---

① Yingyi Qian, *How Reform worked in China: The Transition from Plan to Market*, The MIT Press, 2017, p.243.

府,也出现政府扮演寻租者,外资类似设租者,政府迎合企业的反向寻租活动。正是这样的反向寻租,遏制传统寻租的过分猖獗"。反向寻租通过投资选择与投资迁移,部分拉平了政企间的不平等,遏制了政府的施政怠惰、任意干预或无度汲取。①尽管可能依然缺乏完备的司法保护,但地方政府间的竞争还是降低了掠夺的发生率,避免了政府主导经济出现最坏结果("非生产型"模式的蔓延),这对发展型政府而言至关重要。

(三)嵌入型自主与激励相容:发展型国家的多样制度基础

20世纪的70年代末80年代初,一场声势浩大的行政改革浪潮在世界范围内出现。在这场被称作是新公共管理运动的改革浪潮中,越来越多之前在私人经济部门所践行的做法(如外包)和理念(如顾客)被引入公共部门管理中,其目的是提高公共部门的管理效率,提高政府服务的回应性。几乎是在同时,中国的改革也试图将私人部门中的强激励应用到政治过程中,来激励地方政府及其官员将更多的注意力和资源投入促进地方经济发展中。这是两条不同的路径,一条是在韦伯式官僚基础上的调整,而中国的做法则是一种用私人部门的精神来改造公共管理的尝试,其结果是一个创造性的地方政府。中国版的新公共管理,其改革范围和幅度比这场运动的策源地推动的还要深远和剧烈。

约翰逊曾经提出,日本的法律很简短,规定含糊,将行为的细节留给官僚解读;相对于西方民主国家中的议会,日本议会对于官僚的影响有限,这是行政获得创造性的结构条件。在中国的国家体系中,政治与行政不具备东亚的典型特征。政府的创造性植根于中央与地方政府的关系中。在中国的国情中,中央的规定通常是原则性的,将行为的细节留给地方政府,这使得地方政府具有更大的自主性。埃文斯主张,东亚发展型国家成功的关键是他所谓的"嵌入型自主"。中国体制尚不具备"嵌入型自主"的主要特征。但这并不足以让我们得出中国不可能形成发展型体制的结论。事实上,政府的"扶持之手"是可以建立在多样制度基础上的。在中国,地方政府和官员被设想为会根据中央所设定的激励—惩罚机制而行事的理性"经济人",就如同面对经济激励会闻风而动的市场

---

① 耿曙、陈玮:《政企关系、双向寻租与中国的外资奇迹》,《社会学研究》2015年第5期。

行为者一样，而不是一个特殊的、有别于其他经济组织和个人的、笃守公共伦理的韦伯式官僚。建立在财政和政治激励基础上的地方政府具备了成长为发展型政府的制度基础，尽管这并非地方政府的唯一样式。

首先，地方政府具备了奥尔森所讲的共容型组织的特征。中国中央与地方政府关系，在党的中心工作转移到经济建设中来的时候，开始发挥类似于市场维护性的功能，即通过将地方政府置于竞争性的情景下，限制了其掠夺行为。但中央与地方政府关系的功能不限于此，它还要成为推动地方政府发展辖区经济的基础性制度。在改革过程中，地方政府被授权从辖区经济增长中获得"剩余索取权"，从而成为与所在社会具有共容利益的组织：辖区经济所产生的盈利，在上缴了事先规定比率或者数额的收入给中央和上级政府外，其余部分由本级政府支配，作为其经营地方经济的利润。地方政府在辖区经济中的"股权"还为改革开放以来中央所组织的晋升锦标赛所强化，从而放大了经济激励的强度。

其次，地方政府逐渐受到强化与维护而不是取代市场的激励。地方政府参与经济活动的性质不仅与它所面对的激励—约束机制相关，也与转型过程中经济结构的变化相关。在改革初期，主要的经济主体是公有制企业，这些资源通过计划方式来配置，流动性不强。地方政府设立各种形式的保护措施，通过让本地企业免于外部竞争来主导经济。而当改革进行到20世纪90年代中后期时，国企改制使得地方政府直接掌握的经济资源日益枯竭，不少还成为当地政府难以承受的负担。在这种情况下，地方政府开始有意识地培育和吸引那些流动性资源，最为重要的是民营和外资企业。而对那些处在计划经济边缘地带、本身并没有多少国有经济基础的地方，它们在更早的时候就开始竞争流动性资源或者培育当地的非国有经济部门。为了在竞争中胜出，地方政府必须约束自己的掠夺行为，创造有利于经济和人才发展的环境。它包括基础设施、公共产品、受过良好教育的劳动大军、宏观经济的稳定性、自由贸易和有利于私人部门投资和竞争的规制框架等。这类政策总体上有利于私人经济部门。能够发挥这类作用的政府可被称作市场维护性政府。而那些做不到这一点的地方政府，将在竞争中处于劣势甚至逐渐被淘汰。

最后，我国还建立了一套防范政府主导经济可能带来的负面后果的制度安排。发展型国家或者其他允许政府更多参与到经济运行过程中的政治经济,都存在权力被滥用的风险。嵌入型自主有助于减少政府主导经济可能带来的负面后果,但却不能完全根绝。正因为如此,将东亚政治经济解读为裙带资本主义的观点也始终存在。但成功的发展型国家都能够将这种体制的实际负面效应限定到可以被接受的范围内。中国通过如下两种方法来防范与政府主导经济相关的不利后果。一是寻租机会是相对开放的。随着更多行为者的进入,通过优惠政策所获得的政策租金将随着竞争者的出现而逐渐耗散。在这一过程中,地方政府与干部从市场改革中获得好处,减弱了他们对于改革的抵制。与此同时,市场得到扩展。①二是寻租是受到严厉约束的。中国的发展型体制依赖于一套强大的内在净化机制,即通过反腐败、强调纪律、意识形态的教化限制政府干预经济的明显的负面效应和后果,这些努力能够将与体制内转型伴生的潜在负面后果限制在一定程度内,防止它过度侵害政府的发展性。但与此同时,地方官员将辖区留用的部分利润便利地转化为个人收入,乃至允许官员得到企业客户特殊形式的回报,是整个官僚激励体制中的重要一环。因此,完全杜绝寻租行为,不仅在实践中难以做到,也会打击官员发展辖区经济的"积极性"。

第四节　发展主义与中国政治经济

中国的国家治理体系,包括四大主题,即以党群关系为基础的国家与社会关系、以集权为核心的党治国家权力体系、以授权为内核的中央与地方政府间关系、以实现赶超发展为主旨的国家与经济关系。改革开放被称作中国的"第二次革命",这个概念表明,改革开放前后,中国的国家治理体系在很多方面发生了急剧的变革。与改革开放前相比,改革后的国家治理体系,内生性的变化表现在后两个主题上:一是市场经济的引入,使得组织经济活动的基本方式由计划变为市场,但推动经济实现跨越式发展仍然是国家经济治理体系的核心使

---

① Alexei Schevchenko, "Bringing the party back in: the CCP and the trajectory of market transition in China", *Communist and Post-Communist Studies*, Vol.37, 2004, pp.161-185.

命，只是它现在必须在市场经济的框架内实现。基于追赶目标所建立起来的市场经济体系，不能将经济活动的所有方面都留给市场力量。与东亚发展型国家一样，国家必须主导和引领市场，而不能消极地追随市场。在这种样式的国家与市场关系中，市场失灵不是国家介入经济活动的唯一理由，甚至不是最重要的理由。二是在改革开放过程中，中央与地方政府间的关系变化频繁。作为其后果，在中央与地方政府关系的底色仍然是等级性的同时，地方政府日益被置于竞争性的情景中，它们要为了实现更高的增长速度，继而获得稀缺的政治升迁机会而竞争流动性的资源。

在上两节中，我们分别对这两方面的改革以及其对我国地方政府发展主义的形塑作用，进行了相对充分的探讨。在接下来的章节中，我们将集中讨论三个议题：一是中国的党治国家体系如何适应经济转型，并吸纳现代化过程中所释放出来的社会力量。二是中国的经济转型，以渐进改革为特征，作为其后果，国家治理体系处在持续不断的调适过程中。党的十八大以来，我国中央与地方政府关系、国家与市场的关系发生了显著改变，这种改变会在何种程度上影响我国地方政府的发展主义，这将是第二个要集中讨论的议题。三是同绝大多数的后发经济体一样，中国需要依托国家力量来实现追赶式发展，由此形成的政治经济体系必然带有国家印记。在全球化过程中，当中国遭遇到其他样式的政治经济时，不可避免地出现争议。如何来理解和应对这种争议，将是本节第三个要讨论的话题。

一、现代化过程中的中国国家与社会关系：调适与变革

市场转型和追赶式现代化深刻地改变了中国的社会结构，国家面临着吸纳现代化过程中所释放出来的社会力量，消除国家与社会之间的潜在问题，并按照变化了的组织使命来重塑社会结构的任务。相比于东亚，按照党治国家搭建起来的政体，表现出更强的吸纳和回应社会变革的能力。作为其结果，国家内部的权力结构依然以党治国家为内核。

（一）市场转型与我国社会利益的组织化

如前所述，计划经济的特殊性在于，它不仅是一种建立在公有制基础上的

经济体制,还是一种将权力对于经济过程的干预放到最大的经济形态。经济计划化的过程同时是国家权力建构的过程。人民公社和单位,都是政社合一的组织形式。它通过控制资源的分配来强化其政治领导功能,通过政治领导来实现资源按计划分配。当国家能够将人们组合到各种经济单位中的同时,也就能够借助单位与个体的民众发挥直接关系,能够通过单位对成员实现政治动员,服务于国家所希望达成的各种意图,也能够对单位成员实行控制,防止他们被其他力量染指,也防止他们为了自己的特殊利益而动员起来。随着人民公社和单位的解体,这种用经济手段来构建政治秩序的方法不再可行。

在转型过程中,市场成为一个相对独立的资源分配通道,越来越多的人转向市场来维持生计,计划经济时期"利出一孔"的局面有所改变。人们的权利意识和民主意识有所增强,他们更倾向于从个体角度来定义继而主张和维护权利。随着利益的分化,社会形成了更为多样的阶层且更为复杂的阶层关系,这些变化成为改革开放以来,我国国家与社会关系相调适的背景。

中国的市场转型及持续的经济增长,在短时间内改变了中国计划经济时期的经济与社会结构。根据国家统计局的数据,按三次产业分,2019年我国就业人员分别是,第一产业19445万人、第二产业21305万人、第三产业36721万人,它们分别占就业人员总量的25.1%、27.5%和47.4%。与之相比,1978年我国第一产业就业人员28318万人、第二产业6945万人、第三产业4890万人,它们分别占就业总量的70.5%、17.3%和12.2%。按城乡分,2019年我国有57.1%的人员在城镇就业,有42.9%的人员在乡村就业。与之相比,1978年我国城镇就业人员占比仅为23.7%,乡村就业人员占比则高达76.3%。按经济类型分,2019年我国国有单位就业人数已经下降到5472.7万人。私营企业户达到3516.4万户,私营企业就业人员高达22833.2万人。按照人力资源和社会保障部公布的数据,2019年我国农村进城务工人员总量已经达到2.9亿人,其中1.7亿人外出务工,包括7500万的跨省务工。这些数据反映出,改革开放以来我国经济社会结构变迁的基本特征:人员从农村流向城市,从农业流向工业和服务业,从国有单位流向私营部门,从一个缺乏流动性的社会变成一个高度流动性的社会。这些改变是世界各国在现代化过程中所经历的共同现象,只不过它以更快的速度在中国发生。

在经济社会转型过程中,依托于市场经济的社会团体应运而生。按照民政部发布的年度《民政事业发展统计公报》,截至2019年底,全国共有社会组织86.6万个,吸纳社会各类人员就业1037.1万人。按照学者们的解读,这些组织代表了一种不同的社会建构方式,即社会组织化的社会建构体系,它完全不同于组织化社会的社会建构体系。组织化社会的社会建构是以政党组织及其网络体系为基础来构建社会,而社会组织化的社会建构则是基于现代社会本身应有的要素来建构社会。①尽管如此,在用公民社会范式来解读这些新兴社会组织,认为它们不只是重要的社会治理力量,而且还具有广泛和深远的政治功能的时候,要非常谨慎。

按照戴蒙德的研究,如下七类组织属于公民组织:①经济型的(生产和商业网络);②文化型的(宗教的、民族的以及其他依据集体权利、价值观、忠诚、信仰和象征而建立的组织和团体);③信息类和教育型的(致力于知识、观点、新闻和信息的生产、传播);④利益基础的(倡导和保卫成员共同功能性或物质性利益);⑤发展型的(积聚个人资源以改善共同体的福利);⑥问题导向型的(如环境保护、妇女权利、土地改革或消费者保护运动);⑦公民型的(以非政党方式来改善政治体制,通过人权监督、投票者教育和动员、监督选举、反腐败等使其更加民主)。戴蒙德还认为,公民社会最为基础的民主功能是提供限制国家权力的基础,一方面监督和约束民主国家的权力运作,另一方面能够推动威权国家的自由化和转型。②

中国的民间社团,尽管相比于"组织化社会"的社会建构体系表现出更强的独立性和自主性,但并非独立于既有的国家—社会框架。这些组织被纳入社团管理体制中,按照"归口登记、双重负责和属地管理"的原则进行,并通过党建的方式实现了执政党对社会组织的嵌入,这使得政府有能力根据自己的偏好来对社会组织活动的领域进行选择,其结果是社会组织的分布与政府偏好密切相关:

---

① 林尚立:《两种社会建构:中国共产党与非政府组织》,《中国非营利评论》2007年第1期。

② Larry Diamond, "Rethinking Civil Society: Toward Democratic Consolidation", *Journal of Democracy*, Vol. 5, No.3, 1994, pp.4–17.

在经济领域,因为政府在努力退出直接管理,就鼓励发展一些中间组织,这给了社会组织较大的发展空间,大量的贸易协会和商会建立起来。在社会福利和发展领域,政府希望动员社会资源来帮助政府解决一些问题,减轻政府负担,因此社会团体也得到较大的发展。而在与政治相关的领域,则基本上受到政府的严密控制,一般不会得到批准,即使被批准了,行动也受到种种限制。[1]

(二)国家对社会变革的回应及其后果

中国的国家治理体系通过如下三种方式来吸纳现代化过程中所释放出来的社会力量,并按照变化了的组织使命来重构社会:一是通过调整党的阶层战略来提高党的整合能力。二是它沿用了组织嵌入的方式来实现和巩固党与社会组织的关联。这种做法脱胎于革命战争时期的政治动员,并在社会主义建设时期得到了广泛应用。组织嵌入是指党在非党机构(行政机关、社会团体、民营企业)中设立相应的党组织,这种做法在党建引领社会治理的提出中达到高潮。三是人民团体和群众组织有了新的定位,它被命名为"枢纽型组织"。作为党的外围组织,群团组织在创立之初,服务于革命动员目的,沿着被纳入人民群众范畴的群体类型组织起来。改革开放以来,社会利益日益分化,出现了一些不能被纳入传统群团代表范围内的群体。枢纽型组织的定位赋予群团类似于业务主管单位的地位,得以吸纳和包容通过组织化社会方式出现的民间组织。

二、地方发展型政府的未来

随着我国改革步入深水区,"很多面相的变化已开始挑战过去数十年来我们用来分析中国政治和经济的经典概念、惯性思维和基本判断"[2]。正如上文的分析所暗示的那样,地方发展型政府并非本该如此,也并非必然如此,它会随着

---

① 郑永年:《中国模式:经验与困局》,浙江人民出版社,2010年,第159~160页。

② 吕鹏、范晓光:《大事与大势——2017年中国政商关系回顾(上)》,2018年3月30日,澎湃新闻,https://www.thepaper.cn/newsDetail_forward_2050691.

制度的调整而进行相应的变革。党的十八大以来,我国进行了大刀阔斧的改革,这些改革显著地重塑了地方政府所面临的制度情景,这会对地方政府发展辖区经济的意愿、能力和手段产生何种影响? 它会否推动地方政府进入发展型政府的3.0阶段,即地方政府保持发展辖区经济的意愿和能力,但这种意愿和能力建立在新的制度安排基础上,或者说,不同层级的地方政府在辖区经济中会扮演有差异的角色? 这是我们接下来要探讨的问题。由于这些改革尚处在进行过程中,改革所产生的效应并未完全表现出来,我们对这一问题的探讨尚属于尝试或者展望性质。

(一)地方政府所处的新情景

党的十八大以来,中央与地方政府间的财政和政治关系经历了重要变革,这有可能影响到地方发展型政府建构的基础性制度(财政分权和政治锦标赛)。在财政关系方面,之前"中央与地方的财政关系的调整始终围绕财政收入的划分,而很少涉及中央与地方的支出责任调整。……中央和地方的财政支出责任仍然保持了相对稳定,即使经历了80年代的财政包干制和1994年的分税制改革,这些改革的核心仍然是围绕中央与地方财政收入的分配而进行调整"①。这一论断在2016年《关于推进中央与地方财政事权和支出责任划分改革的指导意见》中有所改变。此外,我国积极推动"营改增"的工作,原先由地方政府独占的营业税转变为需要与中央政府共享的增值税。在政治关系上,中央集权程度更加显著。最后,党中央通过纪委系统及巡视体制来强化对党内,特别是对地方主要领导干部的控制能力,"官员不作为"成为引起广泛关注的内容。

党和政府持续地调试发展目标以便适应变化了的社会经济环境。一个大的调整发生在党的十六大以来,之前中国的改革常被称为只有经济改革而没有社会改革。党的十六大以来,随着和谐社会建设被提升到了前所未有的高度,地方官员开始不仅被要求专注于追求经济增长,而且要缓解和应对经济发展的社会负面后果。另一个变化出现在党的十八大以来,环境和脱贫议题被提到了更高的位置上。党的十八大报告首先将生态文明建设纳入"五位一体"总体布

---

① 周黎安:《转型中的地方政府:官员激励与治理》,格致出版社等,2017年,第124页。

局,生态文明建设的重点开始由价值层面转向制度层面。[①]领导人认识到,公平的分配并不会由市场自动地实现,而是需要政府的积极介入,脱贫攻坚因而成为各级政府的主要工作之一。2013年12月《关于改进地方党政领导班子和领导干部政绩考核工作》,明确不能仅仅把地区生产总值及增长速度作为考核评价政绩的主要指标,不能搞地区生产总值排名。

这些调试有效地缓和了社会经济发展的潜在不利后果,防范社会问题影响到国家持续追求经济发展目标的能力,从而使得发展型体制具有了持续性,也使得中国的政治经济处在一种良性循环状态:全心全意地设定和执行经济增长的能力,推动了中国经济实现更为快速的增长,这反过来创造出更多的资源可供应对和处理发展所导致的一系列负面社会经济问题,继而使得社会问题不会干扰和影响到国家将经济发展设定为最高政策议题的能力,使其可以继续追求和执行发展政策。但通过在政府和官员的议程中加入非经济的议题来缓解追赶式现代化的隐患,这种做法的有效性是存在限度的,因为按照竞标赛理论,竞标赛的效力将随着任务的多元而受到影响。

另一方面,从国家与市场的角度看,作为推动市场经济在资源配置中的作用由基础性提升到决定性的措施,党的十八大以来我国政府与市场的关系也发生了显著改变。一是在行政审批领域,根据2014年9月官方公布的数据,党的十八大以来,我国先后取消和下放7批632项行政审批等事项。[②]我国还首次公布了国务院各部门行政审批事项的汇总清单,根据该清单,国务院60个单位共有1193项的行政审批事项。[③]地方层面的"权力清单"也呼之欲出。二是在微观层面上,作为优化营商环境努力的一部分,我国还推动了一系列改革,如简化企业的办事流程(一网通办)、超时默认等。

我国更加强调从法律和制度上保护产权,2016年11月公布了《中共中央、国务院关于完善产权保护制度依法保护产权的意见》,这与那些建立在非正式

---

① 张振华、朱佳磊:《中国特色社会主义生态文明制度体系的构建——基于若干重要政策报告的文本分析》,《中共宁波市委党校学报》2018年第6期。

②《632项行政审批事项被取消和下放,今年再处理200多项》,2014年9月10日,http://politics.people.com.cn/n/2014/0910/c70731-25633218.html.

③ 参见中国机构编制网,http://spgk.scopsr.gov.cn/.

基础上的产权保护机制(通过地方政府竞争或者与官员结成庇护关系来寻求保护)相比较有了大幅度进步,因为建立在法律基础上的保护是制度性的,不同于之前的选择性保护。尽管如此,从实践中看,保护仍不是平等的,被定义为战略性的经济部门和企业获得额外保护,如挂牌保护①、命名为重点企业等。党的十八大以来我国倡导建立新型政商关系,根据媒体报道,地方政府构建政商关系的口号和做法有:台州的"妈妈式服务"(台州各级党委政府都要提供全方位、无微不至、无私奉献的"妈妈式"服务,创造"爱商亲商重商"的高质量营商环境,让企业家有更多的归属感和荣誉感);山西的"帮扶";②天津的"店小二"(党委和政府部门最该做的,首先是解放思想,彻底摒弃"官本位""高高在上"意识,以当好"店小二""服务员"的自觉自愿,为民营企业提供方便、快捷、周到、满意的服务);③杭州市向百家重点企业派驻百名"政府事务代表";苏州建立主要领导干部同民营企业家的"微信群"联系制度。同东亚一样,这些做法仍然属于"行政吸纳政治"的范畴,由此建立起来的政商关系是选择性的。

最后,政府主导经济的潜在负面后果也是党的十八大以来党和政府着力要解决的问题。预防和惩治地方官员在辖区经济中的不当行为是反腐败的重点。从2012年末至2018年初,已有接近5%的党员接受了纪检部门的调查。④《南方周末》依据2013年的年报对中国2532家沪深上市公司的官员独董情况进行的统计表明,曾经在党政机关或者公检法系统有过任职经历的"官员独董"共901人,加上一人兼任多家公司独董的情况,一共1101人次。这些独董分布在816家上市公司中,平均每2.3家上市公司就有1人次的官员独董。⑤退休官员也热

---

① 例如,肃北蒙古族自治县2007年公布了《关于对重点企业实行挂牌保护的若干规定》,根据此规定,挂牌企业得到的保护包括:"未经批准,任何单位或部门(含省市驻县部门)不得擅自到挂牌保护企业进行抽查、检查。任何单位或个人,不准以任何形式侵害投资者的权益,不准干扰企业的正常生产经营活动,严禁敲诈勒索、吃拿卡要现象发生。各部门(含省市驻县部门、执法部门)不得随意对挂牌或重点保护的企业宣布停建、停业、停电、停水;如需查封重点挂牌保护企业账户和财产,应依法进行。重点挂牌保护企业,有权拒绝乱收费、乱罚款。"参见http://www.subei.gov.cn/ReadNews.asp?NewsID=504.

② 《山西省对重点企业一企一策精准帮扶》;《山西:省级领导点对点帮扶民营企业》。

③ http://news.enorth.com.cn/system/2018/02/22/035067046.shtml.

④ 朱江南:《廉政建设的演变之路》https://www.thepaper.cn/newsDetail_forward_2145126_1,2018年5月27日。

⑤ 《首次清点中国2532家上市公司还有多少"官员独董"》,《南方周末》,2014年7月17日。

衷于到企业发挥余热。[①]对官僚退休后的任职和兼职等有了新的行为规范。2015年上海市印发《关于进一步规范本市领导干部配偶、子女及其配偶经商办企业行为的规定》。[②]之前用来密切政商之间的各种非正式做法受到"八项规定"的约束。党的群众路线教育实践活动开展以来,共排查出党政干部在企业兼职近8万人,完成清理约5.5万人。金融机构、城投公司、地方融资公司都是党政干部"兼职"的好去处。[③]在这一过程中,官员在与商人交往的时候有了新的伦理准则,即所谓的"亲""清"的新型政商关系。

(二)地方发展型政府的可能趋向

上述变革会在何种程度上影响地方政府的行为样式? 对这一问题的回答取决于如下三点:一是中央与地方政府间财政和政治关系的调整是否显著改变了地方政府的发展意愿,换言之,地方政府是否仍然受到了发展辖区经济的财政与政治激励;二是随着国家与市场关系的调整,地方政府用来推动和影响辖区经济的能力是否有所减弱,政策工具的种类和属性是否有所变化;三是与政府主导经济如影随形的官员掠夺和庇护行为是否能够得到更为有效的遏制。迄今为止,我们对这些问题的回答只能是猜测性的,对于上述问题的初步主张包括如下四个方面:

首先,发展型政府在可预见的将来,依然是地方政府在辖区经济中的主要角色和模式。一方面,我国仍处于经济追赶阶段,政府主导经济仍然是经济发展的主要方式。建立在财政分权基础上的财政激励和建立在政治集权基础上的官僚锦标赛仍是激励地方政府推动辖区经济增长的基础性制度。二是地方政府直接可用的经济资源和政策工具发生了改变。地方政府本身所拥有的国有经济部门出现了较大幅度的下降;随着对于地方政府债务的规范,政府通过地方融资平台等实现发展的通道将受到限制;随着市场机制的发育,生产性的角色将更多由市场而不是政府来扮演,这些都将推动地方政府在辖区经济中发

---

① 方可成:《退休官员发挥"余热",到企业唱响"秋天的故事"》,《南方周末》,2011年6月17日。

②《上海规范领导干部家属经商办企业》,http://politics.people.com.cn/n1/2017/0301/c1001-29114415.html.

③《内地已查出近8万名"红顶商人",5.5万人被清理》,《京华时报》,2014年9月27日。

挥一个更为间接的作用。三是地方官员与相关企业建立庇护关系，甚至对辖区经济进行掠夺等做法将受到更为严厉的惩罚。

其次，发展型政府的形态将有所改变与优化。一是地方政府和官员的发展导向将日益由经济增长的单一目标转变为兼顾环境保护、收入分配和民生改善的综合性目标。然而经济增长仍然具有无可争议的优先性，其他属于次级目标，在理论上要通过更高水平的增长来直接（通过增长来带动就业，因为就业是最大的民生）或者间接（更高水平的增长将使得政府可用财力增加，通过财政资金的投向来发挥改善民生的作用）达成。二是政府在调适其主导辖区经济的方式和方法，逐渐由"硬手段"（产业政策、挑选胜者）转向"软手段"（改善营商环境、通过吸引人才等来推动市场的创新能力）。三是区域政府的协同性增强，但目标是抱团竞争，实现对没有进入该区域的政府的竞争优势，目前尚不具备形成区域发展型政府的基础（涉及财政激励）。四是发展型政府有转向政府的发展型的迹象。前者指的是发展经济的任务弥散在整个政府部门中，如全民招商，后者指的是发展经济仍是政府最为重要的职责，但承担这一重任的部门将日益集中到少数机构（如招商部门、园区管委会）等。正是基于此，对于地方发展型政府的研究，越来越倾向于将园区管委会作为经验基础。①

再次，随着产业政策的普遍实施，各种开发区和产业园区在中国遍地开花。为了适应发展经济的需要，它们普遍实行管委会模式，有着明确的产业导向，不承担社会管理和公共服务职能。根据报道，2019年天津经济技术开发区管委会的设置中，包括了信息产业促进局、汽车产业促进局、装备及智能制造产业促进局、新经济促进局、绿色石化产业促进局、新能源和新材料产业促进局、医疗健康产业促进局、金融局、贸易发展局、科技创新局、企业服务局（营商环境办公室）。各种产业政策措施旨在通过改变企业经营的成本—收益结构而诱使企业朝向政府设定的产业方向发展。地方政府并不尝试将风险全部留给企业，也日益充作企业的战略合作伙伴。

---

① Gunter Schubert and Thomas Heberer, "Continuity and Change in China's Local State Developmentalism", *Issue & Studies*, Vol.51, No.2, 2015, pp.1–38.

最后,不同区域政府间的差异性将进一步收敛。一方面,地方政府的竞争及由此而来的地方政府间的政策学习,使不同区域地方政府的经济定位日益趋向收敛。另一方面,地方政府在受到结果管理的同时也更多受到过程管理,近年来党中央越来越强调顶层设计在改革中的重要性,这意味着地方政府发展经济的方式和方法将受到更多的来自中央和上级的控制,地方政府自主性的空间有所收窄,继而也会导致不同区域政府间的差异有所收敛。三是不同层级政府间的经济定位会呈现出逐渐发散的迹象。不同层级的地方政府,其用来推动经济增长的主要方式和经济资源有所区别。中央政府管调控、省级地方政府是发展型的主要承载者,市县政府是规制者,乡镇政府不再承担经济发展的责任,是服务型政府的主要承担者,这可能,也应该是一个趋向。能够为这种观点提供佐证的是,2017年中办国办印发《关于加强乡镇政府服务能力建设的意见》。《意见》要求加快乡镇政府职能转变步伐,着力强化公共服务职能。乡镇政府提供的服务包括基本公共服务和其他服务两类,前者包括基本公共教育服务、劳动就业服务、社会保险服务、社会救助等基本社会服务、基本医疗卫生服务、公共文化体育服务等,后者有农业农村经济发展、农民基本经济权益保护、环境卫生、环境保护等。[①]

三、发展型国家与中国政治经济面临的挑战

(一)比较视角下的中国政治经济

改革开放以来,当中国由计划体制转向市场体制,并创造了经济奇迹之后,中国就成了一个巨大的理论试验场,它被置于各种政治经济流派(自由主义的、国家主义的、制度主义的)中。从国家与市场关系的角度看,中国国家在现代化进程中的作用,显然不同于自由主义政治经济对于国家的定位(规制性国家),也不同于协调市场经济中的国家作用(法团主义国家)。由于计划经济的遗产和更大的规模和体量,中国国家在经济中的作用,甚至也显著不同于东亚新兴工业化经济体中的国家作用(发展型国家)。在翻遍了所有可能的参照系后,对

[①] 参见 http://www.gov.cn/zhengce/2017-02/20/content_5169482.htm.

于中国的政治经济，迄今为止，大体上有四种观点。

首先，一派学者倾向于认为中国是一个尚处于转型状态的经济体，它的"中国特色"是由于其所采取的渐进式转型路径所致，因而也将随着改革的进一步深入而逐渐消失。转型论点盛行于那些持自由主义政治经济理念的学者中，流行于20世纪的80和90年代，并在不同程度上出现于新世纪的头十年。党的十八大以来，持有这种观点的学者大幅度减少。

转型论点遇到的最大困难在于，它不得不将所有的"中国特色"看作是改革未完成的后果。麦克纳利（McNally）利用由海尔布隆（Heilbroner）所详细阐述的资本主义通用模式来测度中国市场经济发育的进度。依据这些概念，资本主义的确定性特征在本质上是三层：第一个维度可以称作资本主义的马克思主义面向，即积累过程的推动力，利润动机和汲取剩余价值代表了资本主义系统的基本动力和组织原则；第二个维度可以称作波兰尼面向，市场体制成为所在社会主导性的经济协调和文化身份（cultural identity）；第三个维度是葛兰西面向，它强调资本家阶级利益（霸权地位的实现）超过国家利益实现了更快的增长。麦克纳利确信中国已经建立起市场经济体系，但他强调这最为明显地表达为资本主义的前两个维度，即利润动机和市场关系的主导，对于第三个维度情况要更为复杂，中国的民营企业家群体的确形成了某种程度的独立影响力，但这是否意味着其相对于国家实现了有意义的自主性，这是高度争议性的。[1]中国的国家体系表现出更强的自主性来应对现代化过程中出现的私人资本。事实上，2020年底中央政治局会议提出要"强化反垄断和防止资本无序扩张"。

其次，一些学者则倾向于从发展的视角来看待中国道路，这种观点倾向于认为中国道路是东亚模式的新样本。作为有意识地学习东亚的结果，改革开放以来中国逐渐呈现出与东亚发展型国家类似的特征：用经济建设取代阶级斗争作为全党和全国的最高优先性。中国共产党在中国政治生活中的核心地位，使得这一追求得以长期坚持；作为中央与地方政府关系持续调适的结果，在地方

---

① McNally, C. A. "China's capitalist transition: the making of a new variety of capitalism", *Comparative social research*, 24, 2007, pp.177–203.

层面上逐渐形成了具有高度自主性（相对于中央政府）和创造性的地方政府；党治国家体系使得党能做到"总揽全局，协调各方"，继而发挥一个导航型机构的功能；从东亚，尤其是日本引入产业政策，起初是作为推动计划经济向市场经济渐进式转变的重要方式，之后则更多作为促进产业政策结构优化升级，以便实现追赶式发展的战略选择；形成于革命战争时期的党治国家体系，赋予了党和政府高度的自主性。不只有效地吸纳了现代化过程中所释放出来的社会力量，还依据它服务于国家战略目标的能力来调适其与国家的关系，据此形成了一个选择性的国家与社会格局；中国也形成了一套抑制政府主导经济潜在负面后果的途径。

在中央与地方政府关系的基本格局保持不变的情况下，通过财政分权和政治集权，地方政府被置于竞争性的情景中，它们要参与到对流动性资源的竞争中。竞争抑制了地方政府掠夺和庇护等样式的发挥和维系。然而处在更为落后的位置上，中国需要采取比东亚更为激进的发展战略，才有可能实现经济追赶。因为越早步入现代化进程，越是容易摘到"挂得比较低的果实"。发展节点越往后，"果实"就挂得越高，越难以采摘。因此，中国特色是由于中国发展战略的升级或者东亚模式"中国化"的产物。

再次，关于中国政治经济的第三种观点，认为中国道路代表的是一种新型的政治经济样式。在所有其他样本的市场经济体系中，国家与市场是一个二元的存在，它们奉行不同的原则和逻辑。政治经济样式的差异，只是国家与市场不同比例混合的结果，但政府的介入并没有改变市场运作的逻辑。中国对于市场的理解显著不同于西方的自由市场经济，后者往往将市场的作用上升到价值层面。市场不只是组织经济活动的一种方式，还是个人实现经济自由，进而保障政治自由的基础。而中国人更多是在工具层面上来理解市场的，它的作用始终是依据经济效率来定义的。

在论证可以将计划经济与市场调节有机结合的过程中，邓小平在1992年的一段话得到广泛引用："计划多一点还是市场多一点，不是社会主义与资本主义的本质区别。计划经济不等于社会主义，资本主义也有计划；市场经济不等于资本主义，社会主义也有市场。计划和市场都是经济手段。"①1991年撒切尔夫人访华时对社会主义市场经济的提法有所疑问，我国中央领导人回答："社会主义市场经济就是社会主义条件下的市场经济，我们把计划和市场看作工具，什么有利于发展，我们就用哪种体制机制。"②在工具或实用意义上的市场经济体制中，国家与市场的关系，显著不同于建立在价值意义上的市场体制。倪志伟（Victor Nee）将之称为政治化的市场经济。它以政治和经济市场的广泛重合以及缺乏明确定义的国家和企业边界为特征。③郑永年将前者称为"国家中的市场"（market in state），而将后者称为"市场中的国家"（state in market）。

在中国政治经济体系中，国家（政治）原则先于市场（经济）原则。国家经常违背市场所设定的规则和边界，用政治的逻辑来替代经济逻辑，因此中国是市场经济谱系中的新成员。④在西方的各种政治经济体系中，国家被看作可以从经济中分离出来的。在这类体系中，关键的问题是国家如何将自己与经济关联起来，它们形成了不同的制度和机制来使国家能够做到这一点。国家与市场的边界是明确的，国家对市场的介入必须遵从市场原则。与之相反，在中国，国家和经济被看作不可分离的，国家是国民经济中重要的，甚至是最为重要的行为者。为社会提供物质产品（material goods）是国家职责的一个方面。为了履行这一职责，国家不只是必须组织自己的经济活动，而且也要组织市场体系（如为产品寻找卖家），以便将国家的经济产出最大化。⑤

最后，关于中国道路的第四种观点，认为中国政治经济是发展和转型范式的混合。比如，按照一些学者的说法，中国是一个有着下列三个特征的21世纪东亚模式的变种：第一，中国的现代化不是为任何意识形态教条或者原则所驱

---

① 谢鲁江：《计划和市场都是经济手段》，《科学社会主义》1992年第3期。

② 彭森：《中国改革开放40年的回顾与总结》，中国经济体制改革研究会编：《见证重大改革决策——改革亲历者口述历史》，社会科学文献出版社，2018年，第8页。

③ Victor Nee & Sonja Opper, "On politicized capitalism", in *Nee Victor & Swedberg, Richard, On capitalism*, Stanford University Press, 2007, p.94.

④ Yongnian Zheng and Yanjie Huang, *Market in State: The Political Economy of Domination in China*, p.23.

⑤ Yongnian Zheng and Yanjie Huang, *Market in State: The Political Economy of Domination in China*, p.113.

动的,而是为实用主义所驱动的。采取了一种实用主义的和试验主义的方法,改革是片段式和渐进的,在选定的部门和地区实施,从较为容易和较少争议的议题开始。第二,中国的现代化由一个强大和亲发展的政府来领导,它有能力形塑民族共识,确保全面的政治和宏观经济稳定,在这种稳定的环境中追求广泛的改革。强调经济增长是至上的国家目标,政治稳定是现代化的前提条件,中国的发展官僚有能力执行战略计划,免于在西式民主体制中由于政党更迭所带来的不稳定。第三,中国朝向现代化的方法涉及对于西方模式的选择性学习。让中国模式特殊的地方在于,中国共产党维护自己的政策空间来决定什么时候、什么地方、如何来学习西方。作为其结果,在强调市场、企业家、全球化和国际贸易的作用时,它拒绝或者修正了将极大地减少政府作用的一面。[1]

（二）中国政治经济的内外部挑战

改革开放以来,中国经济整体实现了较快增长,但并非没有波动的持续增长。根据国家统计局的年度公报,2010年中国国内生产总值增速达到了高位,当年实现10.6%的增速,比2009年的增速提高了近两个百分点,但之后持续下降,2011年增速为9.6%,2012年为7.9%,2013年为7.8%,2014年为7.3%,2015年为6.9%,2016年为6.7%,2017年为6.8%,2018年为6.6%,2019年为6.1%。在十年的时间里（2010—2019年）,中国经济增速下滑了约40%。多数经济学家相信,这种趋势不可逆转,而是未来一段时间中国经济的常态。"（未来）中国经济增长速度还会有所下移,特别是中速增长的平台会有所下移的。中速增长的平台也就是5%~6%之间,也可能是5%左右。中国中速增长平台形成以后,根据国际经验应该能够持续10年,乃至更长的时间。"[2]

2013年12月在中央经济工作会议上,习近平总书记首次提出了新常态的说法,要求我们"理性对待高速增长转向中高速增长的新常态"。"新常态"是后发追赶型经济体发展进程中的特有现象。日本曾创造出23年（1951—1973年）

---

① Suisheng Zhao, "The China Model: can it replace the western model of modernization?", *Journal of Contemporary China*, Vol.19, No.65, 2010, pp.419–436.

② 刘世锦:《中国经济处在增速换挡的触底期,防化重大风险,推动高质量发展》,http://www.sohu.com/a/219432042_465518,2018年1月28日。

年均增长 9.3% 的记录。但 1974—1991 年间年均增长下滑到 3.7%。韩国在 1961—1996 年间实现了年均 8.8% 的增长,经过亚洲金融危机的冲击以及 1999—2000 年的恢复,到 2001 年后进入中速增长阶段,2001—2010 年均增速 5%。[①]在这一时期,出口导向的发展经济体所面临的问题是:一方面它没有办法在资本和技术密集型产业中同发达国家竞争;另一方面,随着更多的后发展者进入,又没有办法在劳动密集型产业中保持自己的竞争优势。

　　对中国经济进入新常态的理由有所不同,但与曾经用来解释东亚增速下滑的因素并无多大区别:劳动力成本的上升、环境承载能力的下降、老龄化社会的到来等,其中一个主要的论点是将其与中国当下的人口结构变化关联起来。在改革的头三十年,即 1980—2010 年间,劳动年龄人口(15~59 岁)每年增长 1.8%,而依赖性人口每年以 0.2% 的速度下降。到 2010 年中国的劳动年龄人口达到峰值,之后出现负增长。从 2012 年开始,中国劳动年龄人口每年减少大概 200 万人。[②]在人口结构发生变化的同时,中国的劳动力成本明显提高。2008—2013 年间我国劳动生产率增长了 51.4%。非私营部门的月均工资从 2002 年的 125 美元增加到 2008 年的 351 美元,在 2013 年达到 692 美元。私人部门的平均工资从 2008 年的 205 美元增加到 2013 年的 440 美元。因而,从 2008—2013 年间,非私营部门和私营部门的工资增长率分别增长了 198.2% 和 214.6%。[③]工资的增长比率明显高出劳动生产率的增长。尽管数据略有差异,但结论是共同的:中国已经出现了"刘易斯拐点",中国未来的增长需从依赖人口红利转向改革红利。[④]然而当东亚发展型国家在步入经济"新常态"的时候,它们均已经跻身于高收入经济体,中国却在更早的阶段处在这一区间,面临着"未富先老"的局面。对比数据表明,美、日、韩老年人口比重等同于国内 2019 年末数据(即 65 岁以上老人占人口比重达 12.6%)时,人均国内生产总值均在 2.4 万美元以上,而

　　① 任泽平《中国L型经济的三种可能:台湾模式、日韩模式和拉美模式》,华尔街见闻,2016 年 1 月 25 日。https://wallstreetcn.com/articles/229191。

　　② 刘世锦:《中国经济触底了吗》,《财经》2018 年 2 月 11 日。

　　③ Luiz Fernando de Paula and Elias Labbour, "The Chinese Catching-Up: A Developmentalist Approach", *Journal of Economics Issues*, Vol. LIV, No.3, 2020, pp.855-875.

　　④ 蔡昉、林毅夫等:《改革开放 40 年与中国经济发展》,《经济学动态》2018 年第 8 期。

我国仅有1万美元。[1]

在内部遭遇重要挑战的同时,从2016年以来,中国开始面临日益严峻的外部挑战。当年中国迎来了一个重要的节点,即世贸组织为新成员设定的15年过渡期结束。美国商务部之后发布《中国非市场经济地位报告》,报告对中国政治经济体制做出了多方面的错误解读。

依据制度的外观或者政治经济的某个要件(国有企业)来判定中国是否市场经济体制,这种做法无异于刻舟求剑。正如罗德里克强调的那样:"市场经济的制度基础并非独一无二的。形式上,市场与需要用来维系它的非市场制度间并没有任何单一的对应关系。"[2]

(三)中国道路的政治经济学:从故事到理论

从比较的视野研究中国,既要立足世界看中国,又要置身中国看世界。因此,我们不仅是国际理论的消费者、应用者,而且也需要成为理论的创造者,让中国的现代化成为丰富、矫正乃至改写既有政治经济理论的经验基础,而不只是作为一个要在各种政治经济理论视野下审视的对象。在经典的政治经济著作《政治与市场》中,林德布洛姆(Charles Lindblom)费心地定义了我们经常用来讨论经济体制的概念,其中最为重要的是市场经济与资本主义,这些概念经常被混淆。"几个世纪以来,市场与私人企业携手并进,其结果之一是,无论斯密还是马克思都未能设法分清它们的关系。在我们的时代,我们能够做到这一点。市场制度,并不总是私人企业制度。"[3]他鼓励我们区分所有权体制(systems of ownership)(通常是国有对私人的)和设计用来组织在任何经济体制中做出大量决定的权威体制(authority system)(计划对市场)。

所有权涉及一系列重要的权利束,包括对所有物的收益、使用、转让和处分的权利。而计划或者市场权威系统涵盖了大量的经济活动:生产什么,生产多

---

[1] 温潇潇:《生育率不升反降,人们为何不愿生孩子》,澎湃网,2020-12-30,https://www.thepaper.cn/newsDetail_forward_10580612.

[2] Rodrik, Dani, "Institutions for High-Quality Growth: What they are and how to acquire them", *Studies in Comparative International Development*, Vol.35, No.3, 2000, pp.3-31.

[3] [美]林德布鲁姆:《政治与市场:世界的政治—经济制度》,王逸舟译,上海三联书店,1997年,第133页。

少;谁来生产;在生产中要用到哪些要素;谁来消费,消费多少;谁来决定投资、储蓄和消费的恰当分配等。计划与市场经济的区分是在后一个层面上展开的:计划经济指的是将经济活动的决定权交由一个集中化的权威来做出,这个权威要拥有完备的信息,并能够按照共同利益来行事。如前所述,它不同于通过制定指示性计划来引导经济活动的体制,后者通常被称作计划理性国家。在计划经济中,计划是命令式的,是行为者必须遵守的规则,而不是可以回避或选择的规定。市场经济指的是这些经济活动的决定权交由分散的经济行为者来做出。

按照这两个维度,逻辑上会形成四种可能的组合关系:国有产权+计划经济、国有产权+市场经济、私人产权+计划经济、私有产权+市场经济。社会主义国家在推行计划经济的过程中,都消除了私人产权,因为建立在私人产权基础上的自主性会成为对抗国家经济命令的基础。国有产权和计划经济、私人产权和市场经济,是常见的组合。这里需要考虑的是余下的一种类型,即国有产权和市场经济的结合可能性。事实上这的确是我国在起草十四届三中全会文件(《中共中央关于建立社会主义市场经济体制若干问题的决定》)时遇到一个重大问题:"公有制、国有经济与市场经济能不能结合,怎样结合? 在公有制、国有经济的框架内,如果能找到其与市场经济对接的新的实现形式,培育出千万个独立的市场主体,那么我们就可以顺利实现社会主义市场经济的改革目标。如果找不到公有制与市场机制的结合点,要么为了坚持公有制、国有经济,只得退回到计划体制;要么为了坚持利用市场机制,提高资源配置效率,就得私有化。"[1]

按照林德布洛姆的概念,改革开放以来中国的经济转型应该出现在两个维度上:一是产权转型,即产权逐渐明晰的过程,[2]但它并非西方意义上的私有化,因此中国的产权形式,与改革前相比,有着更大的相似性;二是市场转型,即经济体制由计划转向市场的过程,在这一过程中,经济活动的决定权日益由国家

---

　　① 陈清泰:《亲历国有企业改革的实践与决策过程》,中国经济体制改革研究会编:《见证重大改革决策——改革亲历者口述历史》,社会科学文献出版社,2018年。

　　② 周其仁:《一部未完成的产权改革史》,爱思想网,2009年1月22日,http://www.aisixiang.com/data/24459-2.html。

转向市场,由官员转向企业。与产权转型相比,中国的市场转型更为显著。比如,我们在保持农地集体产权的基础上,将农业活动的决定权交由单个农户。

既有的政治经济研究过分关注产权改革(这部分是因为它是最容易观察到的变量),而忽视或者低估了另一个过程。中国没有将所有制改革看作是市场转型的全部,而是走上了一条与东欧和苏联等社会主义国家迥然不同的转型道路。双轨制改革(grow out of plan)、增量改革(经济中的非国有部门的快速发展)、国有企业的抓大与放小等使得在改革开放四十多年后的今天,中国仍然存在一个实质性的国有经济部门,但不能据此否定中国不是市场经济体制。这一是由于不能将国家所有等同于国家控制,因为处在市场经济中的国有经济部门获得了更大程度的自主性,这是通过确立企业法人制度来实现的。根据亲历者的回忆:产权问题不解决,国有企业虽有法人的名义却无真正独立法人地位之实,难以实现自主经营、自负盈亏、自我发展、自我约束,难以摆脱作为国家行政机构附属物的处境,而国家也难以摆脱为企业承担"无限责任"的境地。因此我们提出,企业法人制度的实质,是确认企业拥有独立的法人财产所有权,并据此享有民事权利,承担民事责任,从而使企业真正具备自负盈亏的能力。要确立法人所有权,就要理顺产权关系,将终极所有权(即国家所有权、股权)与法人所有权相分离。但对于法人所有权与国家所有权之间的概念有所争议,因此,起草组将法人所有权改为"法人财产权"。[①]

作为其结果,虽然政府与国企之间的产权纽带得以维系,但原先分散到各个职能部门的国企管理职能被集中到国资委手中,混合所有制改革以及公司化改造都限制了政府对于国企内部事务的介入。在这一过程中,国企获得了更大的自主性,能够更加自主地回应外部情景,而不再只是按照政府的命令来运行,尽管国企所处的环境,相比于其他形式的企业(外资和民营)仍有较大的不同。

此外,不能将国有和民营看作是争夺地盘,彼此冲突的关系。比如,中国在信息产业的发展过程中,信息产业中的基础部分,如基础运营商(中国联通、电

[①] 陈清泰:《亲历国有企业改革的实践与决策过程》,中国经济体制改革研究会编:《见证重大改革决策——改革亲历者口述历史》,社会科学文献出版社,2018年。

信和移动）均属于大型国有企业。这些企业在经营的时候较少考虑成本，这部分解释了它们愿意或者能够在贫困地区开通网络，超前建设基础设施。但信息产业的下游部分，如网络公司、游戏制造商、软件开发公司则基本是由私人公司来主导的。这些公司对于市场需求更加敏感。基础运营商直接影响这些下游私人公司运作的成本，为他们开辟了一个更为广泛的市场。另外，不能将国有经济部门看作垄断。一方面，即便是在国有经济仍然占据主导的部门中，企业的内部决策也都下放给了企业自主决定，并通过分割的办法创造出与之竞争的同行业企业。这有些类似于中国在不改变地方政府政治属性的情况下，通过行政分权来使地方政府处在竞争的情景中一样，也类似于东亚发展型国家通常将某一战略产业赋予一家以上的财阀企业一样。另一方面，中国尝试通过引入多元的产权主体（混合所有制改革）来限制和规范政府对其的干预方式。正是在这一意义上，我们才能正确理解习近平关于中国经济体制的表述："我们必须毫不动摇巩固和发展公有制经济，毫不动摇鼓励、支持、引导非公有制经济发展，充分发挥市场在资源配中的决定性作用，更好发挥政府作用，激发市场主体活力。"[①]

从东亚发展型国家的角度看，中国政治经济最大的不足在于，中国的政商关系更少是平等和制度化的，难以成为解决"发展型国家内生性问题"的基础，这可能使得在那些需要私人经济部门积极配合的领域内，公共政策将出现较大的问题。而在那些只需要公共部门（包括其可以直接支配的国有企业部门）单独行动就能够取得结果的活动中，政策的效力就更为有效。

---

① 习近平：《在庆祝改革开放40周年大会上的讲话》，新华网，2018年12月18日，http://www.xinhuanet.com/2018-12/18/c_1123872025.htm.

结论与讨论

一、后发展的政治基础：主要发现与研究特色

（一）意愿、能力与政策：发展型国家的要件

发展型国家理论是建立在东亚新型工业化经济体，尤其是日本、韩国等地经验基础上的，关于后发国家如何实现经济跨越式发展的一组关于政府的经济理念、制度和政策的经验概括与总结。在学者们的论述中，发展型国家的要件包括政治精英受到了强烈的发展经济的激励，因而将经济发展置于国家的最高优先位置（发展意愿）；国家具备推动经济朝向其所设定的目标和方向发展的能力（发展能力），国家发现并践行了有助于推动经济实现追赶式发展的方法和策略（选择性的产业政策）。

尽管发展型国家的上述要件与东亚经济奇迹之间的关联性无法得到严格检验，但"某种形式的国家，在某种条件下通过某种方式能够实现更快的增长"，却几乎成为一个共识。学者们对"某种形式的国家""某种条件下""通过某种方式"中的"某"有着不同的认识。如果试着填空的话，可能最能得到认可的答案是"具有凝聚性和自主性的国家，在经济追赶条件下通过选择性和市场导向的产业政策能够实现更快的增长"。

发展型体制可以追溯到东亚的现代国家建构过程中。当时国家建构者所考虑的问题并不是如何限制国家、防范权力滥用，而是如何增强和保有国家权力，以便有效地应对外部威胁。在东亚国家的宪法时刻，一方面他们不得不接受一个强加过来的民主装置，另一方面他们又不甘心这些新创制出来的制度成为权力的中心。按照这种方式搭建起来的东亚政体，存在一个过分活跃的官僚体制，可以在很大程度上免受政治的干预来自主制定和执行经济政策。这种政治—行政设置建立在东亚国家—社会关系基础上，并进一步形塑了这种关系：

一方面，政体的行政而非政治装置发挥了显著的联结社会的功能；另一方面，国家依据社会群体服务其战略目标的能力建立起选择性的国家—社会关系。这种与民主理想相差甚远的制度安排，在东亚，却成为孕育和推动国家呈现出发展主义的必要条件，是东亚实现"后发展的政治基础"。

在东亚，精英的发展意愿植根于我们所谓的现代威权体制。区别于传统威权，现代威权不能建立在传统合法性基础上。思想启蒙和初期的民主化尝试（尽管通常会遭遇失败）已经破坏了传统合法性的来源（如君权神授等）。区别于民主体制，现代威权又没有为政权提供程序的合法性，它们只能利用有限的意识形态话语（如民族主义），并通过强调外部威胁，或者处在后发展位置上，需要通过集中资源实现追赶式发展来论证这种制度安排的合理性。在这样的情形下，威权领袖必须表现出相比于传统威权者和现代民主国家的领导人更为卓越的推动现代化，尤其是经济发展和维护国家与民族安全的能力，以此来证明其执政的正当性。

后发国家需要做出何种努力才能摆脱欠发达状态？一个普遍的现象是，后发国家多数没有沿袭发达国家的"自由放任资本主义"道路，而是借助国家更为积极和活跃的角色来压缩工业化的进程，力图在尽可能短的时间内实现对发达国家的经济追赶。但很显然，多数跨越式发展的尝试被证明是失败的，其原因在于，绝大多数的后发国家不具备"领导"发展所需的品质。与之相比，东亚政权表现出超凡的主导经济的能力。用来设计和执行产业政策的国家机构，尤其是日本的通产省和韩国的经济企划院，享有内聚性，得到社会的广泛尊重，实现了相对于既得利益的高度自主，有能力协调不同产业行政机构间的政策。此外，用来促进政策目标实现的恰当工具，以及抑制企业家道德风险的制度安排都有助于降低发生政府失灵的风险。能够做到这一点的体制，一方面将享受到更为积极和精准的干预所带来的好处，另一方面又能将与之伴随的不良后果限制在可以接受的限度内，这是东亚取得更为优越表现的秘诀所在。

政社关系也为产业政策的顺利运行提供了制度基础。官僚体制在执行产业政策的过程中，通过附属于官僚组织的审议会来赢得经济精英的配合。这种原本应由政治装置来完成的功能，在东亚由行政装置来履行。绕开政治的"中介",在行政过程中实现了政商关联的方式被称作"行政吸纳政治"。相比于通过政治渠道实现的政社关联(所谓的政治整合),行政吸纳实现的政社关联,国家方面更加具有灵活性,它能够根据战略目标的需求挑选需要吸纳的群体。行政吸纳的方式也更加隐秘,可以不将社会力量整块整合,而是选择社会群体的某些部分作为合作伙伴,赋予其特权性地进入国家的通道。群体的参与也甚少对国家自主性构成挑战。绕开了政治的中介,社会力量的表达链条更短,也能够容纳更为特殊性的需求,这就意味着与官僚结成合作关系,从生产者的角度看,将更加有利可图。

(二)研究特色与创新

在发展型国家概念下进行写作的研究者普遍有三个基本特征。一是发展型国家理论是在对东亚经济表现进行竞争性解读过程中脱颖而出的。出于同"亲市场"观点竞争的需要,发展型国家理论具有明显的亲政府或国家中心主义色彩,它将国家的某些属性和政策看作是推动这一地区实现经济奇迹的关键,所以它将更多笔墨放在国家作用更为显著的经济领域和部门中,从而可能使读者忽视了产业政策的选择性特征。

二是从宽泛意义上看,发展型国家理论是制度主义分析的成果。和所有的制度主义理论一样,发展型国家理论倾向于突出制度的作用,矮化行为者的重要性,因为在制度主义的分析框架中,行为者受到制度的激励或者约束,制度形塑了行为者的偏好。行为者行动的合理性必须从制度设计中找到相应的依据,换言之,任何建立起类似制度安排的共同体,都将推动身处其中的行为者按照预设的轨道运作。然而东亚的威权领袖并非只是制度的适应者,还在显著意义上充作制度的创建者。他们所发挥的作用和具有的自主性显然超出了制度—行为者框架所暗示的幅度。在东亚既有的制度框架内,发展并不必然是威权领袖唯一的选项。

三是在东亚不同经济体内部,也存在实质性的差异,尽管它们经常被并列起来,共同作为东亚模式的经验基础。对于东亚经验的总结要上升到理论层面,才能发现这些经济体间有着足够多的相似点。

相比于既有文献,本书对于东亚发展型国家的研究,有三个方面的特色:一是研究体现出更为浓厚的政治学色彩。我们不只是对既有文献的重复和综合，没有满足于描述发展型国家的构成要件，而且倾向于从国家建构的角度来探讨其生成的原因。在我们看来，创造性的行政、紧密的政商关系、压制性的劳工体制等均植根于东亚的现代国家建构过程。二是本书体现出跨学科研究的特色。和大多数成功的现代化样本一样，东亚的现代化带来了波澜壮阔的改变，由于其将工业化进程压缩在一个非常短的时间内，这样的变化更加剧烈：经济的快速发展、阶级阶层的分化重组、威权体制及其民主转型，等等。对于这些现象的分析很难在一个相互割裂的状态中得到充分解释，最好的办法是将它们关联起来，从历史大视野的角度进行分析，但这也意味着我们需要多学科的知识。本书将国家视为将这些不同的现代化面向串联起来的关键，因为国家主导的现代化样式，使得现代化的每一个"剧目"都留下了国家的印记。三是"比较"是贯穿于本书始终的一个研究思路，不仅有日本与其他东亚新型工业化经济体的比较，有东亚与拉美、中国的比较，有历史和现实的比较，而且还有东亚与发达国家的比较。尽管只是微比较，但还是让我们必须应对更为复杂和棘手的问题，对研究者的知识储备也提出了更高要求。然而这样做是值得的，它使我们能够在比较中更为准确地刻画和理解东亚政治经济的特性。相比于那些更为简约的、通过演绎方式形成的理论模型，本书的研究路线更适合理解发展道路的多样性。

　　本书也尝试通过制度主义来改造发展型国家理论，使得它适合用于分析其他样本。发展型国家的各个构成要件是建立在一套特有的制度设置基础上的，而同样的制度功能可以通过不同的制度形式来实现。我们对中国发展型体制的研究表明，创造性的行政，既可以建立在"弱政治—强行政"基础上。换言之，政治装置没能发挥在民主政体中它原本应该扮演的主导行政的功能，从而使得行政具备了相对于政治装置不同寻常的自主性。同时也可以建立在中央对地方政府"结果管理"的基础上，中央将辖区内的几乎所有事务都打包委托给地方政府；对于国家主导经济潜在负面后果的防范，既可以通过韦伯式的官僚特征（对于组织使命的认同，以及由此形成的高度的内聚性）来实现，也可以通过地方政府之间的竞争来实现；选择性的国家—社会关系，既可以建立在威权体制基础上,也可以建立在党治国家基础上。这些尝试有助于我们正确地应用发展型国家理论,不至于让其成为一个学术标签,随意粘贴到任何一个取得了经济高速增长的经济体上。此外,通过引入发展型国家的视角,本书有助于矫正和平衡既有的关于中国道路的转型研究,有助于从发展角度深化对中国市场经济"特色"的理解。这种特色建立在对于市场机制的工具性理解基础上,也建立在对于国家作用和价值更为正面的肯定和评价基础上。

二、发展型国家的理论意义与经验启示

(一)从案例到知识:东亚发展型国家的理论意义

要评价一种理论的价值,需要回溯到理论生成的情景中。对于东亚的研究,起始于东亚新型工业化经济体相比于多数发展中经济体取得了更好的经济表现。围绕这一议题形成了两种竞争性的解释范式,一方面,对于东亚的经济表现,自由主义政治经济学派欢欣鼓舞,东亚奇迹被当作自由市场在后发展经济体中同样适用的证据。因此,自由市场经济模式,以及建立在此基础上的国家—市场关系具有普遍的适用性,不仅适用于发达国家,也适用于后发展国家;不仅适用于经济成熟阶段,也适用于经济追赶阶段。另一方面,随着发展型国家研究的深入,国家的属性和能力被接受为推动东亚实现超常发展的重要因素。一旦这种解读成立,东亚现代化对于建立在西方发达国家经验基础上的理论体系,尤其是国家—市场关系理论和发展理论,就具有重要意义。

建立在发达国家经验基础上的国家—市场关系理论都反对国家在经济中发挥超常作用。这种理念植根于历史悠久的自由主义传统,并在公共选择理论的滋养下进一步繁荣,它还成为20世纪70年代西方推行新自由主义改革的理论基础。在众多的发展中国家,政府主导经济的负面后果也间接地为这种主张提供了佐证。计划经济体,曾经被看作是对市场经济的一种可行甚至更为优越的替代,它试图凭借人的理性和经济计划来实现更为快速的增长。计划经济体所取得的骄人成就曾经一度令市场至上主义者感到恐慌,但苏联式计划经济体在经济上逐渐陷入衰退。为了摆脱这一局面,苏联和东欧开始激进的转型,并在经济转型的过程中或者之前实现了政治上的转型,到了80年代福山已经在自

豪地宣称"历史的终结"。在理论家们看来，那些曾经帮助西方实现了繁荣的药方，在今天仍适用于处在发展泥沼中的不发达国家。发展中国家要想取得和发达国家一样的成就，就必须全心全意地通过自由市场来组织经济活动，将政府对经济活动的介入限制在弥补市场失灵的范围内，任何尝试实质性改变这一点的发展中经济体都将陷入困境。

在自由主义政治经济如日中天的时候，一个自称是非主流的政治经济流派出现并逐渐壮大。它起源于李斯特、格申克龙对欧洲后发国家的分析，并在约翰逊等人对于日本、韩国的研究中壮大，在对中国改革开放以来经济表现的解读中繁荣。推动这一理论出现并日益流行的因素有四个方面：一是为了将非西方样本纳入研究范畴，在"将国家带回来"的浪潮中，国家的作用得到更大程度的强调。二是随着发展经济学的兴起，人们日益意识到后发国家不同于处在发展早期的发达国家。处在后发展情景中的国家，如果简单地模仿西方的政治经济体系，无异于"刻舟求剑"。后发者需要一种不同的经济战略，以便尽可能利用"后发优势"，继而实现追赶式发展。三是从历史角度对发达国家现代化历程的研究表明，这些国家现在所采取的以自由市场经济为特征的政治经济体系，是在其经济变得发达之后所采取的。在这些经济体处在追赶阶段的时候，政府也大量运用了更为激进的干预措施。政府在"自由市场经济"中的作用并不是所谓的守夜人，后者更多是经济理念的产物，而非对历史事实的客观总结。四是发展中国家对于西方的学习并不像理论家所展望的那般美好，拉美依附式现代化道路的后果进一步强化了对西方经验普适性的怀疑。它们共同作用的结果是，在自由主义政治经济之外，形成了一个可以称为国家主义的政治经济流派。

尽管如此，在东亚之前，国家主义政治经济理论缺乏可靠的经验基础。东亚范本的出现证实了国家领导发展的可行性，挑战了自由主义主导的国家与市场关系。由于将经济发展作为核心使命，东亚的国家与市场关系，显著不同于自由市场经济。和任何其他的市场经济一样，东亚政府也在介入市场，但弥补市场失灵并不是政府介入的唯一理由，甚至不是最为重要的理由，发展才是政府介入经济活动的最重要动机。

为了实现发展目标,政府尝试改变单靠市场机制发挥作用会产生的结果:它识别出有前景的战略产业和部门,通过各种产业政策工具诱导企业进入。它通过设定企业的进入标准(只有达到一定规模和技术的企业才能进入到战略经济部门)来塑造市场结构,以便最大限度地确保规模经济,进而增强产业的国际竞争力。这些功能,在"正统"的新古典理论中,原本应由市场机制来实现,因为它判定,政府缺乏这样做的信息、能力与意愿。另一方面,在积极塑造企业所处的外部情景时,东亚政府却没有如计划经济体那样,将政府触角深入企业内部,从而使企业的产供销、人财物完全听命于政府计划。政府的发展意图,体现在它所精心编排和构建起来的外部情景(市场结构、融资条件、技术的可获得性)中,企业仍具备充分的自主性来决定是否及如何回应这种外部情景。

东亚经验表明,国家与市场关系可以更加多样,自由市场只是市场经济的一种类型。因此,市场和国家可以看作一条连续谱上的两个端点,当今的绝大多数国家,都处在这条连续谱的不同位置,体现为市场机制和国家作用不同比例和形式的混合。尽管如此,国家与市场的边界仍然是清晰的,二者仍然是两种相对独立的调节经济活动的方式。

东亚经验还改写了关于发展的经典命题。自由主义政治经济建立对市场机制的认识(看不见的手)和价值(市场不仅是实现资源分配的一种方式,而且还是实现经济自由,乃至政治自由的基础)评判基础上,也建立在对于国家本质(必要的恶)的理解基础上。依此所建立起来的发展方案强调充分发挥市场在资源配置中的作用,资源的有效配置反过来将激励行为者更多地积累资本,继而最大限度地推动发展。东亚则证明了"国家领导发展"具有可行性。因此,关于发展的议题,不应当排除国家领导发展的路径。

对于国家领导发展,讨论的重点不应该是"国家是否会失败"或"它为什么会失败",而是在何种条件下它更可能失败,在何种条件下它有可能成功。东亚经验表明,那些趋向失败的发展中经济体,通常要归咎于其国家质量不佳。后发展国家是从经济维度对国家所进行的分类,但这类国家的不发达不限于经济层面。它们在政治层面表现出低度的国家基础能力、高水平的国内冲突、威权或者准威权的政治体制、广泛存在的腐败现象等。这些政治特征决定和形塑了后发展国家的经济制度，它经常表现出明显的汲取性色彩，服务于政治上有权势人物的政治和经济需要。这类体制不能为经济行为者提供可靠的产权保障（这是为权势人物创造经济租金的方式所在），削弱了人们从事生产性活动的激励，进而对整体经济产生了强的抑制作用。经济上的落后反过来又限制了政治的进一步发展。不发达的政治与经济相互强化、循环使得后发展国家长期处于落后状态，没能如新古典增长理论所预测的那样，在经济水平上与发达经济体趋向收敛。

东亚经验对发展方案的启示是：如果发展中国家拥有足够的自主性和能力，能够限制与政府侵占性干预相伴随的潜在负面后果，那么就可以突破新古典经济学对于国家职能的倡导。借助后发优势，选择性地介入到战略性产业和领域中，而如果国家能力羸弱，且不具备足够的自主性。这样的国家，最好维持一个更加"自由"的经济类型。尽管其所得到的结局可能不是最好的（相比于发展型体制），但起码会让这些国家避免最糟糕的结果（沦为寻租或掠夺国家）。

东亚案例在有力证明上述论点的同时，却也始终存在如下误用或者误读的情形。第一种误读是将东亚的成功作为制度决定论的证据。在制度主义分析中，东亚在经济上的超凡表现是搞对了国家与市场关系的结果，而这种关系建立在某种制度安排基础上。制度的设计和运作形塑了政府介入经济的方式方法，导致政府介入经济的结果存在实质性差异。这种论断是学术简化的结果，在理解的时候，不能将制度的重要性无限放大，以至于成为制度决定论者。当谈及特殊的制度安排是导致东亚实现了超凡表现的重要因素时，我们并不是主张，这种制度是导致这一经济表现的唯一因素。我们也不肯定，存在类似制度特征的其他国家一定会出现同样程度的经济表现，而只是尝试证明，在其他条件相同的情况下，拥有这样制度特征的国家，如果践行政府主导模式，其出现正面经济表现的概率要大得多。

第二种误读是将东亚的成功看作国家干预战胜市场力量的论据。国家干预与市场力量不是简单对立的。在东亚，国家作为一个积极的角色参与到市场过程中，但它并没有对整体经济造成扭曲，它将自己的进取作用集中在少数几个被选定出来的产业中；它们也没有直接介入企业的内部运作，而是通过改变企业决策的成本收益结构来诱使其朝向政府所设定的方向发展。

东亚也时常被用来作为"威权有利于发展"或者"在经济追赶阶段,威权优于民主"等命题的论据。本书的研究表明,首先,并非所有形式的威权都有利于发展,只有一个现代化导向的威权体制才有可能将威权(抑制再分配的要求、相对于社会的高度自主性)转化为推动经济实现跨越式发展的优势。其次,现代威权体制对于国家发展主义的推动还需要建立在强的国家能力基础上,换言之,威权—弱国家并不能成为发展型国家,这就是拉美未能成为发展型国家的关键,尽管它是官僚威权体制的原型。发展型国家的特征,包括国家自主性和强的基础性权力,描述的不是一个国家的政体属性,而是一个国家的能力特征。东亚的成功最好看作是对国家主义效用的论据。

东亚经验表明,与更加自由的市场经济体制或者更加不自由的计划经济体制相比,发展型体制更容易"结晶":它在缺乏对立团体竞争的情况下,允许产业利益单方面组织起来,并构建起一个不受公众和政治监督的"隐秘"的制度化政商联盟,并几乎要完全依赖于官僚的职业伦理来保证这种体制的"发展型"。这样的制度安排以及由发展型体制所创造或者伴生的政治经济力量(如财阀)既是让东亚在战后脱颖而出的"有功之臣",也是在面临转型的时候将它们拖入失效(发展型国家的核心要件依然存在,但由于外部环境的变化不再能取得高速增长,同时,既得利益抵制着拆解发展型体制的任何努力)、危机(新自由改革被用来迎合而不是遏制财阀的利益并最终导致人类历史上损失最为惨重的一次金融危机)和被动转型(陷入转型不能的境地,只能在借助国际货币基金组织等外部力量的情况下,通过政体变革来拆除发展型体制)的根源。[①]这提醒我们在欣赏和赞美发展型国家的同时,也要高度警惕包括发展型国家在内的政府主导经济体制的潜在危害。

(二)"淮南为橘,淮北为枳":学习发展型国家的"正确方式"

20世纪70年代以来,当东亚新型工业化经济体崭露峥嵘,并显示出持续增长的潜力后,东亚就成了世界瞩目的焦点,它被普遍誉为后发展的典范。学者

---

① 张振华:《全球化、金融危机与韩国发展型国家的解体》,《当代世界与社会主义》2017年第5期。

们投入大量精力来探讨东亚能够从众多平平无奇的后发国家中脱颖而出的秘诀，并希望它们具有广泛的适用性，能够给那些仍处在欠发达状态的经济体带来繁荣。与此同时，那些渴望实现超常发展的民族主义领袖，纷纷将发展的参照转向东亚。1981年马来西亚提出了"向东方学习"（Look East）。马哈蒂尔宣称经济增长与民主之间存在权衡取舍，效仿韩国70年代早期的重化工业战略来设计政府对经济活动的干预方式。然而这些尝试经常归于失败。马来西亚在学习东亚过程中的遭遇并不罕见，多数国家对东亚的学习只是取得有限的成功。这导致人们质疑，东亚经验究竟在多大程度上可以为其他国家学习和借鉴。尽管如此，东亚内部及其他地方并不乏学习的楷模。学习者迥异的结果对研究者提出了这样的问题：应该从东亚那里学习什么，如何学习，学习的前提是什么？

首先，对东亚的学习，应该更加注重制度。晚清时期，当中华帝国遭遇到西方文明的挑战时，帝国的知识精英们认真地讨论这样一个问题，能否只要西方的火车，不要西方的基督教。换言之，能否在不进行彻底制度变革的情况下，将西方的技术创新和文明引到帝制中。类似的问题也适用于那些希望学习东亚经验的发展中国家。对于东亚经验，需要学习的是其推动经济增长的方式方法，还是有助于这套方法设计出来并得以有效贯彻的制度。如果是前者的话，需要回答这样的问题：这套推动经济增长的方式方法与孕育其出现的政治制度间是何种关系？在其他的制度情景中，这套方法是否还能够发挥类似的作用。如果是后者的话，需要回答的问题是，这套制度可否通过模仿和学习移植到其他情景中。

发展型国家研究的经济和政治路线对这一问题给出了不同的回答，这种差异源自它们对发展型体制不同构成要件的重要性认识。大体来看，发展型国家的经济学派强调采取"对"的发展政策（尤其是产业政策）的重要性，倾向于将产业政策看作是构建东亚政治经济的核心，而政治学派则更多关注东亚政治制度设计的特色，并认为这是推动东亚实现了更快增长的关键。因此，只要有与东亚类似的优质的国家制度，它就可以安心享受到更为精准的政府干预所带来的好处，而避免或缓和与之伴生的不利后果。

作为一名政治学者,在我们看来,对于东亚经验的学习,其重点不应放在那些被证明有助于促进经济发展的政策内容上。因为这些政策已经是一个共享性的知识,随着发展经济学和东亚经验的流行而变得众所周知,任何尝试用自己不知道如何来促进增长的政府是不可信的,除非它是有意为之,或者选择性地忽视。政策是多变的,但制度安排经常表现出更大的持续性。此外,东亚发展型国家的出现,及其取得的经济成就是在特殊的国际政治经济环境下实现的。随着经济全球化和政治民主化的推进,发展型国家取得理想经济表现的难度在加大。今天的发展中国家,如果模仿东亚的政策,还能不能跻身于发达国家行列,这是一个值得讨论的话题。基于此,对于东亚经验的学习,应该更加聚焦于制度。

其次,对于制度的学习,应该有一个本土化过程,而不是简单照搬。此外,要重视制度之间存在的互补性。互补性的存在有助于帮助我们理解,为何那些在其他经济体中被证明是成功的做法,当移植到欠发达经济体中的时候,经常会遭遇失败。由于内生于政治经济系统中的互补性,发展中国家不能从成功发展者那里挑选不同的部件,将它们拼装成一个新的政治经济系统,而忽视与之相匹配的制度。此外,发展型国家是一个只有强国家才能够学习的经验,那些不具备这一制度特征的经济体,最好限制国家对经济过程的干预。

三、不足以及需要进一步研究的议题

(一)理论的不足与研究的不足

弥补发展型国家理论的不足,这是笔者着手研究时为本书设定的目标之一,现在看来,这是一个过于野心勃勃的想法。我们的研究固然有助于弥补因为思维方式所造成的一些不足,也可能通过有意义的分类或者提出一些创造性的概念来丰富发展型国家研究,还通过对中国样本的讨论指出应用发展型国家理论的“正确方式”,但这些并不足以“救赎”发展型国家理论,因为部分的不足是“天生的”,难以通过后天的努力完全弥补。

我们区分两种形式的不足。一种是作为理论视角的不足。这种不足,根植于理论的生产方式。就好比,我们用望远镜能够看得更远,而用显微镜,就看的更细。换言之，当用望远镜的时候，我们的不足是没有办法看得更细。用显微镜的时候，不足是没能看得更远。发展型国家理论是通过归纳方法建立起来的，这种理论生成方式，总是与其经验原型存在千丝万缕的联系，理论的命运也总是与经验原型的表现息息相关。建立在东亚经验上的发展型国家研究，通过列举方式识别出可能有助其实现跨越式工业化的若干制度性特征：领袖的发展意愿、紧密的政商关系、发展导向的产业政策、杰出的官僚。除了这些具有最大公约数的要件外，威权的政治体制、压制性的劳动关系、出口导向的工业化、后发展所带来的优势、有利的国际环境等也时常出现在发展型国家的论述中。发展型国家研究者总是自我怀疑或者遭到他人质疑，他们是否将所有导致东亚实现后发展的因素都囊括其中，或者既有的论述中有没有将一些多余或者无关紧要的因素错误地纳入其中，如后所述，这一不足需要通过对不同发展型样本进行比较来克服。日本、韩国的比较已经能够排除一些要件。

　　另一种不足是由于研究者所处的起点造成的。我们对于绝大多数现象的理解已经不是从实践开始，而是先在理论中发现"画像"，之后再带着这样的"画像"去观察实践，看看它与理论画像是否相符，并借此对理论进行修正、补充、延伸或者创造新理论。这是一种倒装的理论创造或者认识世界的路径。它可能带来的问题是，人们对经验证据进行筛选，将那些符合理论画像的证据捡起，而忽视与理论相左的证据。此外，本书带有绝大多数远距离研究的共有缺陷，由于远离研究对象，我们可能会忽视其中的复杂性或者个体感受，做出过分赞美或者全然批评的判断。研究者已有的知识框架也会成为客观评价的障碍："人们在阅读一个文本或异域文化时都会自觉不自觉地把自己头脑中已有的知识框架与该文本或文化进行比对，并把自己头脑中的框架作为理解该文本或文化的基础。一个人大脑中原有的知识框架越强大，对某文化或异域文化的理解可能就越偏颇。"[1]

　　本书也仍然同绝大多数文献一样，没有能够解决下列问题：一是对于政治制度与经济表现之间的讨论，还没有充分指出将二者关联起来的机制。发展型

---

[1] 赵鼎新：《论机制解释在社会学中的地位及其局限》，《社会学研究》2020年第2期。

国家对于经济增长的作用,在很大程度上建立在直觉和规范表述基础上,难以从经济计量的角度,准确度量这些经济体的增长究竟在多大程度上可以归结于其发展型国家的特征,也甚少谈及关联的机制。比如一种产权制度更有助于经济增长,是因为这种产权制度更有助于投资,而投资是经济增长的一个重要来源吗? 一种劳动合同制度是否有助于经济增长,需要首先找出这一制度是否有利于激励劳动者进行人力资本投资、增加劳动力供给的证据。在我们不考虑这些中间变量的情况下,讨论强国家或者政治制度(如政商关系)对于经济增长的影响时,可能会错过很多东西(更为密切的政商关系是否增加了资本方的产权安全性,激励其进行更多投资,从而实现了更为快速的增长)。

二是本书将发展型国家的起源与现代国家建构关联起来,但这是否找到了发展型国家的"元根源"? 如诺斯所指出的,非正式规范、正式规则及其执行,共同决定了"选择集"及最终的结果。只关注于正式规则本身,只能给我们一个不充分,且常常是误导性的观点。[1]发展型国家理论对于东亚政治经济的剖析主要集中于正式关系和制度层面,但正式层面的制度首先是如何生成的? 制度的设计和制度的运行是否存在值得留意和关注的偏差? 我们尚未对这些问题给予充分的探究。在制度主义研究中,通常认为,正式制度如果能够与非正式规范相契合,就能够降低正式制度运行的成本;反之,正式制度的运作就更加困难,对这些议题的关注会将研究者引入文化分析中。

在某种程度上,理论建构的本质是,它通过放大研究对象的某一方面或者减低其他方面来实现"片面的深刻"。这是理论之所以有解释力或洞察力的关键所在,也是导致其不够全面的原因。发展型国家理论的制度特征使它从解释东亚经济的其他范式中脱颖而出,引导读者注意到其他理论视角没有关注或者尽管有所提及,却倾向于矮化其重要性的因素上来。这是理论具有"识别度"的关键所在,因为只有这样,它的洞见才不能为其他理论视角所包含。但由此导致的问题是,任何专注于单一视角的研究者都将"只见树木不见森林"。对于东

---

① Douglass C. North, *Institutions, institutional change and Economic Performance*, Cambridge University Press, 1990, p.53.

亚案例更为全面的理解还必须结合其他视角的洞见，以此来矫正单一视角必然存在的"偏见"。然而这并不意味着在逻辑上一定要拒斥发展型国家理论，而是让我们体会到理论研究的局限性，更加全面和平衡地评价东亚现代化。

(二)需要进一步讨论的议题

第一，探讨并比较发展型国家建构的多样制度基础。花力气探讨东亚奇迹的根源，固然在于发现既有解释范式的局限性，继而对之进行修正和丰富，但更重要的原因是，人们希望从中发现一种可以为其他国家和地区所学习的方案。出于推广东亚经验的目的，通常会形成如下两种做法：一是将东亚发展型国家拆分成若干项制度要件，比如紧密的政商关系、选择性的产业政策；二是将东亚经验"应用"到其他样本中，即将之作为基准来指导和评价他国的政策。这样做存在如下问题：前一种做法总是让人怀疑，发展型国家研究是否识别出帮助东亚新型工业化经济体从绝大多数后发展经济体中区分开来的全部要素，任何如此夸口的学者都可能面临着过于简化的危险；后一种做法则忽视了不同要件之间的互补性。近年来，随着越来越多的研究者将改革开放以来的中国看作一个发展型国家的新样本，上述问题有所缓解。但总体来看，正如第五章所表明的，对于中国发展型体制的探讨还处在类比阶段，中国样本还没有对发展型国家产生足够的理论价值。

要克服这些问题，需要从发展型国家的定义开始。笔者倡导对发展型国家做最小定义，根据这一定义，发展型国家有三个核心要素：经济增长是国家最为优先的政策目标；国家具备足够的能力和方法来动员、激励乃至强迫市场行为者朝向这一目标发展；存在一套正式或者非正式的制度安排，能够有效约束或者限制国家主导经济的潜在负面后果。除了这些共性之外，下列做法并不影响发展型国家的定位：在坚持经济发展目标的同时，国家将分配作为一个次级意义上的子目标；更加强调增长与环境之间的关系；推动发展目标实现的制度安排和激励措施有所差异或者发生了改变。这样做的好处是能将更多的样本纳入发展型国家研究视野，继而有助于从比较角度来验证发展型国家要件及其功能。如果缺乏某一制度要件(紧密的政商关系)的体制仍然实现了成功的后发展，那就说明，这一制度要件并非不可或缺的。如果所有的条件都相同或者类似,但结果不同,说明研究者可能错过了最为重要的引起增长的条件。如果其他条件都相同,只有一类要件不同,却取得了相同或者相似的结果,我们就能够依据这一要件对发展型国家进行分类。这些工作有助于我们认识发展型国家建构的多样制度基础,进一步丰富发展型国家的理论意义和实践价值。

第二,将研究视角从发展型国家扩展到政治经济。本书研究的重点是国家,着眼于国家的构建过程,分析和比较它的政治—行政关系和国家—社会关系。由于将重点放到国家身上,尽管我们已经观察到,国家显著地影响到企业(尤其是处在政府所划定的战略部门中的企业)的经营策略、企业规模等,它也显著地形塑了银企关系、政企关系、劳资关系等。但总体来说,我们的分析是单向的,没有将市场行为者看作一个独立的研究主体,他们缺乏有意义的自主性,只是在被动地回应国家所提供的激励。正如资本主义多样性研究所发现的那样,很多自由市场经济拥有威斯敏斯特式的政府,而协调市场经济倾向于出现在联合、联盟或者法团主义体制中。如果政体允许包容性的生产者团体拥有结构性的影响力,协调导向的政策将更为可行,而在权力高度集中的政体中,市场激励政策会更加成功。①既然政治经济和政体类型之间存在强关联,我们就应该指望,东亚特殊的政治架构会推动形成一种不同样式的政治经济。

产业政策将组成东亚政治经济的各个要件关联起来,形成一个相互支撑、互为因果的循环。任何一个环节的缺失都可能使政治经济体系出现缺口,继而削弱其竞争力。在韩国,朴正熙本来可以有其他选项来应对韩国恶性的繁荣与衰退循环。他能够让财阀对成本更加敏感,并有风险意识。他能够建立这样一种银行体制,其发放贷款依据的是借款人的现金流而非行政指导,但是他没有,因为重组银行将威胁到整个出口增长机器。如果银行借款依据的是更为客观的企业经营指标,朴正熙就必须强化市场破产风险,这反过来要求大规模的债务重组和裁员。韩国的公司工会体制也是既有政治经济体制的关键一环。工人之所以隐秘地赞同放弃集体行动权,是因为朴正熙承诺工作安全性和稳步的

---

① Peter A. Hall & David Soskice, "An Introduction to Varieties of Capitalism", in Hall and Soskice eds., *Varieties of Capitalism: the institutional foundations of comparative advantage*, Oxford University Press, 2001, p.49.

工资增长，裁员危及这一隐含的阶级谈判。此外，由于国内资源有限，如果要实质性地重组财阀，朴正熙不得不转向外国直接投资。但要让外国投资者愿意向濒临破产的公司和银行注入资源，前提是企业能够相对容易地解雇员工。外国投资者也要求彻底改革韩国的公司治理结构，因为只有当账本干净透明，大股东在法律上负责，子企业之间不透明的交叉持股受到抑制的时候，银行才能够对公司借款人进行审慎的监督。由于进行结构性改革面临着这样的约束，朴正熙只能依赖产业合理化策略来处置施行产业政策所带来的一系列后果。①

　　资本主义多样性研究已经发现东亚政治经济的特性。一方面，相比于更为自由的市场经济体制，在东亚，尤其是在日本，政商、劳资、银企、大企业和小企业之间存在更多和更高水平的合作行为，而依据古典理论，这些关系的底色或者原初样态应该是竞争乃至对抗性的，因此更多的合作行为并不是自然（文化）的结果，而与特定的制度安排相关。在东亚，这些经济主体之间的关系通常是长期的，如日本大企业为职工提供终身雇佣，采取利益相关者导向而非股东导向的公司治理模式；企业与特定的银行，即所谓的主办银行建立起长期关系，这增加了搭便车或者背叛行为的成本。政府对于合作行为所提供的奖励（伴随着产业政策所体现出来的，如稀缺的外汇、受到补贴的贷款），以及政府政策的高度稳定，也有助于制度化这种合作关系。

　　另一方面，资本主义多样性研究将日本和韩国的经济体制归为协调市场经济行列，却指出它采取的是一种以集团为基础的协调，这区别于北欧国家的以产业为基础的协调。②与协调市场经济一样，东亚大的财阀也为职工提供了更为可靠的就业保障，但这一点不是通过强大的工会和"三方机制"来实现的，而是通过在财阀企业间的人员流动和调配来实现。由于财阀企业跨越众多的经济部门，这样某一经济部门的萎缩而变得多余的员工，能够转用到财阀其他经济部门的企业中，这使得职工对于企业具有高度的认同感，愿意学习财阀企业的专用技能。

---

① Byung-Kook Kim, "Conclusion: The Post-Park Era", pp.633-634.

② Peter A. Hall & David Soskice, "An Introduction to Varieties of Capitalism", p.34.

　　第三,需要高度重视"发展型国家退出"的问题。发展型国家是一种长期适用的政府经济定位,还是一种仅适合于或者更适合于某一发展阶段的定位?如果属于后者,发展型国家就存在一个如何退出的问题。20世纪80年代以来,国际政治经济格局发生了显著改变。冷战结束使得东亚通过地缘政治格局所获得的好处逐渐减少,全球化的推进则使东亚通过国际贸易为战略产业提供激励的难度加大。在应对这种变化的过程中,东亚却表现出惊人的迟疑和不称职。在20世纪90年代的泡沫破裂后,日本陷入长达二十年的经济停滞中,即便如此,强大的利益集团仍然抵制着拆解发展型体制的任何努力。在韩国,原本为了应对政府主导经济负面后果而出台的自由化举措,却如同"抱薪救火",在实践中被用来迎合财阀利益,最终让其陷入1997年的亚洲金融危机中。

　　我们曾经用"拉美病""英国病"来描述这些政治经济体制所表现出来的缺陷,现在看来,发展型国家及由此形成的政府主导市场体系,也存在结构性的不足。任何想要效仿东亚的发展中国家必须在如下两种能力之间保持微妙平衡:一方面国家必须具备足够的能力来主导和影响经济发展的方向,另一方面国家又必须能够根据经济形势不断调整其与市场的关系,即便这种调整可能有损精英已经获得的利益、声望和资源的时候。如何拿捏二者之间的分寸,难以在理论上给出更为明确的建议,只能由各国决策者在实践过程中不断摸索。在面对退出时,需要警惕的问题:一是用政策应对来替代制度变革,这样做会使发展型国家错过最佳的退出机会,使其陷入这样的境况中,即经济好的时候不愿改,经济差的时候不能改;二是将改革理解为政府单方面或者无条件的退出。在热衷于拆除旧有的政府主导发展的政策框架和工具时,却没有建立起与自由市场经济相适应的规制体系,这是东亚陷入金融危机中的重要诱因。因此,在欣赏和羡慕东亚发展型国家所取得的经济成就的同时,也需要高度警惕政府主导体制的可能不足与潜在危险。

参考文献

一、中文著作

1.陈明明:《在革命与现代化之间——关于党治国家的一个观察与讨论》,复旦大学出版社,2015年。

2.国家计委产业政策司:《我国当前的产业政策问题》,中国计划出版社,1990年。

3.黄琪轩:《政治经济学通识:历史、经典与现实》,东方出版社,2018年。

4.李路曲:《当代东亚政党政治的发展》,学林出版社,2005年。

5.李路曲:《东亚模式与价值重构:比较政治分析》,人民出版社,2002年。

6.李路曲:《政党政治与政治发展》,中央编译出版社,2016年。

7.林尚立:《日本政党政治》,上海人民出版社,2016年。

8.林毅夫等主编:《产业政策:总结、反思与展望》,北京大学出版社,2018年。

9.宋磊:《追赶型工业战略的比较政治经济学》,北京大学出版社,2016年。

10.王奇生:《党员、党权与党争:1924—1949年中国国民党的组织形态》,上海书店出版社,2009年。

11.王新生:《现代日本政治》,经济日报出版社,1997年。

12.闫健:《中国共产党转型与中国的变迁——海外学者视角评析》,中央编译出版社,2013年。

13.张宇燕:《经济发展与制度选择:对制度的经济分析》,中国人民大学出版社,2017年。

14.张振华:《社会冲突与制度回应:转型期中国政治整合机制的调适研究》,天津人民出版社,2016年。

15.中国经济体制改革研究会编:《见证重大改革决策——改革亲历者口述

历史》,社会科学文献出版社,2018年。

16.周黎安:《转型中的地方政府:官员激励与治理》,格致出版社,2017年。

17.朱天飚:《比较政治经济学》,北京大学出版社,2006年。

二、中文译著

1.[美]安德烈·施莱弗、罗伯特·维什尼编著:《掠夺之手——政府病及其治疗》,赵红军译,中信出版社,2004年。

2.[英]波兰尼:《大转型:我们时代的政治与经济起源》,冯钢、刘阳译,浙江人民出版社,2007年。

3.[美]福山:《政治秩序的起源:从前人类时代到法国大革命》,毛俊杰译,广西师范大学出版社,2012年。

4.[美]福山:《政治秩序与政治衰败:从工业革命到民主全球化》,毛俊杰译,广西师范大学出版社,2015年。

5.[美]格申克龙:《经济落后的历史透视》,张凤林译,商务印书馆,2012年。

6.[美]亨廷顿:《变化社会中的政治秩序》,王冠华等译,生活·读书·新知三联书店,1989年。

7.[美]亨廷顿:《第三波——20世纪后期民主化浪潮》,刘军宁译,上海三联书店,1998年。

8.[韩]具海根:《韩国工人——阶级形成的文化与政治》,梁光严、张静译,社会科学文献出版社,2004年。

9.[美]科利:《国家引导的发展——全球边缘地区的政治权力与工业化》,朱天飚等译,吉林出版集团,2007年。

10.[英]科斯、王宁:《变革中国:市场经济的中国之路》,徐尧、李哲民译,中信出版社,2013年。

11.[德]李斯特:《政治经济学的国民体系》,邱伟立译,华夏出版社,2013年。

12.[法]佩雷亚特:《停滞的帝国——两个世界的碰撞》,王国卿等译,生活·读书·新知三联书店,1993年。

13.[日]青木昌彦、吴敬琏:《从威权到民主:可持续发展的政治经济学》,中信出版社,2008年。

14.[智]塞巴斯蒂安·爱德华兹:《掉队的拉美:民粹主义的致命诱惑》,郭金兴译,中信出版集团,2019年。

15.[美]唐纳德·基恩:《明治天皇:1852—1912》,曾小楚等译,上海三联书店,2018年。

16.[英]威廉·G.比斯利:《明治维新》,张光等译,江苏人民出版社,2017年。

17.[美]约翰·W.道尔:《拥抱战败:第二次世界大战后的日本》,胡博译,生活·读书·新知三联书店,2015年。

18.[美]詹姆斯·L.麦克莱恩:《日本史(1600—2000)》,王翔、朱慧颖译,海南出版社,2009年。

19.[韩]张夏成:《韩国式资本主义:从经济民主化到经济正义》,邢丽菊、许萌译,中信出版集团,2018年。

三、英文著作

1.Alice H. Amsden, *Asia's Next Giant: South Korea and late Industrialization*, Oxford University Press, 1989.

2.Barry Clark, *Political Economy: A Comparative Approach*, Praeger, 1998.

3.Byung-Kook Kim & Ezra F. Vogel, eds., *The Park Chung Hee Era: The Transformation of South Korea*, Harvard University Press, 2011.

4.Chalmers Johnson, *MITI and the Japanese Miracle: The Growth of Industrial Policy, 1925-1975*, Stanford: Stanford University Press, 1982.

5.Cheng, Tun-jen, *The Politics of industrial transformation: the case of the East Asian NICs*, Doctoral Dissertation, University of California, Berkeley, 1987.

6.Chibber, Vivek, *State-Building and late Industrialization in India*, Princeton University Press, 2011.

7.Dani Rodrik & Mark Rosenzweig, (eds.), *Handbook of Development Economics* (Vol.5), Amsterdam: Elsevier Science, 2010.

8.Daron Acemoglu and Jim Robinson, *Why Nations Fail: The Origins of power, prosperity, and Poverty*, New York: Crown, 2012.

9.David Coen, Wyn Grant & Graham Wilson, eds., *The Oxford Handbook of Government and Business*, Oxford University Press, 2010.

10. David Waldner, *State Building and Late Development*, Cornell University Press, 1999.

11. Douglass C. North, *Institutions, institutional change and Economic Performance*, Cambridge University Press, 1990.

12.Eun Mee Kim, *Big Business, Strong State: Collusion and Conflict in South Korean Development, 1960-1990*, Albany: State University of New York Press, 1997.

13.Ha-Joon Chang, eds., *Institutional change and economic development*, United Nations University Press, 2007.

14.Ha-Joon Chang, *The Political Economy of Industrial Policy*, Macmillan Press Ltd, 1996.

15.Hall and Soskice eds., *Varieties of Capitalism: the institutional foundations of comparative advantage*, Oxford: Oxford University Press, 2001.

16.James A. Caporaso & David P. Levine, *Theories of political economy*, Cambridge University Press, 1992.

17.Jennifer A. Amyx, *Japan's Financial Crisis: Institutional Rigidity and Reluctant Change*, Princeton University Press, 2004.

18. John Harriss, Janet Hunter & Colin M. Lewis, eds., *The New Institutional Economics and Third World Development*, London and New York: Routledge, 1995.

19. Juan J. Linz, *Totalitarian and Authoritarian Regimes*, Lynne Rienner Publishers, Inc., 2000.

20.Jung-en Woo, *Race to the Swift: State and Finance in Korean Industrialization*, New York: Columbia University Press, 1991.

21.Larry Diamond and Byung-Kook Kim, *Consolidating Democracy in South Korea*, Boulder: Lynne Rienner Publishers, 2000.

22.Larry Diamond, *In Search of Democracy*, London and New York: Routledge,

2016.

23. Linda Weiss & John M. Hobson, *States and Economic Development: a Comparative Historical Analysis*, Polity Press, 1995.

24. Mark Dincecco, *State Capacity and Economic Development: Present and Past*, Cambridge University Press, 2017.

25. Masahiko Aoki, Hyung-Ki Kim & Masahiro Okuno-Fujiwara, *The Role of Government in East Asian Economic Development: Comparative Institutional Analysis*, Oxford: Clarendon Press, 1996.

26. Masahiko Aoki, *Information, Incentives, and Bargaining in the Japanese economy*, Cambridge University Press, 1988.

27. Nicola Meier, *China: The New Developmental State?* Peter Lang, 2009.

28. Peter Evans, *Embedded Autonomy: States and Industrial Transformation*, Princeton University Press, 1995.

29. Richard Peet and Elaine Hartwick, *Theories of Development: Contentions, Arguments, Alternatives*, NY: The Guilford Press, 2015.

30. Robert C. Allen, *Global Economic History: A Very Short Introduction*, Oxford University Press, 2011.

31. Robert Wade, *Governing the Market: Economic theory and the role of government in East Asian Industrialization*, Princeton: Princeton University Press, 1990.

32. Ronald Dore, *Flexible Rigidities: Industrial Policy and Structural adjustment in the Japanese Economy 1970-80*, London: The Athlone Press, 1986.

33. Soong Hoom Kil and Chung-in Moon, eds., *Understanding Korean Politics: An Introduction*, State University of New York Press, 2001.

34. Stanley Zhao-Xiong Yang, *China's Economic Transition, 1978-2000: An Alternative Institutional Analysis*, Doctoral Dissertation: University of Wisconsin-Madison, 2002.

35. Stephan Haggard, *Developmental States*, Cambridge University, 2018.

36. Yin-Wah Chu, eds., *The Asian Developmental State: Reexaminations and*

New Departures, Palgrave Macmillan, 2016.

　　37. Yongnian Zheng and Yanjie Huang, *Market in State: The Political Economy of Domination in China*, Cambridge University Press, 2018.

　　38. Yongnian Zheng, *The Chinese Communist Party as Organizational Emperor: Culture, Reproduction and Transformation*, Routledge, 2010.

　　39. Yuen Yuan Ang, *How China Escaped the Poverty Trap*, Ithaca and London: Cornell University Press, 2016.

后　记

呈现在读者面前的这本书是我所承担的国家社科基金一般项目"东亚发展型国家的理论追踪及中国启示研究"（项目号：17BZZ083）的结项成果。在课题研究过程中得到了各方支持，在成果即将出版的时候，向各位表达谢意。

首先要感谢国家社科规划办的支持。项目申请是高校教师必须经受的磨练。能够在众多的项目申请者中脱颖而出，获得资助，得以从事自己喜欢的研究，这无疑是一件非常令人开心的事情。在项目的推动下，我将自己关于发展型国家的所思所想呈现了出来，而写作的过程又促进了我对这一议题的理解。最终提交的成果获得良好等级的评定，之后，我又根据匿名专家在外审中提出的意见对书稿进行了修改。吸收和消化专家意见的过程，同时是一个不断完善成果的过程。

本书集中写作于2017—2021年，但与本书相关的观点却是在长期的教学科研过程中逐渐形成的。对东亚问题的关注始于20年前，当时我还是南开大学的一名硕士生。在杨龙教授的指导下，我将韩国的民主化作为硕士论文选题方向。之后，我对东亚问题的关注，逐渐由政治层面转向政治经济层面。2011年9月我获得韩国高等教育财团的资助，得以在韩国首尔大学进行为期一年的客座研究，这为我亲身体验韩国政治经济提供了契机。从2016年秋季学期开始，我在华东师范大学政治学系，以及之后的政治与国际关系学院为研究生开设"中国道路的政治经济分析"课程。在7年的授课过程中，我持续追踪学术界的最新研究成果，不断更新课程的体系和内容，实现了教学相长。

上海师范大学的李路曲教授，浙江大学的朱天飚教授、耿曙研究员，上海交大的黄少卿教授、黄琪轩教授、陈慧荣教授、黄宗昊博士、陈玮博士，南开大学的贾义猛副教授等都对比较政治学、发展型国家、产业政策、比较政治经济、中国政治经济有着深入的研究，同他们的交流让我受益良多。我与北京大学的宋磊教授、中山大学的黄冬娅教授接触尚不多,但这并不妨碍我密切关注他们的研究。看到他们的大作发表,我总是第一时间发到学生群中,组织大家进行集体学习。我在吉林大学行政学院和南开大学周恩来政府管理学院完成了从本科到博士的学习,基于这层关系,我同吉大和南开的朋友们接触很多。学术道路上有这么多优秀的同辈,让我在学术之旅中感受到温情和善意。还要感谢一个特殊的群体。由于都曾经在杨龙教授的指导下攻读学位,我们自称"杨家将"。每次遇到难题,首先想到的就是向老师、师母和同门求助,他们的帮助使我克服了很多难题。

本书的部分内容,作为课题中期成果发表在了《经济社会体制比较》《当代世界与社会主义》《天津社会科学》《学海》《华东师范大学学报(哲学社会科学版)》《学术界》《比较政治学研究》《中国政治学》《山西师大学报(社会科学版)》上。东亚发展型国家也成为我研究中国式现代化特色与世界各国现代化道路共性的重要参照。关于中国式现代化和东亚发展道路关系的思考,先后发表在了《人文杂志》《社会科学报》《文汇报》《同济大学学报(社会科学版)》上。本书在写作中曾引用了之前发表在《社会科学》《当代韩国》等刊物上的成果。对这些报刊编辑老师的关怀、指导和帮助一并表示感谢。2022年10月我以"比较政治经济视角下的东亚发展型国家转型及中国启示研究"为题获得了上海市哲学社会科学规划年度项目一般课题的支持,得以继续关注发展型国家的议题,感谢上海哲社办的支持。

感谢天津人民出版社的王琤、曹忠鑫老师,他们为本书的出版做了大量工作,尤其是,为了促成本书的出版,他们就书名、体例和内容提出了大量宝贵的修改建议。本书参考了大量文献,对这些文献,文中已尽可能地进行了注释,列出了作者的贡献,对此一并表示感谢。欢迎读者和同行就书中存在的问题提出批评和建议,以便作者进一步修改与补充。我的电子邮箱是nkzhangzhenhua@163.com,期待大家来信。

张振华

2024年1月1日于华东师范大学法商楼